SV

Eva Illouz
Die Errettung der modernen Seele

Therapien, Gefühle und
die Kultur der Selbsthilfe

Aus dem Englischen
von Michael Adrian

Suhrkamp

Titel der Originalausgabe:
Saving the Modern Soul. Therapy, Emotions and the Culture of Self-Help

© 2008 The Regents of the University of California
Published by arrangement with University of California Press

Bibliografische Information der Deutschen Nationalbibliothek
Die Deutsche Nationalbibliothek verzeichnet diese Publikation
in der Deutschen Nationalbibliografie;
detaillierte bibliografische Daten sind im Internet
über http://dnb.d-nb.de abrufbar.

Erste Auflage 2009
© der deutschen Ausgabe Suhrkamp Verlag Frankfurt am Main 2009
Druck: Memminger MedienCentrum AG
Printed in Germany
ISBN 978-3-518-58520-7

1 2 3 4 5 6 – 14 13 12 11 10 09

Inhalt

Die Tragödie des modernen Geistes besteht darin,
»das Rätsel des Universums gelöst zu haben«,
nur um es durch das Rätsel zu ersetzen, das er selbst ist.
– Alexandre Koyré, Newtonian Studies

1.
Einleitung

Hierbei darf freilich der Begriff der Aufklärung
methodologisch nicht zu enge gefaßt werden, denn er umgreift,
wie ich ihn verstehe, mehr als nur logische Deduktion
und empirische Verifikation, vielmehr, über diese beiden hinaus,
den Willen und die Fähigkeit zur phänomenologischen Spekulation,
zur Empathie, zur Annäherung an die Grenzen der Ratio. [...]
Emotionen? Meinetwegen. Wo steht geschrieben,
daß Aufklärung emotionslos zu sein hat?
Das Gegenteil scheint mir wahr zu sein.
Aufklärung kann ihrer Aufgabe nur dann gerecht werden,
wenn sie sich mit Leidenschaft ans Werk macht.
— Jean Améry

Durch Worte kann ein Mensch den anderen selig machen
oder zur Verzweiflung treiben,
durch Worte überträgt der Lehrer sein Wissen auf die Schüler [...].
Worte rufen Affekte hervor und sind das allgemeine Mittel
zur Beeinflussung der Menschen untereinander.
— Sigmund Freud*

Seit dreißig Jahren wird das Phänomen der Therapie in einer
beständig wachsenden Zahl von Studien erforscht und kritisiert. Bei allen Unterschieden in ihrer Methodik und Ausrichtung stimmen diese Schriften darin überein, daß das therapeutische Denken von Grund auf modern ist – und daß seine
Modernität gerade in dem besteht, was uns an der Moderne
am meisten beunruhigt: in Bürokratisierung, Narzißmus, der
Erzeugung eines falschen Selbst, der staatlichen Kontrolle
des modernen Lebens, dem Zusammenbruch kultureller und
moralischer Wertordnungen, in einer weitgehenden, durch

---

*   Die Motti stammen aus Jean Améry, *Jenseits von Schuld und Sühne.*
Bewältigungsversuche eines Überwältigten, München 1988, S. 11 f.; Sigmund Freud, *Gesammelte Werke*, Bd. 11, *Vorlesungen zur Einführung in*
die Psychoanalyse, Frankfurt/M. 1999, S. 10.

die kapitalistische Gesellschaftsordnung verursachten Privatisierung des Lebens, der Leere des modernen, von gemeinschaftlichen Bindungen abgetrennten Selbst, in umfassender Überwachung, der Ausweitung staatlicher Macht und Legitimität und schließlich in der »Risikogesellschaft« sowie der Kultivierung der Verletzlichkeit des Selbst.[1] Allein die Studien zum therapeutischen Diskurs gäben uns ein Kompendium der diversen Themen an die Hand, die zusammengenommen die Soziologie (und die Kritik) der Moderne ausmachen.

Für die kommunitaristischen Kritiker der Moderne ist die Psychologie der Ausdruck eines atomistischen Individualismus, der genau die Übel hervorbringt oder zumindest fördert, die zu heilen er vorgibt. Während die Psychologie

---

[1] Zur Bürokratisierung vgl. Peter Berger, »Toward a Sociological Understanding of Psychoanalysis«, in: *Social Research* 32 (1965), S. 26-41. Zum Narzißmus: Christopher Lasch, *Das Zeitalter des Narzißmus*, München 1980. Zur Erzeugung eines falschen Selbst: Ian Craib, *The Importance of Disappointment*, London 1964. Zur staatlichen Kontrolle des modernen Lebens: Ellen Herman, »Psychologism and the Child«, in: Theodore M. Porter u. Dorothy Ross (Hg.), *The Cambridge History of Science*, Bd. 7, *The Modern Social Sciences*, New York 2003, S. 649-662; sowie dies, *The Romance of American Psychology. Political Culture in the Age of Experts, 1940-1970*, Berkeley 1995. Zum Zusammenbruch kultureller und moralischer Wertordnungen: Philip Rieff, *The Triumph of the Therapeutic. Uses of Faith after Freud*, Chicago 1987. Zur Privatisierung des Lebens im Kapitalismus: Eli Zaretsky, *Freuds Jahrhundert. Die Geschichte der Psychoanalyse*, Wien 2006. Zur Leere des modernen Selbst: Philip Cushman, »Why the Self Is Empty. Toward a Historically Situated Psychology«, in: *American Psychologist* 45, Nr. 5 (1990), S. 599-611. Zur Überwachung: Michel Foucault, *Überwachen und Strafen. Die Geburt des Gefängnisses*, Frankfurt/M. 1976; Nikolas Rose, »Assembling the Modern Self«, in: Roy Porter (Hg.), *Rewriting the Self. Histories from the Renaissance to the Present*, London 1997; sowie ders., *Inventing Our Selves: Psychology, Power, and Personhood*, Cambridge 1996. Zur Ausweitung staatlicher Macht und der Entwicklung neuer Quellen staatlicher Legitimität vgl. James L. Nolan, *The Therapeutic State. Justifying Government at Century's End*, New York 1998. Zur »Risikogesellschaft«, der gesellschaftlichen Obsession mit dem Risikomanagement und deren Beziehung zur Kultivierung der Verletzlichkeit des Selbst vgl. Frank Furedi, *Therapy Culture. Cultivating Vulnerability in an Uncertain Age*, London 2004.

verspreche, etwas gegen unsere wachsenden Schwierigkeiten, soziale Beziehungen einzugehen und aufrechtzuerhalten, tun zu können, ermuntere sie uns in Wahrheit dazu, unsere Bedürfnisse und Vorlieben über unsere Verpflichtungen anderen gegenüber zu stellen. Unter dem Vorzeichen des therapeutischen Diskurses würden soziale Beziehungen durch einen gefährlichen Utilitarismus aufgelöst, der unser mangelndes Engagement für soziale Institutionen mindestens stillschweigend billige und einer so narzißtischen wie seichten Identität seinen Segen gebe.[2]

Für Kritiker wie Lionel Trilling, Philip Rieff, Christopher Lasch und Philip Cushman ist der Aufstieg des therapeutischen Weltbilds gleichbedeutend mit dem Schwinden eines autonomen Reichs der Kultur und der Werte.[3] In ihren Augen haben Konsumorientierung und therapeutische Praxis zu einer nahtlosen Integration des Selbst in die Institutionen der Moderne geführt, in deren Folge die Kultur ihre Kraft verloren hat, die Gesellschaft zu transzendieren und ein Widerstandspotential gegen sie zu entfalten. Gerade das Verführerische am Konsum und an der therapeutischen Beschäftigung mit sich selbst belegt für diese Kritiker den Verlust jeglicher ernsthaften Opposition gegen die Gesellschaft und die allgemeine kulturelle Erschöpfung der westlichen Welt. Nachdem das Selbst nicht mehr dazu fähig ist, Helden, verpflichtende Werte und kulturelle Ideale hervorzubringen, hat es sich in sein leeres Schneckenhaus zurückgezogen. Durch ihre Aufforderung, uns in uns selbst zu versenken, hat die therapeutische Überzeugung uns dazu gebracht, den wichtigen Bereichen des bürgerschaftlichen Engagements und der

---

2　Robert N. Bellah et al., *Gewohnheiten des Herzens. Individualismus und Gemeinsinn in der amerikanischen Gesellschaft*, Köln 1987, Kap. 3 u. 4.

3　Lionel Trilling, *Freud and the Crisis of Our Culture*, Boston 1955; Rieff, *Triumph of the Therapeutic*; Lasch, *Zeitalter des Narzißmus*; Philip Cushman, *Constructing the Self, Constructing America. A Cultural History of Psychotherapy*, Reading 1995.

Politik den Rücken zu kehren. Sie kann auch keine nachvoll-
ziehbare Verbindung zwischen dem privaten Selbst und der
Öffentlichkeit anbieten, weil sie das Selbst seines gemeinschaftlichen und politischen Gehalts beraubt und diesen
durch eine narzißtische Selbstbespiegelung ersetzt hat.

Die radikalste und vermutlich einflußreichste Kritik des
therapeutischen Diskurses speist sich aus Michel Foucaults
Historisierung von Wissenssystemen. Foucaults Blick auf
den therapeutischen Diskurs interessiert sich weniger dafür, Bedeutungsgemeinschaften wiederherzustellen, sondern möchte vielmehr sichtbar machen, auf welchen Wegen
Macht vertikal und horizontal mit dem gesellschaftlichen
Gewebe verflochten ist. Berühmt-berüchtigt ist der Schlag,
den Foucault der Psychoanalyse versetzte, als er ihr glorrei-
ches Projekt der Selbstbefreiung als eine Form von Disziplin
und Unterwerfung unter die Macht der Institutionen »mit
anderen Mitteln« bloßstellte.[4] In seiner Lesart setzt die wissenschaftliche »Entdeckung« der Sexualität im Herzen des
psychoanalytischen Projekts eine alte Tradition fort, in der
Subjekte auf dem Weg der Beichte dazu gebracht werden, die
Wahrheit über sich selbst zu suchen und auszusprechen. Das
Therapeutische ist ein Schauplatz, auf dem wir uns als Individuen mit Wünschen, Bedürfnissen und Begehren erfinden,
die es zu erkennen, zu kategorisieren und im Namen der Freiheit zu kontrollieren gilt. Mittels der verwandten Kategorien
»Sex« und »Seele« bringt uns die psychoanalytische Praxis
dazu, nach der Wahrheit über uns selbst zu suchen; folglich
geht es ihr definitionsgemäß darum, daß wir diese Wahrheit
entdecken und uns durch die Suche nach ihr emanzipieren.
Ihre besondere Durchschlagskraft erhalten »Psycho-Diskur-
se«[5] in der Moderne dadurch, daß sie die Praxis der Selbsterkenntnis zu einem sowohl epistemologischen als auch mo-

---

4   Vgl. Foucault, *Überwachen und Strafen*; Rose, *Inventing Our Selves*.
5   »Psy discourses« ist ein Ausdruck, den Nikolas Rose in *Inventing Our
Selves* gebraucht.

ralischen Akt machen. Statt der strengen Züge des Zensors
trägt die moderne Macht die wohlwollenden Züge unseres
Psychoanalytikers, der sich aber lediglich als Knotenpunkt
in einem gewaltigen Netz der Macht entpuppt – einem Netz,
das in seiner Anonymität und Immanenz durchdringend, dif-
fus und absolut ist. Der Diskurs der Psychoanalyse ist somit
eine »politische Technologie des Selbst«, ein Instrument, das
im Kontext der politischen Rationalität des Staates entwik-
kelt wurde und zum Einsatz kommt; gerade seine Absicht,
das Selbst zu emanzipieren, ist es, die das Individuum hand-
habbar macht und diszipliniert. Treibt der therapeutische
Diskurs in den Augen kommunitaristischer Soziologen einen
Keil zwischen das Selbst und die Gesellschaft, so behauptet
Foucault im Gegenteil, daß das Selbst durch die Therapie
dazu gebracht wird, bruchlos zugunsten und innerhalb eines
Machtsystems zu funktionieren.

Das vorliegende Buch hat unweigerlich Implikationen für
die Kritik an der Moderne, doch möchte ich mich an dieser
Kritik nicht beteiligen. Ob der therapeutische Diskurs moralische Bedeutungsgemeinschaften bedroht, ob er die Familie
untergräbt, Frauen unterdrückt, die Relevanz der politischen
Sphäre schmälert, moralische Tugenden und den Charakter
zersetzt, eine allgemeine Überwachungsfunktion ausübt,
das leere Schneckengehäuse des Narzißmus stärkt und das
Selbst schwächt, interessiert mich nicht – obgleich einige
dieser Fragen unvermeidlich durch die folgenden Erörterun-
gen geistern werden. Ich möchte weder die verderblichen
Folgen des therapeutischen Diskurses dokumentieren noch
dessen emanzipatorisches Potential diskutieren, was zahlreiche andere Autoren schon meisterhaft getan haben.[6] Meine
Absicht in diesem Buch ist vielmehr, die Kulturwissenschaft
von der »Verdachtshermeneutik« zu befreien, von der sie viel
zu stark gezehrt hat. Anders gesagt: Ich möchte die Kultur

6   Ein neuerer Versuch ist Zaretsky, *Freuds Jahrhundert*.

untersuchen, ohne mir anzumaßen, schon im vorhinein zu wissen, wie soziale Beziehungen aussehen sollten. Ich mache mir Bruno Latours und Michel Callons soziologische Herangehensweise an wissenschaftliche Gegenstände zu eigen und möchte für zwei Prinzipien in der Kulturanalyse werben: das Prinzip des »Agnostizismus« (also eine amoralische Einstellung gegenüber sozialen Akteuren) und das Prinzip der Symmetrie (dem zufolge verschiedene Phänomene auf ähnliche oder symmetrische Weise erklärt werden).[7] Der Zweck einer Kulturanalyse ist nicht, kulturelle Praktiken daran zu messen, wie sie sein sollen oder angeblich einmal waren, sondern zu verstehen, wie sie zu dem wurden, was sie sind, und warum sie als das, was sie sind, für die Menschen »etwas leisten«. Ungeachtet seiner Brillanz funktioniert also ein foucaultscher Ansatz nicht, brachte Foucault doch pauschale Begriffe wie »Überwachung«, »Biomacht« und »Gouvernementalität« in Anschlag, die durch irreparable Mängel gekennzeichnet sind: Diese Begriffe nehmen die kritischen Fähigkeiten der Akteure nicht ernst; sie fragen nicht danach, warum Akteure Bedeutungen oftmals tief verpflichtet sind, ja von ihnen in Beschlag genommen werden; und sie unterscheiden nicht zwischen verschiedenen gesellschaftlichen Sphären, die vielmehr allesamt unter »Bulldozer«-Begriffen begraben werden, wie der französische Soziologe Philippe Corcuff das nennt[8] – Begriffen, die so allumfassend sind, daß sie am Ende die Komplexität des Sozialen einebnen (wie etwa »Biomacht« oder »Überwachung«). Wie ich zu zeigen hoffe, ist es aber wesentlich, solche Unterschiede zu machen. Eine dichte und kontextsensitive Analyse der Anwendungen und Auswirkungen der Therapie macht deutlich, daß es

---

7   Michel Callon, »Some Elements of a Sociology of Translation. Domestication of the Scallops and the Fishermen of St. Brieuc Bay«, in: John Law (Hg.), *Power, Action, and Belief. A New Sociology of Knowledge?*, Boston 1986, S. 196-233.
8   Persönliche Mitteilung von Philippe Corcuff am 6. Juni 2000.

nicht den einen pauschalen Effekt namens »Überwachung«
oder »Biomacht« gibt. Ganz im Gegenteil unterscheiden sich
die Anwendungen und Auswirkungen der Therapie erheblich, je nachdem, ob sie die Welt der Unternehmen, die Ehe
oder die Selbsthilfegruppe betreffen, wie ich nacheinander in
Kapitel 3, 4 und 5 untersuchen werde.

Wenn alle Kritiker des psychologischen Diskurses darin
übereinstimmen, daß dieser »triumphiert« hat, und wenn inzwischen einige bemerkenswerte Untersuchungen detailliert
zeigen, *was* am Therapeutischen »triumphiert« hat,[9] wissen
wir doch immer noch nicht viel darüber, *wie* und *warum* das
geschah.[10] Indem ich mich dieser Frage widme, verweigere ich
mich kritischen Kulturanalysen, die auf der Grundlage einer
Verdachtshermeneutik systematisch enthüllen, wie eine kulturelle Praxis eine bestimmte politische Praxis verwirklicht
(oder nicht verwirklicht). Mein Argument dagegen lautet,
daß wir keine angemessene Kulturkritik in Angriff nehmen
können, solange wir den Mechanismus der Kultur nicht verstehen, das heißt nicht verstehen, wie Bedeutungen produziert und wie sie ins soziale Netz eingeflochten werden, wie
sie im Alltag verwendet werden, um Beziehungen zu gestalten und mit einer ungewissen sozialen Welt zurechtzukommen, und warum sie am Ende unsere Interpretation unserer
selbst und der anderen organisieren. Wie ich zu zeigen hoffe,
erscheinen sowohl die Analyse *als auch* die Kritik des therapeutischen Ethos in einem neuen Licht, wenn sie nicht auf
apriorischen politischen Annahmen darüber beruhen, wie
soziale Beziehungen beschaffen sein *sollten*. Ich fühle mich
vielmehr der Einsicht des Pragmatismus verpflichtet, daß wir

9 Vgl. Eva S. Moskowitz, *In Therapy We Trust. America's Obsession
with Self-Fulfillment*, Baltimore 2001; James Capshew, *Psychologists on
the March. Science, Practice, and Professional Identity*, New York 1999;
Furedi, *Therapy Culture*; Herman, *Romance of American Psychology*.
10 Als glanzvolle Ausnahmen haben sich Moskowitz, *In Therapy We
Trust*, und Herman, *Romance of American Psychology* mit dieser Frage
beschäftigt.

Bedeutungen und Ideen als nützliche Werkzeuge verstehen
sollten, Werkzeuge also, die es uns ermöglichen, bestimmte
Dinge im alltäglichen Leben zu erreichen.[11]

Ich untersuche den therapeutischen Diskurs folglich in
erster Linie aus der Perspektive der Kultursoziologie. Der
therapeutische Ethos ist vielleicht besser als die meisten anderen Themen dazu geeignet, zu untersuchen, »wie Kultur
funktioniert«. Dafür gibt es mehrere Gründe.

Erstens hat die therapeutische Sprache für den Kulturanalytiker den seltenen Vorzug, eine qualitativ neue Sprache
des Selbst zu sein. Obwohl sie auf einem uralten Verständnis
der Seele fußt, hat diese Sprache praktisch keine Vorläufer
in der amerikanischen oder europäischen Kultur. In dieser
Hinsicht stellt sie eine einzigartig unverfälschte Möglichkeit
dar, zu verstehen, wie neue kulturelle Formen entstehen und
wie neue Sprachen die Selbstverständnisse verwandeln, mit
denen die sozialen Beziehungen und das Handeln durchsetzt sind. Robert Bellahs Diktum über die protestantische
Reformation aufgreifend, können wir sagen, daß der therapeutische Diskurs »die tiefste Ebene von Identitätssymbolen
umformuliert« hat.[12] Diese Umformulierung ist von beson-
derem Interesse für die Kultursoziologin, vollzog sie sich
doch gleichzeitig durch die spezialisierten und offiziellen
Kanäle des wissenschaftlichen Wissens und durch die Kulturindustrien des Kinos, der Zeitschriften, des Buchmarkts
und des Fernsehens. Soweit der therapeutische Diskurs eine
qualitativ neue Sprache des Selbst darstellt, erlaubt er uns,
ein Schlaglicht auf die Entstehung neuer kultureller Kodes
und Bedeutungen zu werfen und den Bedingungen nachzuspüren, die deren Ausbreitung und Auswirkungen in der Gesellschaft ermöglichen. Dieses Buch kann als Bruchstück einer umfassenderen Kulturgeschichte der Introspektion oder

11   Vgl. Richard Rorty, *Philosophy and Social Hope*, New York 1999.
12   Robert Bellah, *Beyond Belief. Essays on Religion in a Post-traditional
World*, New York 1970, S. 67.

Selbstbeobachtung gelesen werden, also jener Sprache und
Techniken, die wir gebrauchen, um uns – mit Hilfe solcher
Kategorien wie »Begehren«, »Erinnerung« und »Gefühl«
– auf uns selbst zu beziehen und uns selbst zu ergründen.

Zweitens hat mit Ausnahme des politischen Liberalismus und der marktwirtschaftlichen Sprache wirtschaftlicher Leistungsfähigkeit kein anderes kulturelles Bezugssystem im 20. Jahrhundert einen so entscheidenden Einfluß
auf die Modelle des Selbst ausgeübt. Nicht nur hat fast die
Hälfte der Bevölkerung bereits einmal die Dienste eines
Psychotherapeuten in Anspruch genommen,[13] stärker noch
fällt ins Gewicht, daß die therapeutische Perspektive in
verschiedenen Sphären der zeitgenössischen Gesellschaften
institutionalisiert worden ist – so in Unternehmen, Massenmedien, in der Kindererziehung, in intimen und sexuellen
Beziehungen, in Schule, Armee, Wohlfahrtsstaat, in Reso-
zialisierungsprogrammen und internationalen Konflikten.
In vielerlei Gestalt hat sich die Therapie weltweit so stark
ausgebreitet wie die amerikanische Populärkultur, wenn
nicht sogar stärker. Ob in der Form einer auf Selbsterkenntnis zielenden Psychoanalyse, eines New-Age-Workshops für
»Körper, Geist und Seele« oder eines »Selbstbehauptungs-
trainings«, die Therapie hat in einem breiten Spektrum gesellschaftlicher Gruppen, Organisationen, Institutionen und
kultureller Milieus ein seltenes Maß an kultureller Anerkennung erlangt. Der therapeutische Diskurs hat die scheinbar
undurchlässigen Sphären der Moderne durchdrungen, ihre
Grenzen verwischt und ist auf diesem Wege zu einem der
wichtigsten Kodes geworden, um das Selbst auszudrücken,
zu gestalten und anzuleiten. Darüber hinaus überwindet der
therapeutische Diskurs durch die Standardisierung der universitären Lehrpläne und der psychologischen Ausbildung
nationale Grenzen und bildet eine »transnationale« Sprache

---

13 Furedi, *Therapy Culture*, S. 103.

des Selbst. Wenn Zivilisationen, um mit S. N. Eisenstadt zu sprechen, Zentren haben, die ontologische Visionen verbreiten und verkörpern,[14] dann ist die therapeutische Perspektive zu einem der Zentren jener amorphen und vagen Größe geworden, die wir als »westliche Welt« bezeichnen.

Drittens veranschaulicht der therapeutische Diskurs vielleicht besser als jedes andere kulturelle Konstrukt, wie unaufhebbar sich Kultur und Wissen in den zeitgenössischen Gesellschaften gegenseitig überlappen.[15] Karin Knorr Cetina hat es so formuliert:

Eine Wissensgesellschaft ist nicht einfach eine Gesellschaft, die über mehr Experten, über technologische Infra- und Informationsstrukturen sowie über Interpretationen von Spezialisten statt denen von Betroffenen verfügt. Gemeint ist vielmehr, daß das Gewebe der Wissenskulturen in die Gesellschaft eingedrungen ist und sich mit ihr verflochten hat – das ganze Bündel von Prozessen, Erfahrungen und Beziehungen, das dem Wissen dient und sich mit seiner Artikulation entfaltet. Dieses »Aufplatzen« des Wissens, die Entladung von Wissensbeziehungen in die Gesellschaft hinein müssen wir als Frage verstehen, die im Rahmen einer soziologischen (statt ökonomischen) Analyse von Wissensgesellschaften zu beantworten ist. [...] Wir müssen herausfinden, wie es dazu kam, daß Wissen konstitutiv für die sozialen Beziehungen wurde.[16]

Zweifellos handelt es sich bei der Psychologie um ein Korpus von Texten und Theorien, die in offiziellen Organisationen von dafür ausgebildeten Experten produziert und angewandt werden. Sie ist aber vielleicht vor allem auch ein

14   Vgl. S. N. Eisenstadt, »Axial Age Civilizations. The Reconstruction of the World and the Crystallization of Distinct Civilizational Complexes«, in: George Ritzer (Hg.), *Blackwell Encyclopedia of Sociology*, Oxford 2007.
15   Vgl. Doyle McCarthy, *Knowledge as Culture*, New York 1996; dies steht im Gegensatz zu dem von Adam Kuper in *Culture. The Anthropologist's Account*, Cambridge, MA 1999 entwickelten Vorschlag, daß wir die Idee der Kultur aufgeben und statt dessen auf Begriffe wie Wissen oder Überzeugungen oder Normen zurückgreifen.
16   Karin Knorr Cetina, »Sociality with Objects. Social Relations in Postsocial Knowledge Societies«, in: *Theory, Culture, Society* 14, Nr. 4 (1997), S. 9 f.

Wissenskorpus, das mittels einer Vielzahl unterschiedlicher Kulturindustrien weltweit verbreitet wird; Selbsthilfe-Ratgeber, Workshops, Fernsehtalkshows, Radioprogramme mit Zuhörerbeteiligung, Kinofilme, Fernsehserien, Romane und Zeitschriften boten allesamt entscheidende kulturelle Plattformen für die Verbreitung der Therapie in der Gesellschaft und Kultur der Vereinigten Staaten. Alle diese Medien waren und sind zentrale Instanzen für die Verbreitung therapeutischen Wissens, das damit zu einem wesentlichen Bestandteil des kulturellen und moralischen Universums der heutigen amerikanischen Mittelschicht wurde. Dieser doppelte Status der Psychologie als einer zugleich professionellen und populären Disziplin macht diese für den Erforscher der zeitgenössischen Kultur so interessant, bietet er doch eine Möglichkeit, zu verstehen, in welchem Ausmaß Hoch- und Populärkultur von Wissenskonstrukten durchdrungen sind. Ja, insofern »Wissensarten selbst zu entscheidenden Faktoren unserer wirtschaftlichen und technologischen Entwicklung geworden sind«,[17] bilden sie einen wichtigen Aspekt kulturellen Handelns in den heutigen Gesellschaften. Die Verbreitung dieses Wissens erfolgte über die Massenmedien und eine Vielzahl institutioneller Foren, in denen psychologisches Wissen zu einem Mittel der Inszenierung des Selbst wurde, was wiederum erklärt, warum es sich der Definitionen des Selbst so dauerhaft und eisern bemächtigt hat. Wissenssysteme und symbolische Systeme machen uns zu denen, die wir sind, weil sie innerhalb von gesellschaftlichen Institutionen in Kraft gesetzt werden, die bestimmten Arten des Wissens und Sprechens Autorität verleihen und sie zur Routine machen. Auf diese Weise können sie zu jenen unsichtbaren semiotischen Kodes werden, die das alltägliche Verhalten organisieren und die Interaktionsrituale des Selbst strukturieren. Diese Annahme liegt der zentralen

17 McCarthy, *Knowledge as Culture*, S. 20.

Strategie des Buchs zugrunde, wenn es untersucht, wie der therapeutische Diskurs in unterschiedliche institutionelle Milieus wie das Unternehmen (Kapitel 3), die Familie (Kapitel 4) und die üblichen Selbsthilfepraktiken (Kapitel 5) eingegangen ist und wie er die sozialen Beziehungen in jeder dieser Sphären organisiert.

Und schließlich ist der therapeutische Diskurs ein so dankbares Thema für die Kulturanalyse, weil er das gesamte 20. Jahrhundert durchlaufen und dabei beständig an Stärke und Reichweite gewonnen hat. Wie konnte die kulturelle Struktur der Therapie überleben und sich das ganze amerikanische 20. Jahrhundert hindurch immer weiter verfestigen? Welcher Prozeß führt dazu, daß eine kulturelle Struktur Bestand hat? Mit Orlando Patterson bin ich der Meinung, daß kulturelle Kontinuität erklärt werden muß und nicht einfach vorausgesetzt werden darf.[18] Die außergewöhnliche Widerstandsfähigkeit des therapeutischen Diskurses kann nicht nur durch seine Integration in zentrale Institutionen der amerikanischen Gesellschaft erklärt werden, sondern auch durch den Umstand, daß er eine gewaltige Anzahl von sozialen Akteuren und Kulturindustrien zu mobilisieren vermochte (Kapitel 5).

Aus diesen Gründen halte ich den therapeutischen Diskurs für einen herausragenden, freilich auch einschüchternden Gegenstand der Kultursoziologie. Ziel dieses Buches ist es also nicht nur, die diversen Aspekte der therapeutischen Kultur zu dokumentieren, sondern auch, der Entstehung einer neuen *kulturellen Struktur* nachzuspüren. Dieser Aufgabe haben sich die Kultursoziologen bislang viel zu selten angenommen.

---

18 Orlando Patterson, »Taking Culture Seriously. A Framework and an Afro-American Illustration«, in: Samuel P. Huntington u. Lawrence E. Harrison (Hg.), *Culture Matters. How Values Shape Human Progress*, New York 2000.

Die Kultursoziologie und das Therapeutische

Obwohl die Kultursoziologie gelegentlich als ein hoffnungslos verschwommenes Gebiet erscheinen mag, lassen sich doch eine Reihe von Prämissen ausmachen, die den Kern der Disziplin bilden. Die erste dieser Prämissen lautet, daß die Kultur einen großen Einfluß darauf hat, wer wir sind. Mit »wer wir sind« beziehe ich mich nicht auf unsere Ziele, Interessen und materiellen Möglichkeiten. Gemeint ist vielmehr die Art und Weise, wie wir uns selbst erklären, wer wir sind – indem wir handeln, wobei unsere Handlungen durch Werte, Schlüsselbilder und -szenarien, Ideale und gedankliche Gewohnheiten geprägt sind; indem wir Geschichten erzählen, um unsere eigenen Erfahrungen und die der anderen einzuordnen; indem wir unsere Erfolge und Niederlagen und die der anderen zu erklären versuchen; indem wir glauben, auf bestimmte Dinge ein Recht zu haben; und indem wir moralische Kategorien in Anschlag bringen, um unsere soziale Welt zu hierarchisieren. Unsere Handlungen, Erzählungen, Erklärungen und moralischen Kategorien helfen uns dabei nicht nur, uns zurechtzulegen, wer wir sind. Sie sind auch ausschlaggebend dafür, wie wir uns anderen mitteilen, wie wir ihre Unterstützung erlangen, was zu verteidigen und wofür zu kämpfen wir bereit sind und wie wir uns angesichts unklarer Alternativen verhalten. Mit George Steinmetz gesprochen: »Kultur ist mehr als ein Transmissionsriemen für tiefere, grundlegendere oder materiellere Kräfte.«[19] Der therapeutische Diskurs bietet eine völlig neue kulturelle Matrix – gebildet aus Metaphern, binären Gegensätzen, Erzählschablonen, erklärenden Bezugsrahmen –, die unser Verständnis des Selbst und der anderen im Laufe des 20. Jahrhunderts immer stärker geprägt hat. Insofern bietet er eine ausgezeichnete Gelegenheit, jenen Soziologen, die

19 George Steinmetz, *State Formation after the Cultural Turn*, Ithaca 1999, S. 28.

noch immer an ihr zweifeln, die zentrale Stellung der Kategorie der Bedeutung vorzuführen.[20]

Die zweite Prämisse der Kultursoziologie besagt, daß Bedeutungen unterschiedlich gut dafür geeignet sind, Definitionen der Realität einzugrenzen: Manche Bedeutungen sind stärker und verpflichtender als andere.[21] Traditionell hat sich die Kultursoziologie für Bedeutungen interessiert, die über große institutionelle Resonanz verfügen, Bedeutungen also, die in einem mächtigen institutionellen Rahmen gebilligt und in Kraft gesetzt werden. (»Individualismus« ist ein gutes Beispiel für eine solche Bedeutung mit einer enormen institutionellen Resonanz in dem Sinn, daß sie von einer ganzen Reihe von Institutionen in Kraft gesetzt und gebilligt wird.) Für solche Bedeutungen interessiert sich die Kulturanalyse üblicherweise, weil man sie für zwingender hält und weil sie offenkundig mit der Gesellschaftsordnung verbunden sind. Im Gegensatz zu der unter kommunitaristischen Soziologen verbreiteten Auffassung, das therapeutische Ethos privilegiere ein antiinstitutionelles und narzißtisches Selbst,[22] möchte ich zeigen, daß der therapeutische Diskurs deshalb eine solche kulturelle Resonanz erlangen konnte, weil er innerhalb und vermittels der wichtigsten Institutionen der Moderne in Kraft gesetzt wurde. Der therapeutische Diskurs ist weit davon entfernt, eine institutio-

20   Vgl. Jeffrey Alexander u. Phil Smith, »The Discourse of American Civil Society. A New Proposal for Cultural Studies«, in: *Theory and Society* 22, Nr. 2 (1993), S. 151-207; vgl. auch die hervorragende Einleitung von Roger Friedland und John Mohr in dem von ihnen herausgegebenen Band *Matters of Culture*, New York 2004, S. 1-70.
21   Michael Schudson, »How Culture Works. Perspectives from Media Studies on the Efficacy of Symbols«, in: *Theory and Society* 18, Nr. 2 (1989), S. 153-80.
22   Vgl. John Steadman Rice, *A Disease of One's Own. Psychotherapy, Addiction, and the Emergence of Co-dependency*, New Brunswick 1998; Bellah, *Beyond Belief*; Rieff, *Triumph of the Therapeutic*; Lasch, *Zeitalter des Narzißmus*; Leslie Irvine, *Codependent Forevermore. The Invention of Self in a Twelve Step Group*, Chicago 1999.

nenfeindliche Einstellung zu nähren; vielmehr stellt er eine enorm einflußreiche und exemplarisch moderne Weise dar, das Selbst zu institutionalisieren.[23]

Die dritte für die Kultursoziologie charakteristische Behauptung lautet, daß die Kultur unsere Handlungen nicht auf die gleiche Weise verursacht, wie der Wind ein Blatt vom Baum fallen läßt. Auch wenn zahlreiche Kulturanalytiker sich darum bemühen, jene kulturellen Variablen ausfindig zu machen, die über eine unabhängige kausale Kraft verfügen, betrachten die meisten von uns, die wir auf diesem verworrenen Gebiet arbeiten, die Kultur als so verschlungen mit »dem Rest«, daß uns positivistische kausale Modelle, wenn schon nicht direkt unattraktiv, so doch zumindest waghalsig scheinen. In den meisten Fällen muß ja das, was als erklärende Variable dienen soll, seinerseits erklärt werden.[24] Das Verhältnis zwischen Kultur und Gesellschaft läßt sich mit dem Verhältnis zwischen einem Regenguß und dem Erdboden, auf den er niedergeht, vergleichen: Auch wenn wir wissen, daß der Regen die Ursache dafür war, daß die Erde naß ist, bleibt uns doch meistens nur ein Matsch, den wir nicht wieder in Erde und Wasser zerlegen können. Ähnlich verhält es sich hier: Zwar versuche ich, die historische Phase nachzuzeichnen, in der der therapeutische Diskurs die Sprache des Selbst immer stärker prägte, doch ist es mittlerweile praktisch unmöglich, diese Sprache von anderen, ebenfalls das Selbst organisierenden »kulturellen Leitkodes«, etwa denen des ökonomischen Liberalismus oder des Vertragsrechts, zu isolieren. Die Aufgabe lautet also zu verstehen, wie die Kultur soziale Beziehungen begründet, ohne ihnen gegenüber jemals ganz autonom zu sein.[25]

23 In dieser Hinsicht stimme ich natürlich mit Foucaults Analyse in *Sexualität und Wahrheit*, Bd. 1, *Der Wille zum Wissen*, Frankfurt/M. ²1988, überein.
24 Vgl. Friedland u. Mohr, Einleitung zu *Matters of Culture*, S. 15.
25 Wie Randall Collins uns nützlicherweise erinnert, ist die Annahme,

Der therapeutische Diskurs bietet starke Argumente für die
These, daß Sprache zentral für die Verfaßtheit des Selbst ist,
insofern es sich bei ihr um ein dynamisches Mittel handelt,
um Gefühle zu erfahren und auszudrücken. Die Sprache
definiert Gefühlskategorien, legt fest, was als »emotionales
Problem« gilt, stellt die kausalen Bezugsrahmen und Metaphern zur Verfügung, um diese Probleme zu verstehen, und
beschränkt die Möglichkeiten, wie Gefühle ausgedrückt,
verstanden und gehandhabt werden können.[26]

Das vierte charakteristische Merkmal der Kultursoziologie besteht in ihrem Versuch, systematisch Zusammenhänge (die sich nicht auf Kausalbeziehungen reduzieren lassen)
zwischen der Bedeutungsebene und sozialen Gruppen zu
finden, seien diese Produzenten, Übermittler oder Konsumenten von Bedeutungen. Zwischen der gesellschaftlichen
Position oder den materiellen Interessen auf der einen Seite und Ideen, Werten und Überzeugungen auf der anderen
kann kein deterministischer und mechanischer Zusammenhang bestehen. Gleichwohl ist und bleibt es eine unabding-
bare Aufgabe der Kultursoziologie, die gesellschaftlichen
Übermittler von Ideen und Symbolen zu bestimmen, auch
wenn diese Beziehung nicht als kausale und deterministi-
sche gedacht werden kann. Was eine solche Untersuchung

die Kultur sei autonom, entweder unzutreffend oder überflüssig. Sie ist
unzutreffend, wenn wir versuchen, Bedeutung von sozialen Beziehungen
zu isolieren; sie ist überflüssig, wenn wir unter Kultur die Perspektiven
und Annahmen verstehen, die den Hintergrund unserer Handlungen ausmachen. Vgl. Randall Collins, »Comparative and Historical Patterns of
Education«, in: Maureen T. Hallinan (Hg.), *Handbook of the Sociology
of Education*, New York 2000, S. 213-39; sowie ders., »Situational Stratification. A Micro-Macro Theory of Inequality«, in: *Sociological Theory*
18, Nr. 1 (2000), S. 17-43.
26 Vgl. Ann Swidler, *Talk of Love. How Culture Matters*, Chicago 2001;
Michele Lamont, *The Dignity of Working Men. Morality and Bounda-
ries of Race, Class, and Immigration*, Cambridge, MA 2000; sowie dies.,
»Meaning Making in Cultural Sociology: Broadening Our Agenda«, in:
Contemporary Sociology 29 (2000), S. 602-7.

in unserem Fall jedoch verkompliziert, ist der Umstand, daß der therapeutische Diskurs einerseits ein Bündel sprachlicher Praktiken mit einer starken institutionellen Verankerung in universitären Fachbereichen, Forschungsinstituten und Fachzeitschriften ist: In dieser Form strahlt er von der professionellen Psychologie aus und hat in den neuen Mittelschichten und unter Frauen ein besonders aufnahmebereites Publikum gefunden. Andererseits handelt es sich beim therapeutischen Diskurs aber auch um eine anonyme, autorlose und allgegenwärtige Weltanschauung, die auf eine verwirrende Vielfalt sozialer und kultureller Schauplätze versprengt ist. Hierzu zählen Fernsehtalkshows, das Internet, die Printmedien, die Privatpraxis des Klinikers, Consultingfirmen, Schullehrpläne, Ausbildungsmaßnahmen im Gefängnis, die Sozialfürsorge und eine Fülle von Selbsthilfegruppen. Wie Lionel Trilling sagt, ist der therapeutische Diskurs zum »Slang unserer Kultur« geworden.[27] Mithin ist der therapeutische Diskurs sowohl ein *formales* Wissenssystem, das durch klare disziplinäre Grenzen und Regeln der Textproduktion gekennzeichnet ist, in offiziellen Institutionen hervorgebracht und von professionellen Netzwerken, vor allem »Wissensproduzenten«[28], getragen wird, als auch ein *informelles*, amorphes und diffuses kulturelles System, das sich in den alltäglichen kulturellen Praktiken und Selbstverständnissen der Menschen niederschlägt. Obwohl sich dieses Buch auf das zweite System konzentriert, versuche ich die Verbindungen zwischen beiden Bereichen deutlich zu machen.

Diesen vier Dimensionen der Definition von Kultur, mit denen meines Erachtens die meisten Kultursoziologen einverstanden sein dürften, möchte ich ein oder zwei zusätzliche Dimensionen hinzufügen, die bislang bedauerlicherwei-

27   Trilling, *Freud and the Crisis.*
28   Jorge Arditi u. Ann Swidler, »The New Sociology of Knowledge«, in: *Annual Review of Sociology* 20 (1994), S. 305-29.

se übersehen worden sind. Überraschenderweise hat sich
die Kultursoziologie bisher nicht ernsthaft für etwas interessiert, was vielleicht das entscheidende fehlende Bindeglied
zwischen Struktur und Handeln darstellt: die Gefühle.

Ein Gefühl ist jene innere Energie, die uns zu einer Handlung anspornt und dieser Handlung darüber hinaus eine bestimmte »Stimmung« oder »Färbung« verleiht.[29] Das Gefühl
läßt sich folglich als »energiegeladene« Seite des Handelns
definieren, wobei diese Energie so zu verstehen ist, daß sie
zugleich erkenntnisbezogene, affektive, wertende, motiva-
tionale und physische Aspekte umfaßt. Gefühle sind alles
andere als vorsozial oder vorkulturell. Sie sind vielmehr
kulturelle Bedeutungen und soziale Beziehungen in enger,
unauflöslicher Verbindung, deren hohe Verdichtung ihnen
gerade das Vermögen verleiht, Handlungen energetisch aufzuladen. Gefühle sind der Speicher dieser »Energie«, weil
sie stets das Selbst und sein Verhältnis zu kulturell situier-
ten anderen betreffen. Gefühle haben ihren Ursprung in den
Überzeugungen und Wünschen des Subjekts und können
nicht davon getrennt werden, in und mittels welchen kulturell kodierten sozialen Beziehungen das Selbst lebt. Ob
der Satz »du kommst schon wieder zu spät« Scham, Ärger
oder Schuldgefühle auslöst, wird praktisch ausschließlich
davon abhängen, in welcher Beziehung man zu demjenigen
steht, der ihn äußert. Wenn sich ein Vorgesetzter über meine
Verspätung ausläßt, empfinde ich wahrscheinlich ein Gefühl
von Scham, ist es ein Kollege, werde ich mich vermutlich
ärgern, wendet sich aber mein Kind, das vor der Schule wartet, mit diesen Worten an mich, dürfte dies ein Schuldgefühl
bei mir auslösen. Natürlich ist das Gefühl eine psychologische Größe, es ist aber darum nicht weniger, vielleicht sogar
um so eher noch eine kulturelle und soziale Größe: Durch

29 Nicht alle Emotionen münden in Handlungen, doch interessieren sich
die Soziologen am meisten für jene Emotionen, die das Handeln färben
und strukturieren.

Gefühle setzen wir kulturelle Definitionen des Personseins in Kraft, wie sie sich in konkreten und unmittelbaren, dabei jedoch immer kulturell und sozial definierten Beziehungen ausdrücken. Die intensive, kompakte Verschmelzung von kulturellen Bedeutungen und sozialen Beziehungen verleiht Gefühlen auch ihren vorreflexiven, oft halbbewußten Charakter. Gefühle sind zutiefst internalisierte und unreflexive Aspekte des Handelns nicht deshalb, weil sie zuwenig Kultur und Gesellschaft enthielten, sondern weil sie zuviel davon enthalten. Aus diesem Grund muß eine hermeneutische Soziologie, die darauf abzielt, soziales Handeln von »innen heraus« zu verstehen, ihre Aufmerksamkeit auf die emotionale Färbung oder Intonation von Handlungen richten, denn sie ist es, die deren eigentlichen Ansporn bildet. Wie die Religion bietet der therapeutische Diskurs Symbole, die eine mächtige Erfahrungswirklichkeit erzeugen und die Natur des Handelns selbst verändern.[30] Um diese Erfahrungswirklichkeit zu erklären, müssen wir Gefühle ins Spiel bringen. Daher schließe ich mich der Auffassung von Kultur als Praxis an, wie sie Richard Biernacki formuliert: »Denken und Fühlen bereiten das Handeln nicht vor, sie sind Handeln.«[31] Zentral für mein Verständnis von Kultur ist die pragmatische These, daß Bedeutungen dabei helfen, praktische Probleme zu lösen, bei denen das Gefühlsleben eine wichtige Rolle spielt.

Das vorliegende Buch untersucht den Prozeß, in dessen Verlauf die Sprache der Therapie die »tiefste Schicht von

30 Vgl. Clifford Geertz' berühmte Diskussion religiöser Symbole in *Dichte Beschreibung*, Frankfurt/M. 1983; siehe hierzu auch ein Argument von Richard Biernacki in Victoria E. Bonnell u. Lynn Hunt (Hg.), *Beyond the Cultural Turn. New Directions in the Study of Society and Culture*, Berkeley 1999, S. 69 f.
31 Richard Biernacki, »Practice«, in: Ritzer, *Blackwell Encyclopedia of Sociology*. Zu Kultur als Praxis vgl. Theodore R. Schatzki, Karin Knorr Cetina u. Eike von Savigny (Hg.), *The Practice Turn in Contemporary Theory*, New York 2001.

Identitätssymbolen«[32] umformuliert hat. Zu diesem Zweck
betrachtet es den therapeutischen Diskurs zugleich als ein
formales und spezialisiertes Wissenskorpus und als ein kulturelles Bezugssystem, an dem sich unsere Selbstwahrneh-
mungen und die Vorstellungen, die wir uns von anderen
machen, ausrichten und das darüber hinaus bestimmte emotionale Praktiken hervorbringt. Da es mittlerweile praktisch
ausgeschlossen ist, »Wissen« und »Kultur« auseinanderzu-
dröseln, ist eine doppelte Herangehensweise an den therapeutischen Diskurs vonnöten: Weil er sowohl ein bewähr-
tes Korpus wissenschaftlichen Wissens ist, das in offiziellen
Organisationen tradiert wird, als auch eine Sprache, die das
Selbst, die Identität und das Gefühlsleben prägt,[33] verlangt
der therapeutische Diskurs, daß wir auf den »Kulturpro-
duktions«-Ansatz (der die Entstehung kulturellen Materials
erklärt, indem er die Ressourcen, Organisationen und Netzwerke untersucht, die die Akteure in Anspruch nehmen)
und auf den hermeneutischen Ansatz (für den Kultur ein
Bündel von Bedeutungen ist, die tief in die Konzeptionen
des Personseins einkodiert sind) zurückgreifen und beide
miteinander verbinden.

Die Therapie als neuer emotionaler Stil

Vielen Lesern wird es gegen den Strich gehen, wie zwang-
los ich das Wort *therapeutisch* verwende. Ich beziehe mich
damit auf eine so eklektische Sammlung von Gegenständen
wie die anspruchsvolle Praxis der psychoanalytischen »Re-
dekur«, die Ratgeber für seelische Ausgeglichenheit »in drei
Schritten«, die in fast jeder Buchhandlung zu finden sind,

---

32 Bellah, *Beyond Belief*, S. 67.
33 Margaret R. Somers, »The Privatization of Citizenship. How to Un-
think a Knowledge Culture«, in: Bonnell u. Hunt, *Beyond the Cultural
Turn*, S. 121-61.

des weiteren auf Selbsthilfegruppen, Selbstbehauptungs-Trainingsprogramme und Fernsehsendungen, bei denen Woche für Woche ein anderes »Lebenshilfethema« im Mittelpunkt steht. Dies ist ein ernstzunehmender Einwand, und wir müssen überlegen, ob das Unternehmen nicht vielleicht zu viele disparate Elemente umfaßt, so daß sich der Gegenstand der Analyse bei näherer Betrachtung in Luft auflöst.

Begriffe, die in den spezialisierten und professionellen Foren der Wissenschaft entwickelt werden, prägen das Alltagsverständnis unserer gesellschaftlichen und natürlichen Umwelt, ähnlich wie religiöse Vorstellungen gelegentlich aus den Spezialistendiskussionen der Theologen hervorgehen. Diese Feststellung gilt besonders für die Wissenschaft der klinischen Psychologie, die es sich zur Aufgabe gemacht hat, Begriffe wie Intimität, Sexualität oder Führungsqualität zu definieren, die an der Schnittstelle zwischen spezialisierten Institutionen des Wissens und den gewöhnlichen kulturellen Praktiken angesiedelt sind. Wenn ich von einer Kontinuität zwischen der »professionellen« und der Populärpsychologie ausgehe, mache ich den gleichen Zug wie die Kulturwissenschaftler, wenn sie die Auffassung vertreten, daß Hochliteratur und Popkultur gleichermaßen viel über die gesellschaftlichen Bedingungen ihrer Entstehung verraten. In ähnlicher Weise argumentiere ich, daß die Grenze zwischen psychologischem Spezialwissen und der sogenannten Populärpsychologie durchlässig ist, weil sowohl die Sprache der professionellen Psychologie als auch deren populäre Version auf das Selbst zielen und dabei ähnliche Metaphern und Erzählungen benutzen.[34] Das heißt nicht, daß ich meine, die Komplexitätsunterschiede verschiedener kultureller Formen sollten ignoriert werden, oder daß ich mir der echten Unterschiede zwischen einer mühsamen (und

34 Wenn man Daniel Defoe oder Jane Austen mit Kategorien wie »Ideologie« oder »Konventionen« analysiert, nimmt man implizit eine Kontinuität zwischen Hochliteratur und billigen Vergnügungen an.

kostspieligen) therapeutischen Behandlung und dem kom-
merzialisierten Angebot der Selbsthilferatgeber und -work-
shops nicht bewußt wäre. Während wir die Diskontinuitäten
zwischen den verschiedenen organisatorischen Strukturen,
in denen sich eine Sprache jeweils entfaltet, zweifellos anerkennen müssen, können wir Soziologen freilich die »feinen
Unterschiede«, die die Spezialisten auf ihren Gebieten vornehmen und eifersüchtig bewachen, nicht einfach unbese-
hen hinnehmen. Solche Unterscheidungen – etwa zwischen
offiziellem und informellem Wissen – müssen systematisch
untersucht, befragt und auch eingeklammert werden, wenn
wir die kulturellen Kontinuitäten jenseits etablierter sozialer
Wissensgrenzen erfassen wollen.

Es gibt aber noch eine andere und vielleicht überzeu-
gendere Rechtfertigung für meine scheinbar unbekümmerte
Vermischung des hochgestochenen Spezialjargons der Therapeuten mit der Sprache der Populärkultur. Angefangen
mit Freud selbst (vgl. das folgende Kapitel) hat eine erhebliche Zahl professioneller Psychologen die Grenze zwischen
Spezialwissen und Populärkultur spielerisch und frohgemut
überschritten und sich vorzugsweise an der Nahtstelle dieser beiden Welten eingerichtet. Carl Rogers beispielsweise,
der berühmte Begründer der humanistischen Psychologie,
formuliert sein Programm in seinem vielgelesenen Buch
Entwicklung der Persönlichkeit in einer Sprache, die an die
populären Selbsthilferatgeber erinnert: »Ich hoffe aufrichtig, daß viele Menschen, die kein besonderes Interesse an
Fragen der Beratung oder der Psychotherapie haben, feststellen werden, daß die Lernerfahrungen aus diesem Bereich
auch sie in ihrem Leben stärken können.«[35] Andere populäre
Bücher aus der Feder prominenter Psychologen wie Aaron
Becks *Liebe ist nie genug* oder Albert Ellis' *A New Guide
to Rational Living* lassen ebenfalls keinen Zweifel daran,

35 Carl. R. Rogers, *Entwicklung der Persönlichkeit. Psychotherapie aus
der Sicht eines Therapeuten*, Stuttgart 1976, S. 13.

daß sich in ihnen bekannte professionelle Psychologen an die breite Masse jener Käuferschaft wenden wollten, auf die es die Bestsellerindustrie abgesehen hat.[36] Umgekehrt geben sich viele Bestseller den Anschein, die fachliche therapeutische Arbeit zu dokumentieren. Zahllose Selbsthilfebücher stammen von zugelassenen Therapeuten, die einem breiten Publikum spezielle, im Rahmen ihrer Arbeit gewonnene Erkenntnisse mitteilen und zu diesem Zweck Fallstudien und sogar Behandlungsprotokolle veröffentlichen.[37]

Tatsächlich haben sich professionelle Psychoanalytiker und Psychologen in Amerika seit den Gründungstagen ihrer Disziplin der Kulturindustrien bedient, um sich lautstark Gehör zu verschaffen. Indem ich den Unterschied zwischen der Gesprächstherapie und dem Selbsthilferatgeber nivelliere, hoffe ich zeigen zu können, daß die verschiedenen kulturellen Bereiche der professionellen und der populären Psychologie durch einen gemeinsamen *emotionalen Stil* geeint werden.

Was ist »ein emotionaler Stil«? In ihrem bekannten Buch *Philosophie auf neuem Wege* schreibt Susanne K. Langer: »Jedes Zeitalter der Philosophiegeschichte hat ein besonderes Anliegen. [...] Wenn man sich die allmähliche Formierung und Ansammlung philosophischer Lehren, die dieser Geschichte das Gepräge geben, vor Augen führt, so stößt man auf gewisse Konstellationen von Ideen, und zwar weniger hinsichtlich ihres Gegenstandes als vielmehr auf Grund eines subtileren gemeinsamen Moments, welches man ihre ›Technik‹ oder Verfahrensweise nennen könnte.

36 Aaron T. Beck, *Liebe ist nie genug. Mißverständnisse überwinden, Konflikte lösen, Beziehungsprobleme entschärfen*, Köln 1992; Albert Ellis, *A New Guide to Rational Living*, North Hollywood 1975.
37 Zwei bemerkenswerte Beispiele hierfür sind Robin Norwood, *Wenn Frauen zu sehr lieben. Die heimliche Sucht, gebraucht zu werden*, Neuausgabe, Reinbek bei Hamburg 2006; sowie Susan Forward u. Joan Torres, *Liebe als Leid. Warum Männer ihre Frauen hassen und Frauen gerade diese Männer lieben*, München 1988.

Was nämlich über die Zuordnung von Problemen zu einer Epoche entscheidet, ist weniger ihr Inhalt als die Art und Weise ihrer Behandlung.«[38] Als einen *emotionalen Stil* bezeichne ich im folgenden die Kombination der verschiedenen Formen, in denen sich eine Kultur mit bestimmten Gefühlen »beschäftigt« und spezifische – sprachliche, wissenschaftliche, rituelle – »Techniken« entwickelt, um sie zu begreifen.[39]

Ein emotionaler Stil wird begründet, wenn eine neue »Vorstellung vom Zwischenmenschlichen« entwickelt wird, das heißt eine neue Weise, über die Beziehung des Selbst zu anderen nachzudenken, Vorstellungen über die Chancen und Möglichkeiten dieser Beziehung zu entwickeln und sie in die Praxis umzusetzen. Man folgt imaginären Drehbüchern, die soziale Nähe oder Distanz mit Bedeutung aufladen, wenn man über zwischenmenschliche Beziehungen nachdenkt, sich nach ihnen sehnt, über sie streitet, sie verrät, um sie kämpft und sie aushandelt – nicht anders als etwa im Fall der Nation. Wie ich in Kapitel 2 zeigen werde, bestand Freuds größter Einfluß auf die Kultur darin, das Verhältnis des Selbst zu anderen neu zu formulieren, indem er eine neue Möglichkeit schuf, sich die (eigene familiäre) Vergangenheit und eine zukünftige Befreiung von dieser Vergangenheit vorzustellen. Diese Neuformulierung brachte eine Reihe von Schlüsselideen und kulturellen Motiven mit sich, die die gesamte amerikanische Kultur umtreiben sollten. Gemäß meinem bereits in früheren Studien[40] vorge-

38 Susanne K. Langer, *Philosophie auf neuem Wege. Das Symbol im Denken, im Ritus und in der Kunst*, Frankfurt/M. 1992, S. 11.
39 Diese Überlegungen stützen sich auf Martin Albrow, »The Application of the Weberian Concept of Rationalization to Contemporary Conditions«, in: Scott Lash u. Sam Whimster (Hg.), *Max Weber, Rationality and Modernity*, Boston 1987, S. 164-82.
40 Eva Illouz, *Der Konsum der Romantik. Liebe und die kulturellen Widersprüche des Kapitalismus*, Frankfurt/M. 2003; *Oprah Winfrey and the Glamour of Misery. An Essay on Popular Culture*, New York 2003.

stellten Forschungsprogramm entstehen moderne Imagina-
tionen besonders gerne an gesellschaftlichen Schauplätzen,
an denen sich Systeme von Expertenwissen, Medientechno-
logien und Gefühlen überschneiden.

Der therapeutische emotionale Stil entstand in der relativ kurzen Periode zwischen dem Ersten und dem Zweiten
Weltkrieg. Nach den 1960er Jahren konsolidierte er sich
und wurde zum Allgemeingut. Gewiß zehrte dieser Stil
von Überresten jener Konzepte, mit denen das Selbst im
19. Jahrhundert gedacht worden war, doch bot er auch ein
neues Vokabular, mit dem sich Gefühle und das Selbst im
alltäglichen Leben in Begriffe fassen und diskutieren ließen,
sowie neue Möglichkeiten, mit dem Gefühlsleben umzugehen. Angesichts der erstaunlichen Allgegenwärtigkeit des
therapeutischen Diskurses, der in Fachartikeln ebenso an-
zutreffen ist wie in Talkshows, Selbsthilferatgebern und in
Fernsehsendungen wie den *Sopranos*, fällt es nicht leicht,
ihn operativ präzise zu definieren. Ich habe mich für einen
konservativen Ansatz entschieden und definiere als »therapeutisch« die Menge der von zugelassenen Psychologen
aufgestellten Behauptungen und die Menge der Texte, in
denen Psychologen und/oder die Therapie eine Rolle spielen (also z. B. *Die Sopranos*, Oprah Winfreys Talkshow, die
Filme von Woody Allen). Die kulturelle Neuartigkeit dieses emotionalen Stils war dort am auffälligsten, wo man
ihn vielleicht am wenigsten erwartet hatte, nämlich in der
amerikanischen Unternehmenswelt. Angesichts der immer
komplexeren Strukturen des seinerzeit aufkommenden
Konzernkapitalismus waren die Manager höchst interessiert daran, das Geheimnis effizienter Kontrolle zu lösen.
Sie griffen daher eine Sprache und Techniken, die sowohl
die Harmonie in der Belegschaft als auch die Produktivität
zu fördern versprachen, begierig auf. Wie ich in Kapitel 3
zeige, hat die Psychologie die emotionale Kultur des Arbeitsplatzes tiefgreifend verändert, indem sie die Gefühls-

kulturen von Männern und Frauen in einem gemeinsamen
androgynen Modell emotionalen Verhaltens aufgehen ließ.
Derselbe Prozeß fand im Bereich der Ehe statt. Wie ich in
Kapitel 4 argumentiere, verlangte die Ehe unter dem Einfluß der neuen, von Feminismus und Psychologie angebotenen Modelle von den Frauen, autonom und bestimmend,
und von den Männern, emotional reflexiv und gesprächig
zu werden. In Kapitel 5 erweitere ich diese Argumentati-
on dahingehend, daß diese neuen emotionalen Modelle in
eine geschlechtsblinde Erzählung der Identität eingelassen
sind, die an ganz unterschiedlichen sozialen Schauplätzen
in Kraft gesetzt wird – unter anderem in Selbsthilfegruppen und Therapie-Workshops. Im abschließenden sechsten
Kapitel untersuche ich die Auswirkungen psychologischen
Wissens auf die Gesellschaftsstruktur. Wenn die Kultur entscheidend für das Projekt der Soziologie ist, dann deshalb,
weil sie die eigentliche Struktur der ökonomischen und
symbolischen Ressourcen prägt. Die Psychologie hat die
Ressourcen umgemodelt, von denen die Akteure in kon-
kurrenzbetonten gesellschaftlichen Arenen zehren, und sie
hat neue Bruchlinien zwischen sozialer und geschlechtlicher
Schichtung gezogen.

Texte und Kontexte

Ich untersuche die Bedeutung des therapeutischen Weltbilds, indem ich das tue, was Ethnographen normalerweise tun sollten, nämlich sich in ihre Daten versenken. Doch
hat dieses Versenken die Form eines fächerübergreifenden
Dialogs zwischen historischen, soziologischen und anthro-
pologischen Methoden angenommen. Wie William Sewell
bin ich nicht nur davon überzeugt, daß »eine tiefere theoretische Auseinandersetzung zwischen Historikern und So-
zialwissenschaftlern wechselseitig erhellend sein könnte«,

sondern auch, daß eine solche Auseinandersetzung notwendig ist, wenn wir Fortschritte in der Kulturanalyse machen wollen.[41]

Angesichts der Allgegenwart des therapeutischen Ethos in unserer Kultur mache ich von einem einschüchternden Übermaß entsprechender Daten Gebrauch, deren eklektischer Charakter nicht weniger einschüchternd ist. Dazu zählt eine Stichprobe von insgesamt 237 zwischen den 1930er und den 1990er Jahren in den Zeitschriften *Ladies' Home Journal, Good Housekeeping, Cosmopolitan, Redbook* und *Parents* veröffentlichten Artikeln. Ebenso habe ich eine eklektische Stichprobe von populären psychologischen Selbsthilferatgebern (zumeist Bestsellern), Romanen, Filmen, Autobiographien und Oprah-Winfrey-Talkshows ausgewertet. Ich habe die Schriften psychoanalytischer und psychologischer Theoretiker wie Sigmund Freud, Karen Horney, Abraham Maslow, Carl Rogers, Erik Erikson, Alfred Adler, Stephen Mitchell und Elton Mayo studiert, aber auch das *Diagnostische und statistische Manual psychischer Störungen* und verschiedene Lehrbücher der klinischen Psychologie. Um zu verstehen, wie der Diskurs der Therapie die Definitionen von Fachkompetenz beeinflußte (vgl. Kapitel 3), führte ich Tiefeninterviews mit acht Männern und sieben Frauen, die in US-amerikanischen Unternehmen arbeiteten oder an einem angesehenen MBA-Programm teilnahmen, sowie drei weitere Interviews mit pensionierten Unternehmensmanagern. Um zu verstehen, wie die Therapie Intimbeziehungen und die Ehe transformiert hat, interviewte ich weitere 15 Angehörige der Mittelschicht, von denen sich viele einer ausgedehnten Therapie unterzogen hatten oder selbst Therapeuten waren (Kapitel 4 und 6); aus Vergleichsgründen befragte ich sechs Arbeiter, die über

---

41 William H. Sewell, »Theory, History, and Social Science«, in: ders., *Logics of History. Social Theory and Social Transformation*, Chicago 2005, S. 1.

keinerlei Therapieerfahrung verfügten. Fünf Jahre lang füll-
te ich ein Tagebuch mit Redewendungen, Erzählungen und
Selbstauslegungen von Freunden und Familienangehörigen,
in denen die therapeutische Denkweise mitschwang. Und
um Hypothesen darüber aufstellen zu können, wie sich der
Diskurs der Therapie global ausbreitet, führte ich schließlich eine ethnographische Analyse von zwei Workshops in
Israel durch, der eine zum Thema »emotionale Intelligenz«,
der andere eine Veranstaltung der umstrittenen »Landmark Education Corporation«. Mit den Teilnehmern dieser
Workshops hatte ich mehrere informelle Gespräche. Auch
interviewte ich sechs israelische Organisationsberater sowie
drei israelische Männer und sieben israelische Frauen, die
eine Therapie gemacht hatten. Der eklektische Charakter
dieser Daten zeigt an, daß ich mich verschiedener Analyse-
methoden bedient habe, die von der historischen über die
teilnehmende Beobachtung bis hin zu Tiefeninterviews und
semiotischer Textanalyse reichen.

Gleichwohl handelt es sich hierbei nicht um ein zufälliges Spektrum von Daten und Methoden, denn die Kultur
nistet, wie ich durchgängig argumentieren werde, sowohl
in Texten als auch in Handlungsstrategien. Ja, man kann
sich gar nicht mit der psychologischen Kultur beschäftigen,
ohne davon beeindruckt zu sein, welche überwältigende
Rolle Textualität in ihr spielt. Die Psychologie ist ein kulturelles Konstrukt, in dem eine Unmenge geschriebener Texte
die Praktiken und Sprechweisen mündlicher Interaktionen
organisiert und strukturiert. In diesem Sinn zwingt sie den
Kultursoziologen, sich mit der Rolle von Texten bei der
Ausbildung zeitgenössischer Formen von Selbstsein ausein-
anderzusetzen. Ich betrachte diese beiden Schauplätze – den
der Texte und den der Interaktion – jedoch nicht als äquivalent oder austauschbar. Tatsächlich glaube ich, daß eine der
Hauptaufgaben der Kultursoziologie darin besteht, die Beziehung zwischen Texten und der Gesellschaft aufzuklären,

genauer gesagt zu verstehen, wie und wo Texte Handlungen beeinflussen und wie Semantik und Pragmatik miteinander verkoppelt sind, um Jeffrey Alexanders Formulierung zu gebrauchen.[42]

Die Kultursoziologie ist der Frage der Einwirkung von Texten auf das Handeln überwiegend ausgewichen oder hat sie beiseite geschoben, sei es, indem sie das Handeln unter Texte subsumierte (wie der Poststrukturalismus), sei es, indem sie das Handeln als mechanistische Umsetzung einer in objektiven Strukturen eingeschriebenen Bedeutung verstand (wie der Strukturalismus) oder indem sie die Bedeutung von Texten überhaupt schmälerte. Die Rezeptionsästhetik etwa konzentriert sich auf die verschiedenen und wechselnden Strategien, mit denen Leser jeweils eine bestimmte Sorte von Texten interpretieren (ein Fernsehprogramm oder ein literarisches Genre).[43] Auf diese Weise geht die Rezeptionsästhetik stillschweigend davon aus, daß sich Texte auf ihre interpretativen Strategien reduzieren lassen oder unter sie zu subsumieren sind – und daß, soweit sie überhaupt Auswirkungen haben, diese in der Aktivierung bereits etablierter Bedeutungen bestehen, die üblicherweise die gesellschaftlichen Positionen der Akteure widerspiegeln. Das Paradigma der »Kulturproduktion« ignoriert die Frage des Verhältnisses von Texten und ihren sozialen Auswirkungen vollständig, indem es die Aneignung von Texten durch Institutionen in den Mittelpunkt stellt und Bedeutung als Resultat gesellschaftlicher Macht und organisatorischer Strukturen versteht.

---

42 Vgl. die Einleitung der Herausgeber: »Introduction: Symbolic Action in Theory and Practice. The Cultural Pragmatics of Symbolic Action«, in: Jeffrey C. Alexander, Bernhard Giesen u. Jason L. Mast (Hg.), *Social Performance. Symbolic Action, Cultural Pragmatics, and Ritual*, New York 2006, S. 1-29.

43 Hans Robert Jauß, *Toward an Aesthetic of Reception*, Minneapolis 1982; Tamar Liebes u. Elihu Katz (Hg.), *The Export of Meaning. Cross Cultural Readings of »Dallas«*, Oxford 1990.

Mit dem vorliegenden Buch möchte ich die schwierige Beziehung zwischen Texten und Handlungen in den Mittelpunkt der Kultursoziologie rücken, wobei zu Texten sowohl die Wissenssysteme der Experten als auch populäre Wissenssysteme zählen, soweit sie nach den formalen Regeln visueller oder textueller Genres ausbuchstabiert sind und von den Massenmedien verbreitet werden. Wie jedoch sollen wir die vertrackte Frage des Verhältnisses zwischen Text und Handeln in Angriff nehmen? Im Licht von Durkheims zentraler Einsicht, daß das soziale Leben zugleich moralische und emotionale Grundlagen hat, verstehe ich das Selbst als ein unentwirrbares Ensemble von Kognitionen und Emotionen.[44] In diesem Sinn möchte ich argumentieren, daß Texte auf zwei Weisen in Handlungen eingehen: durch Erkenntnis und durch Gefühle. Wie Paul Ricœur gezeigt hat, schaffen Texte eine Distanz zwischen der Unmittelbarkeit der Erfahrung und dem Selbst und kodifizieren in dieser Distanz Erfahrung. Texte »sind Kommunikation aus der und durch Distanz«,[45] und in dieser Distanz wird Kommunikation formalisiert, das heißt zu einer Sache von Kodes, Konventionen und stabilen Repräsentationen gemacht. Wären Texte jedoch nur erstarrte Kodes, dann könnten sie uns nicht an- und in sich hineinziehen. Wenn Kulturgüter wie Romane, Filme, Psychoratgeber oder Fernsehsendungen irgendeinen Einfluß auf uns ausüben, dann nicht nur als hermeneutische Mittel, die uns helfen, unsere Welt zu verstehen, sondern auch als kulturelle Werkzeuge, die komplexe emotionale Strukturen (wie Empörung, Mitleid, Sehnsucht nach Liebe, Furcht und Angst) anzapfen, hervorrufen

44 Karen A. Cerulo, *Culture in Mind. Toward a Sociology of Culture and Cognition*, New York 2002.
45 Paul Ricœur, »The Hermeneutical Function of Distanciation«, in: *Hermeneutics and the Human Sciences. Essays on Language, Action, and Interpretation*, hg. von J. B. Thompson, Cambridge 1981, S. 140; hier zitiert nach Brian Stock, *Listening for the Text. On the Uses of the Past*, Baltimore 1990, S. 103.

und kanalisieren helfen. Romane, die zeitgenössische Ratgeberliteratur und ein Großteil der Medienkultur haben vor
allem deshalb einen solchen Stellenwert, weil sie es vermögen, den Leser durch ein Bündel emotionaler Reaktionen
quasi in sich hineinzuziehen. Sowohl Romane als auch Ratgeber bieten auf je eigene Weise Szenarien an, mittels deren
Akteure ihre emotionale Erfahrung kognitiv einüben und
darüber nachdenken können, wie andere emotional agieren
und sich ausdrücken. Indem sie das tun, legen sich die Akteure ihre eigenen Gefühle (und die der anderen) zurecht,
sie stellen auf subtile Weise Regeln zum Umgang mit Gefühlen auf und bringen ein Vokabular und eine Methode der
Selbstbeobachtung hervor. Nicht anders gehen psychologische Texte ins Handeln ein.

Die Methode, mit der ich kulturelles Material interpre-
tiere, ist von zwei zentralen Anliegen bestimmt. Erstens versuche ich, sowenig wie möglich in die Bedeutung einer Praxis hineinzulesen, also den sozialen Akteuren lesend »über
die Schulter« zu schauen. Statt dessen ziehe ich es vor, mich
auf die wörtliche Bedeutung von Texten zu beziehen, ob es
sich nun um Selbsthilferatgeber, Interviewabschriften oder
den verbalen Austausch im Rahmen sozialer Interaktionen handelt. Auf diese Weise bin ich besser dafür gerüstet,
auf die Unterschiede zwischen dem, was Akteure zu sagen
beabsichtigen, und den unbeabsichtigten Folgen ihrer Rede zu achten (in Kapitel 3 findet sich ein Beispiel für diese
Strategie, bei dem die beabsichtigte Bedeutung und die Auswirkungen der »Human Relations«-Bewegung klar unterschieden werden). Zweitens suche ich nach systematischen
Mustern und Verbindungen zwischen verschiedenen kulturellen Schauplätzen. Auch wenn meine Untersuchung nicht
immer explizit darauf hinweist, habe ich mich ausschließlich auf das beschränkt, was immer wiederkehrt und systematisch ist, und jene Elemente weggelassen, die nur lose mit
einem Muster verbunden zu sein scheinen.

Kulturkritik und Psychologie

Weil sie darauf herumritten, daß das therapeutische Vokabular soziale und kollektive Probleme »entpolitisiert«, haben es sich viele Soziologen selbst schwergemacht, zu verstehen, warum die neuen Mittelschichten und die Frauen
den therapeutischen Diskurs so begeistert aufgenommen
haben – abgesehen von den etwas unplausiblen Annahmen,
Mittelschicht und Frauen hätten ein »falsches« Bewußtsein bzw. moderne Gesellschaften unterlägen einem Prozeß
nahtloser Überwachung, der gleichermaßen in der digitalen
Kontrolle der Bürger und im Behandlungszimmer des Therapeuten verkörpert sei. Marxistischen oder feministischen
Appellen, sich ausbeuterischer Strukturen bewußt zu werden, kann der therapeutische Diskurs gewiß nicht genügen.
Doch verdeckt die soziologische Kritik der Psychologie eine
Frage, die eine viel größere Herausforderung darstellt: Wie
können wir das Ausmaß und die Macht dieses Diskurses
erklären, ohne ihn tautologisch durch Kategorien wie Hege-
monie, Patriarchat, symbolische Gewalt oder Überwachung
zu erklären?

Ich frage nicht danach, ob das therapeutische Gebot
narzißtischer »Selbstverwirklichung« moralische Verpflichtungen untergräbt oder ob die therapeutische Beichte auf
eine Unterwerfung unter die Macht »mit anderen Mitteln« hinausläuft. Das haben andere bereits getan; ich
hingegen möchte den therapeutischen Diskurs lieber aus
der Perspektive dessen untersuchen, was er leisten soll. Er
soll nämlich helfen, ein kohärentes Selbst auszubilden, er
soll Intimität herstellen, für das Gefühl von Kompetenz
in der Arbeitswelt sorgen und ganz allgemein die sozialen
Beziehungen erleichtern. Wir sollten uns fragen, warum
und auf welche Weise die therapeutische Sprache mittlerweile die Sprachen des Selbst definiert und was sie zu einer *kulturellen Ressource* macht, zu einer Möglichkeit für

Akteure, Handlungsstrategien zu ersinnen, die es ihnen erlauben, bestimmte Vorstellungen vom guten Leben zu verwirklichen. Dies impliziert schlicht, daß ich den therapeutischen Diskurs aus seinem eigenen Horizont von Voraussetzungen und Ansprüchen heraus analysiere und letztlich auch kritisiere – ein Modell von Kritik, das ich an anderem Ort als *immanente Kritik* bezeichnet habe (vgl. Kapitel 6).[46]

Meine Hypothese lautet, daß die erfolgreichsten Ideen – zu denen die Psychoanalyse zweifellos gehört – drei Bedingungen erfüllen müssen: Sie müssen »irgendwie« zur Gesellschaftsstruktur passen, das heißt die sozialen Erfahrungen der Akteure (beispielsweise einen wirtschaftlichen Umbruch, demographische Entwicklungen, Migrationsbewegungen, Abwärtsmobilität und Statusangst) verständlich machen; sie müssen in unsicheren oder konfliktbeladenen Bereichen sozialen Verhaltens (wie Sexualität, Liebe, Streben nach wirtschaftlichem Erfolg) Orientierung bieten; und sie müssen in sozialen Netzen institutionalisiert sein und zirkulieren. Eine solche Betrachtungsweise der Kultur nenne ich »pragmatisch«, weil sie darauf abzielt, daß Ideen und Bedeutungen nicht nur dann Vorherrschaft erlangen können, wenn sie institutionalisiert werden, sondern auch, wenn sie uns dabei helfen, »Dinge zu tun«, also mit praktischen Problemen umzugehen und sie zu lösen. Ideen sind nicht nur erfolgreich, wenn sie soziale Erfahrungen aufgreifen und in das integriert werden, was William Sewell »institutionelle Knoten« nennt (Schauplätze mit einem großen Maß an Ressourcen wie Staat oder Markt), sondern auch, wenn sie symbolische und praktische Handlungsmöglichkeiten eröffnen. Erfolgreich sind kulturelle Ideen also, wenn sie es dem Selbst ermöglichen, verschiedene Aspekte seiner Umwelt in Erzählungen, Be-

---

46 Illouz, *Oprah Winfrey.*

zugsrahmen und Metaphern einzubinden, die in den gegebenen institutionellen Kontexten »funktionieren«.

In den Fußstapfen des Pragmatismus sollte die Kultursoziologie zwei entscheidende Fragen stellen: welche objektive Realität hinter der Kultur steht und warum bestimmte
Bedeutungen »funktionieren«. Um wirksam zu sein, muß
ein Diskurs für die Menschen, die an ihn glauben und von
ihm Gebrauch machen, gewisse Dinge leisten (vgl. Kapitel
2). Ein Diskurs wird dauerhaft funktionieren und zirkulieren, wenn er gewisse Dinge leistet, die im täglichen Leben
der Menschen »funktionieren«. Eine pragmatistische Kul-
turauffassung legt die Frage nahe, warum manche Ideen als
wahr angesehen und wie sie im Alltag eingesetzt werden.
Um William James zu zitieren: »Eine neue Meinung gilt in
dem Maße für wahr, als sie unser Bedürfnis, das Neue der
Erfahrung mit den alten Überzeugungen zu assimilieren, zu
befriedigen vermag. Die neue Ansicht muß sich sowohl an
die alte Wahrheit anlehnen als auch neue Tatsachen in sich
begreifen [...]. Wir nennen die Dinge wahr, weil sie *wahr
sind* [...].«[47] William James fordert uns in dieser Formulierung dazu auf, zu verstehen, was an »neuen« Ideen dazu führt, daß wir sie wahr nennen, was sie zu bequemen
und geeigneten Werkzeugen macht, um Erfahrungen aufzugreifen. Darüber hinaus, wie John P. Murphy James'
Denken zusammenfaßt, »bewahrheiten sich Ideen durch
ihr Vermögen, neue Erfahrungen ›auf höchst gelungene und
zweckmäßige Weise‹ in begründete Erfahrung münden zu
lassen (mit ›einem Minimum an Änderungen‹, ›Minimum
an Erschütterungen‹, ›Minimum an Störung‹ und ›einem
Maximum an Kontinuität‹). [...] Ideen bewahrheiten sich
dementsprechend also, indem sie auf höchst gelungene und
zweckmäßige Weise zwischen begründeten und neuen Er-

47   William James, *Der Pragmatismus. Ein neuer Name für alte Denkme-
thoden*, Hamburg 1994, S. 40 f.

fahrungen vermitteln.«[48] Der kulturelle Wandel vollzieht sich nicht in derselben Weise wie ein Paradigmenwechsel in der Wissenschaft, da ersterer oftmals altes kulturelles Material integriert und recycelt, statt es, wie letzterer, zu verwerfen. Aus genau diesem Grund ist der kulturelle Wandel auch »chaotisch«: weil neue Ideen, Werte und kulturelle Modelle mit bestehendem Kulturmaterial koexistieren, dieses in sich eingliedern und umarbeiten. In diesem Sinn handelt es sich bei Kultur immer um ein Palimpsest, in dem das Neue über dem Alten zu stehen kommt. Die zentrale Frage der folgenden Kapitel lautet, welche »alten Wahrheiten« und »alten Überzeugungen« dies sind, die von der Psychoanalyse und der Psychologie umformuliert wurden.

---

48 John P. Murphy, *Pragmatism. From Peirce to Davidson*, Boulder 1990, S. 54f.

2.

Freuds kulturelle Innovation

Was in der Welt des Wissenschaftlers vor der Revolution
Enten waren, sind nachher Kaninchen.
Ein Mensch, der zuerst die Außenseite eines Kastens
von oben sah, sieht später die Innenseite von unten.
*— Thomas S. Kuhn**

In einer Titelgeschichte über das Vermächtnis Freuds bezeichnete das amerikanische Magazin *Newsweek* Freud
2006 als »treibende Kraft eines Kneipengequatsches geistiger Normalverbraucher, das unsere Kultur seit einem
Jahrhundert in Beschlag genommen hat. Ohne Freud wäre Woody Allen nur ein Trottel und Tony Soprano nichts
weiter als ein Gangster, gäbe es zwar einen Ödipus, aber
keinen Ödipuskomplex.«[1] Wie und warum kam es dazu,
daß sich die Freudschen Anschauungen, die zunächst auf
nicht mehr als eine wissenschaftliche Theorie des Geistes
zielten, zu einer alles durchdringenden populären Sprache
entwickelten, einer Sprache, die von dem warenförmigen
Reich der Massenmedien aufgegriffen und endlos recycelt
wurde? Wie wurde die – »Freudsche, Neo-Freudsche und
Post-Freudsche« – Psychoanalyse »mit sämtlichen Aspekten des amerikanischen Lebens verwoben«?[2] Welcher Prozeß hat dies bewirkt? Vielleicht etwas unbescheiden möchte
ich behaupten, daß nur die kombinierten Perspektiven der
Kultursoziologie und der Soziologie der Emotionen mit ih-

---

* Das Motto stammt aus Thomas S. Kuhn, *Die Struktur wissenschaftli-*
cher Revolutionen, 2. Aufl., Frankfurt/M. ¹³1995, S. 123.
1 Jerry Adler, »Freud in Our Midst«, *Newsweek*, 27. März 2006, www.
newsweek.com/id/46977.
2 Hendrik Ruitenbeek, *Freud and America*, New York 1966, S. 13.

rem Interesse an Institutionen, Bedeutungen und dem Seelenleben uns dabei helfen können, diese verzwickten Fragen
angemessen anzugehen.[3]
Robert Wuthnow zufolge gibt es drei Ansätze, um sozialen und kulturellen Wandel zu erklären: Der erste legt
sein Hauptaugenmerk auf das Entstehen neuer Klassen; der
zweite versteht sozialen Wandel als fortlaufende Anpassung
an Komplexitätssteigerungen; der dritte, von Max Weber
inspirierte schließlich schreibt charismatischen Einzelpersonen erheblichen Einfluß zu.[4] Dies ist zwar keine vollständige Liste aller möglichen Erklärungen, mit denen wir uns
unserer Fragestellung annehmen könnten, doch muß unser Ausgangspunkt in dem charismatischen Charakter des
Freudschen Vorhabens liegen. Denn bevor es zu einem Berufsstand wurde, war das psychoanalytische Unternehmen
das Projekt einer einzigen Person.
Im gegenwärtigen intellektuellen Kontext der Sozialwissenschaften muß eine solche Behauptung mit erheblichen
Einschränkungen versehen werden. Aus Furcht, in jene
verrufenen Zeiten zurückzufallen, in denen die Geschichte
als Resultat individueller Handlungen und Entscheidungen galt, blendet die Suche nach kulturellen Mustern und
Strukturen, die die Kultursoziologie seit geraumer Zeit bestimmt, üblicherweise den Beitrag innovativer Einzelpersonen zur Schaffung neuer kultureller Kodes aus.[5] So ist
etwa, wenn heutzutage ein Soziologe von der »Erfindungs-

3   Eine vergleichbare Betonung der Kultur und der Emotionen findet sich
bei Joel Pfister, »On Conceptualizing the Cultural History of Emotional
and Psychological Life in America«, in: Joel Pfister u. Nancy Schnog (Hg.)
Inventing the Psychological, New Haven 1997, S. 17-62.
4   Robert Wuthnow, »Cultural Chance and Sociological Theory«, in:
Hans Haferkamp u. Neil J. Smelser (Hg.), *Social Change and Modernity*,
Berkeley 1991, S. 256-76, ⟨http://ark.cdlib.org/ark:/13030/ft6000078s/⟩
5   Eine ausgezeichnete Kritik an der Vernachlässigung der Kreativität in
der Gesellschaftstheorie bietet Hans Joas, *Die Kreativität des Handelns*,
Frankfurt/M. 1996.

gabe« spricht, im Normalfall nicht mehr gemeint als freies, also »nichtdeterministisches« Handeln.[6] Die »Erfindungs-gabe« ist zur bloßen fortlaufenden Kreativität herabgesun-ken, mit der die Akteure ihre Absichten und Strategien zur Geltung bringen.[7] Ironischerweise haben die Soziologen, als sie sich auf die Kreativität von Routinehandlungen konzentrierten, zugleich den Routinecharakter der (künst-lerischen oder wissenschaftlichen) »Kreativität« herausge-arbeitet, die typischerweise als Resultat sozialer Netzwerke und Konventionen, von Ressourcenverteilung und organi-satorischen Strukturen betrachtet wird.[8] Die Strategie der Soziologie lief also darauf hinaus, die »Kreativität« in eine gewöhnliche soziale Aktivität zu verwandeln, indem man sie zu den von ihr mobilisierten strukturellen, organisato-rischen oder sozialen Ressourcen hinzuschlägt – um ihr auf diese Weise gesellschaftliche Relevanz und Transformati-onskraft zu verleihen.[9] Doch selbst wenn das therapeuti-sche Denken im amerikanischen Fall aus der verworrenen Geschichte des privaten Lebens, dem Gesundheitswesen und den noch jungen, nach neuen Botschaften gierenden Kulturindustrien hervorgeht, dürfen wir nicht übersehen,

6 »Nur weil Erfinden in phänomenologischer Gleichförmigkeit verbor-gen ist, kann Kultur so formbar sein und individuelles Handeln auf so bewegliche Art vollzogen werden.« Jeffrey C. Alexander, »Handeln und seine Umwelten«, in: ders., *Soziale Differenzierung und kultureller Wan-del. Essays zur neofunktionalistischen Gesellschaftstheorie*, Frankfurt/M. 1993, S. 210.
7 »[...] von dieser [allgemeinen Handlungstheorie] wird hier behauptet, daß sie die Kreativität als Dimension allen menschlichen Handelns enthal-ten und Routine als Resultat von Kreativität verstehen soll« (Joas, *Kreati-vität des Handelns*, S. 287).
8 Eva Illouz, *Oprah Winfrey and the Glamour of Misery. An Essay on Popular Culture*, Berkeley 2003.
9 Vgl. Harrison C. White u. Cynthia A. White, *Canvases and Careers. Institutional Change in the French Painting World*, Chicago 1993; Paul DiMaggio, »Market Structure, the Creative Process, and Popular Culture. Toward an Organizational Reinterpretation of Mass-Culture Theory«, in: *Journal of Popular Culture* 11, Nr. 2 (1977), S. 436-52.

daß ein einzelner sozialer Akteur – Sigmund Freud – die
Vorstellungskraft seiner Zeitgenossen mit Metaphern und
Erzählungen blendete, welche die Kluft zwischen der spezialisierten Praxis von Psychologie, Neurologie, Psychiatrie und Medizin auf der einen Seite und dem Reich der
populären Kultur und der Hochkultur auf der anderen Seite überbrückten. Wie Jürgen Habermas formulierte: »Am
Ende des 19. Jahrhunderts ist eine Disziplin [die Psycho-
analyse], zunächst als das Werk eines einzelnen Mannes
[Freud], entstanden [...].«[10] Sigmund Freuds Theorien und
ihr Einfluß auf die amerikanische Kultur zwingen uns also,
die Rolle kreativer Akteure im geschichtlichen Prozeß von
neuem zu untersuchen. Nur dürfen wir diese charismatischen Akteure dabei nicht als freischwebend Handelnde,
sondern wir müssen sie als »Marker« verstehen, die auf
die Herausbildung neuer Gesellschaftsstrukturen und kultureller Kodes hinweisen.

Die Psychoanalyse als charismatisches Unternehmen

Charisma ist eine Eigenschaft von Individuen. Max Weber zufolge speist sich charismatische Macht – im Unterschied zu rationaler oder traditionaler Herrschaft – aus
außergewöhnlichen persönlichen Fähigkeiten wie Stand-
haftigkeit, Willensstärke und dem Einsatz für das Wohl
anderer.[11] Folgt man Paul Roazen, einem der bekanntesten

10   Jürgen Habermas, *Erkenntnis und Interesse*, Kap. 10: Selbstreflexion
als Wissenschaft: Freuds psychoanalytische Sinnkritik, Frankfurt/M. ⁹1988,
S. 262. Habermas' Ansicht wird nicht von allen geteilt. So behauptet etwa
Henri F. Ellenberger in *Die Entdeckung des Unbewußten. Geschichte und
Entwicklung der dynamischen Psychiatrie von den Anfängen bis zu Janet,
Freud, Adler und Jung*, Zürich 2005, Freud sei nur ein Glied in einer langen
Kette von psychotherapeutischen Behandlungsansätzen gewesen.
11   Max Weber, *Wirtschaft und Gesellschaft*, 2. Halbband, Kap. 9: Sozio-
logie der Herrschaft, 5. Abschn.: Die charismatische Herrschaft und ihre

Biographen Freuds, dann war Freud »ein Lehrer, der zu begeistern verstand, einer von der Art der griechischen Philosophen oder eines großen Rabbi. Seine Schriften, seine Vorlesungen und seine Therapie verstärkten noch die magnetische Anziehungskraft seiner Persönlichkeit, hielten seine treuen Anhänger in seinem Bann; nicht nur zu Lebzeiten, sondern auch heute noch.«[12] Wenn die Psychoanalyse immer wieder mit einem Kult verglichen wurde, dann deshalb, weil sie sich ganz um Freuds Persönlichkeit drehte und von denen, die sie ausübten, unbedingte Loyalität gegenüber den Lehren des Meisters erforderte. Auch ging sie mit einer Menge strenger Maßregeln einher, die das weitgespannte Netz der praktizierenden Analytiker zusammenschweißte. So beschreibt Max Graf die frühen Treffen des psychoanalytischen Kreises in Wien: »Es herrschte eine Atmosphäre von Religionsgründung im Raum. [...] Freuds Schüler waren seine Apostel.«[13] Wilhelm Stekel, ein weiterer Anhänger Freuds, der später zum Dissidenten wurde, schrieb: »Ich war der Apostel Freuds, der mein Christus war!«[14] Die Psychoanalyse war mit anderen Worten nicht nur ein Gedankengebäude; sie war eine neue Glaubenslehre, getragen von einem Menschen, der die Fähigkeit besaß, seinen Anhängern sowohl Disziplin als auch Liebe abzuverlangen. Wenn, wie Weber sagt, »das Charisma [...] nur innere Bestimmtheiten und Grenzen seiner selbst [kennt]«,[15] dann trifft dies hundertprozentig auf Freud zu. Einer seiner Biographen formuliert es wie folgt: »Freud strahlte eine gebändigte Kraft aus, eine gewaltige Energie, die im Dienste eines einzigen Ziels stand: der Psy-

Umbildung, Tübingen ⁵1980, S. 654-687.
12 Paul Roazen, *Sigmund Freud und sein Kreis*, Gießen 1997, S. 31.
13 Zitiert nach ebd., S. 188.
14 Zitiert nach Louis Breger, *Freud. Darkness in the Midst of Vision*, New York 2000, S. 177.
15 Weber, *Wirtschaft und Gesellschaft*, S. 655.

choanalyse.«[16] Freuds gesamtes Lebenswerk ist von seiner
außergewöhnlichen Entschlossenheit geprägt, seinen Ideen
zur Geltung zu verhelfen, ungeachtet der ursprünglichen
Ablehnung der Psychoanalyse, der Abspaltungen von der
Gruppe und der dramatischen Zerwürfnisse mit Mentoren
und Kollegen. In Wirklichkeit nutzte Freud diese Konflikte und Brüche, um den Zusammenhalt seiner Gruppe und
seiner Ideen zu stärken.

Ein weiterer Aspekt der charismatischen Führungsgestalt
besteht darin, daß sie in den Augen der Menschen um das
Heil anderer besorgt ist. Um noch einmal Max Weber zu
zitieren: »Der charismatische Held [...] gewinnt und behält
sie [seine Autorität] nur durch *Bewährung* seiner Kräfte im
Leben. [...] Vor allem aber muß sich seine göttliche Sendung
darin ›bewähren‹, daß es denen, die sich ihm gläubig hin-
geben, *wohlergeht.*«[17] Freuds revolutionäre Ideen hatten in
der Tat einen zentralen Gegenstand – seelisches Leid – und
boten noch nie dagewesene Techniken, diesem ein Ende zu
bereiten bzw. es zu lindern. Charismatische Führer üben einen besonders mächtigen Einfluß aus, wenn sie in die Rolle
von Heilern schlüpfen und kulturelle Strategien zur Bewältigung von Leid im Angebot haben. Das Freudsche Unternehmen schuf ein neues Forum, um Leid zum Ausdruck zu
bringen und zu diskutieren, und nahm so in vielerlei Hinsicht Züge einer (Volks-)Erlösungsreligion an.

Entscheidend ist aber vielleicht am Ende, daß der charismatische Führer auf Tuchfühlung mit »einem der wirklich wesentlichen Aspekte der menschlichen Existenz und
des Kosmos, in dem er lebt«, zu sein hat oder zumindest
so wahrgenommen werden muß.[18] Und in der Tat gelang

---

16   Breger, *Freud*, S. 178.
17   Weber, *Wirtschaft und Gesellschaft*, S. 656.
18   Edward Shils, zitiert nach S. N. Eisenstadt, Einleitung zu Max Weber,
On Charisma and Institution Building. Selected Papers, hg. von S. N. Eisenstadt, Chicago 1968, S. XXV.

es Freud und der jungen Disziplin der Psychoanalyse, wie ich im folgenden zeigen werde, direkt an zentrale Fragen der modernen Identität anzuknüpfen: an die Sexualität, den Übergang von der Kindheit zum Erwachsensein und an das Wesen der Elternschaft. Weber interpretierend fügt Johannes Fabian hinzu: »Indem er Charisma als Substrat von Prozessen der Routinebildung/Rationalisierung definierte, gab [Weber] zu verstehen, daß sich ein Verständnis kulturellen Wandels auf die Entstehung, Formulierung und Manipulation von Sinn konzentrieren muß.«[19] Wie wir weiter unten sehen werden, sollte Freud die wichtigste Kosmologie des modernen Selbst hervorbringen, indem er sie mit den Idealen der Autonomie und Selbsterkenntnis und dem Streben nach Glück verband.

Talcott Parsons geht in seinen Überlegungen zum Charisma davon aus, dieses sei eine Eigenschaft, die »allen Menschen und Dingen aufgrund ihrer Verbindung mit dem ›Übernatürlichen‹, also mit nichtempirischen Aspekten der Realität, innewohnt, insofern diese Verbindung dem Tun der Menschen und den Ereignissen in der Welt teleologisch Sinn verleiht«.[20] Charisma hat, mit anderen Worten, seinen Ursprung in realen Individuen, kann aber zu einem späteren Zeitpunkt auch Gegenständen oder Ideen anhaften. Dieser Auffassung zufolge konnte die Psychoanalyse also selbst zu einem charismatischen Objekt werden, weil sie über das Potential verfügte, alle Aspekte des täglichen Lebens in sinnvolle, der Entzifferung harrende Ereignisse zu verwandeln. Nicht nur war Freud eine charismatische Gestalt, sondern die Psychoanalyse selbst wurde aufgrund ihrer Fähigkeit,

19 Johannes Fabian, »Charisma and Cultural Change. The Case of the Jamaa Movement in Katanga (Congo Republic)«, in: *Comparative Studies in Society and History* 11, Nr. 2 (1969), S. 158.
20 Talcott Parsons, *The Structure of Social Action. A Study in Social Theory with Special Reference to a Group of Recent European Writers*, New York 1961, Fn. 668 F.

das gewöhnliche Leben mit einem Reich »übernatürlicher«
Symbole zu verbinden, zu einem charismatischen Unternehmen.

Doch wie charismatisch sie auch immer sein mögen,
Ideen und Bedeutungen lassen sich nur verbreiten, indem
sie durch eine Organisationsstruktur geschleust werden
– genau dies ist der Prozeß, der Charisma in Routine verwandelt. Die Frage, wie Ideen verbreitet und die Akteure,
die diese Ideen aufgreifen, mobilisiert werden, ist also entscheidend, um zu verstehen, wie und warum diese Ideen in
gesellschaftliche Institutionen integriert werden.

Die soziale Organisation des Freudschen Charismas

Wissenschaftliches Wissen ist zugleich in kulturellen Formen und kulturellen Organisationen eingebettet, die es an
einem bestimmten Ort und in einer bestimmten Zeit veran-
kern.[21] Folglich müssen wir die soziale Identität jener Gruppen von Personen bestimmen, die Freuds Ideen zur Kenntnis
nahmen und verarbeiteten, was meiner Meinung nach ein
entscheidender Schritt ist, um zu verstehen, warum diese
Ideen positiv aufgenommen und verbreitet wurden.

Die Kultursoziologie ist besonders sensibel für die Frage,
wo Kultur angesiedelt ist, das heißt, für wen und von wem
eine Idee angeeignet wird. Denn die umfassende Weiterver-
breitung einer kulturellen Form hängt doch vor allem von
ihrer Organisation und Institutionalisierung ab, ungeachtet
dessen, inwieweit sie mit den kulturellen Gegebenheiten einer Gesellschaft in Einklang steht. Freuds Erfolg in Amerika
verdankte sich dem Umstand, daß er in Europa eine Theorie

---

21 Vgl. Margaret Somers, »The Privatization of Citizenship. How to Un-
think a Knowledge Culture«, in: Victoria E. Bonnell u. Lynn Hunt (Hg.),
*Beyond the Cultural Turn. New Directions in the Study of Society and
Culture*, Berkeley 1999.

großer Reichweite auf eine solide organisatorische Struktur gegründet hatte, die die rasche Verbreitung psychoanalytischer Konzepte und Praktiken sowie ihre Aneignung durch Akteure in Schlüsselpositionen des wissenschaftlichen und kulturellen Establishments ermöglichte. Freud war ein überragender Organisator, der es verstand, die Psychoanalyse mit Hilfe von Organisationen und sozialen Netzwerken zu institutionalisieren.[22] Diesen Prozeß, durch den Ideen institutionalisiert werden, müssen wir verstehen, denn erst durch ihn kann eine konzeptuell neue Sprache »einen mächtigen Einfluß auf die Art und Weise [ausüben], wie Menschen ihre Wünsche formulieren und auf deren Befriedigung hinarbeiten«.[23]

Drei Aspekte der organisatorischen Struktur der frühen Psychoanalyse trugen dazu bei, daß diese erheblichen Einfluß gewann: der enge Zusammenhalt einer kleinen Gruppe von Anhängern, die Freud um sich scharte; die Abkehr einiger ihrer prominenten Mitglieder; sowie die internationale Organisationsstruktur der frühen Psychoanalyse.

Zwischen 1902 und 1906 unterhielt Freud eine »Psychologische Mittwochsgesellschaft«. Zweck der informellen Treffen war es, enge Kontakte zwischen den neu rekrutierten Schülern der Psychoanalyse zu stiften und neue Ideen hervorzubringen. Der halboffizielle Initiationsritus für neue Mitglieder bestand darin, ein Referat zu halten. Freud ermutigte die Versammelten dazu, offen zu diskutieren und auch ihre Gefühle, Phantasien und Träume preiszugeben, damit sie in der Gruppe interpretiert werden konnten. Als erster Ausländer besuchte 1907 der Schweizer Max Eitin-

---

22 Die folgende Analyse stützt sich stark auf Edith Kurzweil, *Freud und die Freudianer. Geschichte und Gegenwart der Psychoanalyse in Deutschland, Frankreich, England, Österreich und den USA*, Stuttgart 1993.
23 Paul J. DiMaggio u. Walter W. Powell, Einleitung zu Walter W. Powell u. Paul J. DiMaggio (Hg.), *The New Institutionalism in Organizational Analysis*, Chicago 1991, S. 29.

gon die Gruppe, um sich Rat zu holen. Er wurde später
zu einem der entschiedensten Verfechter der Psychoanalyse in England und steht somit beispielhaft für die tatsächlich weltweite Ausstrahlung des ursprünglichen Kerns der
Gruppe. Die Mittwochsgesellschaft konsolidierte und erweiterte den Kern der Freudanhänger.[24] Ein weiterer Beleg
für den engen Zusammenhalt der psychoanalytischen Gruppe ist, daß 1908 mit der von Karl Abraham gegründeten
Berliner Psychoanalytischen Vereinigung der Grundstein
für die offizielle Ausbildung von Psychoanalytikern gelegt
wurde. In ihrer Methodik – die Teilnehmer diskutierten
die theoretischen und methodischen Probleme ihrer Fälle
– folgten die Berliner der Mittwochsgesellschaft. Diese Organisation wurde schließlich auf der ganzen Welt kopiert,
zweifellos ein früher Beleg für den von DiMaggio und Powell so genannten Isomorphismus bzw. die Fähigkeit von
Organisationen, einander zu imitieren.[25] Daß sie über ein
weitgespanntes soziales Netz und eine in zentralen Punk-
ten standardisierte Praxis und Ausbildung verfügte, erklärt,
warum »die freudianische ›Gruppe‹« seit den Anfangstagen
der psychoanalytischen Theorie »sowohl national als auch
international«[26] ausgerichtet war.

Im selben Jahr 1908 wandelte sich die Gruppe zu einer
professionellen Organisation. Die Mittwochsgesellschaft
wurde in Wiener Psychoanalytische Vereinigung umbenannt
und richtete in Salzburg den ersten internationalen psychoanalytischen Kongreß aus, der zweifellos zur weltweiten
Verbreitung der Psychoanalyse beitrug. 42 überwiegend aus
Österreich und der Schweiz, aber auch aus den Vereinigten Staaten, England, Deutschland und Ungarn stammende

---

24 Zu diesen Anhängern zählten unter anderem Alfred Adler, Rudolf
Reitler, Isidor Sadger, Wilhelm Stekel, Rainer Maria Rilke, Otto Rank und
Alfred Meisl.
25 DiMaggio u. Powell, Einleitung zu *The New Institutionalism*.
26 Kurzweil, *Freud und die Freudianer*, S. 5.

Psychoanalytiker nahmen daran teil.[27] Mit der Gründung der Internationalen Psychoanalytischen Vereinigung (IPV) vergrößerte sich der Kreis erneut. Die internationale Organisation war als eine Vereinigung lokaler (nationaler) psychoanalytischer Gesellschaften angelegt, die jeweils unter einer von Freud gutgeheißenen Führung standen. Auf diese Weise konnte Freud das internationale Netzwerk der Mitglieder weiträumig überwachen. In diesem Zusammenhang ist es interessant, daß die »Psychoanalyse [...] der einzige Berufszweig [war], der über eine internationale Basis verfügte, noch bevor lokale Organisationen eingerichtet waren, und dadurch konnten die Freudianer es sich gestatten, lokale und nationale Gewohnheiten, Eigentümlichkeiten und Gesetze zu ignorieren«.[28]

Die IPV war speziell darauf ausgerichtet, die Botschaft der Psychoanalyse in die Welt zu tragen. Tatsächlich kann Kreativität nur dann soziale Geltung erlangen, wenn sie »in Gruppen reist«.[29] Dies deckt sich mit den Befunden der Soziologie sozialer Netzwerke, die gezeigt hat, daß professionelle Netzwerke dazu dienen, Informationen und Wissen mittels offizieller Treffen, Fachzeitschriften und informeller Netzwerke in Umlauf zu bringen.[30] Und tatsächlich versammelten sich die Mitglieder der IPV auf halbjährlichen Kongressen und pflegten einen intensiven Briefverkehr, um Ideen, Resultate und Fragen auszutauschen. Nicht nur Analytiker machten die Prinzipien der Freudschen Lehre weltweit bekannt, auch ehemalige Patienten wurden angehalten,

27 Vgl. Breger, *Freud*, S. 179.
28 Kurzweil, *Freud und die Freudianer*, S. 68.
29 Stephan Fuchs, *Against Essentialism. A Theory of Culture and Society*, Cambridge, MA 2001, S. 188; vgl. auch Randall Collins, *The Sociology of Philosophies. A Global Theory of Intellectual Change*, Cambridge, MA 1988.
30 Vgl. etwa Walter Powell u. Laurel Smith-Doerr, »Networks and Economic Life«, in: Neil Smelser u. Richard Swedberg (Hg.), *The Handbook of Economic Sociology*, Princeton 1994, S. 368-402.

dies zu tun, was den Einfluß und die Verbreitung der Psychoanalyse erheblich steigerte.[31]

Der Ausschluß so prominenter Abweichler wie Alfred Adler und C. G. Jung machte deutlich, daß die ursprüngliche Organisation entschlossen war, eine Einheit zu schmieden und die Weiterentwicklung der psychoanalytischen Lehre und Praxis unter ihrer Kontrolle zu behalten.[32] Paradoxerweise trugen die Abweichler zur wachsenden Bekanntheit der psychoanalytischen bzw. psychologischen Weltanschauung bei, da sie einige ihrer grundlegenden Voraussetzungen teilten und weiter in Umlauf brachten: daß das Selbst durch einen Therapeuten und in der Beziehung zu ihm gewandelt und geformt werden konnte, daß sich die Psyche aus vielen verschiedenen Schichten zusammensetzte, die es zu verstehen und zu meistern galt, und daß die Sprache eine Schlüsselrolle bei der Schaffung des eigenen Selbst spielte. Weil die Psychologen in den Klassifikationen und institutionellen Strukturen ihres Berufs gefangen sind, sehen sie vielleicht nicht, was eine Soziologin sehen kann: daß nämlich Jung, Adler und Rank trotz der heftigen Dispute, die sie Freud entfremdeten, in vielerlei Hinsicht seine Auffassung über den angemessenen Schauplatz der Erforschung, Verbesserung und Veränderung von Menschen teilten. In den Vereinigten Staaten trugen die durch Karen Horneys und Erich Fromms Abfall von Freuds Lehre ausgelösten Debatten dazu bei, die Psychoanalyse nur noch stärker ins Blickfeld zu rücken und erfolgreich einige ihrer Schlüsselbegriffe zu etablieren. Tatsächlich halfen genau diese Kämpfe dabei, die Grenzen des sozialen Felds, in dem

31 Vgl. etwa eine von Roazens Interviewpartnerinnen, die, nachdem sie bei Freud in Analyse gewesen war, in die Vereinigten Staaten zurückkehrte, um dort die Psychoanalyse zu ihrem Beruf zu machen (*Freud und sein Kreis*, S. 14).
32 Adler wurde ausgeschlossen, weil er auf die gesellschaftliche Anwendung psychoanalytischer Theorien drängte. Solche Anwendungen betrachtete Freud als wenig hilfreich, um das Unbewußte zu verstehen.

sie stattfanden, abzustecken und zu befestigen. Die heftigen und erbitterten Auseinandersetzungen stärkten am Ende den kulturellen Kern und Zusammenhalt der Psychoanalyse als einer professionellen Praxis.

Die Abspaltungen stärkten aber nicht nur den Kern der Psychoanalyse, sondern machten auch einige ihrer Grundelemente noch stärker publik. Sie führten darüber hinaus dazu, daß Freud sich auf ein kleines Komitee von Leuten stützte, die ebenso als Wächter der reinen Lehre wie als seine direkten Sendboten zur Verkündigung des ›Evangeliums‹ fungierten. Karl Abraham, Ferenczi, Rank, Sachs, Jones und Eitingon sollten allesamt in ihren Heimatländern zu prominenten und leidenschaftlichen Psychoanalytikern werden und somit der Ausbreitung der Psychoanalyse durch neugeknüpfte soziale Netze weiteren Auftrieb verleihen.

Freilich lassen diese allgemeinen Anmerkungen zur Organisation der Psychoanalyse nach wie vor die Frage unbeantwortet, warum deren Konzepte auf dem amerikanischen Kontinent so bereitwillig aufgegriffen wurden. Freuds Vorträge an der Clark University in Worcester (Massachusetts) im Jahr 1909 waren nicht nur für die Psychoanalyse ein einschneidendes Ereignis, sondern auch für die amerikanische Kultur, die Freuds Vorstellungen begierig, wenn auch selektiv aufsog. Wie Peter Gay festhält, erbrachte seine Reise in die Vereinigten Staaten Freud den Beweis, »daß seine Bewegung nun eine wirklich internationale Angelegenheit war«.[33] Seine Vorträge an der Clark University ließen ihn zudem »über Nacht berühmt werden«.[34] Edith Kurzweil begründet dies lakonisch mit der amerikanischen Begeisterung für alles Neue. Weil es aber schon genügend »neue« Ideen gegeben hat, die von den Amerikanern keineswegs freudig

33 Peter Gay, *Freud. Eine Biographie für unsere Zeit*, Frankfurt/M. 1989, S. 243.
34 Kurzweil, *Freud und die Freudianer*, S. 38.

begrüßt wurden, müssen wir die Frage, warum sich die amerikanische Kultur so gut zur Aufnahme psychoanalytischer Ideen eignete, eingehender untersuchen.

Freud in Amerika

Jeder Versuch, die außergewöhnliche Resonanz der Psychoanalyse in Amerika zu erklären, muß eine Reihe von zeitgleich wirksamen Faktoren in Rechnung stellen, die mit der gesellschaftlichen Organisation der Medizin in Amerika, ihrem Verhältnis zur Psychotherapie, den Gruppen und Netzwerken, die die Psychoanalyse publik machten, und schließlich dem Charakter psychoanalytischer Ideen selbst zu tun haben.

Der Kontext der amerikanischen Psychoanalyse:
Ärztliche Heilkunde versus Spiritualität

Kein Land zeigte sich so aufgeschlossen für die Freudschen Ideen wie Amerika. Für diese Aufgeschlossenheit gibt es viele Gründe, unter denen jedoch einer heraussticht: »Als Freud zum erstenmal seinen Fuß auf amerikanischen Boden setzte, war die Psychotherapie bereits vollständig in das Gefüge der amerikanischen Kultur und der amerikanischen Medizin integriert.«[35] An der Wende zum 20. Jahrhundert war die Psychologie bereits eine etablierte akademische Disziplin. Anders als in Europa stand das medizinische Establishment in Amerika der Psychotherapie aufgeschlossen gegenüber. Der medizinische Diskurs beschäftigte sich mit solchen psychischen Problemen wie der Neurasthenie, der Eisenbahnkrankheit bzw. Unfallneurose (»railway spine«) und der Hysterie. Parallel zum medizinischen Interesse an

35 Eric Caplan, *Mind Games. American Culture and the Birth of Psychotherapy*, Berkeley 1998, S. 151.

solchen Erkrankungen und den entsprechenden Behandlungsformen wurden auch nichtwissenschaftliche Heilprak-
tiken ausgeübt, etwa von der »Mind-cure«-Bewegung, der
(von einer Gruppe Bostoner Ärzte und Priestern der Epi-
skopalkirche begründeten) Emmanuel-Bewegung, der Neu-
geist-Bewegung, der Christlichen Wissenschaft sowie weiteren spiritualistisch oder religiös geprägten Gruppen.[36]
   Amerika bot einen besonders fruchtbaren Boden für die
Psychoanalyse, weil verschiedene Methoden des Heilens
»durch den Geist« bereits gängig waren und in der Ärzteschaft den Gegenstand heftiger öffentlich ausgetragener
Kontroversen gebildet hatten, noch bevor Freud in Amerika eintraf. In den ersten Jahrzehnten des 20. Jahrhunderts
kämpften die Ärzte mit allen Mitteln darum, die Geistes-
kranken der Geistlichkeit sowie einer ganzen Armada von
Heilkünstlern unterschiedlichster Couleur zu entreißen, weil
sie der Meinung waren, diese Patienten würden durch die
konventionelle Medizin besser geheilt. Auch die akademische Psychologie war in bezug auf den Status und die Stich-
haltigkeit der Heilmethoden der religiösen Vorläufer der
Psychotherapie gespalten.[37] Wie die Ärzteschaft beschuldig-
te sie populäre Bewegungen wie die Emmanuel-Bewegung,
weder gute Medizin noch wahre Religion, noch einwand-
freie Psychologie zu betreiben.
   Das paradoxe Ergebnis dieser Kontroversen bestand
darin, die Vorstellung zu stärken, daß geistige Heilverfahren so notwendig wie wirksam waren. »Am Vorabend von
Freuds historischem Amerikaaufenthalt im September 1909
war eine Vielzahl, wenn nicht gar die Mehrheit der amerikanischen Ärzte dazu bereit, energisch ihr Exklusivrecht auf
die Anwendung einer Methode zu verteidigen, die von vie-

---

36 Vgl. Caplan, *Mind Games;* sowie Eva Moskowitz, *In Therapy We
Trust. America's Obsession with Self-Fulfillment*, Baltimore 2001.
37 Vgl. etwa Caplan, *Mind Games*, S. 145 f., über den Widerstand von
Psychologen wie Henry Rutgers Marshall und Hugo Münsterberg.

len Angehörigen des Fachs zuvor schlechtgemacht und von
noch erheblich mehr schlichtweg ignoriert worden war.«[38]
Tatsächlich kann – und wird – der »Widerstand« gegen kulturelle Anschauungen häufig darauf hinauslaufen, genau die
Anschauungen zu stärken, denen er sich widersetzt, weil der
Widerstand eine »Anerkennung ihrer zentralen Bedeutung«
impliziert.[39] Kulturelle Vorherrschaft wird mithin nicht
unbedingt nur dadurch erreicht, daß man Zustimmung erlangt, sondern auch dadurch, daß man eine Art kultureller
Betriebsamkeit *im Zusammenhang* mit einem bestimmten
kulturellen Gegenstand erzeugt, wobei diese Betriebsamkeit
durchaus die Form einer Kontroverse annehmen kann.

Kurzum: Weil geistige Heilverfahren ein Streitthema
zwischen den gegensätzlichen Lagern der religiösen Geistlichkeit und der Ärzteschaft gebildet hatten, wurden Freuds
Sprache und Kategorien in einem kulturellen Umfeld wahrgenommen, in dem geistige Behandlungsformen und geistige Heilung bereits sichtbare und bedeutsame Kategorien des
öffentlichen Diskurses waren.

Die Rezeption von Freuds Ideen und die kulturellen Eliten

Der unmittelbare Kontext, in dem die Clark Lectures, die
erste Begegnung zwischen Freud und dem amerikanischen
Kontinent, aufgenommen wurden, spielte ebenfalls eine
wichtige Rolle bei der anschließenden Verbreitung von
Freuds Ideen. Unter den Zuhörern der 1909 gehaltenen
Vorlesungen befanden sich Angehörige diverser kultureller
Eliten, die Freuds Vorstellungen aufgrund ihres Zugangs zu
Netzwerken und Ressourcen in verschiedene Foren des ge-
sellschaftlichen Lebens hineintragen konnten. Eliten sind es
auch, die neuen Ideen zu Autorität und Legitimität verhel-

38 Ebd., S. 147.
39 William H. Sewell Jr., »The Concept(s) of Culture«, in: Bonell u.
Hunt, *Beyond the Cultural Turn*, S. 57.

fen können. Während Freuds Theorien in Deutschland ignoriert oder beiseite gewischt worden waren, verliehen Teile
des universitären Establishments in den Vereinigten Staaten
diesen bahnbrechenden neuen Vorstellungen ihr Gütesie-
gel und damit wissenschaftliche Legitimität. Unter Freuds
Zuhörern befanden sich führende Vertreter der psychiatri-
schen und neurologischen Elite, etwa Stanley Hall, William
James, James Putnam, E. B. Titchener und Adolf Meyer.
Der Neurologe Morton Prince, der mit Hypnose arbeitete,
war besonders an Freuds Hypnosetechnik zur Offenlegung
des Unbewußten interessiert. Auf ähnliche Weise war James
Putnam, ein Neurologe, der an einem Begriff des Unbewußten gearbeitet hatte, neugierig auf Freuds Entwicklung eines Unbewußten und dessen therapeutischem Wert. Schon
1904, als er bereits einen beispiellosen Ruf unter seinen Kollegen genoß, sprach sich Putnam für die Nützlichkeit der
Psychoanalyse aus. Seine Wertschätzung von Freuds Ideen
nahm durch die Clark Lectures noch zu, und angesichts
seiner Schlüsselposition in der amerikanischen Neurologie
sollte er zu einem entscheidenden Faktor für Freuds Erfolg
werden. Wie Putnam übernahm auch Abraham Brill, ein in
Zürich ausgebildeter Arzt, die Rolle, die Psychoanalyse zu
übersetzen, zu organisieren und sowohl für die Ärzteschaft
als auch für die breite Öffentlichkeit zu popularisieren. Der
berühmte Psychiater Adolf Meyer stand der Idee kindlicher
Sexualität aufgeschlossen gegenüber und fand in der Psychoanalyse Anhaltspunkte für seine Behauptung, Geisteskrankheiten rührten weder von Hirnverletzungen noch von
erblichen Veranlagungen her.[40] Auch William James, der
vielleicht berühmteste Psychologe der Vereinigten Staaten,
verfolgte Freuds Vorlesungen, und obgleich er einigen ihrer
Aspekte skeptisch gegenüberstand, hoffte er doch auf einen
Durchbruch der Psychoanalyse. Obwohl sich Freuds gesell-

40   Nathan G. Hale, *Freud and the Americans. The Beginnings of Psychoanalysis in the United States, 1876-1917*, New York 1971.

schaftliche Legitimität im wesentlichen der Anerkennung
verdankte, die er in der Ärzteschaft genoß, sprach er auch
andere Elitegruppen wie etwa Intellektuelle und Feministinnen an.[41] So befand sich unter Freuds Zuhörerschaft etwa
Emma Goldman, die Vordenkerin, politische Aktivistin und
Anführerin der Anarchistenbewegung; nachdem sie seine
Vorträge gehört hatte, war sie überzeugter denn je, daß die
weibliche Sexualität befreit werden mußte. In Freuds Theorie sah sie ein zwingendes Argument gegen die »Heuchelei
des Puritanismus«.[42]

    In der Rezeptionsgeschichte von Texten hat sich immer
wieder gezeigt, daß sich mehrdeutige Texte einer Vielzahl
von Sichtweisen, Werten und Bedürfnissen anverwandeln
lassen und sich so bei ganz unterschiedlichen Leserschaften
behaupten. Freuds Vorlesungen eigneten sich besonders gut
für eine solche Fülle von Interpretationen. Sie waren breit
genug angelegt, aber auch hinreichend vieldeutig, um die
Aneignung der in ihnen behandelten Themen durch verschiedene Zweige der wissenschaftlichen und kulturellen Elite Amerikas zu ermöglichen, zu denen Institutionen wie die
Harvard University ebenso zählen wie Feministinnen und
Radikale. Diese verschiedenen Elitegruppen konnten nun ihrerseits Freuds Ideen für ihre eigenen Kämpfe einspannen.

Die Medikalisierung der Psychoanalyse

Die amerikanische Aufgeschlossenheit für die Psychoanalyse und ihre Institutionalisierung in den Vereinigten Staaten
erhielten zusätzlichen Auftrieb durch den Umstand, daß

---

41 Vgl. Robert C. Holub, *Reception Theory. A Critical Introduction*,
New York 1984; Hans Robert Jauß, *Toward an Aesthetic of Reception*,
Minneapolis 1982; Janice Radway, *Reading the Romance. Women, Patri-
archy, and Popular Literature*, Chapel Hill 1984.
42 Mary Jo Buhle, *Feminism and Its Discontents. A Century of Struggle
with Psychoanalysis*, Cambridge, MA 1998, S. 22.

sie vom renommierten medizinischen Establishment anerkannt und sogar in eine elitäre medizinische Spezialität verwandelt wurde. Dazu kam es, weil die organisatorischen
Grenzen innerhalb der amerikanischen Ärzteschaft in den
1920er Jahren wesentlich fließender waren als in Europa.
Noch stand dieser Berufszweig Innovationen offen, weil
»sich die Struktur seiner Forschung und seine Verbindungen mit Universitäten und Staatsapparat gerade erst kon-
solidierten«.[43] Ärzte wie Abraham Brill und James Putnam
bemühten sich unermüdlich darum, die Psychoanalyse der
breiten Masse nahezubringen, und wirkten so als kulturelle
Vermittler und sogar Missionare, die für die Psychoanalyse warben und sie legitimierten. Brill etwa ließ sich zum
Psychoanalytiker ausbilden und wurde zu einem überaus
rührigen Wortführer der Psychoanalyse, indem er Freuds
Schriften ins Englische übersetzte.[44] Auch hielt er eine Vielzahl von Vorträgen, nicht nur vor Ärzten und Psychologen,
sondern auch vor diversen Laienorganisationen und -grup-
pen. Er sprach zu den weiblichen Mitgliedern der »Child
Study Association«, zum amerikanischen Schriftsteller-
verband »Authors League« sowie zu diversen Künstlern,
Philosophen und militanten Gewerkschaftern im Salon der
Mrs. Mabel Dodge.[45] Brill wurde schließlich zum Wortführer der psychoanalytischen Bewegung in New York.[46] In
den Worten Nathan Hales war der amerikanische Arzt ein
Popularisator, der gleichermaßen für Elite- und für Publi-
kumszeitschriften schrieb.[47] Die Medizin war es also, die
der Psychoanalyse rasch zu Legitimität und Ansehen verhalf und für ihre Verbreitung in der Populärkultur sorg-

43 Nathan G. Hale, »From Berggasse XIX to Central Park West. The
Americanization of Psychoanalysis, 1919-1940«, in: *Journal of the History
of the Behavioral Sciences* 14 (1978), S. 303.
44 Gay, *Freud*, S. 239 f.
45 Ruitenbeek, *Freud and America*, S. 61.
46 Breger, *Freud*, S. 176.
47 Hale, *Freud and the Americans*.

te. Dies ließ sich bereits 1915 registrieren, als das überaus populäre konservative Magazin *Good Housekeeping* einen Artikel über Freud brachte.

Die Organisation der amerikanischen Psychoanalyse

Freuds außergewöhnliches Organisationstalent wurde auf dem amerikanischen Kontinent sofort bemerkt. Freud, Ferenczi und Jones blieben mit ihren amerikanischen Anhängern in Kontakt und drängten sie dazu, eine eigenständige Organisation aufzubauen. Daraufhin wurden 1911 die New Yorker Psychoanalytische Gesellschaft und 1914, unter Putnams Leitung, die Bostoner Psychoanalytische Gesellschaft gegründet. Bereits 1911 wurde die Amerikanische Psychoanalytische Vereinigung (American Psychoanalytical Association, APA) ins Leben gerufen, in der sich zahlreiche verstreute Anhänger zusammenfanden. Diese Vereinigung war die zentrale Schaltstelle, um Informationen in Umlauf zu bringen und der Psychoanalyse eine feste Organisationsform zu geben, indem sie Netzwerke knüpfte sowie Ressourcen und Wissen bereitstellte. In den Worten von Magali Sarfatti Larson besteht ein informeller Gradmesser organisatorischer Stärke »im Entstehen eines Berufsverbands, den die staatlichen Behörden oder ein hinreichend großer Teil der Öffentlichkeit als maßgeblich ansehen«.[48]

Von Anfang an waren die amerikanischen Analytiker besser in ihre Gesellschaft integriert als ihre europäischen Kollegen. Zu ihren Patienten gehörten nicht nur Angehörige der gehobenen Mittelschicht, sondern auch ein größerer Anteil von Fabrikarbeitern, Sekretärinnen und Künstlern. Zudem gründeten die amerikanischen Psychoanalytiker bald ihre eigenen akademischen Fachzeitschriften wie *Psychoanalytical Review* und *Psychoanalytical Quarterly*. Aufgrund

48 Magali Sarfatti Larson, *The Rise of Professionalism. A Sociological Analysis*, Berkeley 1977, S. 70.

der spezifischen Entwicklung der Medizin in den Vereinigten Staaten, bei der die Bloßstellung von Betrügern, Quack-
salbern und Geistheilern mit medizinischem Anspruch eine
große Rolle spielte, drängten die Mitglieder der APA auf
einheitliche professionelle Standards. Aus diesen Gründen
fand die Psychoanalyse in den Vereinigten Staaten ein gün-
stiges organisatorisches Terrain vor. Als dann Psychoanalytiker im Ersten Weltkrieg auch noch erfolgreich »Kriegs-
zitterer« (Patienten, die an der »bomb shell disease« litten)
von ihrem Trauma heilten, verhalf dies der Zunft nicht nur
zu Selbstvertrauen, sondern auch zu einem Status- und Le-
gitimitätsgewinn. Der Zweite Weltkrieg schließlich eröffnete der Psychologie erhebliche Möglichkeiten, sich weiter
zu etablieren und auszudehnen; Psychologen wurden für so
unterschiedliche Dinge wie Personalverwaltung, Propagan-
da, die Stärkung der Kriegsmoral und die Pflege der geistigen Gesundheit in Dienst genommen.[49]

Die Zerrüttung, in der sich die europäischen psychoanalytischen Vereinigungen während des Zweiten Weltkriegs
und danach befanden, ließ die Amerikanische Psychoanalytische Vereinigung in eine Zentralstellung hineinwachsen.
»Zwischen 1946 und 1960 wurden in den USA dreizehn
psychoanalytische Gesellschaften, acht Institute und vier
Ausbildungszentren offiziell anerkannt [...]. Ende der sech-
ziger Jahre berichtete die APA, daß sie 1302 Mitglieder
umfaßte, 29 lokale Gesellschaften und 22 anerkannte Aus-
bildungsinstitute.«[50] Nach 1945 stieg die Anzahl klinischer
Berufe steil an.[51] So nahm die Mitgliederzahl in der Amerikanischen Psychologenvereinigung (American Psychologi-

49 James Capshew, *Psychologists on the March. Science, Practice, and
Professional Identity*, New York 1999.
50 Kurzweil, *Freud und die Freudianer*, S. 347.
51 Ellen Herman, *The Romance of American Psychology. Political Culture in the Age of Experts, 1940-1970*, Berkeley 1995, ⟨http://ark.cdlib.
org/ark:/13030/ft696nb3n8/⟩.

cal Association) »um mehr als 1100 Prozent zu, von 2739
im Jahr 1940 auf 30839 im Jahr 1970«.[52]

Die Gründung psychologischer Fachbereiche an den
Universitäten trug dazu bei, daß die Psychologen sich als
Berufsstand konstituierten. Die Universität ermöglichte die
Standardisierung psychologischer Erkenntnisse und Praktiken und legitimierte den Anspruch der Psychologen auf ein
allgemein anwendbares Expertenwissen.[53] Wie Sarfatti Larson sagt, wird Professionalisierung durch die Verbindung
zweier Elemente erreicht: erstens einer bestimmten Art von
Wissen, das abstrakt genug ist, um wissenschaftliche Debatten auszulösen und wissenschaftlich anwendbar zu sein, und
zweitens des Markts.[54] Das amerikanische Beispiel illustriert
diesen Prozeß eindringlich: Die Psychoanalyse wurde rasch
auf hochprofessionelle Weise institutionalisiert und stützte
sich, um Autorität zu erlangen, auf den mächtigen Berufsstand der Ärzte. Tatsächlich durften für längere Zeit nur Me-
diziner psychoanalytisch ausgebildet werden und praktizieren. Auf dem Gebiet des wissenschaftlichen Wissens gewann
die klinische Psychologie in ihren diversen Ausrichtungen
zunehmend eine Schlüsselstellung, was sich in einem weit-
reichenden institutionellen Zugriff auf Forschungsetats und
den größten Fachverbänden der Sozialwissenschaften sowie
in sehr vielen Promotionen niederschlug.[55] Weil die Psychologie sowohl eine wissenschaftliche Disziplin war als auch
ein Beruf mit dem praktischen Ziel, das menschliche Los zu
verbessern, vermehrten sich ihre Finanzquellen in beispiello-
sem Ausmaß, wodurch das professionelle und intellektuelle
Selbstvertrauen der Psychologen nochmals verstärkt wurde.

Die Psychoanalyse war nicht nur mit der Autorität des

---

52 Ebd., S. 2.
53 Sarfatti Larson, *The Rise of Professionalism*.
54 Ebd.
55 James L. Nolan, *The Therapeutic State. Justifying Government at
Century's End*, New York 1998.

renommierten Ärztestands ausgestattet, sondern erfreute sich auch großer Beliebtheit beim »Laienpublikum«. Die Psychologie war zweifellos die populärste aller Sozial- und Naturwissenschaften, das heißt, sie war wie keine andere öffentlichkeitsbewußt und am Puls der Öffentlichkeit.[56] Organisatorische oder institutionelle Aspekte allein können nicht erklären, warum die Psychoanalyse von der Populärkultur und der breiten Öffentlichkeit so begeistert aufgegriffen wurde. Wie ich im folgenden ausführen werde, müssen wir die *kulturelle Bedeutung* der Psychoanalyse verstehen, wenn wir das Wesen einer solchen Popularität verstehen wollen.

Freuds kulturelle Matrix

Weder eine Theorie des Charismas noch eine Theorie der Institutionalisierung allein können den Erfolg des Freudschen Gedankenguts erklären. Dieses Buch vertritt die Auffassung, daß es die Kultur ist, die jene Bedeutungen und Interpretationen prägt und ihnen eine Richtung gibt, mit deren Hilfe wir unseren Alltag bewältigen und auch Ereignissen Sinn verleihen, die den alltäglichen Gang der Dinge unterbrechen. Wie Stephan Fuchs gesagt hat, ist Genie »nicht die Ursache, sondern das erst im nachhinein feststellbare Ergebnis größerer Brüche und Transformationen in der Kultur«.[57] So innovativ oder gut organisiert es auch sein mag, zur Transformation sozialer Beziehungen durch kulturelles Material kommt es nicht, indem – gleichsam wie mit einer Nadel – neue kulturelle Zutaten in diese »injiziert«

---

56 Damit steht sie im Gegensatz zu sonstigen wissenschaftlichen Gemeinschaften, die Kuhns *Struktur wissenschaftlicher Revolutionen* zufolge sowohl die Produzenten als auch die Konsumenten des Wissens sind, das sie produzieren.
57 Fuchs, *Against Essentialism*, S. 189.

werden. Bei einem kulturellen Wandel treffen vielmehr
kontingente und kreative Momente von Handlungen mit
der Neukodierung bestehender gesellschaftlicher Probleme
und Strukturen zusammen, die ihrerseits in genau diesem
Prozeß die Struktur der fraglichen Probleme verändert. So
schuf Freud praktisch aus eigener Kraft eine neue Sprache,
um die Seele zu beschreiben, zu diskutieren und zu lenken,
doch indem er dies tat, griff er etwas auf, was sich zu einem
der vorrangigsten und problematischsten Aspekte des modernen Lebens entwickelt hatte, nämlich die Privatsphäre,
die er dadurch zugleich transformierte. Freud ersann neue
kulturelle Kodes, die mehr als alle anderen der zu jener Zeit
verfügbaren kulturellen Systeme in der Lage waren, den
Wandel von Familie, Sexualität und Geschlechterverhältnis-
sen seit der zweiten Hälfte des 19. Jahrhunderts zu verstehen und neue Interpretationsrahmen anzubieten, um diesen
Wandel zu organisieren. Die Freudschen psychologischen
Modelle breiteten sich nicht nur deshalb in der gesamten
Gesellschaft aus, weil sie zentrale Probleme des amerikanischen Selbstverständnisses ansprachen, sondern auch, weil
sie in einer hybriden Sprache gehalten waren, in der sich die
rhetorischen Figuren der populären Heilkunst und Mytho-
logie mit der legitimitätsverheißenden Sprache von Medizin und wissenschaftlicher Rationalität verbanden. Und sie
machten die Privatsphäre zum Thema, einen Bereich, der
durch die Demokratisierung der Geschlechterverhältnisse
neuen Spannungen ausgesetzt war. Dies ist in knapper Form
der Grund für Freuds unheimlichen Erfolg bei der breiten
Masse in Amerika.

Wenn wir den Freudschen Beitrag zur amerikanischen
Kultur untersuchen, sind wir vom ersten Moment an mit
der notorischen Ungreifbarkeit und Komplexität von Kultur konfrontiert. Die Freudschen Konzepte wirkten auf
mehreren Ebenen: Sie forderten die bestehenden sexuellen
Normen heraus; sie boten neue *narrative Modelle* an, um

Lebensgeschichten zu interpretieren und zu gestalten; und
sie brachten eine ganze Reihe von *Metaphern* ins Spiel, um
das Wesen menschlicher Konflikte zu verstehen. Freuds
Konzepte funktionierten zugleich auf der abstraktesten
Ebene der Theorieentwicklung und auf der Ebene alltägli-
cher Denkschablonen. Ich möchte diese Ebenen zusammen
behandeln, indem ich sie unter dem weiten, aber nützlichen
Begriff des emotionalen Stils fasse, wie er im ersten Kapitel
erörtert wurde. Dieser Stil läßt sich begrifflich spezifizieren,
wenn wir verstehen, wie die von Freud ins Spiel gebrachten
Themen, Metaphern, binären Oppositionen und narrativen
Modelle menschliches Handeln erklärten, Anleitungen für
das Selbst formulierten und die Leute dazu brachten, sich
ihre Emotionen und Beziehungen auf radikal neue Weise
vorzustellen.

Um den semiotischen Kern des Freudschen Gedanken-
gebäudes zu bestimmen, konzentriere ich mich auf zwei
Schlüsseltexte: die fünf Vorlesungen, die Freud 1909 an
der Clark University hielt, und die 1916/17 veröffentlichten *Vorlesungen zur Einführung in die Psychoanalyse*.[58] Die
Wahl fiel auf diese Texte, weil sie beide einen Gesamtüber-
blick über Freuds Vorstellungen liefern und, wichtiger noch,
weil Freud selbst *beabsichtigte*, mit ihnen eine Plattform für
die Popularisierung der Psychoanalyse zu schaffen. Die unter dem Titel *Über Psychoanalyse* veröffentlichten Clark
Lectures beschäftigen sich mit Themen wie Versprechern,
Träumen, der infantilen Sexualität und dem Unbewußten,
die Freud bereits in zwei früheren Büchern behandelt hatte, mit denen ihm mehr Erfolg beim breiten Publikum als
in der medizinischen Zunft beschieden gewesen war: *Die
Traumdeutung* und *Zur Psychopathologie des Alltagsle-*

---

58 Sigmund Freud, *Über Psychoanalyse*, in: *Gesammelte Werke*, Bd. 8,
Werke aus den Jahren 1909-1913, Frankfurt/M. 1999, S. 1-60; ders., *Gesammelte Werke*, Bd. 11, *Vorlesungen zur Einführung in die Psychoanalyse*, Frankfurt/M. 1999.

bens.[59] Doch nahmen die Clark Lectures auch einige der
entscheidenden Themen der *Vorlesungen zur Einführung
in die Psychoanalyse* vorweg. Diese Wiederholungen zeigen
an, worin für Freud die Schlüsselkonzepte bestanden, die
es einem nichtspezialisierten breiten Publikum mitzuteilen
galt, ob nun in den Vereinigten Staaten oder in Wien. Auch
stellen die Clark Lectures die erste ernsthafte Begegnung
Amerikas mit der Freudschen Lehre dar. Nathan Hales Studie über die Freudrezeption in Amerika bestätigt, daß die
Vorträge an der Clark University »den Startschuß für die
Psychoanalyse bildeten«.[60]

In diesen fünf thematisch breitangelegten Vorträgen er-
läuterte Freud vor einem gemischten Publikum die wesentlichen Konzepte der Psychoanalyse – jedenfalls die Konzepte,
die ein gewaltiges Echo in der amerikanischen Populärkultur finden sollten. Dazu zählten Versprecher, der Beitrag
des Unbewußten bei der Bestimmung unseres Lebenswegs,
die zentrale Bedeutung von Träumen für unser Seelenleben,
die sexuelle Natur der meisten unserer Wünsche sowie die
Familie als Ursprung unserer Psyche und letztendliche Ursache ihrer Pathologien. Die Analyse dieser Texte soll uns
zu verstehen geben, welche Vorstellung vom Selbst und
welches Programm für das Selbst sich aus ihren Themen,
Metaphern, Normen, Werten und Idealen herausschält.
Darüber hinaus wollen wir wissen, auf welchem Wege die
Freudsche Perspektive neue Strategien hervorbrachte, um
den sich wandelnden sozialen Beziehungen und Verhältnissen einen Sinn abzugewinnen. Ich interessiere mich folglich
weniger für das »Denken Freuds« – zu dem eine Unmenge

59 Sigmund Freud, *Die Traumdeutung*, in: *Gesammelte Werke*, Bd. 2/3,
Die Traumdeutung. Über den Traum, Frankfurt/M. 1999; ders., *Gesammelte Werke*, Bd. 4, *Zur Psychopathologie des Alltagslebens*, Frankfurt/M.
1999.
60 Hale, *Freud and the Americans*, S. 22.

exzellenter Studien vorliegen[61] – als für die in den Texten enthaltenen kulturellen Modelle des Selbst.

Was also sind die wichtigsten Aspekte dessen, was ich als die psychoanalytische Imagination bezeichnen möchte, und auf welche Weise brachte diese Imagination einen neuen emotionalen Stil hervor?

Konzentration auf das Alltägliche

Zunächst einmal zielten sowohl die Clark Lectures als auch die *Vorlesungen zur Einführung in die Psychoanalyse* darauf, diese als eine Interpretationslehre zu etablieren, mit der man gleichermaßen Symptome entziffern und alltäglichen Begebenheiten Bedeutung zuschreiben kann. Unter Rückgriff auf Motive, die er in *Zur Psychopathologie des Alltagslebens* entwickelt hatte, markiert Freud in den *Vorlesungen* den Beginn »einer neuen Wissenschaft«, indem er ein auf den ersten Blick banales, unwissenschaftliches und leicht zu übersehendes Phänomen vor seinem Publikum ausbreitet: Versprecher. Wir sind heute so durch und durch freudianisiert, daß wir uns vielleicht gar nicht mehr dessen bewußt sind, mit welchem Gewaltakt Freud eine neue Wissenschaft und eine neue Form der gesellschaftlichen Imagination begründete, und zwar nicht mit Hilfe hochgestochener Theorien oder spektakulärer psychiatrischer Fallstudien, sondern mit etwas, das seinen Zuhörern läppisch erschienen sein muß: nämlich sinnlosen Vertauschungen von Wörtern, Gedächtnisschwächen oder Auslassungen. Freud argumentiert, daß banale Versprecher (Fehlleistungen), Verwechslungen und Erinnerungslücken etwas bedeuten, das heißt, daß sie einem Zweck dienen und ihnen eine Absicht zugrunde liegt. Wie er in der dritten Clark Lecture formuliert, sind Fehlleistungen

61 Um nur zwei herausragende Bücher zu nennen: José Brunner, *Psyche und Macht. Freud politisch lesen*, Stuttgart 2001; Philip Rieff, *Freud. The Mind of the Moralist*, Chicago 1979.

»Handlungen und Gesten, welche die Menschen ausführen,
ohne sie überhaupt zu bemerken, geschweige denn, daß sie
ihnen seelisches Gewicht beilegten«.[62]
Freuds Augenmerk auf Fehlleistungen ist Teil eines umfassenden, im 18. Jahrhundert einsetzenden kulturellen
Wandels, der in der Verlagerung von Identität und Selbstsein in die Sphäre des Alltäglichen bestand. In der Definition Charles Taylors ist das alltägliche – oder gewöhnliche – Leben ein »Terminus technicus [...], um diejenigen
Aspekte des menschlichen Lebens zu bezeichnen, die mit
Produktion und Reproduktion zu tun haben, also mit der
Arbeit, der Verfertigung lebensnotwendiger Dinge und unserem Leben als Geschlechtswesen, einschließlich Ehe und
Familie«.[63]
Indem er sich auf solche banalen Geschehnisse konzentrierte, radikalisierte Freud diese kulturelle Schwerpunkt-
verlagerung auf das Alltagsleben, verlieh diesem dabei aber
zugleich einen neuen und noch nie dagewesenen »Glanz«.
Wenn das alltägliche Leben die Sphäre des »Ereignislosen«
ist, als die Stanley Cavell sie bezeichnet,[64] dann sollte das
Freudsche Denken diesen Daseinbereich entschieden mit
Ereignissen füllen, die Beachtung, Aufmerksamkeit, Interpretation und Gedächtnisarbeit verdienen. Freud gibt uns
zu verstehen, daß das ereignislose und banale Reich des Alltäglichen der maßgebliche Schauplatz ist, an dem das Selbst
errichtet und zerstört wird. Sein kultureller Schachzug steht
uns also deutlich vor Augen: Er besteht darin, das Un-Be-
deutende, Triviale und Gewöhnliche mit einer Sinnhaftigkeit
aufzuladen, mittels deren sich das Selbst formieren kann.

---

62 Freud, *Über Psychoanalyse*, S. 37.
63 Charles Taylor, *Quellen des Selbst. Die Entstehung der neuzeitlichen
Identität*, Frankfurt/M. 1996, S. 373 f.
64 Das Ereignislose ist »eine Interpretation des Alltäglichen«. Stanley
Cavell, »The Ordinary as the Uneventful«, in: Stephen Mulhall (Hg.), *The
Cavell Reader*, Cambridge 1996, S. 200.

Der Stellenwert dieser Operation läßt sich daran ermessen, daß es bis zum 18. Jahrhundert keinen moralischen Diskurs gab, in dem das alltägliche Leben als eine bedeutungsvolle, der Untersuchung für wert befundene Sphäre vorkam.[65] Das Alltagsleben war der Bereich der familiären Häuslichkeit und der Weiblichkeit und hatte keine erstrebenswerten Ideale zur Gestaltung eines Selbst zu bieten. In diesem Sinn war Freud das perfekte kulturelle Pendant zu Marx: Wo Marx den Wert und die Kämpfe des Menschen im Bereich der Arbeit ansiedelte, siedelte Freud sie im Bereich der Häuslichkeit an. Er schuf damit neue kognitive Werkzeuge und Schemata, um das Selbstsein in der häuslichen Sphäre zu denken und zu imaginieren und, allgemeiner gesprochen, die Sphäre des alltäglichen Lebens zur wichtigsten Arena für die Ausbildung des Selbst zu machen.

Konzentration auf die Familie

In diesem neuen imaginierten kulturellen Raum, in dem der Alltag den Hintergrund und zugleich die Bühne bildete, auf der sich die Dramen des Selbst abspielen würden, kam nun der Kernfamilie eine zentrale Stellung zu. In der psychoanalytischen Vorstellungswelt ist die Familie der Ausgangspunkt des Selbst, der Schauplatz, an dem und von dem aus die Erzählung und die Geschichte des Selbst ihren Anfang nehmen können. War die Familie bis dahin ein Mechanismus gewesen, um sich »objektiv« in einer langen

---

65 Wie Charles Taylor in *Quellen des Selbst* gezeigt hat, konnten sich die Quellen der Identität aus einem aristokratisch-heroischen Ethos, einer asketischen Kontemplation der jenseitigen Welt oder aus dem Ideal eines bürgerschaftlichen Republikanismus speisen. Der Bereich des *oikos*, der Frauen, galt nicht als angemessene Arena, in der sich ein wertvolles männliches Selbst hätte ausbilden können. Eine aristokratische Ethik der Ehre oder eine machiavellische republikanische Ethik der Bürgerschaft orientiert das (stets männliche) Selbst an Großtaten und Heldenmut in der öffentlichen Sphäre des Kriegs oder der Politik.

chronologischen Überlieferung und in der Gesellschaftsordnung zu positionieren, verwandelte sie sich nun in ein bio-
graphisches Ereignis, das man symbolisch im Leben mit sich
trug und das die eigene Individualität auf einzigartige Weise
zum Ausdruck brachte. Auch wurde sie zur Ursache und
Grundlage des eigenen Gefühlslebens. Ironischerweise trat
die Familie gerade in dem Moment, als die traditionellen
Grundlagen der Ehe zu bröckeln begannen, von neuem auf
den Plan, um das Selbst mit aller Macht zu verfolgen, nur
dieses Mal als »Story« und Weise, das Selbst in eine Erzählung einzubinden. Die Rolle der Familie bei der Gestaltung
neuer Erzählungen des Selbst war um so entscheidender, als
sie gleichermaßen dessen Ursprung und jene Institution darstellte, aus der es das Selbst zu befreien galt.

   Der psychoanalytische Diskurs ist somit vor allem eine Familienerzählung, wie schon oft bemerkt worden ist.
In diesem Sinn müssen die Gründe für seinen Erfolg in der
Struktur und den Widersprüchen der Familie gefunden werden, wie sie sich im 19. Jahrhundert herausgebildet hatten.
Der Sozialhistoriker John Demos bietet eine Erklärung an,
die nicht zuletzt deshalb so interessant ist, weil sie die sti-
listischen Merkmale des psychoanalytischen Diskurses berücksichtigt.[66] Demos lokalisiert die Geschichte der Psyche
innerhalb der Familie, und seine Erklärung verortet die
Dramen der Psyche innerhalb der Dreiecksstruktur des Ödi-
puskomplexes. Freuds amerikanischer Erfolg liegt für ihn
darin begründet, daß Freuds Sprache perfekt zu den Transformationen der amerikanischen Familie in der zweiten
Hälfte des 19. Jahrhunderts paßte. Die von ihm so genannte
»Treibhaus-Familie«,[67] die Demos zu jener Zeit in Amerika entstehen sieht, war geprägt durch einen Rückgang der

---

66 John Demos, »History and the Psychosocial. Reflections on ›Oedipus
and America‹«, in: Pfister u. Schnog (Hg.) *Inventing the Psychological*,
S. 79-83.
67 Ebd.

Geburtenrate, einen daraus resultierenden größeren Alters-
unterschied zwischen Eltern und Kindern, eine deutlichere
Trennlinie zwischen Eltern und Kindern, eine Spezialisierung der Geschlechterrollen und eine Intensivierung der
emotionalen Bindungen zwischen Müttern und Kindern.
Die Spezialisierung der innerfamiliären Rollen und der mar-
kante Generationsunterschied bewirkten, daß sich Eltern
strukturell und emotional stärker von ihren Kindern unterschieden. Das »Paar« trat in Erscheinung, und zwar als eine
funktionale Einheit mit einer deutlich vom Rest der Familie
abgegrenzten Rolle. Frauen wurden zudem zunehmend als
Mütter verstanden, weil ein großer Teil ihrer traditionellen
Hausarbeit nun in den Händen externer Dienstleister lag
und ihre Rolle somit zu einer emotionalen wurde.[68] Und
schließlich zog die Mittelschicht ihre Söhne in der Hoffnung
auf, daß sie ihrer Familie einmal zu einer besseren sozialen
Stellung verhelfen würden, was zu einem strukturell in die
Mittelschichtfamilie eingebauten Konkurrenzkampf zwischen Vätern und Söhnen führte. Die Familie wurde mithin
stärker als Dreieck strukturiert, sie wurde emotional inten-
siver und verfügte über eine inhärente Konkurrenz zwischen
Vätern und Söhnen.

Ebendiese Familienstruktur ging dem Aufstieg der Psychoanalyse voraus, wies aber eine stupende Übereinstimmung mit deren Schlüsselgeschichte auf, dem Ödipuskomplex. Die Ödipusgeschichte naturalisierte den Umstand, daß
Identität nunmehr im Kontext der Familie ausgebildet wurde, daß die Familienbande von großer emotionaler Intensität
waren und daß den innerfamiliären Beziehungen eine Ambivalenz innewohnte, die sich der Mischung aus Liebe und
Konkurrenz verdankte. Und sie naturalisierte den Umstand,
daß sich der Unterschied der Geschlechter verfestigt hatte
– nachdem Frauen zunehmend als Mütter interpretiert wur-

68 Vgl. Barbara Ehrenreich u. Deirdre English, *For Her Own Good. 150
Years of the Experts' Advice to Women*, Garden City 1978.

den und Männer als Akteure, deren primäre Identität außerhalb des Hauses lag. Für John Demos wurde die Dreiecksstruktur der Mittelschichtfamilie und ihre dichte emotionale Textur durch den psychoanalytischen Diskurs widergespiegelt, auf den Punkt gebracht und adäquat beschrieben.[69] Die kulturelle Ödipusgeschichte konnte in die Kultur integriert werden, weil sie mit der bestehenden Treibhausfamilie »zusammenpaßte«. In diesem Sinn wurde sie zugleich zu einem Modell *der* Familie und einem Modell *für die* Familie, zu einer Beschreibung der Stellung des Selbst in der neuen Familie und einer Vorschrift dahingehend, wie das neue Selbst sein Verhältnis zur Familie zu verstehen habe.

Erlösungsgeschichte

Ein weiterer von Freuds überragenden Beiträgen zur Kultur bestand darin, daß er neue Wege der narrativen Modellierung des Selbst aufzeigte und dabei zugleich auf einer älteren und elementareren Erzählung des Selbst aufbaute. In ihrer Studie *The Religious and Romantic Origins of Psychoanalysis* vertritt Suzanne Kirschner die These, daß die Psychoanalyse nicht nur bei den Ärzten, Psychologen und anderen Experten rasch auf Anerkennung stieß, sondern auch in weiten Teilen der Öffentlichkeit, weil sie »zu den kulturell bedingten Ansichten über wünschenswerte Eigenschaften und Fähigkeiten von Personen« paßte.[70] Für Kirschner harmonierten die Freudschen Erzählungen über die Verfaßtheit des Selbst mit einer uralten, bleibenden Erzählung der westlichen Kultur, der Erlösungsgeschichte. Diese Geschichte war in protestantischen Erzählungen des Selbst und in den romantischen Versionen religiös-biblischer Erzählungen umgearbeitet worden.

---

69 Demos, »History and the Psychosocial«.
70 Suzanne R. Kirschner, *The Religious and Romantic Origins of Psychoanalysis. Individuation and Integration in Post-Freudian Theory*, New York 1996, S. 34.

Die Bibelgeschichte zeichnet sich durch vier charakteristische Merkmale aus.[71] Erstens ist sie linear und endlich, Anfang, Mittelteil und Ende sind klar definiert. Auch schildert sie keine kontinuierliche Entwicklung, ihre entscheidenden Ereignisse brechen vielmehr überraschend herein und bewirken im Leben ihrer Protagonisten eine bedeutende und dramatische Veränderung. Zweitens betrachtet die biblische Erzählung die Gegenwart als unvollkommen und mangelhaft; sie ist daher zukunftsorientiert: Sie hat ein eschatologisches Ziel, und der Plot strebt nach dem bestmöglichen Ausgang (durch göttliche Vorsehung). Drittens stellt uns die biblische Erzählung vor ein Dilemma: Gott ist einerseits gerecht und allmächtig, andererseits leiden die Tugendhaften und gedeihen die Sünder – wie kann das sein? Und viertens sind die Protagonisten der biblischen Erzählung Gott, die Menschheit und die Seele, wobei die Seele im Mittelpunkt dramatischer Entwicklungen und Konflikte steht.[72]

Diese primitiven Erzählraster finden sich auch in der von der Psychoanalyse vorgetragenen »entwicklungspsychologischen Geschichte des Selbst«.[73] Die narrative Kontinuität ist

71 Kirschner stützt sich in ihren diesbezüglichen Ausführungen auf Karl Löwiths *Weltgeschichte und Heilsgeschehen: die theologischen Voraussetzungen der Geschichtsphilosophie*, Stuttgart u. Weimar 2004, und stärker noch auf M. H. Abrams' *Natural Supernaturalism. Tradition and Revolution in Romantic Literature*, New York 1971.
72 Drei große kulturelle Bewegungen bewirkten die Säkularisierung der biblischen Erzählungen: Der Protestantismus, die Aufklärung und die Romantik. Im Protestantismus polte die Erlösungsgeschichte die Gläubigen auf ihr inneres Selbst um. Die Lehre vom inneren Licht betonte die Möglichkeit einer direkten Verbindung zu Gott, die im Lauf der Zeit zu einer direkten Verbindung mit dem eigenen Selbst wurde und dies auch blieb. In der kulturellen Tradition der Aufklärung verlagerte sich der Schwerpunkt der Erlösungsgeschichte auf die Idee von Freiheit und Autonomie, die zu einem zentralen Telos psychologischer und psychoanalytischer Erzählungen werden sollte. Die romantische Version der biblischen Erzählung betonte den hartnäckigen Konflikt zwischen widerstreitenden Tendenzen und die Wendung nach innen, die das Selbst auf der Suche nach Wahrheit vollzog.
73 Kirschner, *Religious and Romantic Origins*, passim.

hier keine bloß formale Eigenschaft, sondern zugleich sub-
stantiell, insofern die Erzählung selbst den Sinn des Lebens,
die Wichtigkeit des Leidens und die Bösartigkeit bestimmter
Aspekte der Schöpfung ausbuchstabiert. Die psychologische
Entwicklungsgeschichte versteht Ereignisse wie »Trennung,
Verlust, Enttäuschung, Frustration, Unvollkommenheit sowie reaktive oder angeborene destruktive Tendenzen« als
»böse«.[74] Die Ziele der Entwicklungskurve heißen Individuation (ein Prozeß, durch den man autonom und authen-
tisch wird) und Intimität (die mit »Spiel, gesundem Narzißmus und Kreativität« einhergeht).[75] Vor dem Hintergrund
einer solchen Erlösungsgeschichte bot die kulturelle Matrix
Freuds eine neue Möglichkeit, das Selbst mittels der verwandten kulturellen Kategorien des Pathologischen und des
Normalen zu retten.

In den beiden hier behandelten Texten präsentierte Freud
die Psychoanalyse als allgemeine Wissenschaft von der Seele,
ob diese krank oder gesund ist, und nicht bloß als eine Methode, Geisteskrankheiten zu heilen. Am deutlichsten wird
dies, wenn Freud auf Träume zu sprechen kommt: »[...] der
Traum selbst ist auch ein neurotisches Symptom, und zwar
eines, das den für uns unschätzbaren Vorteil hat, bei allen
Gesunden vorzukommen. Ja, wenn alle Menschen gesund
wären und nur träumen würden, so könnten wir aus ihren
Träumen fast alle die Einsichten gewinnen, zu denen die Untersuchung der Neurosen geführt hat. So wird also der Traum
zum Objekt der psychoanalytischen Forschung. Wieder ein
gewöhnliches, gering geschätztes Phänomen, scheinbar ohne praktischen Wert wie die Fehlleistungen, mit denen er ja
das Vorkommen bei Gesunden gemein hat.«[76] Träume und
Fehlleistungen haben gemeinsam, daß man sie geringschätzt
und daß sie bei allen gewöhnlichen, ja gesunden Menschen

74 Ebd., S. 195.
75 Ebd., S. 196.
76 Freud, *Vorlesungen zur Einführung*, S. 79 f.

vorkommen. Freud nimmt hier eine bedeutsame Operation
vor: Er verknüpft die Sphäre des Alltags mit dem Begriff
der Gesundheit, die sich schon bald in ein Ideal verwandeln
wird. Wichtiger noch, er verbindet Gesundheit und Pathologie in einer einzigen ätiologischen Reihe und begründet
so einen Wissenskorpus, der auf pathologische und gesunde
Menschen *gleichermaßen* abzielt. Deshalb sind Träume von
so grundlegender Bedeutung für das kulturelle Gebäude,
das Freud errichtet, und so heißt es in den Clark Lectures,
»daß unsere nächtlichen Traumproduktionen einerseits die
größte äußere Ähnlichkeit und innere Verwandtschaft mit
den Schöpfungen der Geisteskrankheit zeigen, andererseits
aber mit der vollen Gesundheit des Wachlebens verträglich
sind«.[77] Auf die gleiche Weise, in der Freud geltend macht,
daß gewöhnliche Vorkommnisse, wie sie jedem Menschen
begegnen, das Rohmaterial für das Pathologische abgeben,
zeigt er auch, daß die sexuellen Perversionen der Normalität sehr viel näher stehen, als seine Zeitgenossen glaubten.
Freud verortet die Identität in der Sphäre des Alltagslebens
und verwischt zugleich die Grenze zwischen dem Pathologischen und dem Normalen.

So lokalisiert Freud also das psychoanalytische Projekt
des Selbst in der Sphäre des Alltäglichen, nimmt dieser
Sphäre aber alles Vertraute. Indem er die kleinen Störungen
des Alltagslebens in der Nachbarschaft extremer Pathologi-
en ansiedelt, leitet Freud einen bedeutenden Wandel in der
Wahrnehmung und Kategorisierung sowohl von Normalität
als auch von Abweichung ein. Freud behauptet, daß der Bereich des alltäglichen Lebens unmittelbar an die schwersten
psychischen Störungen des alltäglichen Lebens grenzt und
daß die »normale« und die »abnorme« seelische Entwicklung denselben Bahnen folgen.[78]

77 Freud, *Über Psychoanalyse*, S. 32.
78 So behandelte Freud in den *Vorlesungen zur Einführung in die Psychoanalyse* den sexuellen Lustgewinn, den das reine und unschuldige Kind

Im Zusammenhang mit der Homosexualität greift Freud auf dieselbe theoretische und rhetorische Strategie zurück, nur daß er sie hier umkehrt: »Wenn wir diese krankhaften Gestaltungen der Sexualität nicht verstehen und sie nicht mit dem normalen Sexualleben zusammenbringen können, so verstehen wir eben auch die normale Sexualität nicht. Kurz, es bleibt eine unabweisbare Aufgabe, von der Möglichkeit der genannten Perversionen und von *ihrem Zusammenhang mit der sogenannt normalen Sexualität* volle theoretische Rechenschaft zu geben.«[79] Freud argumentiert hier, daß man bei jedem Neurotiker auf homosexuelle Impulse stößt und daß die Wahl eines gleichgeschlechtlichen Partners als Liebesobjekt sehr häufig vorkommt. »Der Ausnahmsanspruch der Homosexuellen oder Invertierten sinkt sofort zusammen, wenn wir erfahren, daß der Nachweis homosexueller Regungen bei keinem einzigen Neurotiker mißlingt [...].«[80] Theoretisch, so fügt Freud hinzu, besteht kein großer Unterschied zwischen normaler (also heterosexueller) Sexualität und Homosexualität, wenn es auch in der Praxis nicht zu einer vollständigen Angleichung kommt.

Die soeben beschriebene Strategie hatte vor allem eines zur Folge: Die Kluft zwischen Normalität und Pathologie entfiel, und »normales« wie »pathologisches« Verhalten wurden gleichermaßen zu Gegenständen der neuen Wissenschaft. Wie Philip Rieff zutreffend feststellte, ist Freuds

aus solchen gewöhnlichen Verrichtungen wie dem Defäkieren, Berühren der eigenen Genitalien, Daumenlutschen und Zurückhalten der Feces bezieht. Auch sprach er davon, daß sich das Kind – das zu jener Zeit, wie wir nicht vergessen dürfen, als der Inbegriff von Reinheit und Unschuld galt – auf ganz natürliche Weise in der damals streng verbotenen Betätigung des Masturbierens erging. Was für seine Zeitgenossen nach schockierenden Perversionen geklungen haben dürfte (um so mehr, als diese Perversionen vom »reinen« und »unschuldigen« Kind praktiziert wurden), war für Freud nichts anderes als die Kontinuität normaler – und allgemeiner – Impulse. Freuds »Normalität« war mithin auf einzigartige Weise neu und fremdartig.

79 Freud, *Vorlesungen zur Einführung*, S. 317. [Hervorhebung E.I.]
80 Ebd., S. 318.

»Diktum, daß ›wir [...] alle ein wenig hysterisch [sind]‹ [und] daß der Unterschied zwischen der sogenannten Normalität und der Neurose nur einer des Grades ist, eine der Kernthesen seiner Schriften«.[81]

Aus historischer Sicht können wir Freuds Methode eine doppelte Auswirkung bescheinigen: Sie verwandelte das Alltagsleben in ein glamouröses, gewissenhaft zu bewältigendes Projekt, zugleich aber machte sie das Alltagsleben *queer*. In der Definition des Soziologen Steven Seidman bedeutet »etwas *queer* machen«, »das, was als bekannt, vertraut und gewöhnlich gilt, was für den Gang der Dinge, die natürliche Ordnung, das Normale, Gesunde usw. gehalten wird, fremd erscheinen zu lassen oder ›queer‹ zu machen«.[82] Indem er Perversion und Normalität verknüpfte und in einem gemeinsamen Kontinuum ansiedelte, untergrub Freud einen zentralen kulturellen Kode zur Regelung der Grenze zwischen Normalität und Pathologie – ein Eingriff, der erhebliche Konsequenzen für gewöhnliche Erzählungen vom Selbst hatte (vgl. Kapitel 5).

Die direkte Verbindung, die Freud mehr als einmal zwischen »Normalität« und »Pathologie« zog, rückte den Begriff der (emotionalen) »Gesundheit« und »Normalität« geradewegs in den Mittelpunkt der Kultur. Freud zufolge war Normalität ein hochgradig labiler Zustand, der Endpunkt eines komplexen und eher seltenen Reifungsprozesses. In seinem zugleich biographischen und philosophischen Freudporträt schreibt Peter Gay: »Was jedermann gewohnt ist, im Sexualleben ›normal‹ zu nennen, ist in Wirklichkeit der Endpunkt einer langen, oft unterbrochenen Pilgerfahrt, ein Ziel, das viele Menschen nie – und noch mehr nur selten – erreichen. Der Geschlechtstrieb in seiner reifen Form ist

---

81 Rieff, *Freud*, S. 354.
82 Steven Seidman, *Difference Troubles. Queering Social Theory and Sexual Politics*, New York 1997, S. XI.

eine Leistung.«[83] Freuds ungewöhnliche kulturelle Leistung bestand darin, sowohl den Bereich des Normalen als auch den des Pathologischen auszuweiten und die Normalität zu problematisieren. Entgegen Foucaults Behauptung, der psychiatrische Diskurs des 19. Jahrhunderts habe eine starre Grenze zwischen dem Normalen und dem Pathologischen eingeführt,[84] möchte ich geltend machen, daß der Freudsche Diskurs diese Grenze unablässig verwischt und Normalität in eine höchst ungreifbare kulturelle Kategorie verwandelt.

Als kulturelle Kategorien unterschieden sich »Gesundheit« und »Normalität« von traditionellen moralischen Kategorien wie etwa »sexueller Reinheit« in einer wichtigen Hinsicht. Die traditionellen moralischen Kategorien stellen ein stark klassifizierendes System dar, das heißt, sie ziehen Grenzen zwischen verbotenem und empfehlenswertem Verhalten, und sie warten mit relativ unmißverständlichen normativen Vorschriften auf, beispielsweise: »Vorehelicher Sex ist unrein; Enthaltsamkeit, Selbstkontrolle und Jungfräulichkeit sind rein.« Den Kategorien Gesundheit und Normalität dagegen ging ein klares Signifikat ab; sie waren nicht in ein System symbolischer Grenzziehungen eingebettet, das erwünschtes und unerwünschtes Verhalten deutlich umrissen hätte. Daß ihr Referent und ihr Signifikat unbestimmt blieben, war es gerade, was »Normalität« zu einer so mächtigen kulturellen Kategorie machte. Weil den Kategorien der seelischen Gesundheit und der Pathologie keine klaren empirischen Referenten zugeordnet waren, beeinflußten sie das Verhalten nicht, indem sie ihm einen klaren normativen Gehalt zuschrieben, sondern indem sie ihm gar keinen Gehalt zuschrieben. Mit anderen Worten: Im selben Moment, als »Gesundheit« und »Normalität« zu den Zielen erklärt wurden, auf die hin Erzählungen über die Ver-

83   Gay, *Freud*, S. 171. [Hervorhebung E.I.]
84   Michel Foucault, *Überwachen und Strafen. Die Geburt des Gefängnisses*, Frankfurt/M. 1976.

faßtheit des Selbst auszurichten waren, verhinderte schon
die begriffliche Struktur der Psychoanalyse, daß diesen beiden Kategorien ein klarer kultureller Inhalt zuzuschreiben
war – mit dem Ergebnis, daß sie auf jedes Individuum oder
Verhalten gemünzt werden konnten. Wenn die Grenze zwischen neurotischem und gesundem Verhalten hoffnungslos
verschwommen war (mit der Psychoanalyse wurden wir
alle über Nacht neurotisch), dann konnten im Prinzip alle
Wünsche und Handlungen auf eine problematische, unreife,
widersprüchliche und neurotische Psyche hindeuten.

Die obige Analyse illustriert einen für die Kultursoziologie wichtigen Sachverhalt. Ideen können gerade dann
besonders wirkmächtig sein, wenn sie über keinen klaren
empirischen Gehalt verfügen und gewissermaßen negativ
verfahren, wenn sich ihre Bedeutung also nicht aus dem
herleitet, was sie vorschreiben, sondern aus dem endlosen
Spiel der Gegensätze, die sie hervorbringen. Die geistige
Gesundheit war bedeutsam nicht als Norm an sich, sondern weil sie *a contrario* eine Vielzahl von Neurosen und
Funktionsstörungen schuf. »Gesundheit« als Endzweck der
Seele vorzugeben hieß *a contrario*, ein erkleckliches Maß
an Funktionsstörungen auf den Plan zu rufen. Manche kulturellen Begriffe sind derridascher als andere, weil sie ausschließlich über die negativen Gegensätze funktionieren, die
sie erzeugen. Gesundheit und Normalität waren deshalb
einflußreich, weil es sich um *negative kulturelle Kategorien*
handelte.

Hermeneutische Einstellung

Die Freudsche Weigerung, Normalität und Pathologie voneinander zu isolieren, und die Freudsche Behauptung, beide
grenzten zwangsläufig unmittelbar aneinander, führten zu
einer Verdachtshermeneutik gegenüber gewöhnlichem Verhalten. Was Träume und Fehlleistungen so interessant für

Freud machte, war die nur durch Geduld und Gewissenhaftigkeit freizulegende Bedeutung, die in ihnen steckte. Die in seinen *Vorlesungen zur Einführung in die Psychoanalyse* genannten Beispiele machten es für Freud »wahrscheinlich, daß Fehlleistungen einen Sinn haben, und zeigen Ihnen, wie man diesen Sinn aus den Begleitumständen errät oder bestätigt«.[85] Wenn Fehlleistungen einen Sinn ergaben, dann deshalb, weil sie unterhalb des scheinbar gewöhnlichen Charakters unseres alltäglichen Lebens mit Bedeutung aufgeladen waren: »Die neurotischen Symptome haben also ihren Sinn wie die Fehlleistungen, wie die Träume, und so wie diese ihren Zusammenhang mit dem Leben der Personen, die sie zeigen.«[86] Tatsächlich bestand das Wesen der Psychoanalyse darin, verborgenen Sinn und verborgene Bedeutungen herauszufinden, wie Freud seit den Anfängen der Zusammenarbeit mit seinem frühen Mentor Josef Breuer glaubte: »Ich will mit Breuer folgendes behaupten: Jedesmal, wenn wir auf ein Symptom stoßen, dürfen wir schließen, es bestehen bei dem Kranken bestimmte unbewußte Vorgänge, die eben den Sinn des Symptoms enthalten.«[87]

In der Freudschen Perspektive sehen wir uns aufgefordert, zu Interpreten unseres eigenen Lebens zu werden, indem wir uns in unserem täglichen Leben als (Laien-)Psychoanalytiker betätigen. »Für ihn [den Psychoanalytiker] gibt es in den psychischen Äußerungen nichts Kleines, nichts Willkürliches und Zufälliges [...].«[88] Mit dieser Einstellung erweiterte Freud die Sphäre der religiösen Hermeneutik bzw. verlagerte sie mittels Metaphern, in denen frühere Formen religiöser Hermeneutik nachklangen, in den Bereich des Alltagslebens: »Wenn die Fehlleistungen Sinn haben konnten, kann es der Traum auch, und die Fehlleistungen haben in

85   Freud, *Vorlesungen zur Einführung*, S. 50.
86   Ebd., S. 265.
87   Ebd., S. 288 f.
88   Freud, *Über Psychoanalyse*, S. 38.

sehr vielen Fällen einen Sinn, der der exakten Forschung
entgangen ist. Bekennen wir uns nur zum Vorurteil der Alten
und des Volkes und treten wir in die Fußstapfen der antiken
Traumdeuter.«[89] Freuds Mahnung, sich auf die Rätsel des
gewöhnlichen Lebens einzulassen, war um so wirkungsvol-
ler, als er der verbreiteten Neigung, Träumen übersinnliche
Bedeutung zuzusprechen, mit seiner Rhetorik bewußt wissenschaftliche Dignität verlieh. In der dritten Clark Lecture
heißt es: »Die niederen Schichten unseres Volkes lassen sich
in der Wertschätzung der Träume auch heute nicht irre machen; sie erwarten von ihnen wie die Alten die Enthüllung
der Zukunft.«[90] Daß er das Alltagsleben zum Gegenstand
einer Verdachtshermeneutik machte, hing eng mit Freuds
dreigliedrigem Modell der Psyche zusammen. Für Freud
konnte die Verdrängung von Triebwünschen die Fähigkeit
des Ichs, seine Autorität zu behaupten, zerstören. Die Heilung bestand darin, den verborgenen Quellen des Konflikts
nachzuspüren und auf diese Weise die Bedingungen ausfindig zu machen, unter denen das Ich seine Macht zurückzu-
erlangen vermochte. Aus kultureller Sicht war diese Suche
nach »unbewußten« Konfliktquellen ausgesprochen pro-
duktiv, da alles und jedes bedeutungsvoll werden konnte.
Weil ein Gefühl eine wichtige Rolle im eigenen Seelenleben
spielen konnte, ohne daß man sich dessen bewußt sein mußte, eröffneten sich nahezu grenzenlose Möglichkeiten der
Interpretation des Selbst (und der Interpretation anderer).

89 Freud, *Vorlesungen zur Einführung*, S. 83.
90 Freud, *Über Psychoanalyse*, S. 33. Doch vergleicht Freud die Arbeit
des Psychoanalytikers mit der eines Arztes und seine Eingriffe in die Seele
mit denen eines Chirurgen, was nahelegt, daß er mit seiner Methode und
seiner Rhetorik auf zweierlei Publikum zielte – auf die Laien, die gewöhnlichen Ereignissen gerne einmal versteckte Bedeutungen zusprechen, und auf
die Wissenschaftler, die diese neue Wissenschaft unter dem angesehenen
professionellen und wissenschaftlichen Titel der Medizin rubrizierten –, um
so sicherzustellen, daß der Psychoanalyse in beiden Sphären eine wohlwol-
lende Aufnahme beschieden sein würde.

Die Freudschen Konzepte »Widerstand« und »Verleugnung«, die mit der Popularisierung der Psychoanalyse enorme Verbreitung finden sollten, trugen dazu bei, eine neue
Erzählung des Selbst hervorzubringen, bei der sich der narrative Kern der Identität gerade durch das definierte, woran
Menschen nicht denken, worüber sie nicht sprechen und
was sie nicht tun (vgl. Kapitel 5). Dergestalt konnte jede
Form von Verhalten oder Gefühl – oder deren Abwesenheit
– auf eine Neurose hindeuten und folglich der Interpretation (und Transformation) bedürfen. Mit Extrovertiertheit
oder Schüchternheit, Geplapper oder Schweigen, sexueller Promiskuität oder sexueller Enthaltsamkeit, Arroganz
oder Demut sollte nun gleichermaßen die Notwendigkeit
einhergehen, sich selbst zu interpretieren. Widerstand und
Verleugnung ermöglichten mit anderen Worten die Erzeugung von Bedeutung auch (und vielleicht besonders) dann,
wenn man diese Bedeutung ablehnte. Mittels dieser hermeneutischen Regeln schuf Freud nicht nur neue narrative
Formen, sondern zugleich einen fortlaufenden Prozeß der
Narrativierung des Selbst, der durch das unaufhörliche
Projekt der Selbstinterpretation in Gang gebracht worden
war. Vergangene oder gegenwärtige Ereignisse, ausgespro-
chene oder unausgesprochene Probleme, Gestalten aus der
eigenen Vergangenheit oder aktuelle Bezugspersonen waren
nun allesamt in einer nahtlosen Identitätserzählung miteinander verbunden, in der sich das Selbst auf der Suche nach
seinen verlorenen »Ursprüngen«, Neurosen und geheimen
Wünschen befand. Der Prozeß, die Geschichte des eigenen
Selbst zu erzählen, sollte nun darin bestehen, sich einer neu-
en Form von persönlicher Erinnerung zu befleißigen und die
Vergangenheit in einen Geist zu verwandeln, der unablässig
die Gegenwart heimsucht, strukturiert und erklärt.

In seinen Clark Lectures stellte Freud noch eine weitere
Idee vor, die man in seinen »europäischen« Schriften nicht
findet; mit dieser Idee brachte er Verdachtshermeneutik und

eine einflußreiche amerikanische Erzählung des Selbst zur
Deckung, nämlich das meritokratische und voluntaristische
Narrativ der Selbsthilfe. In der fünften und letzten Vorlesung bot Freud seinen Zuhörern eine ausgesprochen amerikanische Version der am Ende erfolgreichen Suche nach
dem verlorenen Selbst: »Der energische und erfolgreiche
Mensch ist der, dem es gelingt, durch Arbeit seine Wunsch-
phantasien in Realität umzusetzen.«[91] Derart konnte sich
die Freudsche Suche nach dem verlorenen Selbst dezent mit
dem Streben nach gesellschaftlichem Erfolg verbünden. Mit
Hilfe der schwarzen Kunst der Tautologie ließ sich die emotionale Gesundheit im gesellschaftlichen Erfolg wiederfin-
den, während umgekehrt mangelnder gesellschaftlicher Erfolg auf einen Mangel an emotionaler Reife deuten mochte.
Abraham Maslow und andere sollten diese Idee später aus-
arbeiten (vgl. Kapitel 5).[92] Diese Verbindung zwischen dem
Erfolgsideal und der emotionalen Gesundheit sollte einen
mächtigen erzählerischen Rahmen schaffen, den die Kulturindustrien gründlich zu Markte tragen würden.

Ich denke also nicht, daß das Freudsche Gesundheitside-
al, wie manchmal behauptet wird, zu einer Normalisierung
des Verhaltens führte. Vielmehr führte es zu seiner Patholo-
gisierung, und es machte die psychologische Hermeneutik
– den Verdacht, daß im Selbst tiefe Bedeutungen verborgen
liegen – zu einer ganz selbstverständlichen Eigenschaft sozialen Handelns.

Konzentration auf die sexuelle Lust

Ein kulturelles Modell wird das menschliche Verhalten mit
um so größerer Wahrscheinlichkeit steuern, wenn es auf
gesellschaftliche Arenen bezogen ist, in denen Unsicherheit

91 Freud, *Über Psychoanalyse*, S. 53.
92 Vgl. Abraham Maslow, *The Farther Reaches of Human Nature*, New
York 1971.

herrscht. Ann Swidler und andere haben gezeigt, daß sich Perioden, die von Veränderungen und Unsicherheit bestimmt sind, durch eine gesteigerte ideologische Aktivität auszeichnen.[93] Die Freudsche Anschauungsweise stellte eine auf die Familie gerichtete Form von ideologischer Aktivität dar, die deshalb besonders einschneidend war, weil sich die gesellschaftlichen Institutionen, Verhaltensweisen und Normen, denen seine Ideen galten, tiefgreifenden Veränderungen ausgesetzt sahen, in bezug auf die es nur wenig Orientierungshilfe gab. Die Freudsche Sprache konnte dabei helfen, sich einen Reim auf die neuen kulturellen Ängste zu machen, die mit dem Wandel der sexuellen Beziehungen, der Geschlechteridentitäten und der Identitätsbildung einhergingen. William Sewell meint, daß in bestimmten historischen Momenten die »Möglichkeit einer *Disjunktion*« zwischen den von Clifford Geertz so genannten »Modell von«- und »Modell für«-Aspekten von Symbolen entsteht und daß diese Disjunktion »den Akteuren zu dem nötigen Spielraum für kritisches Nachdenken über die Welt verhilft«.[94] In der Tat können ein beschleunigter gesellschaftlicher Wandel und neue Formen sozialer Erfahrungen Sprachen des Selbst auch veralten lassen. Das ist so, weil die Welt den Beschreibungen, die wir von ihr geben, widerstehen und auch die Übereinstimmung zwischen einer bestimmten Sprache und einer bestimmten Kultur fragwürdig werden kann. Eine neue Sprache kann entstehen, wenn sich der Halt zwischen Gesellschaftsstruktur, sozialer Erfahrung und kulturellen Deutungen dieser Erfahrung lockert. Diese »Lockerung« war nirgends so deutlich spürbar wie im Bereich der Sexualität.

In seinem Buch über die Sexualität im bürgerlichen Zeit-

93 Ann Swidler, *Talk of Love: How Culture Matters*, Chicago 2001.
94 William H. Sewell Jr., »Geertz, Cultural Systems, and History: From Synchrony to Transformation«, in: Sherry B. Ortner (Hg.), *The Fate of »Culture«. Geertz and Beyond*, Berkeley 1999, S. 47.

alter schreibt Peter Gay: »Zu keiner Zeit hat es eine soziale Klasse gegeben, die so angestrengt und ängstlich auf äußeren Schein, auf Familie und Privatheit bedacht war; keine andere Klasse hat jemals so hohe Festungsmauern um das Selbst errichtet.«[95] Das gesamte 19. Jahrhundert über war die Bandbreite legitimer sexueller Verhaltensweisen geschrumpft (»Petting« etwa, in den Jahren nach 1800 noch erlaubt, wurde untragbar). In den 1870er Jahren priesen manche Eheratgeber weibliche Frigidität als Tugend und sexuelle Kälte als wünschenswerten Zustand.[96] Doch war das 19. Jahrhundert, so Peter Gay, auch das Zeitalter der »Entdeckung des Selbst«: Bekenntnisse, Selbstporträts, Tagebücher, Briefe sowie eine empfindsame und selbstbezügliche Literatur kündeten von einem überwältigenden Interesse am Wesen von Innerlichkeit und Subjektivität.[97] In den Familien der Mittelschicht huldigte man der Selbstbeobachtung und einem intensiven Gefühlsleben. Das Ergebnis war eine seltsame kulturelle Spannung zwischen Gefühlsbetontheit und Rigidität, Selbstkontrolle und Selbsterhebung. Der Spagat zwischen diesen beiden kulturellen und emotionalen Idiomen wurde im Bereich der Sexualität als eigentümliche Spannung zwischen den vorherrschenden Modellen gezügelter Sexualität und einer neuen Suche nach sexuellen Ausdrucksformen empfunden.

Wie der Rückgang der Geburtenraten im Laufe des 19. Jahrhunderts anzeigt, kam es zu einer zunehmenden Trennung von Sexualität um der Fortpflanzung und Sexualität um ihrer selbst willen – der erotischen Sexualität.[98]

95   Peter Gay, *Erziehung der Sinne. Sexualität im bürgerlichen Zeitalter*, München 1986, S. 400.

96   Der Begriff *Nymphomanie* beispielsweise wurde für Formen sexuellen Begehrens gebraucht, die man heute als normal und sogar gesund ansehen würde.

97   Gay, *Erziehung der Sinne.*

98   Vgl. Estelle Freedman, »Sexuality in Nineteenth Century America. Behavior, Ideology, Politics«, in: *Reviews in American History* 10 (Dezember

In seinen beiden Vorlesungsreihen nahm Freud auf diese
Veränderungen Bezug, als er die wichtige Unterscheidung
zwischen auf Fortpflanzung und auf Lustgewinn zielender
Sexualität einführte. Freuds Gedankengebäude bettete das
Verhältnis von individueller Lust und kollektiver Beschränkung in eine große Erzählung ein und lieferte somit starke
Argumente gegen die Beschränkung der Sexualität.»Freud,
Ellis und andere Theoretiker des 20. Jahrhunderts sind nicht
nur deshalb bedeutend, weil sie sich für einen freien Umgang mit der Sexualität einsetzten. Der Wandel von einer
Philosophie der Mäßigung zu einer Philosophie des Genusses war nur ein Aspekt einer größeren Neuausrichtung, mit
der der Sexualität ein ganz neues Gewicht zuerkannt wurde. [...] Nun bescheinigten Theoretiker der Sexualität, daß
sie eine Quelle des individuellen Selbstverständnisses sein
konnte.«[99] Freuds Bedeutung besteht nicht nur darin, daß er
die sexuelle Selbstkontrolle in Frage stellte. Er hat darüber
hinaus die erotische Sexualität unmißverständlich ins Zentrum des Selbst gerückt, indem er sie zum inneren, verborgenen und eigentlichen Antrieb des Handelns machte. Die
Entkoppelung der lustorientierten von der reproduktiven
Sexualität war schon ein Anliegen von Autoren wie Havelock Ellis, mit dessen Arbeiten Freud vertraut war. Freud
jedoch hatte etwas zu bieten, womit kein anderer Sexualfor-
scher seiner Zeit aufwarten konnte: eine umfassende Erzählung über das Selbst, in der die sexuelle Lust legitimiert war
und zum wichtigsten Schauplatz der Ausbildung der Seele
in ihrer Ganzheit avancierte.[100] Tatsächlich boten die beiden Vorlesungsreihen Schlüsselbegriffe, mit deren Hilfe in
der Folge die Erzählungen des Selbst umgeschrieben werden
sollten. Diese Schlüsselbegriffe waren die infantile Sexuali-

1982), S. 196-215.
99 John D'Emilio u. Estelle Freedman, *Intimate Matters. A History of
Sexuality in America*, New York 1988, S. 225.
100 Caplan, *Mind Games*, S. 151.

tät, sexuelle Konflikte, die Verleugnung sexueller Wünsche und der Gedanke, daß es sich beim Sexualtrieb um einen strukturellen Aspekt aller Kulturen und ihrer Entwicklung handelte.[101]

Im Gegensatz zu bestimmten feministischen Kritikerinnen Freuds möchte ich behaupten, daß das wirklich Neue und Ansprechende an Freuds Ideen in seinem Umgang mit der Geschlechterproblematik und in seiner Legitimierung der weiblichen Sexualität bestand.[102] Die begeisterte Zustimmung, auf die Freud bei der feministischen Anarchistin Emma Goldman und bei der Dramatikerin und Aktivistin Lillian Hellman stieß, belegt die grundsätzliche Affinität zwischen seinen Ideen und der sexuellen Befreiung. Obwohl er später Lust und »die Kultur« für unvereinbar erklären sollte, wobei letztere notwendigerweise die Oberhand über erstere behält, sprach sich Freud immer wieder für die Befreiung von der sexuellen Unterdrückung und das Streben nach Lust aus.[103] In seinem Buch *Freudian Fraud* (»Der Freud-Schwindel«) zitiert Fuller Torrey mißbilligend eine Äußerung Freuds, mit der dieser eine Frau ermutigte, ihren Mann für ihren Psychoanalytiker Horace Fink zu verlassen. Freud rechtfertigte seinen Ratschlag mit den Worten: »Ich hielt es für das gute *Recht* eines jeden Menschen, nach sexueller Erfüllung und zärtlicher Liebe zu streben.«[104] Zwar kann man diesen Satz als Rechtfertigung der patriarchalischen Macht von Psychoanalytikern über ihre Patientinnen lesen, aber angesichts des kulturellen Kontexts, in dem er geäußert wurde, ergibt er

---

101 D'Emilio u. Freedman, *Intimate Matters*, S. 223.
102 Vgl. E. Fuller Torrey, *Freudian Fraud. The Malignant Effect of Freud's Theory on American Thought and Culture*, New York 1992, S. 114.
103 »Wir sollten uns nicht so weit überheben, daß wir das ursprünglich Animalische unserer Natur völlig vernachlässigen, dürfen auch nicht daran vergessen, daß die Glücksbefriedigung des einzelnen nicht aus den Zielen unserer Kultur gestrichen werden kann.« Freud, *Über Psychoanalyse*, S. 59.
104 Zitiert nach Torrey, *Freudian Fraud*, S. 124.

als Rechtfertigung, ja Ermutigung der weiblichen Sexualität
mehr Sinn, auch wenn dies bedeutete, die normativen Anforderungen der Institution Ehe zurückzuweisen.

Freuds Auffassung von der Seele und der Libido verwandelte die kulturellen Definitionen von Männlichkeit
und Weiblichkeit, insofern sie die sexuelle Identität ver-
männlichte. Indem er die Psyche von Jungen *und* Mädchen
für sexuell hielt, indem er Neurosen bei beiden Geschlechtern auf gleichartige seelische Prozesse zurückführte und
indem er sowohl Männern als auch Frauen homosexuelle
Impulse zuschrieb,[105] trug Freud dazu bei, Frauen gleichzeitig zu sexualisieren und sie ihren männlichen Gegenübern
anzugleichen. Dergestalt sexualisierte die Freudsche Imagination nicht nur die Identität, sondern sie erweiterte auch
den Bereich möglicher Identitäten für Männer und Frauen.
Wenn sowohl die männliche als auch die weibliche Psyche
homosexuelle Tendenzen einschloß, dann wurde die Hete-
rosexualität selbst kontingent – etwas, worüber man selbst
und nicht das Schicksal entscheidet.

Rationale Selbsterkenntnis

Und schließlich erlangen kulturelle Ideen, wie ich an anderer Stelle zu zeigen versucht habe,[106] am ehesten dann Brei-
tenwirkung, wenn sie gesellschaftliche Widersprüche ver-

105   Diese Interpretation scheint Freuds eigener Auffassung zu entsprechen, wenngleich es zu diesem Thema viel Widersprüchliches in seinem
Werk gibt. So schrieb er 1935 in einem Brief an eine Mutter, daß »Homosexualität ganz gewiß kein Vorteil ist, aber auch nichts, dessen man
sich schämen müßte, kein Laster und keine Schande; sie kann nicht als
Krankheit klassifiziert werden; wir halten sie für eine Variation der Sexual-
funktion, die durch eine bestimmte Hemmung der sexuellen Entwicklung
hervorgerufen wird.« Zitiert nach Jack Drescher, *Psychoanalytic Theory
and the Gay Man*, Hillsdale 1998, S. 19. [Der auf englisch verfaßte Brief ist
abgedruckt in: Sigmund Freud, *Briefe 1873-1939*, hg. von Ernst u. Lucie
Freud, Frankfurt/M. ³1980, S. 438; A.d.Ü.]
106   Illouz, *Oprah Winfrey*.

söhnen. Der außergewöhnliche Erfolg der Psychoanalyse läßt sich damit erklären, daß sie zwei zentrale, aber unvereinbare Aspekte des modernen Selbst nahtlos miteinander verknüpfte und auf diese Weise versöhnte. Denn zum einen war das moderne Selbst nach innen gekehrt, wo es, in den Schranken des Privatlebens, seine Authentizität und einzigartige Individualität suchte. Und zum anderen sah sich das Selbst durch die Kultur und die Institutionen der Moderne aufgefordert, rational zu sein.

Die vorangegangenen Überlegungen sollten deutlich gemacht haben, warum die Psychoanalyse sowohl zum bevorzugten Schauplatz wurde, um das innere Selbst auszudrücken, als auch zu einem Schauplatz, der zur Selbstbeobachtung, Konzentration auf die Gefühle und vor allem zur Suche nach dem wahren und verlorenen Selbst ermutigte. Seltener betont, darum aber nicht weniger wichtig ist der Umstand, daß es sich bei der Psychoanalyse um eine rationale Methode handelt, die zur Selbsterkenntnis verpflichtet und zu diesem Zweck einen Prozeß der Selbstprüfung vorschreibt, bei dem man sich unvoreingenommen-distanziert in den Blick zu nehmen hat, um am Ende Freiheit und Selbstkontrolle zu erlangen.[107] Wie Jeffrey B. Abramson feststellt, legte Freud großen Wert »auf die Moralität des ehrlichen autonomen Willens«.[108] Wenn die Verdrängung ein Problem darstellte, so deshalb, weil sie »die Triebwünsche von der Vernunft abschnitt«.[109] Wie beim sokratischen

---

107 Vgl. Eli Zaretsky, »Psychoanalysis, Marxism, Post-Structuralism«, in: Craig Calhoun (Hg.), *Social Theory and the Politics of Identity*, Cambridge, MA 1994.
108 Jeffrey B. Abramson, *Liberation and Its Limits. The Moral und Political Thought of Freud*, New York 1984, S. 121.
109 Ebd., S. 121. Paul Ricœur zitierend, fährt Abramson im Anschluß fort, daß es sich hierbei um einen Teil eines ethischen Projekts des Selbst handelte: »Es hat sich [...] eine Lichtung der Aufrichtigkeit aufgetan, in der die Lügen der Ideale und Idole ans Licht gebracht werden [...]. Diese Aufrichtigkeit ist zweifellos nicht schon die ganze Ethik, aber doch zumindest die Schwelle zur Ethik.«

Projekt besteht das Ziel der Therapie darin, Bedingungen zu
schaffen, unter denen das rationale Ich die Kontrolle über
das Seelenleben erlangen kann. In den Worten von Steven
Marcus läßt sich die Psychoanalyse auf einer bestimmten
Ebene als »Gipfelpunkt jener Tradition der Selbstbeobachtung [verstehen], die mit der Aufforderung des Orakels von
Delphi ihren Anfang nahm: ›Erkenne dich selbst‹. Diese rational beherrschte Methode der Selbstprüfung untersucht
vornehmlich all das in uns, was nicht rational ist – unsere
Affekte, Triebregungen, Ängste, Einbildungen, Träume und
Alpträume, unsere Schuld, unsere endlosen Vorwürfe, unsere sexuellen Obsessionen, unsere unbeherrschbaren Ag-
gressionen.«[110] Marcus geht sogar soweit zu behaupten, daß
Freud mit der Rückbesinnung auf den griechischen Mythos
von König Ödipus den »organischen Zweig der kulturellen
Evolution« zu einem endgültigen Abschluß bringt. Die Psychoanalyse steht also ganz und gar nicht im Gegensatz zur
Ethik der Rationalität, sondern bekennt sich vielmehr zu
ihr. Was in Freuds Denken triumphiert, ist das spezifische
historische Projekt einer bindungslosen Vernunft, die das
Selbst, das Seelenleben und die Gefühle zu Gegenständen
einer gewissenhaften Prüfung und Erforschung macht.

Die Liaison von Psychologie und Populärkultur

Die oben angesprochenen Themen und Stile des Denkens
wurden im wesentlichen aus zwei Gründen begierig von der
amerikanischen Populärkultur aufgegriffen: Sie befaßten
sich mit neuen Unsicherheiten und Ängsten, denen sich das
Selbst ausgesetzt sah, und sie trugen dazu bei, die Themen
und Genres der aufkommenden Medienindustrien zu entwickeln und zu festigen. Die Psychologie machte sich in der

110 Steven Marcus, *Freud and the Culture of Psychoanalysis*, New York
1984, S. 7.

Populärkultur breit, indem sie in drei ihrer wichtigsten Segmente Einzug hielt: der Ratgeberliteratur (ob in Buch- oder Magazinform), dem Film und der Werbung.

Ratgeberliteratur

Die Psychologen nahmen sich das Recht heraus (das ihnen auch bereitwillig zugestanden wurde), sich als selbsternannte Experten zu einer Vielzahl von sozialen Problemen zu äußern. Von anderen Experten wie Juristen oder Ingenieuren unterschieden sie sich insofern, als sie sich im Laufe des 20. Jahrhunderts zunehmend dazu berufen fühlten, Menschen in praktisch allen Belangen anzuleiten. Sie beanspruchten Autorität in Fragen der Bildung und Erziehung bis hin zur Kriminalität, als Gerichtsgutachter, bei Themen wie Ehe, Resozialisierungsmaßnahmen, Sexualität, ethnischen und politischen Konflikten, ökonomischem Verhalten und der Kampfmoral der Armee.[111] Psychotherapeuten planten ihre Berufslaufbahn von Anfang an mit Blick auf ein breites Publikum und veränderten auf diesem Wege die in den spezialisierten Foren der Universitäten, Berufsverbände und Fachzeitschriften entwickelten Konzepte. Diese Form von Popularisierung trug ihnen einen zwiespältigen Status ein, der zwischen dem des Fachmanns und dem des moralischen Ratgebers oszillierte. Als Experten verfügten sie über ein technisches und neutrales Wissen, als Ratgeber in Sachen Moral hingegen unterwiesen sie die Menschen in jenen Werten, die ihr Verhalten und ihre Gefühle beeinflussen sollten. Aus dieser besonderen Dualität ihrer Rollen ging die Ratgeberliteratur hervor, die den Psychologen den Schlüssel zu ihrer eigenen Vermarktung an die Hand gab.

Wie das Kino entwickelte sich die Ratgeberliteratur in den 1920er Jahren nach und nach zu einer Kulturindustrie.

---

111 Herman, *The Romance of American Psychology.*

Es sollte sich zeigen, daß sie zur stabilsten Plattform für die
Verbreitung psychologischer Konzepte und die Ausarbei-
tung von Gefühlsnormen wurde. Die Ratgeberliteratur muß
einer Reihe von Anforderungen genügen. Sie muß erstens
einen erklärtermaßen allgemeinen Charakter haben, das
heißt, sie muß eine gesetzesförmige Sprache entwickeln, die
ihr Autorität verleiht und sie in die Lage versetzt, gesetzesförmige Aussagen zu treffen. T. S. Strang, David Strang und
John Meyer schreiben: »Wenn kulturelle Kategorien theore-
tisiert werden, dann beschleunigt dies ihre Verbreitung und
gibt ihr eine neue Richtung. Mit Theoretisierung meinen wir
die reflektierte Entwicklung und Präzisierung abstrakter Kategorien und die Formulierung von Beziehungsmustern wie
zum Beispiel Ketten von Ursachen und Wirkungen.«[112] Weil
ihre Theoretisierung Ideen in einer verallgemeinerten und
dekontextualisierten Weise zum Ausdruck bringt, erweitert
sie ihr Potential, auf eine Vielzahl von sozialen Kontexten,
Individuen und Bedürfnissen anwendbar zu sein. Psychologischer Rat ließ sich ebendeshalb so umfassend verbreiten,
weil er in eine theoretische und allgemeine Form gekleidet
wurde und von den universellen Gesetzen der Seele handelte. Zweitens muß die Ratgeberliteratur, wenn sie eine regelmäßig nachgefragte Ware sein soll, die von ihr behandelten
Probleme variieren. Wenn sie verschiedene Segmente der Le-
serschaft mit unterschiedlichen Werten und Standpunkten
ansprechen will, muß sie drittens amoralisch sein, das heißt
eine neutrale Perspektive auf Probleme etwa mit der Sexualität und der Ausgestaltung sozialer Beziehungen einnehmen.
Und schließlich muß sie viertens glaubwürdig sein, das heißt
aus einer anerkannten Quelle stammen. Psychoanalyse und
Psychologie entpuppten sich als Goldminen für die Ratge-
berindustrie, weil sie mit der Aura der Wissenschaft daher-
kamen, hochgradig individualisierbar waren (also an jede

112   T. S. Strang, David Strang u. John Meyer, »Institutional Conditions
for Diffusion«, in: Theory and Society 22 (1993), S. 492.

individuelle Besonderheit angepaßt werden konnten), eine große Bandbreite von Problemen anzusprechen vermochten und damit eine breite Produktpalette ermöglichten, und weil sie den leidenschaftslosen Blick der Wissenschaft auf Tabuthemen zu richten schienen. Angesichts des wachsenden Konsumentenmarkts griffen die Buchbranche und die Frauenzeitschriften eine Sprache dankbar auf, in der Platz war für Theorien und Geschichten, Allgemeinheit und Besonderheit, Wertfreiheit und Normativität. Zwar beeinflußt die Ratgeberliteratur ihre Leser selten direkt, doch hat man die Tragweite des Umstands, daß sie ein Vokabular für das Selbst anbietet und die Wahrnehmung der eigenen sozialen Beziehung beeinflußt, bislang unterschätzt. Ein gut Teil des gegenwärtigen kulturellen Materials erreicht uns in Form von Ratschlägen, Ermahnungen und Anleitungen »in drei Schritten«. Die Tatsache, daß das moderne Selbst an vielen sozialen Schauplätzen eine Eigenkreation ist – und sich seine Handlungsoptionen aus verschiedenen kulturellen Repertoires zusammensucht –, macht es wahrscheinlich, daß die Ratgeberliteratur eine wichtige Rolle bei der Ausprägung jener öffentlichen Vokabulare gespielt hat, in deren Medium sich das Selbst versteht.

Filme

Eine der wichtigsten kulturellen Stätten, an denen das Bild des Psychologen, so mancher Schlüsselbegriff der Psychoanalyse sowie therapeutische Erzählungen des Selbst propagiert wurden, war Hollywood. Die Produzenten und Filmemacher in Hollywood interessierten sich für die Psychoanalyse, viele von ihnen waren selbst in Behandlung. Fuller Torrey zitiert Otto Friedrichs Buch *Markt der schönen Lügen*: »Hollywood wimmelte von Neurotikern, die den Sinn ihres Lebens erklärt haben wollten und die viel Geld hatten, um

diese Erklärungen zu bezahlen.«[113] David O. Selznick etwa,
ein höchst einflußreicher Filmproduzent, der Hitchcock unter Vertrag hatte, unterzog sich einer psychoanalytischen
Behandlung. Wahrscheinlich angeregt durch seine Analyse,
kam er auf den Gedanken, einen Film auf der Grundlage
psychoanalytischer Ideen mit Hitchcock zu machen. Nach
der Vorlage des Romans *The House of Doctor Edwards* von
Frances Beeding schrieb Ben Hecht, auch er in analytischer
Behandlung, das Drehbuch zu *Spellbound* (*Ich kämpfe um
dich*). Der berühmte Hitchcockstreifen machte ein großes
Publikum mit dem Begriff des Unbewußten, der Bedeutung
der Träume, dem Verdrängungsmechanismus und der Bedeutung der Sprache in der analytischen Behandlung bekannt.

Doch der eigentliche Anstoß, Psychologie und Psychoanalyse auf die Leinwand zu bringen, lag in dem Umstand,
daß die Filmindustrie auf der Suche nach Rezepten und
Formeln war, um ihren emotionalen Zugriff auf das Publikum zu steigern. Bereits 1924 erbat Produzent Samuel Goldwyn Freuds Hilfe (und stellte die üppige Summe
von 100000 US-Dollar Honorar in Aussicht), um an der
Konzeption »einer wirklich großen Liebesgeschichte« mit-
zuarbeiten.[114] Wie der Sozialhistoriker Eli Zaretsky berichtet, wandten sich im darauffolgenden Jahr »Goldwyn
und Produzenten der UFA an Karl Abraham, Hanns Sachs
und Siegfried Bernfeld mit der Bitte, an einem psychoanalytischen Film mitzuwirken«.[115] Schließlich wurde G. W.
Pabsts *Geheimnisse einer Seele* mit finanzieller Unterstützung von Goldwyn gedreht.

113   Zitiert nach Torrey, *Freudian Fraud*, S. 124. Dt. Fassung: Otto Friedrich, *Markt der schönen Lügen. Die Geschichte Hollywoods in seiner großen Zeit*, Köln 1988, S. 349.
114   Eli Zaretsky, *Freuds Jahrhundert. Die Geschichte der Psychoanalyse*,
Wien 2006, S. 209.
115   Ebd., S. 210.

Warum die Filmindustrie so begierig auf Psychiater und Psychoanalytiker zurückgriff, läßt sich leicht erklären. Wie Karin Gabbard und Glen Gabbard elegant zusammenfassen, können Therapeuten als Filmcharaktere »eine praktische Möglichkeit bieten, um Protagonisten und ihre Entwicklung darzustellen. Darüber hinaus können sie bestimmte Themen legitimieren, und sie stehen für einen rationalistischen Gegensatz zu ›übernatürlichen Wahrheiten‹, die weltliche Erlösung gequälter Seelen, ein romantisches Interesse an unverstandenen Individuen, die überzeugende Erklärung rätselhafter Verhaltensweisen, vernünftige Lösungen für häusliche Krisen und einen hemmenden Gegenpart zu unkonventionellen Helden.«[116]

Die Psychoanalyse war besonders für die Filmwelt geeignet, weil sie neue visuelle Symbole hervorbrachte[117] (etwa die sogenannten Phallussymbole), interessante Variationen bekannter Genres ermöglichte (etwa wenn der Psychoanalytiker zum Detektiv wird und die zu entziffernden Spuren in Traumfragmenten bestehen), einer Figur größere psychologische Tiefe zu verleihen erlaubte (indem der Psychoanalytiker deren Psyche interpretierte) und mittels Traumsequenzen dem Film zu einer neuartigen, phantastischen Ästhetik verhelfen konnte. Alfred Hitchcock war nicht der erste in der Filmgeschichte, der von der Psychoanalyse Gebrauch machte, doch war er mit Sicherheit der erste, der dies auf visueller wie thematischer Ebene so gründlich tat.[118]

---

116 Karin Gabbard u. Glen O. Gabbard, *Psychiatry and the Cinema*, Chicago 1987, S. 252.

117 Eine detaillierte Untersuchung findet sich bei Virginia Richter, »Strangers on a Couch. Hitchcock's Use of Psychoanalysis in *Spellbound* and *Marnie*«, in: Ingrid Hotz-Davies u. Anton Kirchhofer (Hg.) *Psychoanalyticism. Uses of Psychoanalysis in Novels, Plays and Films*, Trier 2000, S. 114-31.

118 Vgl. Filme wie *Spellbound, Psycho* und *Marnie*.

Werbung

Im Bereich der Werbung traten Psychologen im wesentlichen in zwei Funktionen in Erscheinung: Sie berieten den neuen Berufsstand der Werbetreibenden und halfen ihnen dabei, Produkte in Bedeutungscluster einzubetten, die die unbewußten Wünsche der Konsumenten ansprachen. Darüber hinaus nutzten die Werber psychologische Themen, um den Verkauf ihrer Produkte zu rechtfertigen. 1931 etwa behauptete eine Anzeigenkampagne für Wrigley-Kaugummi, dieser böte »ein Gesichtstraining, [das] den Streß und die Ängste des modernen Lebens lindert und wieder zu Gelassenheit und Wohlbefinden verhilft«.[119] Diverse Artikel wurden von der Werbeindustrie mit Hilfe psychologischer Themen und Ängste angepriesen. Konsumartikeln wurde aber auch im positiven Sinn die Macht zugesprochen, den Käufern zur Entfaltung der verborgenen Potentiale ihres Selbst zu verhelfen, das sich zunehmend in der Expertenhand der Psychologen befand. Kathy Peiss schreibt in ihrer Studie über die Geschichte der Kosmetik in Amerika an der Wende zum 20. Jahrhundert: »Eine Frau, die ihr Aussehen nicht auf den neusten Stand bringt, zerstört jene potentiellen Persönlichkeiten, die sich den Psychologen zufolge hinter unserem gewöhnlichen Selbst verstecken. Psychoanalytische Begriffe begannen in der kosmetischen Fachpresse zu kursieren. Wer sich ›seines mangelhaften Aussehens bewußt ist‹, leidet unter einem Minderwertigkeitskomplex, urteilte ein Psychiater. Doch Abhilfe war buchstäblich zur Hand, versprach Verbandssprecher Everett McDonough, sind doch ›nicht wenige neurotische Fälle durch den geschickten Einsatz eines Lippenstifts geheilt worden‹.«[120] Peiss weist auch darauf

119 Daniel Robinson, »Marketing Gum, Making Meanings. Wrigley in North America, 1890-1930«, in: *Enterprise and Society* 5, Nr. 1 (2004), S. 31.
120 Kathy Peiss, *Hope in a Jar*, New York 1998, S. 248.

hin, daß Werbefachleute für Schönheitsprodukte oft auf Begriffe wie »unbewußt« oder »Selbstwertgefühl« zurückgriffen, um ihre Arbeit zu beschreiben:

Auf diese Weise wurde der schlichte Akt, Lippenstift oder eine Grundierung aufzutragen, noch stärker an therapeutischen Ansprüchen ausgerichtet als in den 1930er Jahren. Psychologen und Sozialwissenschaftler meldeten sich zu Wort und warnten die Frauen davor, daß zuviel Rouge die ungelöste seelische Dynamik ihrer Kindheit zum Ausdruck brächte und ein deplazierter Versuch sei, die Aufmerksamkeit ihrer Väter zu erringen und ihre Mütter anzugreifen. Ein Psychiater bezeichnete Make-up als weibliche Pathologie, eine Form von »extremem Narzißmus«, durch die sich Frauen »auf ein Genitalsymbol reduzierten«. In einem Artikel über »geistig gesunde Schönheitspflege« waren Schilderungen gewöhnlicher Frauen und ihres Kosmetikgebrauchs mit Fotografien von Patienten in Nervenheilanstalten illustriert – beide Gruppen würden sich durch Make-up ein psychologisches Erfolgserlebnis verschaffen. Psychiater, die sich für einen »Mittelweg« aussprachen, empfahlen den Frauen, jede mögliche kosmetische Hilfe zu nutzen, um ihr wahres Selbst erscheinen zu lassen.[121]

Nach dem Ende des Krieges fand das psychologische Verständnis von Kosmetik neue Nahrung. Wie Peiss postuliert, legten Kino, Werbung und Ratgeberliteratur unisono nahe, daß die Rückkehr der Männer – Ehemänner und Freunde – von der Front dazu angetan war, die Frauen zu traumatisieren und sie komplizierten »inneren Konflikten« auszusetzen. Als Antwort auf diese psychische Krise bot die kosmetische Industrie eine Flucht in die Schönheit an.[122] Mit einem Wort: Die drei wichtigsten aufstrebenden Kulturindustrien – die Ratgeberliteratur, das Kino und die Werbung – machten sich auf je eigene Weise die Psychoanalyse zunutze, um ihre jeweiligen Handlungsmodi kulturell zu etablieren und zu kodifizieren.

121 Ebd.
122 Ebd.

Schluß

Um verbindlich zu werden und neue Praktiken des Wissens, der Selbstbeobachtung und der Selbsttransformation in Gang zu setzen, muß eine Sprache von und innerhalb von mächtigen gesellschaftlichen Institutionen aufgegriffen werden. Wie Bourdieu und Foucault auf unterschiedliche, aber gleichermaßen überzeugende Weise gezeigt haben, wird ein Diskurs dann mächtig, wenn er in gesellschaftlichen Institutionen verankert ist, die ihm ihre Macht und Legitimität verleihen, und von diesen Institutionen aus in die Gesellschaft hineinwirkt.[123] Ein Diskurs wird dann performativ, das heißt, er wird dann in der Lage sein, aus eigener Kraft die Wirklichkeit zu benennen und zu verändern, wenn diejenigen, die diesen Diskurs führen, auch für das »symbolische Kapital« der Gruppe stehen, die sie repräsentieren.[124] Psychologen repräsentieren eine komplexe Gruppe, in der sich diverse Identitäten und Rollen überkreuzen: Diese Gruppe umfaßt »wissenschaftliche« Experten, deren Rede ihre Autorität aus der institutionellen und ökonomischen Macht der Wissenschaft bezieht; Repräsentanten einer Form von Wissen, die in staatliche Programme eingebaut ist und daraus ihre Legitimität ableitet; schließlich gehören ihr bei der breiten Masse beliebte Leitfiguren an, deren Befugnisse als »Seelenheiler« sich von ihrem traditionellen Charisma herschreiben. Die Autorität dieser Gruppe wird folglich in verschiedenen gesellschaftlichen Arenen geschaffen. Psychologen entwickelten nicht nur die Umrisse einer neuen Wissenschaft des Geistes, sondern behaupteten darüber hinaus, das Verhältnis von Individuum und Gesellschaft zu

---

123 Pierre Bourdieu, *Was heißt sprechen? Die Ökonomie des sprachlichen Tauschs*, Wien 1990; Michel Foucault, *Archäologie des Wissens*, Frankfurt/M. 1995.
124 Wofür Bourdieu mit Verweis auf Homer den Ausdruck »*skeptron*« gebraucht; vgl. Pierre Bourdieu, *Was heißt sprechen*, S. 73 f.

verstehen, die Mysterien des Glaubens und politischer Mas-
senbewegungen entziffert zu haben sowie über die Techniken und Grundsätze zu verfügen, die zu sexueller Erfüllung,
zu Erfolg und Zufriedenheit verhalfen.

Am interessantesten ist dabei noch nicht einmal das außerordentlich erfolgreiche Machtstreben der Psychologen,
sondern der Umstand, daß sich der therapeutische Diskurs
zum einen in eine kulturelle Form verwandelt hat, die unsere Erfahrung prägt und organisiert, zum anderen aber auch
in eine kulturelle Ressource, mit der wir uns einen Reim auf
uns selbst und unsere sozialen Beziehungen machen. Psychologen wuchsen in vielen Bereichen des sozialen Lebens
in die Rolle mächtiger Gesetzgeber hinein, weil sie symbolische »Werkzeuge« und Kategorien im Angebot hatten, die
Abhilfe gegen die Mehrdeutigkeiten und Widersprüche der
Moderne versprachen. Diese symbolischen Werkzeuge und
Kategorien kombinierten Altes und Neues, so daß sie zugleich kulturelle Innovation und Kontinuität ermöglichten.
Ich denke, daß die Psychologen deshalb in so vielfältiger
institutioneller Form zu Schiedsrichtern und Ratgebern der
Seele wurden, weil sie eine gewaltige »Kulturarbeit« leiste-
ten. Zu gesteigerter kultureller Aktivität kommt es besonders in »Umbruchperioden«,[125] wobei dieser vage Begriff
so mannigfaltige Phänomene wie den Zusammenbruch
traditioneller sozialer Rollen und die damit einhergehende
Rollenunsicherheit, den Niedergang vertrauter Verhaltensmuster, die Vervielfältigung der Werte und die Verschärfung
sozialer Ängste und Unsicherheiten einschließt, die allesamt
verständlich machen, warum Menschen nach Möglichkeiten suchen, sich das Verhalten der anderen zu erklären und
das eigene zu steuern. Das 20. Jahrhundert zeichnete sich
durch eine erhebliche Zunahme an normativer Unsicherheit
aus, die zu verstärkter ideologischer und kultureller Arbeit

125 Swidler, *Talk of Love.*

führte, und zumindest in Nordamerika lag ein gut Teil dieser Arbeit in den Händen der Psychologen.

Die Psychologie traf auf ein ungewöhnlich starkes institutionelles Echo, das es wiederum ermöglichte, kulturelle Praktiken um einen gemeinsamen kulturellen Kern zu organisieren. Kultur ist dann besonders einflußreich, wenn sie »Handlungsweisen« (Swidler) ermöglicht, die dem Selbst Sinn verleihen.[126] Die Kultur beeinflußt das Handeln, indem sie die Selbste, die Technik und die Weltanschauungen formt, aus denen Menschen ihre Lebensstrategien ableiten. In den folgenden Kapiteln möchte ich diese Grundeinsicht weiterverfolgen und untersuchen, wie der Freudsche und therapeutische Kode des Selbst von verschiedenen Institutionen angeeignet und zur Ausbildung neuer Handlungsstrategien genutzt wurde.

126 Ebd., S. 82.

3.
Vom Homo oeconomicus zum Homo communicans

Ah, die Vernunft, der Ernst, die Herrschaft über die Affekte,
diese ganze düstere Sache, welche Nachdenken heisst,
alle diese Vorrechte und Prunkstücke des Menschen:
wie theuer haben sie sich bezahlt gemacht!
wie viel Blut und Grausen
ist auf dem Grunde aller »guten Dinge«! ...
— *Friedrich Nietzsche* *

Die Auswirkungen des Kapitalismus auf die sozialen Beziehungen bildeten *das* zentrale Thema der klassischen Soziologie. Die meisten Gründerväter der Disziplin stimmten darin überein, daß der Kapitalismus unsere Fähigkeit, Bedeutung zu stiften und dauerhafte soziale Beziehungen zu pflegen, ernsthaft bedroht. Die Kultursoziologie mit ihrem ehrgeizigen Vorhaben, die verschlungenen Übergänge zwischen materiellen und symbolischen Bestandteilen des Handelns zu entwirren, hat jedoch ein wesentlich komplexeres Bild gezeichnet als die Soziologie in ihren Anfangstagen. Um mit Jeffrey Alexander zu sprechen: »Weil sowohl das Handeln als auch seine Umwelt unauslöschlich vom Nichtrationalen durchdrungen sind, kann es eine reine [...] rationale Welt nicht geben.«[1] Während die Konzepte der »Kommerzialisierung« und »Rationalisierung« auf der Annahme beruhten, daß die kapitalistische Wirtschaft die sozialen Beziehungen

---

* Das Motto stammt aus Friedrich Nietzsche, *Zur Genealogie der Moral*, in: *Sämtliche Werke*, hg. von Giorgio Colli u. Mazzino Montinari, Bd. 5, München 1980, S. 297.

1 Jeffrey Alexander, »The Computer as Sacred and Profane«, in: Philip Smith (Hg.), *The New American Cultural Sociology*, New York 1998, S. 29.

verarmen läßt und einer auftrumpfenden Zweckrationalität
unterwirft, hat sich die Kultursoziologie um den Nachweis
bemüht, daß wirtschaftliche Transaktionen in kulturelle Bedeutungen eingebettet sind und zwischenmenschliche emotionale Transaktionen nicht nur nicht marktwidrig sind,
sondern durch den Markt sogar gefördert werden können.
So konnte Viviana Zelizer in einigen bahnbrechenden Arbeiten zeigen, daß Finanztransaktionen und Intimbeziehungen
zusammen entstehen und sich wechselseitig stützen. Damit
hat sie den Gegensatz zwischen einzelnen konkreten Beziehungen und dem sogenannten unpersönlichen Tausch, zwischen rationalem und sogenanntem irrationalen Handeln als
allzu schlichten verabschiedet.[2] Darüber hinaus entwickelte
der Anthropologe Marshall Sahlins in seiner Studie *Kultur
und praktische Vernunft*[3] starke Argumente dafür, daß in
den heutigen kapitalistischen Gesellschaften die Wirtschaft
der Hauptschauplatz der Produktion von Symbolen und
eine bedeutende Quelle von Metaphern und Erzählungen
über die soziale Welt ist. Auf Einsichten dieser Art baut das
vorliegende Kapitel auf, das freilich in dreierlei Hinsicht
über sie hinausgehen will. Erstens möchte ich zeigen, daß
der wachsende Stellenwert von Rationalität in Wirtschaftsorganisationen unter der Ägide der Psychologen, die ab den
1930er Jahren massiv auf die amerikanischen Unternehmen
einwirkten, entgegen allen Annahmen mit einer gleichzeiti-
gen Intensivierung des Gefühlslebens einherging. Zweitens
argumentiere ich, daß die Psychologen, die einerseits innerhalb der Grenzen ihres Fachs arbeiteten, andererseits aber
auch Veränderungen in der Gesamtkultur bewirkten, nicht
nur das emotionale Verhalten am Arbeitsplatz festschrieben,

---

2   Viviana Zelizer, *The Purchase of Intimacy*, Princeton 2005; sowie
*The Social Meaning of Money, Paychecks, Poor Relief, and Other Curren-
cies*, New York 1994.
3   Marshall Sahlins, *Kultur und praktische Vernunft*, Frankfurt/M.
1981.

sondern – und noch entscheidender – Begriffe wie Eigeninteresse, Effizienz und Zweckprinzip in das geltende kulturelle Repertoire aufnahmen. Und drittens möchte ich darauf
hinaus, daß »Eigeninteresse« und »Effizienz«, als sie in das
kulturelle Repertoire des Handelns aufgenommen wurden,
tatsächlich neue *Modelle des Sozialverhaltens* schufen und
strukturierten – und zwar nicht zuletzt das Modell der
Kommunikation. Die kulturellen Muster, die die Psychologen entwickelten, nährten sich von der kulturellen Matrix
des Marktes und gingen enge Verbindungen mit ihr ein, um
schließlich dem Selbst Orientierung und Handlungsstrategien zu bieten und, was vielleicht noch folgenreicher war,
neue Formen des Sozialverhaltens zu prägen.[4] Im Anschluß
an die Arbeiten von Frank Dobbin, John Meyer und Brian
Rowan sowie von Walter Powell und Paul DiMaggio möchte ich zeigen, daß »Rationalität«, »Kalkül« und »Effizienz«
keine unpersönlichen ökonomischen Imperative sind, sondern vielmehr als kulturelle Repertoires dazu beitragen, berufliche Identitäten und Definitionen fachlicher Kompetenz
zu entwickeln. Und zwar deshalb, weil die kulturellen Motive des Eigennutzes und des Zweck-Mittel-Kalküls historisch
mit der Sprache der Psychologie verquickt wurden – einer
Sprache, die Gefühle, das Selbst und Identität in den Vordergrund rückte und kodifizierte. Die Psychologen hielten Einzug in die Wirtschaftsorganisationen, wo sie die Blaupausen
ihres Fachs, in denen die reflexive Steuerung der Emotionen
Vorrang genießt, mit denen des Marktes (à la Rationalität,
Produktivität, Effizienz) kombinierten. Das vorliegende Kapitel vertritt also eine Reihe von Thesen. Zum einen, daß
»Rationalität« und »Eigennutz« keine vorgegebenen, per se
einleuchtenden Kategorien sozialen Handelns sind, sondern
Kategorien, die akribisch von Psychologen kodifiziert und
gefördert wurden. Mit anderen Worten: Es bedurfte einer

4 Ann Swidler, *Talk of Love. How Culture Matters*, Chicago 2001.

enormen kulturellen Arbeit seitens der Psychologen, bis Arbeiter und Manager davon überzeugt waren, daß sie nach ihren eigenen Interessen handeln sollten. Auch waren die Kategorien des Eigeninteresses und der Rationalität keinesfalls gegen die Gefühle gerichtet, sondern eng mit ihnen verwandt und verflochten. Die Psychologen boten Modelle der Rationalität, *während sie zugleich Modelle der Emotionalität ausarbeiteten.* Und schließlich: Statt das *Sozialverhalten* – die Modelle und Praktiken, mittels deren Menschen soziale Bindungen schmieden und aufrechterhalten – zu zersetzen, strukturierten Rationalität und Eigeninteresse die sozialen und hierarchischen Beziehungen innerhalb der Unternehmen um und definierten letztlich auch neu, was es heißt, Macht in ihnen zu haben.

Während des gesamten 20. Jahrhunderts wurde das Gefühlsleben unter der Ägide des therapeutischen Diskurses mit den Metaphern und der Rationalität des Ökonomischen getränkt und umgekehrt wirtschaftliches Verhalten konsequent von der Sphäre der Emotionen und Empfindungen geprägt. Die Rationalisierung der Gefühle schuf ihr eigenes Gegenstück, das man als »Emotionalisierung des ökonomischen Verhaltens« bezeichnen könnte. Dieser wechselseitige Prozeß verweist auf einen umfassenderen kulturellen Prozeß, den ich an anderem Ort *emotionalen Kapitalismus* genannt habe.[5] Im emotionalen Kapitalismus prägen sich emotionale und ökonomische Diskurse wechselseitig, so daß Affekte zu einem wesentlichen Aspekt ökonomischen Verhaltens werden und das Gefühlsleben – insbesondere der Mittelschicht – der Logik wirtschaftlicher Zusammenhänge und der Logik des Tausches gehorcht (vgl. Kapitel 4). Marktbasierte kulturelle Repertoires formen und durchdringen zwischenmenschliche Beziehungen. Zu wissen, wie man zwischenmenschliche Beziehungen aufbaut und pflegt,

---

5   Eva Illouz, *Gefühle in Zeiten des Kapitalismus. Frankfurter Adorno-Vorlesungen 2004*, Frankfurt/M. 2006.

wird entscheidend dafür, wie man über wirtschaftliche Beziehungen denkt und sich diese vorstellt. Was ich als emotionalen Kapitalismus bezeichne, ist ein kultureller Prozeß, in dem neue Skripte für wirtschaftliche Beziehungen entworfen und mit Skripten für interaktional-emotionale Zusammenhänge verwoben werden, wie das etwa die verbreiteten kulturellen Muster der »Zusammenarbeit« und des »Teamwork« illustrieren. Diese aus der Fachsprache der Psychologen und der Unternehmenssprache der Effizienz gewonnenen Blaupausen haben die Art und Weise verändert, wie die Akteure horizontale und vertikale Hierarchien und Macht begreifen. Das gilt in begrenztem Maße, aber unzweifelhaft sogar für die Geschlechterverhältnisse. Nirgendwo war dieser wechselseitige Einfluß offensichtlicher als in dem kulturellen Schlüsselmotiv der »emotionalen Selbstkontrolle«.

Emotionale Selbstkontrolle in der Organisationssoziologie

Während Gefühle in der Wirtschaftssoziologie häufig keine Rolle spielten, tauchen sie sehr wohl in der Organisationssoziologie auf, wenn auch in negativer Form unter der Rubrik »emotionale Selbstkontrolle«. Studien zu Unternehmen haben durchweg ergeben, daß der amerikanische Arbeitsplatz des 20. Jahrhunderts eine wesentlich rigidere Gefühlskontrolle verlangte als seine Vorläufer, das heißt die Werkstatt oder die Fabrik im 19. Jahrhundert. Zu den ersten Arbeiten, die die Aufmerksamkeit der Soziologen auf die emotionalen Anforderungen ökonomischer Organisationen lenkten, gehörten C. Wright Mills' *Menschen im Büro* und William H. Whytes *Herr und Opfer der Organisation.*[6]

6 C. Wright Mills, *Menschen im Büro. Ein Beitrag zur Soziologie der Angestellten*, Köln-Deutz 1955; William H. Whyte, *Herr und Opfer der Organisation*, Düsseldorf 1958.

Unter dem Einfluß der verstörenden Weberschen Vision einer Herrschaft gesichtsloser bürokratischer Strukturen legten diese (und in der Folge viele weitere) Untersuchungen nahe, daß die Unternehmen ihre Angestellten im Laufe des 20. Jahrhunderts auf neuartige Weise unter Druck setzten, ihr Innenleben und ihre Gefühle zu »managen«. In Arlie Hochschilds bahnbrechender Untersuchung über Flugbegleiterinnen werden diese Überlegungen dahingehend weiterentwickelt, daß in den Interaktionen der Stewards und Stewardessen mit den Passagieren ein erhebliches Maß an emotionaler Selbstkontrolle (»emotionale Arbeit«) eingeht, weil jene angehalten sind, eine Firmenideologie umzusetzen, die vorgibt, wie sie sich in einer Vielfalt von Situationen zu fühlen haben.[7] Hochschild zufolge werden vor allem im Dienstleistungssektor tätige Frauen zu »Gefühlsarbeiterinnen« – Arbeiterinnen, die ihre Gefühle unterdrücken müssen, um das Image ihrer Firma zu verkaufen. Auf ähnliche Weise argumentierte Gideon Kunda in seiner Untersuchung der Unternehmenskultur einer Hochtechnologiefirma, daß moderne Unternehmen »normative Kontrolle« über die »Köpfe und Herzen« ihrer Mitarbeiter ausüben.[8] Für Kunda haben die heutigen Firmen die Kontrolle ihrer Mitarbeiter insofern vertieft und ausgeweitet, als sie nun nicht mehr nur ihr Verhalten, sondern auch ihr emotionales Auftreten im Visier haben. Und noch ein letztes, bezeichnendes Beispiel: In ihrer reichen und differenzierten Darstellung der langen Geschichte der Versuche, die Wut in den Vereinigten Staaten zu kontrollieren, legen Carol und Peter Stearns nahe, daß die amerikanischen Unternehmen Wutgefühle erfolgreich unterdrückt haben, dadurch aber »Individualität« und Spontaneität bedroht sind und den

7 Arlie Russell Hochschild, *Das gekaufte Herz. Zur Kommerzialisierung der Gefühle*, gekürzte dt. Fass., Frankfurt/M. u. New York ²2006.
8 Gideon Kunda, *Engineering Culture. Control and Commitment in a High-Tech Corporation*, Berkeley 1983.

»gesichtslosen Bürokratien«, die unser Leben beherrschen, endgültig zum Sieg verholfen wurde.[9]

In diesen Darstellungen ist die Kontrolle der Gefühle eine Variante der sozialen und ökonomischen Kontrolle. Für Hochschild wie für Kunda und die Stearns hat die emotionale Kontrolle eine starke kulturelle Affinität zur Sphäre des kapitalistischen Wirtschaftens nicht nur in dem Weberschen Sinn, daß sie eine Voraussetzung für das rationale und leidenschaftslose Gewinnstreben bildet, sondern auch insofern, als sich in ihr zeitgenössische Formen der sozialen Kontrolle am kapitalistischen Arbeitsplatz niederschlagen. Alle Autoren gehen davon aus, daß die emotionale Selbstkontrolle durchgesetzt werden konnte, weil die Akteure die Autorität der Organisation passiv akzeptierten. Die meisten soziologischen Darstellungen gehen von einer mehr oder weniger direkten Beziehung zwischen der sozialen und ökonomischen Macht, Befehle zu erteilen, und der Ausübung emotionaler Selbstkontrolle durch die Individuen aus. Dieser Auffassung zufolge sind Individuen (auf etwas widersprüchliche Weise) sowohl passive Befehlsempfänger als auch raffinierte Akteure, die Masken tragen und andere sowie sich selbst über ihr »wahres« Selbst belügen können. Zudem ist diesen Untersuchungen die implizite Vorstellung gemeinsam, daß die emotionale Selbstkontrolle das wahrhaft »menschliche Element« in Interaktionen unterdrückt, weil sie die ökonomische Rationalität ins Herz der organisationsinternen Beziehungen einschreibt. Ergänzt wurde dieses Bild durch feministische Sichtweisen auf Organisationen, denen zufolge das Ideal rationaler Selbstkontrolle Attribute der männlichen Identität sakrosankt macht und Frauen mit ihrem an Fürsorglichkeit orientierten und emotional expressiven Managementstil ausschließt.

Mein Ansatz unterscheidet sich deutlich von den ge-

9 Carol Zisowitz Stearns u. Peter Stearns, *Anger. The Struggle for Emotional Control in America's History*, Chicago 1986.

nannten Vorstellungen. Erstens versuche ich zu zeigen, daß
wir nicht verstehen können, wie es zu der Norm emotionaler Selbstkontrolle am amerikanischen Arbeitsplatz kam,
wenn wir die umfassenderen Modelle sozialer Kompetenz
nicht verstehen, mit denen Selbstkontrolle in der Regel as-
soziiert wird. So besteht ein von der Organisationssoziologie durchgängig übersehener Aspekt darin, daß emotionale
Kontrolle schon lange vor der Entstehung des Kapitalismus
zu unserem moralischen Vokabular gehörte und als eine erweiterte Metapher für Selbstbeherrschung und moralische
Autonomie steht – beides Anzeichen eines um sich bemühten Selbst.[10] Daß man die eigenen Wutanfälle, die plötzli-
chen Lustgefühle oder Depressionsschübe unter Kontrolle
behalten kann, ist nicht einfach nur die Folge einer »Kommerzialisierung der Gefühle« (wie Hochschild und andere
behaupten), sondern wesentlicher Bestandteil jeder ernstzu-
nehmenden sozialen Kompetenz. Erving Goffman hat dies
scharfsichtig beobachtet:

In jedem Gespräch werden Maßstäbe aufgestellt, wie weit sich der einzelne erlaubt, sich durch die Unterhaltung forttragen zu lassen, wie
weit er sich erlauben soll, darin aufzugehen. Er wird angehalten, darauf zu achten, daß er sich nicht zu sehr in Gefühle und Handlungsbe-
reitschaft hineinsteigert und damit die Affektgrenzen bedroht, die für
ihn in der Interaktion festgelegt worden sind. […] Wenn der einzelne
zu sehr in das Gesprächsthema verwickelt wird und auf andere den
Eindruck macht, daß er nicht über das notwendige Maß an *Selbstkontrolle über Gefühle und Handlungen* verfügt, […] dann werden
die anderen aus ihrer Verwicklung in das Gespräch wahrscheinlich in
eine Verwicklung in den Sprechenden gezogen. *Der Übereifer des einen
wird zur Entfremdung eines anderen.*[11]

10 Vgl. C. Dallett Hemphill, »Class, Gender, and the Regulation of
Emotional Expression in Revolutionary Era Conduct Literature«, in: Peter
N. Stearns u. Jan Lewis (Hg.), *An Emotional History of the United States*,
New York 1998, S. 33-51.
11 Zitiert nach Alasdair MacIntyre, *Der Verlust der Tugend. Zur mo-
ralischen Krise der Gegenwart*, Frankfurt/M. u. New York 1987, S. 157.
[Hervorhebung E.I.]

Man könnte dagegenhalten, daß Goffman an dieser Stelle Attribute für selbstverständlich hält und naturalisiert, bei denen es sich in Wirklichkeit um hochgradig geschlechtsspezifische, männliche Gefühlseigenschaften handelt. Doch reproduziert eine solche Auffassung selbst das üble und abwegige Klischee, Frauen hätten ihre Gefühle kaum oder gar nicht unter Kontrolle. Goffman bezieht sich hier vielmehr auf eine (relativ) geschlechtsblinde Form von sozialer Kompetenz, die Männer und Frauen gleichermaßen teilen und befürworten, selbst wenn sich die Art und Weise, wie sie von dieser Kompetenz Gebrauch machen, zwischen den Geschlechtern unterscheidet. Auch läßt sich eine solche Kompetenz leicht mit der repressiven Selbstkontrolle verwechseln, wie sie die Organisationssoziologen analysiert haben.[12] Mit Norbert Elias und seinem monumentalen Werk *Über den Prozeß der Zivilisation* können wir emotionale Selbstkontrolle als Resultat der modernen, also seit dem 17. Jahrhundert fortschreitenden Differenzierung von Funktionen und Netzen der Interdepen-

12   Das Gebot der Selbstkontrolle ist ein Motiv, das die Entwicklung der »westlichen Kultur« begleitet hat. Mäßigung (oder emotionale Selbstkontrolle) scheint eine jener grundlegenden Kategorien zu sein, die seit Platon durchgängig als Voraussetzung für den Gebrauch des Urteilsvermögens und für jede Form von Kooperation verstanden wurden. Von wenigen auffälligen Ausnahmen abgesehen, hat in der Geschichte des westlichen Denkens praktisch kein Philosoph ernsthaft der Notwendigkeit widersprochen, daß man seine Gefühle unter Kontrolle halten muß – Verfechter augustinischen Glaubens sowenig wie schnörkellose Rationalisten. »Ob sie in Begriffen von Gesetz und Pflichten oder in Begriffen von Glück und Tugend operiert, ob sie sich auf *A-priori*-Prinzipien beruft oder auf empirisch angewandte Nützlichkeitskriterien, es gibt kaum eine Variante der Moraltheorie, die nicht die Disziplinierung des Begehrens durch die Vernunft empfiehlt und die nicht Wollust, Sichgehenlassen, ungehemmte Gelüste und wildgewordene Leidenschaften verurteilt.« (Mortimer J. Adler (Hg.), *The Synopticon. An Index to the Great Ideas*, 2. Aufl., Chicago 1990, S. 684.) Ganz gleich also, ob für religiöse Bescheidenheit, vernünftiges Verhalten, aristotelische Mäßigung oder machiavellistisches strategisches Denken plädiert wurde, immer galt emotionale Selbstkontrolle als entscheidender Faktor für die soziale Existenz, für geistigen Fortschritt, Tugend und gesellschaftlichen Erfolg.

denz verstehen, die das Selbst auf eine größere Zahl sozialer
Interaktionen hin ausrichten. Die Zunahme und Vielfalt dieser Interaktionen zwingen das Individuum, sein Verhalten
an eine wachsende Zahl anderer anzupassen, was zu einer
stärkeren Selbststeuerung und größeren Berechenbarkeit des
Selbst führt.[13] So gesehen ist die emotionale Selbstkontrolle
nicht nur deshalb zur vorherrschenden Form der Modellierung der eigenen Gefühle geworden, weil sie in Unternehmen
stattfindet und die männliche Identität naturalisiert, sondern
auch, weil sie Formen von sozialer Kompetenz mobilisiert,
die durch die Vervielfältigung und Verlängerung der Ketten
gesellschaftlicher Interaktionen unverzichtbar wurden.

Und schließlich glaube ich – im Gegensatz zu allen Organisationssoziologen und Soziologen der Gefühle (einschließlich Elias), die die emotionale Selbstkontrolle durchweg als eine monolithische Kategorie behandeln –, daß es
in Wirklichkeit viele verschiedene Formen von ihr gibt, und
zwar aus einem einfachen Grund: Die Kontrolle der eigenen
Gefühle zehrt von kulturell geprägten Konzeptionen des
Selbst. Die Selbstkontrolle der Flugbegleiterin unterscheidet
sich erheblich von, sagen wir, der Ataraxia der Stoiker. Wie
ich in der folgenden Analyse zeigen werde, zeichnet sich die
von Wirtschaftsorganisationen geförderte therapeutische
Selbstkontrolle durch ihre Mischung aus Rationalität und
Emotionalität aus, also gerade durch ihr Vermögen, Gefühle in den Mittelpunkt des Selbst zu stellen, sowie dadurch,
daß sie die Perspektive von Frauen einschließt statt ausschließt. Eine solche historisch neue Form der emotionalen
Selbstkontrolle weist in der Tat auf einen Wandel seitens der
Art von Kontrolle hin, die in Organisationen gefordert ist.
Wie ich aber argumentieren werde, unterscheidet sich dieser
Wandel ganz entschieden von dem, den die Organisations-
soziologen üblicherweise im Sinn haben.

13   Norbert Elias, *Über den Prozeß der Zivilisation. Soziogenetische und
psychogenetische Untersuchungen*, Frankfurt/M. [24]2001.

Die Macht der Kontrolle und die Kontrolle der Macht

Die Epoche zwischen den 1880er und den 1920er Jahren gilt als Goldenes Zeitalter des Kapitalismus. In diesem Zeitraum wurden »das Fabriksystem eingeführt, Kapital akkumuliert, Herstellungsprozesse standardisiert, Organisationen bürokratisiert und das Heer der Arbeitskräfte in große Firmen eingegliedert«.[14] Am bemerkenswertesten dabei war die Entstehung von Großunternehmen, die Tausende oder sogar Zehntausende von Arbeitern beschäftigten, was zu einer erheblichen bürokratischen Komplexität und starken hierarchischen Integration führte.[15]

In seiner wegweisenden Studie über den Aufstieg des Unternehmens schreibt Reinhard Bendix, daß sich die Rhetorik der Manager im 19. Jahrhundert aus religiös puritanisch inspirierter Selbsthilfe und Theorien über das »Überleben des am besten Angepaßten« à la Spencer zusammensetzte. Manager waren Manager aufgrund ihrer Verdienste, die außer Frage standen. Entsprechend fehlte es all jenen in untergeordneten Positionen per definitionem an körperlichen, moralischen oder intellektuellen Qualitäten.[16]

Mit dem Umfang und der Geschwindigkeit der Industrieproduktion wuchs die schiere Masse der Arbeit und mit ihr der Arbeiter, die es zu überwachen galt.[17] In der Folge nahm

14   Yehouda Shenhav, *Manufacturing Rationality*, Oxford 1998, S. 20.
15   Die Firmenbesitzer verdrängten die Subunternehmer, die bis dahin den Herstellungsprozeß kontrolliert hatten, und übernahmen selbst die Kontrolle über die Arbeiter einschließlich deren Einstellung und Entlassung.
16   Eine Stimme der Zeit bringt dies deutlich zum Ausdruck: »Viele Menschen müssen als vollständig unfähig angesehen werden, Verantwortung auf sich zu nehmen. Erfolgreich sind sie nur als Geführte; Führer können sie selbst nie sein.« N. C. Fowler, *The Boy, How to Help Him Succeed*, New York 1902, S. 56 f., zitiert nach Reinhard Bendix, *Herrschaft und Industriearbeit. Untersuchungen über Liberalismus und Autokratie in der Geschichte der Industrialisierung*, Frankfurt/M. 1960, S. 347.
17   Alfred D. Chandler, *The Visible Hand. The Managerial Revolution*

aus Sicht der Organisationen auch die Komplexität der Aufgabe zu, Menschen zu steuern, die effizient und schnell produzieren sollten. Angesichts der wachsenden Zahl von Arbeitern und der Notwendigkeit ihrer Disziplinierung entstand eine Klasse von Managern, die weder Eigentümer noch Arbeiter waren und es als ihre gesellschaftliche Mission verstanden, die Produktion zu erhöhen, indem sie die Arbeiter anleiteten, die im wesentlichen als dumm, unmoralisch, unselbständig und Hauptursache aller sozialen Mißstände galten. Vor dem Hintergrund von Arbeiterunruhen und in einer vom Gegensatz zwischen Arbeitern und Kapitalisten geprägten Atmosphäre versprach Frederick Taylors Lehre vom wissenschaftlichen Management, den materiellen Wohlstand und die soziale Eintracht sicherzustellen. Taylors Ziel war es, »den Zwiespalt zu beseitigen«; zu diesem Zweck wäre eine »große Revolution in der geistigen Haltung« erforderlich, wie seine berühmt gewordene Forderung lautete.[18] Er behauptete, daß der »an der Spitze des Gesamtmanagement Stehende [...] unter den Bedingungen der wissenschaftlichen Betriebsführung denselben Gesetzen und Regeln unterworfen [ist], die durch hundert und aber hundert Experimente gefunden worden sind, wie die Arbeiter. Es sind allgemeine Normen entwickelt worden, und diese sind gerecht und billig.«[19] Man hat Taylor immer wieder dafür kritisiert, ein unmenschliches Managementsystem erfunden zu haben, das letzten Endes den Interessen der Kapitalisten diente. In kultureller Hinsicht trifft allerdings das Gegenteil zu, hat doch sein Rückgriff auf die Wissenschaft die traditionelle Legitimitätsgrundlage der Führungsetage untergraben und die Grundlage dafür geschaffen (bzw. überhaupt das Bedürfnis), Psychologen zu Rate zu ziehen, um den »menschlichen« Faktor im Unternehmen festzu-

in American Business, Cambridge 1977.
18   Zitiert nach Bendix, *Herrschaft und Industriearbeit*, S. 367 f.
19   Zitiert nach ebd., S. 369.

schreiben und zu formalisieren. Statt also Erfolg als eine Kategorie zu verstehen, die keiner weiteren Erklärung bedarf
– da der Erfolg beweist, daß man ihn verdient hat –, liefen
Taylors Theorien darauf hinaus, daß die Pflichten der Manager (erneut) auf den Prüfstand gehörten.

Die Vorstellung, was einen guten Manager ausmacht,
änderte sich dadurch auf subtile Weise. Angefangen mit den
bekannten Intelligenztests, die im Ersten Weltkrieg in der
Armee durchgeführt wurden, verwandelte man den individuellen Arbeiter nach und nach in eine Summe meß- und
testbarer Merkmale. Ob man diese Merkmale für angebo-
ren oder erworben hielt, war nicht entscheidend. Wie Bendix sagt: Entscheidend war, daß allein Tests entscheidend
waren und man mit ihrer Hilfe Arbeiter bewerten konnte.
In den 1920er Jahren richteten die amerikanischen Arbeitgeber und Manager ihre Aufmerksamkeit schließlich auf
die innere Einstellung und die Gefühle der Arbeitnehmer.
»Ohne es eigentlich zu bemerken, stellten sie dadurch die
Grundlagen ihrer eigenen praktischen Autoritätsausübung
in Frage.«[20] Solange sie Erfolg als ein Zeichen des Verdien-
stes verstanden hatte, bedurfte die industrielle Führungsebe-
ne keiner weiteren Rechtfertigung. Doch die Management-
lehre des Taylorismus zog den Schluß, daß Mißerfolg nicht
das unvermeidliche Resultat inhärenter und angeborener
Unfähigkeit war. Statt dessen galt es, die Ursachen man-
gelnden Erfolgs zu untersuchen und durch die Entwicklung
entsprechender Managementmethoden zu beseitigen. Bendix beschreibt den subtilen, aber bezeichnenden Wandel
des Bildes vom Arbeiter: Von einer Person, der man Tugenden und passende Manieren beibringen mußte, war er zum
Objekt wissenschaftlicher Untersuchung und Befragung
geworden, dessen Befähigung und innere Einstellung es zu
testen galt.[21] Im Rahmen dieses Prozesses veränderte sich

20   Ebd., S. 393.
21   Ebd.

auch die Definition von Erfolg und Führung: War Erfolg im 19. Jahrhundert ein selbstverständliches Zeichen sozialer Überlegenheit gewesen, die sich somit selbst rechtfertigte, entwickelte sich Führungsqualität nunmehr zu einer flüchtigeren Größe, zu einer Eigenschaft, die bewiesen werden mußte und nicht zwangsläufig und tautologisch zuerkannt wurde. Was eigentlich einen guten Manager ausmachte, war nun mit einer neuen Unsicherheit behaftet. Verglichen mit früheren Rechtfertigungen, der religiösen oder darwinistischen Legitimation von Führung etwa, scheint die Managementtheorie einen Prozeß kollektiver Prüfung und Befragung eingeleitet zu haben – und damit auch neue Formen sozialer Ungewißheit und Ängste, die ihrerseits neue Formen organisatorischer Kontrolle auf den Plan rufen sollten. Diese neue kulturelle Besorgnis, was eigentlich das Wesen eines guten Arbeiters ausmacht, und die Vorstellung, daß die Anwendung des entsprechenden Wissens dazu beitragen könnte, die Leistung der Arbeiter zu verbessern, bildeten den Hintergrund dafür, daß sich zunehmend Psychologen in die Unternehmensabläufe einmischten.

Die Psychologen drängen auf den Markt

Anfang der 1920er Jahre waren 86 Prozent aller Lohnempfänger in Fabriken angestellt.[22] Wichtiger noch: Im weltweiten Vergleich hatten die amerikanischen Unternehmen den größten Anteil an Verwaltungsangestellten (auf hundert Beschäftigte in der Produktion kamen achtzehn in der Verwaltung).[23] Das Wachstum der Firmen ging Hand in Hand mit dem Ausbau jener Managementtheorien, die auf eine Systematisierung und Rationalisierung des Produktionsprozesses zielten. Tatsächlich verlagerte das Managementsystem den

22 Shenhav, *Manufacturing Rationality.*
23 Ebd., S. 206.

Ort der Kontrolle vom traditionellen Kapitalisten zum Technokraten. Die Technokraten machten von der Rhetorik der Wissenschaft, der Rationalität und der allgemeinen Wohlfahrt Gebrauch, um ihre Autorität zu sichern, und stellten in Aussicht, sowohl die Interessen der Arbeitgeber als auch die der Arbeitnehmer befriedigen zu können. Für Yehouda Shenhav waren es die Ingenieure, die diesen Prozeß vorantrieben, indem sie sich als Klasse von Experten verstanden und nach einer neuen Form von Macht griffen. Eine Managementideologie setzte sich durch, die den Arbeitsplatz als »System« auffaßte, in dem das Individuum abgeschafft wäre und statt dessen formalisierte allgemeine Regeln und Gesetze auf die Arbeiter und den Arbeitsprozeß angewendet würden. Im Unterschied zum Kapitalisten, der immer wieder als habgierig und egoistisch charakterisiert wurde, ersann die neue Managementideologie einen Typus von Manager, der vernünftig, verantwortungsbewußt und berechenbar war und die neuen Regeln der Standardisierung und Rationalisierung umsetzte.[24] Diese Ingenieursrhetorik des Arbeitsplatzes als System war wohl bis zu den 1920er Jahren tonangebend,[25] allerdings leiteten die Psychologen schon bald darauf einen Diskurs ein, der die Individuen und ihre Gefühle in den Mittelpunkt stellte.[26] Zur selben Zeit, als die Unternehmen herauszufinden versuchten, wie sie den

---

24 Ebd., S. 197.

25 Da Shenhav sich fast ausschließlich mit Ingenieuren beschäftigte, ließ er sich zu einer zu weit gehenden Verallgemeinerung ihrer Rhetorik auf das Unternehmen insgesamt verführen. In der Tat neigten die Ingenieure dazu, Menschen als sorgfältig zu überwachende Maschinen zu sehen und das Unternehmen als ein unpersönliches System, das betrieben werden muß.

26 Frederick Taylor selbst war nicht unempfindlich für die emotionale Atmosphäre des Fertigungsbereichs und sprach von »seinem Schock angesichts des cholerischen Mißmuts vieler Fabrikarbeiter«. Die von Taylor angeregte geistige Revolution zielte nicht weniger auf die Stimmungen und Gefühle der Arbeiter als auf ihre Arbeitsleistung. Vgl. Peter Stearns, *American Cool. Constructing the 20th Century Emotional Style*, New York 1994, S. 122.

Produktionsprozeß maximieren und effizienter gestalten konnten, bemühten sich die Psychologen darum, sich als Berufsgruppe zu etablieren – und boten somit ein alternatives Vokabular für das Thema der Produktivität.

Angeregt durch John B. Watsons innovative Verhaltenspsychologie ersuchten Manager experimentelle Psychologen darum, Lösungen für das Problem der Disziplin und Produktivität im Unternehmen zu finden.[27] Der Erste Weltkrieg hatte den Psychologen gewaltigen Auftrieb verschafft. Bei der Rekrutierung von Soldaten und der Heilung von Kriegstraumata feierten sie, von denen einige Freuds psychodynamische Auffassungen teilten, große Erfolge. Unter der Leitung von Robert Yerkes entwickelten sie jene Gruppenintelligenztests, die später unter dem Namen Personalpsychologie bekannt werden sollten.[28] Yerkes konnte Wege aufzeigen, um Rekruten auf psychische Störungen zu untersuchen und ihre Eignung für bestimmte militärische Aufgaben zu prüfen. Auch richtete er psychologische Kommissionen ein, die die Soldaten auf ihre Motivation, Kampfmoral, körperliche Tauglichkeit und damit zusammenhängende psychische Probleme (»Kriegsneurose«) sowie ihre Disziplin untersuchten. 1918 wurde die militärische Ausbildung aufgrund der Bemühungen von Militärgeheimdienstoffizieren, Psychologen und Ärzten um die Abteilung Motivationstraining erweitert, deren Ziel es war, »die Kriegsmoral zu fördern und aufrechtzuerhalten«.[29] Diese neue Einheit knüpfte nach und nach ein landesweites Netz von Verbindungen innerhalb und außerhalb der Armee und unterhielt offizielle Kontakte mit dem Christlichen Verein Junger Männer und Frauen, der katholischen Laienorganisation der Columbus-

---

27 Loren Baritz, *Servants of Power. A History of the Use of Social Science in American Industry*, Middletown 1979.
28 Donald Napoli, »The Motivation of American Psychologists, 1938-1941«, in: *Military Affairs* 42 (Februar 1978), S. 32-36.
29 Ebd., S. 33.

ritter, dem jüdischen Wohlfahrtsverein, dem amerikanischen Bibliothekenverband, der »Commission on Training Camp Activities« zur Bekämpfung von Geschlechtskrankheiten im Militär, dem »Committee on Education and Special Training« zur schulischen und akademischen Ausbildung von Soldaten sowie der Propagandabehörde »Bureau of Public Information«.[30] Diese Verbindungen lassen darauf schließen, daß die psychologische Stärkung der Kriegsmoral über die Armee hinausreichte und, ob durch mimetischen oder normativen Isomorphismus, dabei war, auf die ganze Nation überzugreifen. In den 1920er Jahren führten amerikanische Universitäten Doktorgrade in Arbeits- und Betriebspsychologie ein,[31] ein Indiz dafür, daß dies der erste Zweig der Psychologie war, der institutionalisiert wurde.

Angesichts der erfolgreichen Arbeit der Psychologen in der Armee hofften die Manager auf eine Wiederholung solcher Erfolge in den Unternehmen. Sie baten die Psychologen, Tests zu entwickeln, mit denen man besonders produktive Arbeiter würde erkennen und einstellen können. In der Folge wurde eine ganze Reihe von Verfahren ersonnen, um nach einer Korrelation zwischen Intelligenz und Produktivität zu suchen, doch ließ sich nur eine vernachlässigbar triviale Entsprechung nachweisen. Dafür aber stellten die Psychologen fest, daß Charakterzüge wie Ehrlichkeit, Loyalität und Verläßlichkeit in auffälliger Weise mit der Produktivität in Beziehung standen.

Elton Mayo war einer der ersten in einer langen Reihe von Managementtheoretikern, die Leitlinien zur Ausformung jener Art von Identität boten, um die es den Managern ging. Ein Ehrenplatz gebührt ihm jedoch deshalb in jeder

30 Thomas Camfield, »›Will to Win‹. The US Army Troop Morale Program of WWI«, in: *Military Affairs* 41, Nr. 3 (1977), S. 124-128.
31 Zu den ersten Universitäten, die solche Abschlüsse anboten, gehörten die Ohio State University, das Carnegie Institute of Technology, die University of Minnesota und die Stanford University.

Darstellung der Managementtheorie, weil »es nur wenige
Disziplinen oder Forschungsfelder geben dürfte, in denen
eine einzelne Serie von Studien oder ein einzelner Forscher
und Autor so großen Einfluß ausgeübt haben, wie Mayo
und die Hawthorne-Untersuchungen dies ein Vierteljahr-
hundert lang taten«.[32] Trotz der erheblichen theoretischen
Unterschiede zwischen der Arbeit der Experimentalpsychologen und Elton Mayos revolutionärer Theorie der »Human Relations« bestand eine Kontinuität zwischen beiden
Bereichen, insofern Mayo die *Persönlichkeit* als wichtigsten
Faktor für den Erfolg eines Unternehmens ausmachte. Wie
Daniel Wren in seiner Geschichte der Managementtheorie
schreibt: »Das Ergebnis der bahnbrechenden Untersuchungen [Mayos] in den Hawthorne-Werken [der Western Electric Company] war der Ruf nach einer neuen Kombination
von Fähigkeiten, über die Manager verfügen sollten. Diese
Fähigkeiten waren entscheidend, um mit zwischenmenschlichen Situationen richtig umzugehen: erstens diagnostische
Fähigkeiten, um menschliches Verhalten richtig zu ›lesen‹,
und zweitens zwischenmenschliche Fähigkeiten, um Arbeiter entsprechend beraten, motivieren, anleiten und mit ihnen
kommunizieren zu können. Technisches Know-how allein
reichte nicht aus, um mit den in den Hawthorne-Werken
aufgetretenen Problemen zurechtzukommen.«[33] Wenn die
für den Human-Relations-Ansatz erforderliche Fähigkeit
darin bestand, Personen *als Personen* zu behandeln, dann
hing ein erfolgreiches Management wesentlich davon ab, ob
die Manager über die Gabe verfügten, andere zu verstehen
und ganz allgemein mit zwischenmenschlichen Beziehungen
umzugehen. Manager wurden nun nicht mehr nur nach ihrem Know-how und ihrer technischen Kompetenz bewertet,

---

32 Alex Carey, »The Hawthorne Studies. A Radical Criticism«, in:
American Sociological Review 32 (Juni 1967), S. 403-16.
33 Daniel A. Wren, *The Evolution of Management Thought*, New York
1979, S. 313.

sondern auch aufgrund so vager Kriterien wie »die richtige Persönlichkeit haben«, »wissen, wie man mit menschlichen Situationen umgeht«, und »wissen, wie man Konflikte löst«. Während jedoch die Experimentalpsychologen moralische Qualitäten wie Loyalität oder Verläßlichkeit als wichtige Eigenschaften der effizienten Persönlichkeit betrachtet hatten, widmeten Mayos zwischen 1924 und 1927 durchgeführte Experimente in den Hawthorne-Werken emotionalen Transaktionen als solchen mehr Aufmerksamkeit als jemals zuvor. Immerhin lautete ihr wichtigstes Ergebnis, daß die Produktivität zunahm, wenn die Mitarbeiterbeziehungen von einem ernsthaften Interesse für und einer Rücksicht auf die Gefühle der Arbeiter geprägt waren. Statt der viktorianischen Sprache des »Charakters« gebrauchte Mayo die amoralische und wissenschaftliche Sprache der Psychologie, um Mitarbeiterbeziehungen als technische Probleme zu fassen, die sich mit entsprechendem Wissen und Verständnis lösen ließen.[34] Mit anderen Worten: Weil amerikanische Unternehmen sich um eine Steigerung ihrer Produktivität bemühten und die Lösung dieser Aufgabe in die Hände von Leuten legten, die in der neuen Wissenschaft der Psychologie ausgebildet waren, entstand eine neue kulturelle Kategorie: die der »zwischenmenschlichen Beziehung«. Wie keine andere Gruppe verwandelten die Psychologen »zwischenmenschliche Beziehungen« in eine kulturelle Kategorie und in ein Problem.

Der vielleicht interessanteste Aspekt in dieser Hinsicht ist, daß die Beteiligten an Mayos ersten Experimenten bei Western Electric samt und sonders Frauen waren. Ohne daß

34 In seinem Buch *Culture as History. The Transformation of American Society in the Twentieth Century*, New York 1984, hat Warren I. Susman den Übergang von einer am »Charakter« orientierten Gesellschaft zu einer an der Persönlichkeit orientierten Kultur dokumentiert. Seine Darstellung bestätigt, daß die Ursprünge der Betonung der »Persönlichkeit« in den Unternehmen liegen und daß das Mitmischen der Psychologen auf dem Feld der Kultur die »Persönlichkeit« zu etwas machte, mit dem man »spielen« und das man »bearbeiten« und manipulieren konnte.

ihm dies bewußt gewesen wäre, waren Mayos erste Ergebnisse daher hochgradig geschlechtsspezifisch. Eine Analyse
der von ihm untersuchten Fälle ist sowohl aufschlußreich
bezüglich der Frage, wie seine Herangehensweise an Arbeitsplatzkonflikte durch eine psychologische Weltsicht geprägt wurde, als auch bezüglich der Frage, wie geschlechtsspezifisch die von ihm aufgedröselten Probleme unter den
Arbeiterinnen waren. Ein Beispiel seines Untersuchungsbe-
richts lautet: »Eine Arbeiterin kam [...] im Verlauf einer Befragung darauf, daß sie einen gewissen Abteilungsleiter deshalb nicht leiden mochte, weil er ihrem verhaßten Stiefvater
merkwürdig ähnlich sah. Es nimmt nicht wunder, daß der
gleiche Abteilungsleiter den Interviewer mit dem Hinweis
gewarnt hatte, daß die Arbeiterin ›schwierig zu behandeln‹
sei.«[35] Zwei anderen Arbeiterinnen hatte man bessere Arbeitsplätze in einem anderen Bereich der Firma angeboten.
Doch, wie Mayo bemerkt,

nahmen sie die Beförderung an, so bedeutete das, daß sie ihre Gruppe
verlassen und ihre Arbeit in einer andern Abteilung ausführen mußten:
Sie lehnten ab. Dann übten Vertreter der Gewerkschaft einigen Druck
auf sie aus, indem sie behaupteten, daß die Gewerkschaftsführer, wenn
die Arbeiterinnen weiterhin ablehnten, »genau so gut ihre Bemühungen aufgeben« könnten. Unwillig änderten die Arbeiterinnen ihren Entschluß und nahmen die Beförderung an. Beide bedurften sofort der Aufmerksamkeit eines Interviewers: Sie hatten sich in der früheren Gruppe
wohlgefühlt, der sie durch eine formlose Mitgliedschaft verbunden waren. Beide hatten das Gefühl, daß die Angleichung an eine neue Gruppe
und an eine neuartige Lage Anstrengungen und private Unzufriedenheit
mit sich brächte. Von beiden lernte man viel über die innere Organisation und die übliche Praxis ihrer Gruppen; die Eingliederung in ihre
neuen Gruppen wurde erleichtert; dadurch wurde zugleich eine neue
Zusammenarbeit in diesen Gruppen wirksam hergestellt.[36]

35   Elton Mayo, *Probleme industrieller Arbeitsbedingungen*, Frankfurt/
M. 1949, S. 122 [Hier und in den folgenden Zitaten aus diesem Band wurde die Übersetzung geringfügig geändert; A. d. Ü.].
36   Ebd., S. 126 f.

Und als ein letztes Beispiel:

In einer anderen kürzlich unternommenen Befragung beschwerte sich ein 18jähriges Mädchen bei dem Interviewer darüber, daß ihre Mutter sie ununterbrochen dränge, Herrn X, ihren Abteilungsleiter, nach einer Lohnerhöhung zu fragen. Sie hatte das abgelehnt, aber ihre Loyalität gegenüber ihrer Mutter und der Druck, den diese ausübte, beeinträchtigten ihre Arbeit und ihre Beziehungen zu der Arbeit. Sie sprach mit dem Interviewer über diese Angelegenheit, und es wurde klar, daß für sie eine Lohnerhöhung die Trennung von ihren täglichen Arbeitskameradinnen und Kolleginnen bedeuten würde. Obwohl von keiner unmittelbaren Bedeutung, ist es doch interessant zu bemerken, daß sie, nachdem sie ihre Lage bis ins einzelne dem Interviewer geschildert hatte, nun auch in der Lage war, ihren Fall leidenschaftslos ihrer Mutter vorzulegen [...]. Die Mutter verstand sie sofort und drängte sie nicht mehr, und das Mädchen wurde wieder eine gute Arbeiterin. Dieses letzte Beispiel zeigt einen Weg, wie ein solches Interview Kommunikationskanäle von emotionalen Blockaden befreit – gleichgültig ob diese innerhalb oder außerhalb der Fabrik zu suchen sind.[37]

Man beachte, wie diese Analysen zwischenmenschliche Beziehungen und Emotionen in den Mittelpunkt der kulturellen Vorstellung vom Arbeitsplatz rücken. Doch deuten sie auch auf die Art und Weise, wie *Frauen* den Arbeitsplatz erlebten. Weil ihre gesellschaftliche Rolle primär als die des Ernährers definiert war, muß man bezweifeln, daß viele Männer zwischen einem beruflichen Aufstieg und ihren Freunden hin- und hergerissen gewesen wären oder es vorgezogen hätten, zugunsten letzterer auf ersteren zu verzichten. Wenn die Frage, wie sich innerhalb des Unternehmens soziale Bindungen herstellen und aufrechterhalten lassen, zu einem Schlüsselmotiv für Mayo und spätere Theoretiker wurde, dann deshalb, weil seine ursprünglichen Ergebnisse (ohne daß ihm dies auffiel) hochgradig geschlechtsspezifisch waren. Sie spiegelten eine weibliche Gefühlskultur,

37 Ebd., S. 127.

in der Fürsorglichkeit, unverhohlene Zuneigung, explizit angebotene Unterstützung und verbale Kommunikation im Mittelpunkt der sozialen Identität und der gelebten sozialen Bindungen standen. Mayos anschließende Experimente mit Männern bestätigten dann nur noch seine Auffassung, daß eine vorsichtige Überwachung und eine Atmosphäre des Vertrauens zu höher Produktivität führten.

Es war Mayos Methode, die ihm die »Entdeckung« ermöglichte, daß die Arbeitsbeziehungen einen wesentlich menschlichen, zwischenmenschlichen und emotionalen Charakter hatten. Tatsächlich haben nur wenige bemerkt, daß Mayos Interviewmethode über *alle* Merkmale eines therapeutischen Interviews verfügte – bis auf den Namen. So definiert Mayo seine Vorgehensweise:

Die Arbeiter wollten selbst reden, und zwar ganz ohne Hemmungen unter dem Siegel der Verschwiegenheit (das niemals verletzt wurde) und zu jemandem, der die Gesellschaft bevollmächtigt zu vertreten oder der in seiner ganzen Haltung eine Autoritätsperson zu sein schien. Der Versuch an sich war ungewöhnlich; es gibt nur wenige Menschen auf dieser Welt, die für die Aufgabe Erfahrung gesammelt hatten, jemanden ausfindig zu machen, der klug war, aufmerksam und bereit, all dem zuzuhören, was er oder sie zu sagen hatte. Um letzteres überhaupt zu erreichen, war es notwendig, den Interviewern beizubringen, wie man zuhören muß, wie man es vermeidet, zu unterbrechen oder Ratschläge zu geben, und wie man ganz allgemein allem aus dem Weg geht, was eine freie Aussprache in dem besonderen Fall behindern könnte. Es wurden daher einige Leitsätze festgelegt, die den Interviewern als Richtlinien dienten. Sie lauteten mehr oder weniger wie folgt:
1. Wenden Sie Ihre ganze Aufmerksamkeit der Person zu, mit der Sie sprechen, und lassen Sie Ihre Aufmerksamkeit erkennen.
2. Sprechen Sie nicht, sondern hören Sie zu.
3. Streiten Sie sich nicht; geben Sie keine Ratschläge.
4. Passen Sie darauf auf:
    a) was er sagen will,
    b) was er nicht sagen will,
    c) was er nicht ohne Hilfe sagen kann.
5. Machen Sie sich beim Zuhören versuchsweise und unbeschadet spä-

terer Abänderungen ein Bild von dem Menschen, der vor Ihnen sitzt.
Um dieses Bild zu überprüfen, fassen Sie von Zeit zu Zeit das, was
er gesagt hat, zusammen und geben Sie ihm Gelegenheit, sich noch
deutlicher auszudrücken (zum Beispiel: »Habe ich Sie so richtig verstanden?«). Stellen Sie solche Fragen nur mit größter Vorsicht [...].
6. Denken Sie daran, daß alles, was Ihnen gesagt wird, vertraulich zu
behandeln ist und nicht weitererzählt werden darf.[38]

Ich kenne keine bessere Definition eines therapeutischen Interviews. Weil Mayo auf die begrifflichen Werkzeuge der
Psychologie zurückgriff, konnte er den Befragten eine Form
des Sprechens entlocken, die wesentlich privat und emotional war. Weil zudem die Probanden seiner bahnbrechenden
Experimente Frauen waren, löste er unabsichtlich einen
Prozeß aus, in dessen Verlauf die emotionalen Eigenschaften von Frauen in den Arbeitsplatz integriert wurden, der zu
dieser Zeit noch als eine hauptsächlich männliche Domäne
galt. Wenn also, wie viele Feministinnen behaupten, Männlichkeit implizit in die Instrumente der Klassifikation und
Evaluation am Arbeitsplatz eingeschrieben ist, dann stellen
Mayos Ergebnisse gewiß ein Beispiel für das Gegenteil dar,
nämlich die Einschreibung von Weiblichkeit in vermeintlich
»allgemeine« Aussagen. Mayo nutzte eine »weibliche Methode« – die auf dem Gespräch und der Kommunikation
von Gefühlen beruht –, um Probleme von Frauen ans Licht
zu bringen, Probleme also grundsätzlich zwischenmenschlichen und emotionalen Charakters, und er wandte diese
Methode auf hochgradig geschlechtsspezifische männliche
Organisationen an. Indem er dies tat, setzte Mayo einen
Prozeß der Neudefinition von Männlichkeit am Arbeitsplatz in Gang, eine Neudefinition, die eine andere Weise,
das Selbst im Verhältnis zu anderen zu denken, einschloß
und im Grunde ein Vokabular der Emotionalität mit dem
Vokabular der Produktivität mischte und verband.

38 Ebd., S. 115 f.

Ein neuer emotionaler Stil

Mayos Ergebnisse dienten dazu, eine adäquate Arbeitsumgebung für Arbeiter, aber auch für das Management zu definieren. Was zeichnete einen erfolgreichen Manager aus? Mayo zufolge sollte die »neue« Führungskraft jemand sein, der sozialen Stimmungen nachspürt und die Zusammenarbeit zwischen Managern und Arbeitern im Sinn der Ziele der Organisation voranbringen kann.[39] Mayo revolutionierte die Managementtheorien, indem er nicht nur eine moralische Sprache des Selbst durch die leidenschaftslose Terminologie der wissenschaftlichen Psychologie ersetzte, sondern auch die bis dahin vorherrschende Ingenieursrhetorik der Rationalität durch das neue Vokabular der »Human Relations« ablöste. Indem er unterstellte, daß Konflikte keine Frage eines Wettbewerbs um begrenzte Ressourcen seien, sondern die Folge von blockierten Emotionen, Persönlichkeitsmerkmalen und ungelösten psychischen Problemen, konstruierte Mayo eine diskursive *Kontinuität zwischen der Familie und dem Arbeitsplatz*. Weil die mit der Produktivitätssteigerung beauftragten Psychologen in einer Begrifflichkeit arbeiteten, die sie aus der Familiensoziologie bezogen, stammten folglich auch die Beschreibungen und Lösungen der Arbeitsplatzkonflikte typischerweise aus diesem Bereich.[40]

Für Mayo waren Konflikte die Folge emotionaler Transaktionen. Man konnte die Eintracht wiederherstellen, wenn man solche Emotionen anerkannte und sich um gegenseitiges Verständnis bemühte. So vermochte es Mayos Managementtheorie, in vielerlei Hinsicht die Interessengegensätze von Kapitalisten und Arbeitern zu versöhnen. Diese Theorie bot der Kritik der Arbeiter an ihren Arbeitsbedingungen ein

39 Wren, *Evolution of Management Thought*, S. 318.
40 Vgl. hierzu insbesondere Trahairs Biographie: R.C.S. Trahair, *The Humanist Temper. The Life and Work of Elton Mayo*, New Brunswick 1984.

Ventil (zumindest schien es so).[41] Doch umfaßte sie auch Techniken, derlei Kritik zu unterdrücken. So registrierten Mayo und sein Team etwa im Zusammenhang mit Mitarbeiterbeschwerden, wie schon der bloße Umstand, daß ein Manager einem aufgebrachten Mitarbeiter zuhörte und ihn seine Verärgerung zum Ausdruck bringen ließ, den Betreffenden beruhigte. Im selben Geist wurden Konflikte am Arbeitsplatz – statt als Ausfluß eines strukturellen Mangels des Kapitalismus – zur Folge von Persönlichkeitsproblemen und einer schwierigen Kindheit umgedeutet. Zum erstenmal wurde jede(r) einzelne und seine bzw. ihre Gefühle einer genauen Untersuchung unterzogen; nach und nach verwob sich die Sprache der Produktivität mit der der Psyche. Ein guter Manager zu sein hieß nun, die Eigenschaften eines Psychologen an den Tag zu legen: Ein guter Manager mußte den komplexen emotionalen Charakter der sozialen Transaktionen am Arbeitsplatz erfassen und mit ihm umgehen können.

Der Gegenstand von Mayos Untersuchungen und seine Zielvorgaben unterschieden sich offenkundig in vielerlei Hinsicht radikal von denen der klinischen Psychologie. Doch indem sie auf den menschlichen Faktor am Arbeitsplatz pochten, auf so ungreifbare Dinge wie Gefühle und Mitarbeiterbeziehungen und auf einen unsichtbaren Faden, der Familie und Arbeitsplatz verband, bewirkten Mayos Theorien, daß die Akteure in den Unternehmen wesentlich aufgeschlossener für die neuen Definitionen von Führungsqualität wurden, die der Diskurs der populären Psychologie propagierte. Vor dem Hintergrund der neuen Ungewißheit, die die unsichere Wirtschaftslage der 1930er Jahre mit sich brachte, sollte der berufliche Erfolg der Beschäftigten nun davon abhängen, ob sie die richtige Persönlichkeit hatten – und damit vom korrekten Management von Gefühlen. In-

---

41 Vgl. Luc Boltanski u. Ève Chiapello, *Der neue Geist des Kapitalismus*, Konstanz 2006.

dem sie den Begriff der Persönlichkeit in den Mittelpunkt
des ökonomischen Verhaltens rückten, konnten die Psychologen somit nicht nur neue Verbindungen zwischen der
Sprache der Seele und der Sprache ökonomischer Effizienz
knüpfen, sondern auch ihre eigene Autorität in den Unternehmen und in der Gesellschaft insgesamt festigen und legitimieren.

Zwar entwickelten sich die Managementtheorien später in eine andere Richtung, doch diese Grundüberzeugung
blieb gewahrt. Als die neue Auffassung, Interessenkonflik-
te zwischen Belegschaft und Unternehmensführung seien
natürlich und unvermeidlich, in den 1950er Jahren den
mayoistischen Konsens über die »Human Relations« er-
schütterte, wurde gleichwohl die Sprache der Gefühle und
der zwischenmenschlichen Beziehungen beibehalten, war
sie doch zum festen Bestandteil der von Psychologen und
Managementtheorien etablierten Konventionen geworden.
Die entsprechenden Schriften der 1940er und 1950er Jahre
postulierten typischerweise immer noch, daß die »Gefühle«
der Menschen wichtiger waren als die »Logik« so ungreif-
barer organisatorischer Elemente wie Charts, Regeln und
Direktiven. 1948 schrieb Ross Stagner in der angesehenen
Zeitschrift *Personnel Psychology*, daß »ein gründliches Verständnis von Arbeitsstreitigkeiten eine Untersuchung der
psychologischen Aspekte des Problems voraussetzt«.[42] Rund
zehn Jahre später, 1959, erklärte ein Verfasser in derselben
Zeitschrift, daß die »›Geisteshaltung‹ [...] die industrielle
Überlegenheit Amerikas erklärt. Zu dieser ›Geisteshaltung‹
[...] gehören die berufliche Mobilität, die Kooperation
zwischen Gewerkschaftsvertretern und Vorarbeitern, eine
freundliche und entspannte Atmosphäre bei Tarifverhand-
lungen, ein Sinn für soziale Fragen in der Industrie sowie die
Anerkennung des Prinzips, daß die Löhne die Produktivität

42 Ross Stagner, »Psychological Aspects of Industrial Conflict: I. Per-
ception«, in: *Personnel Psychology* 1 (1948), S. 131.

der Mitarbeiter widerspiegeln sollen.«[43] Wie der Historiker Daniel Wren zusammenfaßt: »Im großen und ganzen legten die Texte der frühen 1950er Jahre Wert auf Gefühle, Stimmungen und Zusammenarbeit.«[44] In den 1960er Jahren vertiefte sich diese Entwicklung unter dem Einfluß der ungemein erfolgreichen Psychologie Abraham Maslows. Neue Ansätze wie der »industrielle Humanismus« und der »Unternehmenshumanismus« versuchten die autoritären Tendenzen von Organisationen auszugleichen und die Ziele des einzelnen und der Organisation unter einen Hut zu bringen. Der außergewöhnliche kulturelle Einfluß der Psychologie scheint folglich an ihrer Fähigkeit gelegen zu haben, das Individuum – mit seinen Bedürfnissen, Ansprüchen und Unverträglichkeiten – in die Struktur und Kultur der Wirtschaftsorganisationen selbst einzuschreiben.

Der Zweck dieses gerafften Überblicks besteht natürlich nicht darin, die komplexe und widersprüchliche Geschichte des Managements nachzuzeichnen.[45] Ich möchte einfach nur darauf aufmerksam machen, daß sich inmitten all der Vielfalt und Komplexität der Managementtheorien ein zentrales kulturelles Repertoire ausbildete: Traditionelle, auf Autorität oder gar Zwang beruhende Arbeitsverhältnisse wurden kritisiert und verworfen; sie wurden zu emotionalen und psychologischen Verhältnissen umdefiniert und ermöglichten so eine (scheinbare) Harmonie zwischen der Organisation und dem einzelnen.

---

43 M. S. Viteles, »›Human Relations‹ and the ›Humanities‹ in the Education of Business Leaders. Evaluation of a Program of Humanistic Studies for Executives«, in: *Personnel Psychology* 12 (1959), S. 1.
44 Wren, *Evolution of Management Thought*, S. 475.
45 Andere haben dies bereits hervorragend geleistet, vgl. etwa Mauro F. Guillen, *Models of Management. Work, Authority, and Organization in a Comparative Perspective*, Chicago 1994; Yehouda Shenhav, »From Chaos to Systems. The Engineering Foundations of Organization Theory«, in: *Administrative Science Quarterly* 40 (1995), S. 557-85; Wren, *Evolution of Management Thought*.

Diese neuen kulturellen Repertoires stechen besonders in der populären Ratgeberliteratur zu den Themen Management und Personalführung hervor. Im folgenden werde ich mich auf diese populäre Gattung konzentrieren, weil sie den semiotischen Kode des Selbst und die neuen kulturellen Repertoires, mit denen die Psychologen neue Theorien der Führungsqualität entwarfen, am deutlichsten zum Ausdruck bringt.[46] Die Populärpsychologen zielten auf einen idealtypischen Manager oder Nachwuchsmanager und ließen dabei die genuinen Schwierigkeiten der Managementtheorie beiseite. Statt dessen wirkten sie in einem allgemeineren Sinn auf die Kultur ein, indem sie jene Art Selbst entwarfen, das über den Schlüssel zu unternehmerischem Erfolg verfügen würde. Wenn populärpsychologische Veröffentlichungen uns auch nicht direkt über die Verwendungsweisen therapeutischer Sprache in der Praxis informieren können, so geben sie doch die öffentlich zugänglichen Sprachen zu erkennen, die unser Selbstverständnis formen und uns dabei helfen, das Verhalten anderer zu interpretieren. Wie der Buchhistoriker Roger Chartier behauptet, gibt es eine Kontinuität zwischen den geistigen bzw. kulturellen Schemata, die einen Text strukturieren, und den geistigen bzw. kulturellen Kategorien, durch die wir die Welt eines Textes erfassen.[47] Dies dürfte bei der Ratgeberliteratur um so stärker der Fall sein, enthält diese doch per definitionem Ratschläge und Gebote in bezug auf Teilbereiche der Kultur, in denen bei vielen Menschen große Unsicherheit herrscht – wie

---

46 Die folgende Analyse beruht auf meiner Lektüre von Ratgebern zu den Themen Erfolg, Führung, Management und Kommunikation im Unternehmen, die zwischen den 1930er und den 1990er Jahren verfaßt wurden. Ich habe hierzu 52 Bücher ausgewählt, die in einem Verbund von sechs Bibliotheken im mittleren Westen erhältlich waren. Darüber hinaus habe ich die Managementzeitschrift *Personnel Psychology* aus den 1940er bis 1990er Jahren gelesen und ausgewertet.
47 Roger Chartier, *The Cultural History. Between Practices and Representations*, Ithaca 1988.

etwa Führungseigenschaften und Sexualität. Das Genre der Ratgeber lädt zu einer Form der Aneignung von Texten ein, die die Literaturwissenschaftlerin Louise Rosenblatt als »ableitende Transaktion« (*efferent transactions*) bezeichnet hat, worunter sie Lektüren versteht, »die hauptsächlich von der Suche nach etwas, was man ›mitnehmen‹ kann, motiviert sind«.[48] Mehr noch als fiktionale Literatur konsumieren die Leser Ratgeber auf der Suche nach praktischer Orientierungshilfe bzw. nach dem, was Wayne Booth als »nützlichen ›Übertrag‹« bezeichnet hat.[49] Mitarbeiter von Großunternehmen, die sich bezüglich ihres eigenen Wertes und ihrer Karrierechancen unsicher sind, greifen häufig zu Ratgebern, um ihr unklares Umfeld zu verstehen und langfristige Handlungsstrategien in bezug auf dieses Umfeld zu entwickeln.

Ein Vorbehalt ist hier jedoch angezeigt: Diese Texte verraten uns wahrscheinlich einiges über die öffentlichen kulturellen Rahmenbedingungen, an denen sich das Selbstbild der unteren und mittleren Managementebene orientiert. Für das Ethos des Topmanagements werden sie weniger aussagekräftig sein. Erfolgsregeln werden mit großer Wahrscheinlichkeit eher von Managern der unteren und mittleren Ebene nachgefragt, die für ihr Vorankommen auf andere angewiesen sind und daher das Verhalten dieser anderen entziffern müssen, um sich der eigenen Position zu vergewissern.[50]

48 Louise M. Rosenblatt, *The Reader, the Text, the Poem. The Transactional Theory of the Literary Work*, Carbondale 1978, S. 184.
49 Wayne C. Booth, *The Company We Keep. An Ethics of Fiction*, Berkeley 1988, S. 13.
50 Die folgende Analyse bezieht sich also nicht auf hochrangige Führungskräfte, die durch ihre Positionen im Unternehmen eher weniger starken Zwängen unterliegen dürften. Vgl. Robert Jackall, *Moral Mazes. The World of Corporate Managers*, New York 1988.

Emotionale Selbstkontrolle

Eine von Mayos Lehren, die von Populärpsychologen endlos recycelt worden ist, lautete, daß Wut am Arbeitsplatz nichts zu suchen hat und emotionale Kontrolle eine Voraussetzung dafür ist, ein guter Vertreter des mittleren Managements zu werden. Die Norm, seine Wut unter Kontrolle zu halten, die sich aus einem puritanischen Familienbild speist, hatte in der amerikanischen Familie schon immer gegolten.[51] Während des 19. Jahrhunderts blieben solche Standards der Unterdrückung von Ärger ein Bollwerk der Familie, doch scheinen sie am Arbeitsplatz nicht oder jedenfalls nicht so streng befolgt worden zu sein. Das neue Gebot der emotionalen Selbstkontrolle ergriff von der Vorstellungswelt der Unternehmen Besitz, weil es die alte puritanische Norm der Unterdrückung von Wut in die doppelte psychologische Sprache der Emotionalität und wirtschaftlichen Effizienz goß. Neue kulturelle Blaupausen, die zur Zügelung der Emotionen aufriefen, konnten sich rasch durchsetzen, weil das enge Verhältnis von Rationalität und emotionaler Selbstkontrolle eine lange und ehrwürdige Geschichte aufwies und weil es einen der bedeutendsten Organisationsmythen widerspiegelte: den der Rationalität. Wie Frank Dobbin in seiner Analyse der Entstehung von neuen Formen ökonomischen Verhaltens erklärt:»Neue Praktiken müssen dem allgemeinen Verständnis dessen entsprechen, was vernünftig ist.«[52]

In seinem Buch *The Human Problems of an Industrial Civilization* verglich Mayo wütende Reaktionen mit Nervenzusammenbrüchen, weil beide entsprechende Maßnahmen erforderten und eine der Hauptaufgaben eines guten Managements darin bestünde, sie zu kontrollieren oder zu

---

51   C. Stearns u. Stearns, *Anger*.
52   Frank Dobbin, »The Sociological View of the Economy«, in: ders. (Hg.), *The New Economic Sociology. A Reader*, Princeton 2004, S. 11.

verhindern.[53] Die Human-Relations-Bewegung legte zunehmend Wert darauf, daß die *Kontrolle* der Wut zu den
Führungsqualitäten zählte, weil sie eine Voraussetzung für
höhere Produktivität und Effizienz darstellte. In ihrer Geschichte der Wut haben Stearns und Stearns dokumentiert,
wie Unternehmen in den 1930er Jahren begannen, eigens
einen organisatorischen Apparat zu entwickeln, um ihr Personal in der Kunst dieses neuen emotionalen Ethos auszubilden. Dabei ging es ihnen nicht nur um größere Effizienz
und Produktivität, sondern auch darum, daß die Kontrolle
des Gefühlslebens der Arbeiter dazu beizutragen versprach,
das Ausmaß ihrer Wut zu lindern und damit auch Unmuts-
bekundungen und Streiks zu vermeiden.[54] Eine verbreitete
Strategie, mit wütenden Beschäftigten umzugehen, bestand
in der Behauptung, daß Beschwerden und Ärger nichts mit
der Arbeit zu tun hatten, sondern schlicht Wiederholungen
früher Familienkonflikte darstellten.[55]

Das Gebot, seine Gefühle zu kontrollieren, richtete sich
nicht nur an Arbeiter, sondern vielleicht sogar in erster Linie
an die Manager. Vorarbeiter hatten die Anweisung, sich die
Beschwerden der Arbeiter anzuhören und dabei ihr Temperament zu zügeln. »Aus der Checkliste für Vorarbeiter:
Korrigiere ich die Fehler meiner Arbeiter taktvoll und auf
eine Weise, die ihnen zeigt, daß ich mehr daran interessiert
bin, sie vor künftigen Fehlern zu bewahren, als daß ich eine
Gelegenheit sehe, sie ›runterzumachen‹?«[56] In den 1950er
Jahren bombardierten T-Gruppen (Trainingsgruppen, in
denen Einfühlungsvermögen geübt wird) Vorarbeiter mit
Beispielen aus den schlechten alten Zeiten, als »Vorarbeiter
herumbrüllten und die Beschwerden der Arbeiter brüsk ab-

53 Elton Mayo, *The Human Problems of an Industrial Civilization*, New
York 1933.
54 C. Stearns u. Stearns, *Anger*.
55 P. Stearns, *American Cool*, S. 123.
56 Zitiert nach ebd., S. 124.

wehrten«.[57] In diesen Gruppen lernten die Vorarbeiter, daß sie »freundlich, aber unpersönlich« sein sollten und daß »cool« zu bleiben ein wichtiges Kennzeichen von Kompetenz darstellte.[58]

Aktuelle Untersuchungen bestätigen zur Genüge, daß das Ethos der Selbstbeherrschung die Welt der Unternehmen vollständig durchdrungen hat.[59] Robert Jackall etwa vertritt in seiner Studie über Manager die These, daß Selbstkontrolle deren wichtigste Fähigkeit sei. Auch sei die Fähigkeit zur Selbstkontrolle in heutigen Unternehmen bei jenen aus den unteren Rängen, die sich für Führungsaufgaben empfehlen oder auf ihre Kompetenz aufmerksam machen wollen, ein entscheidender Vorzug; dies ist ein Umstand, der durch Kundas Untersuchung von Hochtechnologiefirmen und Hochschilds Studie über Flugbegleiter und Flugbegleiterinnen bestätigt wird. Um ein weiteres Beispiel aus dem populären Ratgebergenre zu zitieren: »Wenn man seinen Ärger spontan offen zeigt [...], heißt das in der Regel, daß man die Kontrolle über sich verliert. Das wirft ein schlechtes Licht auf Sie – ganz gleich, wie berechtigt Ihr Zornausbruch war. Einen Kollegen zu sehen, der außer Kontrolle ist, rüttelt jeden auf. Sie brechen die Regeln, die im Büro gelten, Sie verletzen die professionelle Etikette.«[60]

In der feministischen Theorie wird diese Art unpersönlicher Selbstkontrolle, wie sie das amerikanische kapitalistische Unternehmen seinen Mitarbeitern zunehmend abverlangt, immer wieder als eine typisch männliche Eigenschaft bezeichnet, die Frauen insofern diskriminiert, als sie ihren emotionalen Stil hysterisch und damit unprofessionell er-

57   C. Stearns u. Stearns, *Anger*, S. 133.
58   Zitiert nach P. Stearns, *American Cool*, S. 133.
59   Hochschild, *Das gekaufte Herz;* Jackall, *Moral Mazes;* Kunda, *Engineering Culture.*
60   Ann Curran, »Should you Sob on the Job?«, in: *Redbook*, März 1985, S. 115.

scheinen läßt.[61] Dieser Interpretation kann ich mich aus mehreren Gründen nicht anschließen. Erstens hat sich die Kluft zwischen den Geschlechtern, was die Erwartungen bezüglich emotionaler Selbstkontrolle betrifft, seit dem 19. Jahrhundert verringert.[62] Zweitens übertrug Mayo, wie schon erwähnt, mit seinen Untersuchungsergebnissen unwissentlich die weibliche Gefühlskultur auf den Arbeitsplatz und legitimierte sie. Wie die Sozialhistorikerin Stephanie Coontz ausführt, verweichlichte der neue Umgang mit Gefühlen und emotionaler Kontrolle den Charakter des Vorarbeiters: »Die Qualifikationen, die Männern jetzt in der Industrie abverlangt wurden, könnten fast als typisch ›weiblich‹ charakterisiert werden: Gefordert waren Takt, Bereitschaft zur Teamarbeit und zur Unterordnung unter fremde Entscheidungskompetenz. Die neue Bestimmung dessen, was als männlich anzusehen sei, die um die Jahrhundertwende erforderlich wurde, stand nicht mehr in direktem Zusammenhang mit dem Arbeitsprozeß.«[63] Seit den 1920er Jahren waren die Manager gezwungen, unbewußt traditionelle Definitionen von Männlichkeit zu revidieren und sogenannte weibliche Eigenschaften in ihre Persönlichkeit zu integrieren, also zum Beispiel ihre negativen Emotionen unter Kontrolle zu halten, auf Gefühle zu achten und anderen verständnisvoll zuzuhören. Diese neue Art von Männlichkeit stand der für die Welt der Frauen charakteristischen selbstbewußten Sensibilität für die eigenen Gefühle und die Gefühle anderer näher, doch drückte sich in der Art, wie sie beschrieben wurde, auch das

61 Catherine Lutz, »Engendered Emotion. Gender, Power and the Rhetoric of Emotional Control in American Discourse«, in: Catherine A. Lutz u. Lila Abu-Lughod (Hg.), *Language and the Politics of Emotion*, New York 1990, S. 69-91.
62 Vgl. Hemphill, »Class, Gender, and the Regulation of Emotional Expression«, S. 43.
63 Stephanie Coontz, *Die Entstehung des Privaten. Amerikanisches Familienleben vom 17. bis zum ausgehenden 19. Jahrhundert*, Münster 1994, S. 378.

ängstliche Bedürfnis aus, feminine Attribute abzuwehren.[64] Während die viktorianische Gefühlskultur die Trennlinie zwischen Männern und Frauen entlang der Unterscheidung zwischen Öffentlichkeit und Privatsphäre gezogen hatte, untergrub die Unternehmenswelt des 20. Jahrhunderts solche hegemonialen Definitionen von Weiblichkeit und Männlichkeit unter anderem deshalb, weil in der Dienstleistungswirtschaft, in der Männer wie Frauen beschäftigt sind, Personen im Mittelpunkt standen. In den 1920er Jahren »bemühten sich die Ausbildungsprogramme für Kaufhausangestellte in zunehmendem Maße darum, das Verkaufspersonal an die Verhaltensnormen der Mittelschicht anzupassen. Zu dieser Zeit begannen die Ratgeber für angehende Sekretäre und Sekretärinnen die Wichtigkeit emotionaler Selbstbeherrschung zu betonen, wohingegen die den Verhaltensnormen gewidmeten Abschnitte entsprechender Handbücher in den 1880er Jahren besonders Ehrlichkeit und Pünktlichkeit hervorgehoben hatten.«[65] Dies läßt vermuten, daß sich Männer und Frauen in wachsendem Maße, wenn auch nicht gänzlich, einem gemeinsamen Modell emotionalen Verhaltens annäherten. In den Unternehmen von heute sehen sich Männer und Frauen denselben emotionalen Geboten gegenüber:

64   Michael Kimmel hat die tiefe Beunruhigung nachgezeichnet, die den amerikanischen Männlichkeitsdiskurs zu Beginn des 20. Jahrhunderts prägte, als die Vereinigten Staaten sich von einer Agrar- zu einer Dienstleistungswirtschaft entwickelten und die Wildwest-Mythologie von einer städtischen Lebensform abgelöst wurde: die Angst vor der vermeintlichen Bedrohung, in der Sphäre des Weiblichen aufzugehen. Waren die Männer in der Vergangenheit ihre eigenen Herren gewesen, standen die männlichen Angehörigen der Mittelschicht nun vor dem Problem, wie sie ihre Männlichkeit vor dem Hintergrund der hierarchischen Unterordnung und der wechselseitigen Abhängigkeiten des Angestelltendaseins bewahren sollten. In der neuen Ökonomie hieß Männlichkeit, unpersönlicher zu sein, um sich an abstrakte Organisationen anpassen zu können, zugleich aber auch freundlich genug zu sein, um mit anderen zusammenarbeiten zu können. Vgl. Michael Kimmel, *Manhood in America. A Cultural History*, New York 1996.
65   P. Stearns, *American Cool*, S. 215 f.

»Empfindungen und Emotionen stellen Werturteile über Ihre Kollegen, Untergebenen und Vorgesetzten dar. [...] Effektive Manager können mit ihren Emotionen haushalten und so Sitzungen effektiver leiten.«[66]

Nun könnte man, wie Kathy Ferguson das in einer wegweisenden Arbeit getan hat, argumentieren, daß das geschlechtsblinde Gebot der Selbstkontrolle in Unternehmen aus dem Umstand resultiert, daß Männer und Frauen in komplexen bürokratischen Strukturen gleichermaßen feminisiert werden, weil beide dazu gebracht werden, ihre Machtlosigkeit zu managen.[67] Es steckt zweifellos ein Körnchen Wahrheit in dieser Sicht der Dinge, die aber erneut einige wichtige Aspekte des kulturellen Wandels der Selbstkontrolle ausblendet. Einer dieser Aspekte ist, daß Psychologen die emotionale Selbstkontrolle schon seit längerem nachdrücklich als ein Mittel empfehlen, um Frauen zu mehr Macht zu verhelfen. So wird etwa in einem Artikel der amerikanischen Frauenzeitschrift *Redbook* von 1980 der Direktor des Zentrums zur Erforschung der Erwachsenenentwicklung in Philadelphia, Peter Brill, mit den Worten zitiert: »Wut, Tränen, eine Abwehrhaltung, Entschuldigungen – kurz, jede Form von Gefühlsreaktion läßt Sie in schlechtem Licht dastehen. Sie bekommen ein Negativimage à la Sensibelchen, überemotional, aggressiv feministisch, aufdringliches Frauenzimmer angehängt, was ja alles nur auf das erniedrigende Stereotyp ›verhält sich typisch weiblich‹ hinausläuft.«[68] Auch wenn manche Kolumnisten Frauen dazu ermutigen, im Umgang mit ihren Gefühlen von ihren »natürlichen« Fähigkeiten Gebrauch zu machen, lau-

---

66 Allen E. Ivey, *Managing Face to Face Communications. Survival Tactics for People and Products in the 1990s*, Bromley 1988, S. 40.
67 Kathy Ferguson, *The Feminist Case against Bureaucracy*, Philadelphia 1984.
68 Carol Saline, »How Not to Crumble under Criticism«, in: *Redbook*, August 1980, S. 177.

tet die zentrale Botschaft doch, daß Frauen ihre emotionale Expressivität hundertprozentig im Griff haben sollten, um ihre Interessen besser durchsetzen zu können.

Der erwähnte *Redbook*-Artikel, in dem es um den Umgang mit Kritik geht, belehrt seine Leserinnen, sie könnten das Ringen um die Unterdrückung verletzter Gefühle vermeiden, indem sie gar nicht erst emotional reagieren: »Mit *unzulässiger* Kritik umzugehen ist bei weitem am schwersten. Es gibt aber vernünftige Alternativen zu zitternden Lippen und feuchten Augen. Man kann zum Beispiel die bittere Pille schlucken und die Kritik ignorieren. Dr. Brill zufolge fällt diese Haltung leichter, wenn Sie sich auf Ihre langfristigen Ziele konzentrieren statt auf die momentanen Schwierigkeiten.« Als Beispiel schildert der Text den Fall einer Frau, die ihren Studienkollegen drei Jahre lang als Zielscheibe diente: »Brenda brauchte mehrere Therapiesitzungen, bis sie begriff, daß ihre beste Strategie darin bestünde, die Spötteleien zu ignorieren und sich statt dessen auf das Diplom zu konzentrieren, mit dem sie am Ende ihre professionelle Gleichwertigkeit unter Beweis stellen könnte.« Ebenfalls vorgestellt wird die Geschichte von Lois, 28, Kundendienstmitarbeiterin bei einer großen Einzelhandelskette:

Ihr Ziel war, in die Personalabteilung zu wechseln, aber sie hatte einen tyrannischen, manipulativen Abteilungsleiter mit einer unangenehm kritischen Art zum Chef. Er beklagte sich über alles: ihre Handschrift, ihr Parfüm, ihren Tonfall, ihr Urteilsvermögen. Anfangs wehrte sie sich. »Ich sagte ihm dann, daß er unrecht hatte, daß ich gar nicht getan hatte, was er mir vorwarf, oder daß jeder mal einen Fehler macht. Bis ich schließlich begriff, daß ich nach jedem Köder schnappte, den er mir hinhielt. Ich wollte der Kritik einen Riegel vorschieben, statt sie ins Endlose zu verlängern, und so ließ ich ihn ins Leere laufen, indem ich zu Formulierungen griff wie: ›Ich kann mir vorstellen, warum Sie das so sehen‹ oder ›da könnten Sie recht haben.‹ Damit war er zufrieden, und Gott sei dank wurde ich schließlich befördert.«[69]

---

69 Ebd., S. 178.

Wenn sie sich an Männer und Frauen in Unternehmen richteten, gebrauchten die Psychologen eine geschlechtsblinde Sprache und appellierten an beide Geschlechter, sich den gleichen emotionalen Stil zu eigen zu machen: maßvoll zu sein, ihre Gefühle nach den Erfordernissen der betrieblichen Effizienz zu dosieren und vor allem rational und strategisch zu denken. In seinem bekannten Buch *Schwierige Verhandlungen* wandte sich William Ury gleichermaßen an Männer und Frauen, als er schrieb: »Wenn uns das Verhalten der Gegenseite wütend oder ängstlich macht, dann sind wir eher geneigt zu reagieren als zu denken. Wir streiten oder geben nach oder brechen die Beziehung ab, auch wenn mit keiner dieser Reaktionen unseren Interessen wirklich gedient ist.«[70] Neu hieran war die enge Verbindung von Selbstkontrolle, Rationalität und Eigennutz: Sich unter Kontrolle zu haben signalisierte Rationalität, weil es die Fähigkeit signalisierte, seine Leidenschaften um seiner eigenen Interessen willen zu zügeln.

Die feministische Standardlesart dieses Zusammenhangs lautet, daß der Rat, seine Gefühle zu kontrollieren, darauf hinausläuft, die Herrschaft der Männer über die Frauen zu festigen, indem er maskuline Modelle emotionalen Verhaltens propagiert.[71] Nochmals: Eine solche Interpretation ignoriert die Tatsache, daß es die explizite Absicht derartiger Ratschläge war, Frauen zu mehr Macht zu verhelfen. Mehr noch, diese Ratschläge wollen Frauen in Wesen verwandeln, die eigene Interessen verfolgen, was ein Schlüsselmotiv des politischen Denkens und der politischen Taktik des Feminismus ist. Darüber hinaus bedeutete das Ideal der Selbst-

---

70 William L. Ury, *Schwierige Verhandlungen. Wie Sie sich mit unangenehmen Kontrahenten vorteilhaft einigen*, Frankfurt/M. u. New York 1992, S. 29 f.
71 Vgl. Joan Ackers ausgezeichneten Aufsatz »Hierarchies, Jobs, Bodies. A Theory of Gendered Organizations«, in: *Gender and Society* 4 (Juni 1990), S. 139-58.

kontrolle, als es zu einem Merkmal von Fachkompetenz
gemacht wurde, eindeutig eine Abkehr von traditionellen
Definitionen hegemonialer Männlichkeit, wenn man darunter die an die Männer gerichtete Aufforderung versteht,
selbständig und voller Selbstvertrauen, aggressiv, wettei-
fernd, auf Herrschaft und Überlegenheit bedacht, gefühllos
und, wenn nötig, skrupellos zu sein. Im Gegensatz dazu verband die von Psychologen geforderte Form von emotionaler
Kontrolle zwei Dinge: die Fähigkeit, rational seine eigenen
Interessen zu verfolgen, und die Fähigkeit, Konflikte zu entschärfen und freundschaftliche Beziehungen aufzubauen.

Einfühlungsvermögen

Bei der von den Psychologen befürworteten Selbstkontrolle ging es nicht um eine grundsätzliche Unterdrückung von
Gefühlen. Das Gegenteil ist der Fall: Für das Einfühlungsvermögen wird genauso nachdrücklich geworben wie für
die Selbstkontrolle, als deren entscheidende Ergänzung es
gilt. So schrieb Dale Carnegie in seinem immens einflußreichen Buch *Wie man Freunde gewinnt* von 1937: »Selbst
wenn Sie nach der Lektüre dieses Buches nur einen einzigen
Rat befolgen – nämlich den, in Zukunft die Dinge auch vom
Standpunkt des andern aus zu betrachten, dürfte es leicht
möglich sein, daß Sie in Ihrer Karriere einen entscheidenden Schritt vorwärtskommen.«[72] Und 1956 nannte der am
Carnegie Institute of Technology lehrende Leonard Jarrard
in dem Fachblatt *Personnel Psychology* »Einfühlungsvermögen anscheinend eine notwendige Voraussetzung, um ein
erfolgreicher Vorgesetzter zu sein«.[73]

Jeder, der mit dem modernen Unternehmen vertraut ist,
weiß, daß die von Organisationsberatern und Psychologen

72 Dale Carnegie, *Wie man Freunde gewinnt*, Frankfurt/M. 2006, S. 216.
73 Leonard Jarrard, »Empathy: The Concept and Industrial Applications«, in: *Personnel Psychology* 9, Nr. 2 (1956), S. 157.

vertretene emotionale Selbstkontrolle weit von der rigiden Gefühlsunterdrückung entfernt ist, die man mit der viktorianischen Fabrik verbindet. In ihrer therapeutischen Version muß Selbstkontrolle mit Optimismus, einem Lächeln auf den Lippen und guter Laune betrieben werden. Seit den 1930er Jahren betonten praktisch *alle* Leitfäden für erfolgreiches Management den Wert von positiver Sprache, Einfühlungsvermögen, Enthusiasmus, Freundlichkeit und Energie, wobei neuere Ratgeber eine gewisse Spiritualität mit der therapeutischen Aufforderung verbinden, Leistungsängste abzuschütteln, sich selbst Gutes zu tun und positive Gedanken über sich selbst und andere zu haben. In seiner Managerstudie schließt sich Robert Jackall einem der von ihm zitierten Manager an: »Es ist angenehmer, mit zufriedenen Menschen zu tun zu haben. Es ist wichtig, ein vorwärts denkender Mensch zu sein und nach vorne zu schauen [wenn man ein guter Manager sein will]«.[74] So ist also positive Energie, wie sie durch ein nicht problembelastetes und enthusiastisches Auftreten vermittelt wird, eine weitere wichtige Eigenschaft des Managers, dessen Selbstkontrolle stets sympathisch und freundlich daherkommen muß. Die Mischung aus Selbstkontrolle und Einfühlsamkeit, für die die Organisationspsychologen werben, zielt darauf, die Bedingungen für die von Organisationswissenschaftlern so genannten Strategien des »Schmeichelns«[75] zu schaffen – Strategien, die dazu verhelfen sollen, einnehmend zu erscheinen, indem man Freundlichkeit, eine positive Einstellung anderen gegenüber und die Fähigkeit, diese anzuerkennen, ausstrahlt. Worum es bei der Schaffung einer solchen emotionalen Persona geht, ist die Fähigkeit, Vertrauen und Vertrauenswürdigkeit herzustellen.

Insofern greifen Argumentationen, die darauf hinauslaufen, die Psychologie habe die Macht der Manager über

74 Jackall, *Moral Mazes*, S. 55.
75 Paul Rosenfeld, Robert Giacalone u. Catherine Riordan, *Impression Management in Organizations*, New York 1995, S. 28-47.

Köpfe und Herzen ausgeweitet oder die Wirtschaft verderbe eine unverfälschte Welt der Gefühle, zu kurz. Der kapitalistische Arbeitsplatz ist nicht nur nicht frei von Gefühlen, sondern durchdrungen von einer Form von Affekt, die dem Imperativ der Kooperation gehorcht. Weil der Kapitalismus Netze der Interdependenz erfordert und hervorbringt und weil er Affekte ins Zentrum seiner Transaktionen gestellt hat, hat er auch genau jene Geschlechteridentitäten aufgelöst, zu deren Herausbildung er einst selbst beitrug. Indem das »psychologische Ethos« verlangt, die eigenen geistigen und emotionalen Fähigkeiten einzusetzen, um sich mit der Perspektive der anderen zu identifizieren, richtet es das Selbst des Managers am traditionellen Modell des weiblichen Selbst aus. Es verwischt die Grenzen zwischen den Geschlechtern, wenn es Männer und Frauen dazu auffordert, ihre negativen Emotionen zu kontrollieren, freundlich zu sein, sich selbst mit den Augen der anderen zu betrachten und mit ihnen mitzufühlen.[76] So stellt ein Leitfaden mit dem Titel *Social Skills at Work* (»Soziale Kompetenz am Arbeitsplatz«) fest: »In beruflichen Beziehungen müssen Männer nicht immer mit ›starken‹, maskulinen und Frauen mit ›sanften‹, femininen Eigenschaften in Verbindung gebracht werden. Männer können und sollten genausosehr zu Sensibilität und Mitgefühl [...] sowie zu den Künsten der Zusammenarbeit und Überredung in der Lage sein wie Frauen, während Frauen genausosehr zur Selbstbehauptung und Menschenführung sowie zu den Künsten des Wettstreits und der Richtungsvorgabe fähig sein sollten.«[77] Der emotionale Kapitalismus hat die Gefühlskulturen neu justiert und das emotionale Selbst stärker dem instrumentellen Handeln unterworfen.

76   Roos Vonk u. Richard D. Ashmore, »The Multifaceted Self. Androgyny Reassessed by Open-Ended Self-Descriptions«, in: *Social Psychology Quarterly* 56, Nr. 4 (1993), S. 278-87.
77   David Fontana, *Social Skills at Work*, New York 1990, S. 8.

Natürlich behaupte ich nicht, die Gebote und Anweisungen der Ratgeberliteratur hätten die Unternehmenswelt in einem unmittelbaren Sinn geprägt oder sie hätten auf wundersame Weise die rauhe und oftmals brutale Realität dieser Welt und der männlichen Herrschaft über Frauen zum Verschwinden gebracht. Ich möchte aber sehr wohl geltend machen, daß die neuen Modelle der Emotionalität, die von Psychologen und Unternehmensberatern in den Bereichen Management und Mitarbeiterbeziehungen entwickelt wurden, auf so subtile wie unbezweifelbare Weise die Modi und Modelle des Sozialverhaltens an den Arbeitsplätzen der Mittelschicht verändert haben. Sie haben damit die kognitiven und die praktischen emotionalen Grenzen, die die Geschlechterunterschiede regeln, neu gezogen.

Als selbsternannte Experten für Beziehungen in Organisationen führten die Psychologen Gefühle in den Diskurs über Management und Produktivität ein und verbanden dies mit der Behauptung, daß emotionale Gesundheit und das Verfolgen der eigenen Interessen sozusagen deckungsgleich seien. Als sie einen Zusammenhang zwischen Fachkompetenz und Emotionen herstellten, konstruierten sie eine Manageridentität, in deren Mittelpunkt die Idee steht, daß »Persönlichkeitsmerkmale« und emotionaler Stil eine legitime Grundlage für die Autorität von Managern darstellen – und ökonomisch letztlich dadurch gerechtfertigt sind, daß sie Kooperation und Produktivität fördern. Die Psychologen machten emotionale Kompetenz zum neuen »moralischen Eignungskriterium« der Führungskraft. Emotional kompetent ist, wer zu erkennen gibt, daß er sein inneres Selbst beherrscht, indem er sowohl auf Distanz zu anderen geht (also Selbstkontrolle übt) als auch jene Empathie und Freundlichkeit an den Tag legt, die seine Bereitschaft und Fähigkeit zur Zusammenarbeit signalisieren. Diese Neudefinition hat die traditionellen männlichen Modelle der Vorherrschaft im Unternehmen verändert.

Die Psychologen und die Transformation der Macht

In seinem Buch *Der flexible Mensch* vertritt Richard Sennett die These, daß in den Unternehmen heute das Ethos der Teamarbeit vorherrscht, aufgrund dessen die Beziehungen im Unternehmen nunmehr »Macht, aber keine Autorität« aufwiesen.[78] Für Sennett unterscheidet sich diese neue Art der Macht nicht wesentlich von früheren Formen, ja, er meint, sie sei vielleicht sogar noch schlimmer. Eine solche Auffassung macht keinen Unterschied zwischen verschiedenen Modi von Herrschaft, und wenn doch, dann läuft sie häufig auf die etwas absurde Position hinaus, daß die Ausübung von sanfter Macht schlimmer ist als die Ausübung brutaler und offener Formen von Macht. Und sie scheut zudem vor der schwierigeren und anspruchsvolleren Frage zurück, wie die Unterschiede zwischen verschiedenen Formen von Macht zu verstehen sind. Denn wenn die Psychologen die Machtbeziehungen transformiert haben, was zweifellos der Fall ist, und wenn diese neue Macht schwieriger zu bekämpfen ist, dann deshalb, weil das von ihnen propagierte Führungsmodell auf Vertrauenswürdigkeit und Kooperation beruht.

Weber definierte Macht als die »Möglichkeit, den eigenen Willen dem Verhalten anderer aufzuzwingen«.[79] Dieser Auffassung zufolge ist Macht ein Nullsummenspiel. Der Wille von A muß schwerer wiegen als der Wille von B, um als mächtig zu gelten. Die therapeutischen Definitionen von Kompetenz transformieren jedoch diese traditionelle Sichtweise, weil man »wirkliche« Macht aus Sicht der Psychologen gerade dadurch gewinnt, daß man sich nicht in Macht-

---

78   Richard Sennett, *Der flexible Mensch. Die Kultur des neuen Kapitalismus*, Berlin 2006, S. 153.
79   Max Weber, *Wirtschaft und Gesellschaft*, 2. Halbband, Kap. 9: Soziologie der Herrschaft, 1. Abschn.: Strukturformen und Funktionsweisen der Herrschaft, Tübingen ⁵1980, S. 542.

kämpfe verstrickt und seine Gefühle im Zaum hält. So
heißt es in einem Buch über Wirtschaftspsychologie aus den
1950er Jahren: »Es versteht sich von selbst, daß jemand, der
anderen Leuten dabei helfen will, ihre emotionalen Spannungen abzubauen, und der Gefühlsaufwallungen kanalisieren will, selbst dazu fähig sein muß, sich unter Kontrolle
zu haben. Seine eigenen Gefühle offen zu zeigen lädt in der
Regel andere zu ähnlichen Reaktionen ein. Wenn die betref-
fende Person eine Situation unter Kontrolle bekommen soll,
dann darf sie sich also von der Emotionalität der anderen
nicht aufwühlen lassen.«[80]

Auf diese Weise können zwei Handelnde, von denen
der eine in einer Machtposition ist und der andere Anweisungen bekommt, ihren eigenen Willen durchsetzen, *indem
sie nicht reagieren*: Die Arbeitgeberin bekräftigt ihre Autorität, indem sie ihre negativen Emotionen kontrolliert,
doch auch der Beschäftigte kann sich seiner Stärke bewußt
werden, indem er etwa auf eine tyrannische Chefin nicht
reagiert. Nicht zu reagieren wird somit zum Zeichen von
Selbstkontrolle, was wiederum auf eine verborgene, subtile
psychische Macht hindeutet, die sich faktisch über Hierarchien und Machtpositionen hinwegsetzen kann. In der
psychologischen Literatur werden offene Reaktionen auf
die Angriffe anderer meistens nachdrücklich abgelehnt. In
Schwierige Verhandlungen, seinem berühmten Handbuch
für Manager, warnt William Ury von der Harvard Business
School: »Der größte Fehler ist zu reagieren.«[81] Von der öffentlichen Verteidigung der eigenen Ehre, verstanden als der
soziale Wert, den andere dem Selbst zuschreiben, wird systematisch abgeraten. Der Grund dafür ist, daß es ein wirklich reifer Erwachsener dem therapeutischen Ethos zufolge
bevorzugt, strategisch zu reagieren und eher seine Interessen

---

80 Leslie Beach u. Elon Clark, *Psychology in Business*, New York 1959,
S. 97.
81 Ury, *Schwierige Verhandlungen*, S. 29.

als seine Ehre verteidigt. Menschen hingegen, die ihre Ehre über ihre Interessen stellen würden, gelten als emotional »inkompetent« und daher nicht im Besitz »wahrer« Macht. Wie zahllose Psychologen seit Heinz Kohut oder Donald W. Winnicott behauptet haben, müssen sich Menschen, die wirklich auf sich selbst vertrauen, nicht an Abwehrkämpfen beteiligen. Wir stehen damit vor einem erstaunlichen Paradox: »Echte« psychische Stärke besteht darin, die eigenen Interessen zu wahren, ohne sich mit einer Reaktion oder einem Gegenangriff zu verteidigen. Auf diese Weise wahrt man die eigenen Interessen und die eigene Macht in einer Interaktion, indem man Selbstvertrauen zeigt, was wiederum heißt, keine Abwehrhaltung oder offene Aggression an den Tag zu legen. Macht wird somit von der zur Schau gestellten Feindseligkeit und von der Verteidigung der eigenen Ehre getrennt – mithin von Reaktionen, die im Zentrum traditioneller Männlichkeitsvorstellungen standen. War die vormoderne Macht offen oder verdeckt feindselig und aggressiv, müssen zeitgenössische Kennzeichen von Macht ohne solche emotionalen Zurschaustellungen auskommen, weil der therapeutischen Literatur zufolge das Wissen um die Verteidigung seines eigenen Status die Fähigkeit zum Ausdruck bringt, seine Interessen zu wahren, was wiederum voraussetzt, daß man offene Konfrontationen vermeidet. Selbstkontrolle heißt, daß man sich von rationalen Kalkülen leiten läßt und berechenbar und widerspruchsfrei in seinen Interaktionen ist.

Ein Beispiel aus meinen eigenen Untersuchungen macht besonders deutlich, daß sich die kulturelle Definition von Macht gewandelt hat. Im Laufe meiner Interviews legte ich den Befragten die folgende Geschichte vor:

Tom arbeitet seit zwei Jahren in einer Firma. Seine Arbeit gefällt ihm sehr. Sein Gehalt könnte kaum besser sein, seine Tätigkeit ist anregend und interessant. Die Beziehung zu seinem Chef jedoch ist mitunter angespannt, weil dieser nicht über neue Technologien und Strategien auf

dem laufenden ist, mit denen sich die Produktivität und die Verkaufszahlen steigern ließen. Eines Tages schlägt Tom seinem Chef einige
Veränderungen vor, weil er glaubt, daß ihre Abteilung andernfalls Gefahr läuft, Umsätze und Gewinne zu verlieren. Toms Chef verweigert
dies und läßt Tom nur wissen, er solle sich keine Sorgen machen und
wenn irgend etwas schieflaufe, werde er die Verantwortung übernehmen. Dann werden Toms schlimmste Befürchtungen wahr: Die Abteilung verliert Geld, Tom wird dafür verantwortlich gemacht, und
sein Chef macht keine Anstalten, seinen Teil der Verantwortung zu
übernehmen.

Von meinen fünfzehn Probanden sagten *alle*, die jünger als
60 waren, daß sie ihren Chef nicht zur Rede stellen würden;
einige meinten, sie würden einfach versuchen, sich einen
neuen Arbeitgeber zu suchen. Die drei Befragten jedoch, die
über 65 waren, gaben an, sie würden die Angelegenheit aus
Prinzip ansprechen. Timothy, ein 72jähriger Finanzbuch-
halter, reagierte wie folgt auf die Geschichte:

TIMOTHY: Das ist nicht in Ordnung. Wie sich der Chef verhalten hat,
ist nicht in Ordnung.
INTERVIEWERIN: Hätten Sie etwas unternommen? Wenn Sie an Toms
Stelle gewesen wären –
TIMOTHY: Kommt darauf an … aber ich glaube, ja; ich wäre sauer
geworden und hätte dafür gesorgt, daß er [der Chef] das mitkriegt.
Vielleicht würde ich auch zu seinem Chef gehen.

Man vergleiche diese Antwort mit der folgenden. Sie stammt
von Alexandra, einer 26jährigen mittleren Führungskraft,
die gerade ihren MBA gemacht hat:

ALEXANDRA: Meinen Vorgesetzten zur Rede zu stellen könnte zwar die
emotional befriedigendste Option sein, aber zugleich die schlechteste
für meine Karriere. Ich würde entweder die Firma verlassen oder versuchen, das Nötige hinter dem Rücken meines Vorgesetzten zu regeln.
Aber ich würde ihm definitiv keine Vorhaltungen machen.
INTERVIEWERIN: Können Sie sagen, warum?
ALEXANDRA: Weil ich befürchten würde, daß man mich für kindisch
und unzuverlässig hält.

Die Soziologen Roderick M. Kramer und Karen Cook behaupten, daß Rationalität und Widerspruchsfreiheit als Voraussetzungen für die Schaffung von Vertrauen in Organisationen gelten.[82] Wenn sie damit recht haben, dann tendieren
die Voraussetzungen für die Schaffung solchen Vertrauens
ihrerseits dazu, die emotionalen Voraussetzungen für die
offene Zurschaustellung und Herausforderung der Macht
zu untergraben. Ein derartiges Verständnis von Macht als
Selbstbeherrschung ist paradox: Einerseits nimmt es der
ausfallenden und mißbräuchlichen Zurschaustellung von
Wut, die wir üblicherweise mit dem »tyrannischen Chef«
verbinden, tendenziell den Wind aus den Segeln, andererseits beraubt es die Mitarbeiter der Berechtigung, ihrer Verärgerung über etwaige andere gegen sie gerichtete Formen
von Machtmißbrauch freien Lauf zu lassen.

Ich möchte das bisher Gesagte kurz zusammenzufas-
sen: Als die Unternehmen größer wurden und neue Ebenen des Managements zwischen den Beschäftigten und der
Geschäftsführung entstanden, als sich darüber hinaus die
amerikanische Gesellschaft (auf dem Weg zur sogenannten
postindustriellen Gesellschaft) in eine Dienstleistungsöko-
nomie verwandelte, schien kaum etwas besser geeignet als
ein wissenschaftlicher Diskurs über Personen, Interaktionen
und Emotionen, um die Sprache des Selbst am Arbeitsplatz
zu prägen. Aus mehreren Gründen durchdrang der psychologische Diskurs die amerikanische Kultur. So lieferten die
Psychologen eine von Personen, Emotionen und Motivatio-
nen handelnde Sprache, die den großflächigen Umwälzun-
gen am amerikanischen Arbeitsplatz zu entsprechen und sie
verständlich zu machen schien. Andrew Abbott hat es so
formuliert: »Die entstehende Organisationsgesellschaft ent-
wurzelte das Privat- und das Arbeitsleben der Individuen
und erzeugte daher ein Bedürfnis nach Fachleuten, die diese

82 Roderick M. Kramer u. Karen S. Cook, *Trust and Distrust in Organizations. Dilemmas and Approaches*, New York 2004.

Individuen an ein Leben in einer solchen Gesellschaft anpassen konnten. Dieses Anpassungsproblem stellte sich mit besonderer Schärfe in den Vereinigten Staaten, wo die symbolische Ethik eines robusten Individualismus so beharrlich wie unpassend inmitten einer hochgradig organisierten und strukturierten Gesellschaft fortlebt. Die wichtigsten mit dieser Anpassung befaßten Fachleute waren die Psychiater und die Psychologen.«[83]

Darüber hinaus beanspruchte die Psychologie, neue Werkzeuge zur Verfügung zu stellen, um sich im immer komplexer werdenden Labyrinth amerikanischer Organisationen und der amerikanischen Wirtschaft zu orientieren. Wie Karl Mannheim in seiner klassischen Studie *Ideologie und Utopie* schrieb: »Es sind also nicht die Menschen als solche, die denken, oder isolierte Individuen, die das Denken besorgen, sondern Menschen in bestimmten Gruppen, die einen spezifischen *Denkstil in einer endlosen Reihe von Reaktionen auf gewisse typische, für ihre gemeinsame Position charakteristische Situationen* entwickelt haben.«[84] Weil die Unternehmenshierarchie eine Orientierung sowohl an Personen als auch an Waren erforderte und weil die Arbeit im Unternehmen Koordination und Kooperation erforderte, wurde die Steuerung des Selbst am Arbeitsplatz zum »Problem«. Es war nur natürlich, daß Psychologen die Bewältigung dieses Problems in Angriff nehmen würden. Sie übernahmen die Rolle von »Wissensexperten«, die Ideen und Methoden zur Verbesserung der Mitarbeiterbeziehungen entwickelten und damit »die Struktur des Wissens oder Bewußtseins, die das Denken der Laien beeinflußt«, veränderten.[85]

83 Andrew Abbott, *The System of Professions. An Essay on the Division of Expert Labor*, Chicago 1988, S. 148.
84 Karl Mannheim, *Ideologie und Utopie*, Frankfurt/M. 1995, S. 4 f. [Hervorhebung E.I.]
85 Jorge Arditi u. Ann Swidler, »The New Sociology of Knowledge«, in:

Die therapeutische Sprache wurde schnell populär, weil
sie in ihrer Behandlung des Themas »Produktivität« sowohl
die Interessen der Manager als auch die der Mitarbeiter be-
rücksichtigte. Durch die Rezession Ende der 1920er Jahre
und den damit einhergehenden steilen Anstieg der Arbeitslosigkeit war Arbeit zu einem Unsicherheitsfaktor geworden.[86]
Vor diesem Hintergrund bot der Diskurs der Psychologie
eine symbolische Orientierungshilfe und schien sowohl den
Interessen der Belegschaft als auch denen des Managements
zu dienen. Besonders gut eignete sich die Sprache der Psychologie für Manager und Firmeninhaber. Die Psychologen
schienen zu versprechen, daß sie für eine Steigerung der Gewinne sorgen, Arbeitsunruhen bekämpfen, das Verhältnis
von Managern und Arbeitern auf friedliche Weise organisieren und Klassenkämpfen die Spitze nehmen würden, indem sie sie in die freundliche Sprache der Gefühle und der
Persönlichkeit kleideten. Auf die Arbeiter wiederum wirkte
die Sprache der Psychologie wesentlich demokratischer als
die früherer Theorien der Menschenführung, weil es nunmehr von der Persönlichkeit und der Fähigkeit, andere zu
verstehen, abhing, ob jemand eine gute Führungskraft war,
und nicht mehr von der sozialen Position. Schließlich hatten sich die Arbeiter im alten Kontrollsystem »in Fragen
wie Neueinstellungen und Entlassungen, Beförderungen
und Arbeitspensum der Autorität der Vorarbeiter zu beu-
gen. Die meisten Vorarbeiter bedienten sich eines ›Antriebs-
systems‹ (›drive system‹), einer Methode, die auf strenger
Überwachung und Schimpfkanonaden beruhte«.[87] Auch
hatten die Psychologen ein offenes Ohr für die Kritik der
Arbeitnehmer an ihrem Arbeitsplatz und nahmen ihre Bedürfnisse scheinbar so ernst wie niemand zuvor. Während
die erste Phase der Indienstnahme der Psychologie durch

Annual Review of Sociology 20 (1994), S. 306.
86   Vgl. Kimmel, Manhood in America.
87   Shenhav, Manufacturing Rationality, S. 21.

die Unternehmen aus Sicht der meisten Soziologen einer Art subtilen und daher mächtigen Kontrolle gleichkam, möchte ich dagegenhalten, daß sie auf die Arbeiter eine erhebliche Anziehungskraft ausübte. Denn zumindest wenn man sie für bare Münze nahm, schien sie der Kritik der Arbeiter Gehör zu verschaffen und die alten Herrschafts- und Unterordnungsverhältnisse zwischen Arbeitern und Managern zu demokratisieren – und das ist auch der Grund für Mayos durchschlagenden Erfolg in den Werken von Western Electric. Eine solche vordergründige Demokratisierung ging mit der neuen Überzeugung einher, daß der Schlüssel zu einer erfolgreichen Managerlaufbahn in der eigenen Persönlichkeit lag, die als unabhängig vom sozialen Status galt, und daß Manager sich um die menschlichen Dimensionen der Arbeitsbeziehungen kümmern mußten.[88]

Zu guter Letzt formte und rahmte der psychologische Diskurs die kulturellen Repertoires, in deren Licht Belegschaft wie Manager nicht nur ihre Gefühle, sondern vor allem auch ihre Interessen verstanden, kommunizierten und zur Grundlage ihres Handelns machten. Interessen sind, wie andere Handlungsmotive auch, kulturgebunden. Die Vorstellung, daß Handeln vom Eigennutz bestimmt sein sollte, war keinesfalls selbstverständlich; vielmehr mußten die Psychologen ganze Batterien von Argumenten und rhetorischen Mitteln auffahren, um Arbeiter, Manager und angehende Manager davon zu überzeugen, daß sie nach ihrer persönlichen Interessenlage handeln sollten. Interessen, die alles andere als vor- oder akulturell sind, wird mittels öffentlicher Vokabulare Bedeutung verliehen, und so wurden sie tatsächlich erst durch die zahlreichen Experten und Fachleute

---

88 Elton Mayo selbst war kein Demokrat (vgl. Ellen S. O'Connor, »The Politics of Management Thought. A Case Study of the Harvard Business School and the Human Relations School«, in: *Academy of Management Review* 24, Nr. 1 [1999], S. 117-31), doch ließen sich seine Ideen leicht als demokratische verstehen.

(Psychologen, Organisationsberater usw.), die in der Unternehmenswelt Einzug hielten, zum Prinzip des Handelns gemacht. Diese Befunde stimmen mit Webers berühmter Behauptung überein, daß »die ›Weltbilder‹, welche durch ›Ideen‹ geschaffen wurden, [...] sehr oft als Weichensteller die Bahnen bestimmt [haben], in denen die Dynamik der Interessen das Handeln fortbewegte«,[89] und daß die Dynamik der Interessen und die Ideen eng miteinander verflochten sind. Sie gehen aber noch darüber hinaus, insofern sie nahelegen, daß der Begriff des »Interesses« selbst alles andere als eine invariante Eigenschaft sozialen Handelns ist, sondern vielmehr das Ergebnis einer intensiven kulturellen Bearbeitung seitens der Psychologen. Anders gesagt: Die Psychologen rückten die Emotionen nicht nur in den Mittelpunkt des Arbeitsplatzes, sondern kodifizierten unermüdlich den Begriff des Eigeninteresses selbst, wobei ihr Argument lautete, daß sich reife Individuen durch die Fähigkeit auszeichnen, ihre eigenen Interessen im Blick zu behalten, was sich in Selbstkontrolle und der Fähigkeit zum Verzicht auf die Zurschaustellung der eigenen Macht ausdrückt.

Die kommunikative Ethik als Geist des Unternehmens

Wie Moralitäten auf der Theaterbühne, wie Erzählungen oder Mythen bieten auch Wissenssysteme kulturelle Rezepte und Verhaltensmodelle an. Ja, einer der Gründe, warum Wissen ein so unverbrüchlicher Bestandteil von Kultur ist, besteht darin, daß viele Wissenssysteme ein Bild der guten oder lobenswerten Person und gleichzeitig eine Reihe von Regeln vorschlagen, wie man eine solche Person werden kann. Die verschiedenen von Populärpsychologen in ihren

89 Max Weber, Einleitung zu *Die Wirtschaftsethik der Weltreligionen*, in: ders., *Gesammelte Aufsätze zur Religionssoziologie*, Bd. 1, Tübingen ⁹1988, S. 252.

Managementratgebern ausgearbeiteten Theorien mündeten in den 1970er Jahren in ein kulturelles Modell, das inzwischen allgegenwärtig und maßgeblich geworden ist: das Modell der »Kommunikation«. Die Psychologen verfeinerten die Regeln des emotionalen Verhaltens zunehmend, indem sie die kognitiven und linguistischen Regeln der Interaktion grundsätzlich neu formulierten und ein Modell des Sozialverhaltens schufen, das auf Kommunikation beruhte. Dieses Modell erklärt Streitigkeiten und Probleme als Folge emotional und sprachlich unvollkommener Kommunikation; umgekehrt erkennt es in einer angemessenen sprachlichen und emotionalen Kommunikation den Schlüssel zum Aufbau wünschenswerter Beziehungen. Die Psychologen gewannen dieses Modell nicht aus dem Nichts. Es hatte seine Wurzeln in den demokratischen, deweyschen Idealen der »Konversation« und der »Diskussion« als entscheidenden Merkmalen einer aufgeklärten Bürgerschaft. Doch verhalfen die Psychologen diesen Idealen zu neuem Auftrieb, indem sie sie mit emotionaler Selbststeuerung und wirtschaftlichen Führungsqualitäten assoziierten.[90]

Um das Wesen dieses Modells zu verstehen, müssen wir auf Foucaults Konzept der »ethischen Substanz« zurückgreifen. Wie Hubert Dreyfus und Paul Rabinow zusammenfassen, ist die ethische Substanz dasjenige, was dazu führt, daß ein Subjekt sich selbst als moralisches Subjekt konstituiert.[91] Es sind die Beziehungen, die man kraft der verfügbaren moralischen und wissenschaftlichen Diskurse mit sich selbst hat. Die erste Dimension der »ethischen Substanz« gilt der Frage: Welcher Aspekt meiner selbst ist von moralischem Verhalten berührt? Sind beispielsweise Absichten, Handlungen, Wünsche oder Gefühle der Punkt, an dem Moral zum Ausdruck gebracht wird? Der zweite

90 Vgl. O'Connor, »Politics of Management Thought«, insbes. S. 119 f.
91 Hubert L. Dreyfus u. Paul Rabinow, *Michel Foucault. Jenseits von Strukturalismus und Hermeneutik*, 2. Aufl., Weinheim 1994.

Gesichtspunkt bezieht sich auf das, was Foucault die Weise der Unterwerfung nennt, also die Art und Weise, wie ein Gesetz legitimiert und durchgesetzt wird (etwa, weil es ein göttliches Gesetz ist, ein Naturgesetz oder eine Vernunftregel). Der dritte Aspekt betrifft die Frage: Durch welche Mittel können wir uns selbst zu ethischen Subjekten machen (also zum Beispiel unser Handeln mäßigen, unsere Wünsche eliminieren oder unser sexuelles Begehren auf das Ziel der Fortpflanzung lenken)? Foucault nennt dies die Selbstformungstätigkeit oder Praxis des Selbst (*pratique de soi*). Der vierte und letzte Aspekt betrifft die Art von Sein, die wir anstreben, wenn wir uns moralisch verhalten (wollen wir rein, unsterblich oder frei werden?).[92] Kommunikation ist zu einem wesentlichen Bestandteil der ethischen Substanz von Männern und Frauen im Unternehmen geworden. Im kulturellen Modell der Kommunikation sind die Mittel, um Beziehungen aufzubauen, sowohl kognitiv (sie verlangen, daß man eine reflexive Haltung sich selbst gegenüber einnimmt) als auch emotional (sie verlangen, daß man sowohl mit seinen Gefühlen als auch mit denen der anderen haushaltet) und vielleicht in erster Linie sprachlich (sie verlangen, daß man sich angemessen auszudrücken weiß, so daß man andere nicht bedroht oder sie sogar positiv anerkennt).

Das Modell der Kommunikation zielt darauf, sprachliche und emotionale Techniken zur Verfügung zu stellen, um gegenläufige Imperative unter einen Hut zu bringen: nämlich sein Selbst zu behaupten und auszudrücken, aber trotzdem mit anderen zusammenzuarbeiten; die Motive von anderen zu verstehen, aber trotzdem sich selbst und andere so zu beeinflussen, daß man seine Ziele erreicht; und sich selbst unter Kontrolle zu haben, aber trotzdem umgänglich und zugänglich zu sein. Kommunikation ist folglich eine »ethische Substanz«, bei der es unmöglich ist, das Eigeninteresse

92 Michel Foucault, »Zur Genealogie der Ethik. Ein Überblick über laufende Arbeiten«, in: Dreyfus u. Rabinow, *Michel Foucault*, S. 265-292.

von der Rücksicht auf andere zu trennen, und die Sprache ist im Grunde die wichtigste Technik, mit der im Idealfall beides in Einklang gebracht werden soll.

Der wichtigste Aspekt des moralisch handelnden Selbst ist, wie man durch Sprache und Gefühlsausdruck von anderen wahrgenommen wird. Für das populärpsychologische Ethos der Kommunikation ist eine Voraussetzung guter Beziehungen zu anderen, daß man sich selbst »objektiv« einschätzt, was impliziert, daß man verstehen sollte, wie man auf andere wirkt. Zahllose Ratgeber über erfolgreiches Führen schreiben vor, daß man ein meadscher Akteur werden solle, der sein Selbstbild bewertet und mit den Bildern, die andere von einem haben, abgleicht. Um ein Beispiel zu geben: »Ohne den Management-Trainingskurs [einen Kommunikations-Workshop] hätte Mikes Karriere durchaus auf der Stelle treten können, nicht weil er nicht die nötigen Fähigkeiten hätte, sondern weil er *nicht verstand, daß er anderen Leuten einen falschen Eindruck von sich vermittelte.*«[93] Die Ratgeber für erfolgreiches Managen fordern unablässig, daß man sich selbst gleichsam mit dem Blick eines anderen prüft, legen also nahe, daß man die Perspektive einer anderen Person einnimmt, um die eigenen Erfolgschancen zu erhöhen. Diese Selbsterkenntnis ermöglicht es einem, sich selbst geschickter zu beeinflussen und zu kontrollieren, ohne daß man dabei jedoch eine kühle oder zynische Haltung anderen gegenüber einnehmen dürfte. Tatsächlich gehören Selbstbewußtheit und das Gebot, sich mit anderen zu identifizieren und ihnen zuzuhören, zusammen. Ein Ratgeber für Führungskräfte formuliert es so: »Dieses Buch möchte Managern und Mitarbeitern zu einem besseren Verständnis verhelfen, warum Menschen tun, was sie tun, und empfinden, wie sie empfinden. Sein Ziel ist es, die Fähigkeit zu vermitteln, aus einer Situation herauszutreten und zu fragen: ›Was geht hier eigentlich vor und

93 Fontana, *Social Skills at Work*, S. 23. [Hervorhebung E.I.]

warum?‹«[94] In ähnlicher Weise stellt eine Publikation des »Instituts für finanzielle Bildung« fest: »Großen Einfluß auf die Wahrnehmung hat das Selbstkonzept. Das Selbstkonzept ist eine Art geistiger Spiegel, der einem zeigt, wie man sich selbst sieht. [...] Die Vorstellungen, die die Menschen von sich selbst haben, beeinflussen ihre Wahrnehmungen von Ereignissen und anderen Menschen.«[95] An späterer Stelle heißt es, daß »ein wichtiger erster Schritt für die Verbesserung Ihrer Wahrnehmungs- und Kommunikationsfähigkeiten darin besteht, zu erkennen, daß andere Menschen andere Wahrnehmungen haben [als Sie]«.[96] Unablässig wird in solchen Schriften Multiperspektivismus als Verhandlungstechnik gepriesen, bilden doch das »Erkennen« und »Nachempfinden« der Bedürfnisse eines anderen zentrale Bestandteile jener Art von zugleich professionell-strategischer und moralischer Kompetenz. Zu diesem Zweck wird für das Manager-Mitarbeiter-Verhältnis eine Technik empfohlen, die Psychologen gerne in der Interaktion mit ihren Patienten nutzen: »In Momenten großer Übereinstimmung [zwischen Manager und Mitarbeiter] kann sich ein bemerkenswertes Muster nonverbaler Kommunikation herausbilden. Zwei Menschen spiegeln einander ihre Bewegungen, sie bewegen sich in exakt demselben Moment oder lassen die Hand in exakt demselben Moment sinken.«[97] Ein anderes Beispiel geht so:

94 Rebecca B. Mann, *Behavior Mismatch. How to Manage »Problem« Employees Whose Actions Don't Match Your Expectations*, New York 1993, S. 4.
95 *Talking and Listening. Keys to Success with Customers and Co-Workers*, Chicago: Institute of Financial Education 1990, S. 34.
96 Ebd., S. 41.
97 Zitiert nach James Eicher, *Making the Message Clear. Communicating for Business*, Santa Cruz 1987, S. 33. Der Ausdruck *Spiegeln (mirroring)* ist natürlich der psychoanalytischen Praxis entlehnt, wo er als praktisches Mittel dient, um das Verhältnis Analytiker–Analysand zu strukturieren. Im vorliegenden Zusammenhang jedoch dient er nicht der Steigerung der Selbstbewußtheit, sondern der Förderung der Kooperation und zwischenmenschlichen Effizienz.

Den stärksten Gebrauch von *Schrittmacher sein* und *führen* [zwei Techniken, die das Buch lehrt] machen Sie, wenn Sie die Person spiegeln, die Sie verstehen wollen. Sie nehmen einfach die Körperhaltung der anderen Person ein, spiegeln ihre zentralen Bewegungen und versuchen bewußt, ihre wichtigsten Schlüsselwörter zu verwenden. Beim Spiegeln versuchen Sie, in perfektem Einklang mit der Person zu sein, die Sie verstehen möchten. Das Spiegeln kann dabei helfen, einen Mitarbeiter zu verstehen, der eine Aufgabe schlecht oder gar nicht ausgeführt hat, es kann Ihnen in einer Verhandlung nützen, wenn Sie drauf und dran sind, die Kontrolle zu verlieren, und in jeder anderen Situation, in der Sie herausfinden wollen, wo die andere Person »herkommt«. [...] Wenn Sie Ihr Gegenüber bewußt beobachten, sind Sie eher in der Lage, sich in seine Perspektive hineinzuversetzen. Während Sie sich beruhigen, bekommen Sie einen Blick für die Situation und die andere Person. Letztlich haben in der Regel die, die sich gegenseitig nonverbal spiegeln, ein größeres Maß an Verständnis und Mitgefühl.[98]

Das Spiegeln und die Fähigkeit, verschiedene Gesichtspunkte zu erwägen, sind Techniken, um Beziehungen zu formen, in denen man gleichzeitig mit sich selbst beschäftigt ist und den Blick eines anderen auf sich gerichtet weiß. Spiegeln und psychologischer Multiperspektivismus machen es möglich, zugleich seinem Selbst und dessen Interessen zu dienen und andere, potentiell gegenläufige Gesichtspunkte und Interessen zu erfassen. Ein Webangebot für Kommunikationstechniken belehrt uns:

Eine gute Kommunikationsfähigkeit erfordert ein hohes Maß an Selbstbewußtheit. Wenn Sie Ihren persönlichen Kommunikationsstil verstehen, hilft Ihnen das sehr dabei, bei anderen einen guten und bleibenden Eindruck zu hinterlassen. Wenn Sie sich stärker bewußt werden, wie andere Sie wahrnehmen, können Sie sich leichter auf deren Kommunikationsstil einstellen. Das bedeutet nicht, daß Sie zu einem Chamäleon werden und sich mit jeder neuen Persönlichkeit, mit der Sie es zu tun bekommen, verändern müßten. Vielmehr können Sie jemand anderem den Umgang mit Ihnen angenehmer machen, wenn Sie bestimmte Verhaltenszüge auswählen und hervorheben, die zu Ihrer Persönlichkeit

---

98 Ivey, *Managing Face to Face Communications*, S. 26.

passen und bei Ihrem Gegenüber Anklang finden. Wenn Sie dies tun, sind Sie auf dem besten Weg, ein guter Zuhörer zu werden.[99]

Das Spiegeln wird hier mit dem Zuhören in Verbindung gebracht, das als entscheidend für die Konfliktvermeidung und die Vertiefung der Zusammenarbeit gilt. Tatsächlich geht es hier darum, Sozialkapital oder Vertrauen aufzubauen – mit dem doppelten Ziel, das Vertrauen der anderen in einen selbst zu stärken, aber auch sich selbst dazu zu bringen, anderen zu vertrauen. Wie ein Buch zum Umgang mit Wut erklärt: »Die Strategien, die Sie in den letzten Kapiteln kennengelernt haben, werden Sie sensibler für andere Menschen machen. Auf dieser Grundlage können Sie nun aufbauen und Einfühlungsvermögen entwickeln – das Vermögen, sich in einen anderen Menschen hineinzuversetzen, um besser zu verstehen, was andere motiviert, und um Ihr Mißtrauen zu zügeln, wenn Sie schließlich deren Verhalten beurteilen.«[100] Ein Buch mit dem Titel *Making the Message Clear* (»Wie man klare Botschaften vermittelt«) beschreibt es so: »Einen anpassungsfähigen und flexiblen Kommunikationsstil zu entwickeln erhöht sowohl das Ausmaß als auch die Genauigkeit der von Ihnen ausgetauschten Informationen. Dieser Austausch, diese Reziprozität ist die Grundlage Ihrer Arbeitsbeziehungen. Je mehr Reziprozität Sie schaffen, desto harmonischer werden Ihre Beziehungen, das Vertrauen wächst, und Sie werden mehr arbeitsbezogene Ziele erreichen, was es Ihnen erlaubt, anderen zu beiderseitig vorteilhaften Resultaten zu verhelfen. Erfolgreiche Kommunikation setzt voraus, daß Sie Ihren Stil an den Ihres

99   Mind Tools, »Introduction: Why You Need to Get Your Message Across«, 1995-2007, ⟨www.mindtools.com/CommSkll/CommunicationIntro.htm⟩ (Zugriff am 14. März 2007).
100   Redford Williams u. Virginia Williams, *Anger Kills. Seventeen Strategies for Controlling the Hostility That Can Harm Your Health*, New York 1993, S. 141 f.

Gegenübers anpassen und in Ihrer Kommunikation und Ihrem Denken flexibel werden.«[101]

Die soeben beschriebene Form des Zuhörens ist nicht passiv wie bei der katholischen Beichte; sie muß vielmehr das hervorbringen, was Axel Honneth als »Anerkennung« bzw. als das intersubjektive »positive Verständnis« seiner selbst bezeichnet. Weil das »normative Selbstbild eines jeden Menschen [...] auf die Möglichkeit der steten Rückversicherung im Anderen angewiesen ist«, impliziert Anerkennung die Bestätigung und Bekräftigung der Ansprüche und Positionen eines anderen, und zwar auf kognitiver wie auf emotionaler Ebene.[102] In diesem Sinn behauptet ein Trainingsprogramm zur Konfliktlösung:

Die Technik des aktiven Zuhörens [...] hat mehrere Funktionen. Erstens erlaubt die Zuhörerin, Gefühle herauszulassen. Der Sprecher spürt, daß man ihm zuhört, wodurch seine Anspannung abgebaut wird. Die Körperhaltung und die Gesten der Zuhörerin, die etwa mit dem Kopf nickt, bestätigen den Eindruck des Sprechers, daß man ihm zuhört. Seine Gefühle werden ihm von der Zuhörerin zurückgespiegelt (etwa mit der Wendung: »Es war Ihnen wirklich wichtig, daß ...«). Sie wiederholt oder paraphrasiert, was der Sprecher gesagt hat, und läßt sich bestätigen, ob sie richtig verstanden hat. Anschließend fragt sie nach, um weitere Informationen zu erhalten. Die Funktion Reden/Hören ist von größter Bedeutung für die Konfliktlösung. Dies gilt besonders, wenn die Beziehung zwischen den Parteien nicht einfach abgebrochen werden kann, gleichgültig ob es sich dabei um Eltern handelt, die sich scheiden lassen, oder um ethnische Gemeinschaften in Bosnien.[103]

Dieses Zitat legt nahe, daß Kommunikation eine Technik der Anerkennung ist, die von der Privatsphäre in den Be-

101 Eicher, *Making the Message Clear*, S. XII.
102 Axel Honneth, *Kampf um Anerkennung. Zur moralischen Grammatik sozialer Konflikte*, Frankfurt/M. 1992, S. 212.
103 Conflict Research Consortium, »Communication Improvement«, 1998, ⟨www.colorado.edu/conflict/peace/treatment/commimp.htm⟩ (Zugriff am 14. März 2007).

reich der Öffentlichkeit und vom Bereich der Öffentlichkeit
in die Arena der internationalen Politik übertragen werden
kann, weil sie die elementaren Formen des modernen Selbst
umfaßt.

Heute dienen Begriff und Praxis der Kommunikation,
die ursprünglich als eine Technik und ein Ideal der Persönlichkeit und des Selbst gedacht waren, durch eine Art
metonymische Weiterung dazu, das ideale Unternehmen
zu charakterisieren. In einer Selbstdarstellung des Firmen-
giganten Hewlett Packard heißt es: »HP ist ein Unternehmen, in dem man den Geist der Kommunikation atmen
kann – den mächtigen Geist wechselseitiger Beziehungen.
Ein Unternehmen, in dem Menschen kommunizieren und
aufeinander zugehen. HP steht für eine emotionale Beziehung.«[104] Tatsächlich definiert Kommunikationsfähigkeit
mittlerweile die Idealvorstellung des unternehmerischen
Selbst (*corporate selfhood*) schlechthin: »In einer Umfrage
unter Personalchefs von Firmen mit mehr als 50 000 Beschäftigten wurde unlängst Kommunikationsfähigkeit als
wichtigstes Kriterium für die Einstellung von Managern
genannt. Die von der Katz Business School der University
of Pittsburgh durchgeführte Erhebung zeigt, daß Kommunikationsfähigkeit (einschließlich schriftlicher und mündlicher Präsentationen) sowie die Fähigkeit, mit anderen
zusammenzuarbeiten, die wichtigsten Erfolgsfaktoren in
Unternehmen darstellen.«[105] Für Richard Sennett gilt daher: »Das moderne Arbeitsethos konzentriert sich auf die
Teamarbeit. Sie propagiert sensibles Verhalten gegenüber
anderen, sie erfordert solche ›weichen Fähigkeiten‹ wie gutes Zuhören und Kooperationsfähigkeit; am meisten betont
die Teamarbeit die Anpassungsfähigkeit des Teams an die
Umstände. Teamarbeit ist die passende Arbeitsethik für eine

104 Zitiert nach Nicole Aubert u. Vincent de Gaulejac, *Le cout de
l'excellence*, Paris 1991, S. 148.
105 Mind Tools, »Introduction«.

flexible politische Ökonomie. Trotz all des Psycho-Geredes, mit dem sich das moderne Teamwork in Büros und Fabriken umgibt, ist es ein Arbeitsethos, das an der Oberfläche der Erfahrung bleibt. Teamwork ist die Gruppenerfahrung der erniedrigenden Oberflächlichkeit.«[106]

Diese Auffassung ist jedoch selbst oberflächlich. Denn die eigenartige Mischung aus Eigennutz und Mitgefühl, aus Aufmerksamkeit auf sich selbst und Manipulation anderer bringt einen historisch neuen Typus von Selbst zum Ausdruck, den ich als *reflexives Selbst* bezeichne.[107] Ein reflexives Selbst hat starke Mechanismen der Selbstkontrolle internalisiert, um seine Interessen nicht durch die unverhohlene Zurschaustellung selbstsüchtigen Konkurrenzdenkens zu verfolgen, sondern durch die Kunst, soziale Beziehungen zu meistern. Ein reflexives Selbst entsteht an der Stelle der modernen Idee des »Individuums«, hat aber nichts mit dem prototypischen Robinson Crusoe gemein, weil es die Perspektive des anderen einbezieht, die es sich mitfühlend und strategisch zugleich vor Augen führt und zu eigen macht. In seiner klassischen Unternehmensstudie meint Robert Jackall, daß das Selbst des Managers insofern wesentlich reflexiv ist, als es einer kontinuierlichen Selbsterforschung und privaten Selbstüberwachung bedarf, da Manager ihren Interessen dienen, Schachzüge planen, Koalitionen schmieden, verhandeln und sich durchsetzen müssen, während sie zugleich andere anerkennen und ihnen zuhören.[108] Reflexivität ist ein fester Bestandteil allein schon der Art und Weise, wie in zeitgenössischen Unternehmen gearbeitet wird, wofür zugleich Geschick im Umgang mit Symbolen und Geschmeidigkeit in den Transaktionen mit anderen erforderlich sind.[109] Manager

---

106 Sennett, *Der flexible Mensch*, S. 132 f.
107 Vgl. Anthony Giddens, *Modernity and Self-Identity. Self and Society in the Late Modern Age*, Cambridge 1991.
108 Jackall, *Moral Mazes*.
109 Ein Ratgeber zum Thema unternehmerischer Erfolg verrät:

operieren in einer komplexen Hierarchie von Zeichen und Personen; sie werden von anderen gemanagt und managen ihrerseits andere; sie konkurrieren mit Gleichgestellten, müssen aber Koalitionen mit ihnen eingehen und die verdeckten Hinweise von Konkurrenten und Vorgesetzten entziffern. Für diese dichte hierarchische Struktur schrieb die therapeutische Überzeugung die Notwendigkeit eines reflexiven Selbst fest, das sich durch die Kontrolle seiner Emotionen, die Fähigkeit, Interaktionen semiotisch zu entziffern, und durch die Gabe, seine eigenen Schachzüge mit den Mitteln seiner »Kommunikationsfähigkeit« zu signalisieren (oder zu verbergen), auszeichnet. So machten die Psychologen aus der Persönlichkeit eine Art symbolische Währung, die durch das Vermögen, *soziale Bindungen selbst zu meistern, zu managen und zu manipulieren*, definiert ist. Sich als kommunikatives Selbst darzustellen signalisiert, daß man sich durch eine komplexe Mischung aus sprachlicher Klarheit und der emotionalen Fähigkeit, Gegensätze wie die eigene Durchsetzungsfähigkeit und die Anerkennung anderer unter einen Hut zu bringen, ebenso selbst beherrscht, wie man andere beherrschen kann.

Auf einem sonderbaren kulturgeschichtlichen Umweg haben die Psychologen eine Sprache des Selbst geschaffen, die Adam Smith' komplexes Bild des Selbst wiederbelebt. In seiner *Theorie der ethischen Gefühle* postulierte Smith, daß das Selbst gespalten ist zwischen einem »unparteiischen Beobachter« und einem Selbst, das sich einfühlsam mit der Not eines anderen identifizieren kann.[110] Wie Baxter und Margavio meinen, stand »Smith' Idee, aggressive Impulse

---

»[W]ährend die für einen Erfolg erforderlichen Kompetenzen auf Ebene 1 [Verhältnis zu Untergebenen] relativ überschaubar sind, werden sie ab Ebene 2 [Verhältnis zu Gleichgestellten] zunehmend komplex.« Fontana, *Social Skills at Work*, S. 12.

110 Adam Smith, *Theorie der ethischen Gefühle*, hg. von Walther Eckstein, Hamburg 2004.

würden durch die Internalisierung der Erwartungen anderer gedämpft, bei der zeitgenössischen Gleichsetzung von Ehre und Vernunft, die das wirtschaftliche Verhalten zu befrieden hilft, Pate«.[111] In *Der Wohlstand der Nationen* entwickelte Adam Smith das Modell einer Gesellschaft, in der der Umstand, daß jeder sein wirtschaftliches Eigeninteresse verfolgt, zur Quelle gesellschaftlicher Harmonie wird, denn in einer Gesellschaft gewissenhafter und minutiöser Arbeitsteilung sind alle Einzelpersonen aufeinander angewiesen und gehen daher auf der Grundlage ihres Eigeninteresses mit anderen bürgerliche Beziehungen ein.[112] Das Ethos der Kommunikation speist sich unmittelbar aus diesem Modell sozialer Interaktion, wenn es nahelegt, daß es in jedermanns eigenem Interesse ist, seine Emotionen zu kontrollieren, einander zuzuhören, miteinander zu kommunizieren und sich einfühlsam zu verhalten. Insofern sich das zeitgenössische Unternehmen der Methode des vernünftigen Managens von Menschen verschrieben hat, trägt es zur Bildung einer komplexen Persönlichkeitsstruktur bei, die Emotionen sowohl beherrscht als auch ausdrückt, die zugleich rational und einfühlsam ist und die ebenso über das eigene Selbstbild gebietet, wie sie die Motive anderer zu entziffern in der Lage ist. So haben die Psychologen in einer ironischen Wendung der Kulturgeschichte Adam Smith' eigennützigen Homo oeconomicus in einen Homo communicans verwandelt, der die Welt und seine Gefühle reflexiv überwacht, sein Selbstbild kontrolliert und den Perspektiven der anderen Anerkennung zollt.

Daß Kommunikation so entscheidend für die Definition des kompetenten unternehmerischen Selbst wurde, hat viele Gründe, die mit den Transformationen des Kapitalismus

111   Vern Baxter u. A. V. Margavio, »Honor, Status, and Aggression into Economic Exchange«, in: *Sociological Theory* 18, Nr. 3 (2000), S. 4.
112   Adam Smith, *Der Wohlstand der Nationen. Eine Untersuchung seiner Natur und seiner Ursachen*, München ⁶1993.

zusammenhängen. Die sich mit der Demokratisierung der sozialen Beziehungen verändernde normative Struktur machte prozedurale Regeln nötig, um die zunehmend hierarchische Struktur von Unternehmen und Organisationen mit der zunehmenden Demokratisierung der gesellschaftlichen Verhältnisse zu versöhnen. Zudem führte die wachsende Komplexität des wirtschaftlichen Umfelds, die immer schnellere Entwicklung neuer Technologien und das entsprechend rasche Veralten von Fertigkeiten dazu, daß sich die Erfolgskriterien änderten und widersprüchlich wurden; das Selbst wurde mit Spannungen und Unsicherheiten überlastet und zugleich in die Verantwortung genommen, diese ganz allein zu managen. So ist Kommunikation zu einer emotionalen Fähigkeit geworden, die einen in die Lage versetzt, durch ein Umfeld voller Unsicherheiten und widersprüchlicher Notwendigkeiten zu steuern und mit anderen zusammenzuarbeiten. Und schließlich weist die von der therapeutischen Überzeugung verlangte Flexibilität eine Affinität mit der im sogenannten postfordistischen Zeitalter erforderlichen Flexibilität auf. Denn seit den 1970er und 1980er Jahren ist der Kapitalismus durch eine kundenspezifische Produktionsweise, durch dezentrale Fertigung und die Bildung von Kernbelegschaften mit umfassenden, vielseitigen Fertigkeiten geprägt[113] – Elemente, die allesamt dem Selbst in einem instabilen wirtschaftlichen Umfeld immer neue Bürden auferlegten.

Emotionale, moralische und fachliche Kompetenz

Kulturelle Kodes schlagen sich nicht nur in Texten, sondern auch in Praktiken nieder. Gewiß ist es schwer, eine direkte kausale Verbindung zwischen den von Psychologen konstruierten kulturellen Kodes und den Veränderungen der

113   Krishan Kumar, *From Post-industrial to Post-modern Society. New Theories of the Contemporary World*, Malden 2005.

Fachkompetenz herzustellen. Doch können wir danach Ausschau halten, wie das eine in das andere übersetzt wird oder, mit dem Wirtschaftssoziologen Frank Dobbin gesprochen, wie Konvention zu Erkenntnis wird. Ich stimme William Sewell zu: »System und Praxis sind komplementäre Konzepte, die sich wechselseitig bedingen.«[114] Auf der Grundlage von 15 Interviews mit Managern aus Firmen mit mehr als 300 Beschäftigten und mit Teilnehmern eines Master of Business Administration (MBA)-Programms, das oft als das beste der Vereinigten Staaten bezeichnet wird, möchte ich herausfinden, wie heutzutage Fachkompetenz definiert wird. Auch möchte ich auf die Rolle schließen, die Psychologen für das gegenwärtige Verständnis von Fachkompetenz gespielt haben.[115]

Der therapeutische Kode hat den Zusammenhang zwischen fachlicher, moralischer und emotionaler Kompetenz umgeschrieben, indem er alle drei Ebenen miteinander verschmolz. Dieser Kode wird durch das Alltagsverständnis, das Manager von sich und ihrer Arbeit haben, gestützt. Ich möchte mit Philip beginnen, einem 35jährigen Manager, der einen Abschluß in Ingenieurswissenschaften von einer der führenden Universitäten des mittleren Westens hat. Philip ist Betriebsleiter, was ihn mit vielen Ressourcen in Berührung bringt, da er verschiedenste im Produktionsprozeß auftauchende Probleme lösen muß. Es liegt in der Natur seiner Tätigkeit, daß er gegensätzliche Interessen auf einen Nenner bringen und auf die Erfordernisse verschiedener Abteilungen und Aspekte des Produktionsprozesses reagieren muß.

114 William H. Sewell Jr., »The Concept(s) of Culture«, in: Victoria E. Bonnell u. Lynn Hunt (Hg.), *Beyond the Cultural Turn. New Directions in the Study of Society and Culture*, Berkeley 1999, S. 47.
115 Es war mir für meine Zwecke wichtig, diese beiden Kategorien von Interviewpartnern zu befragen, weil ich aktive Manager, die wirklich mit dem Problem ringen, Fachkompetenz darzustellen, mit Studenten vergleichen wollte, die vermutlich nicht mehr als Bilder und Modelle an der Hand haben, um Kompetenz zu definieren.

INTERVIEWERIN: In dem Prozeß, den Sie gerade »im betrieblichen Umfeld verhandeln« genannt haben, welche Art von Gefühlen würden Sie da problemlos zum Ausdruck bringen, wenn überhaupt?

PHILIP: Normalerweise würde ich nicht ... Ich glaube nicht, daß es in einer logisch-technischen Diskussion groß Raum gibt, um Gefühle zu zeigen, das bringt ja gar nichts. Also normalerweise, nein, es gibt natürlich Momente, in denen Menschen ihre Verärgerung zeigen, was ich im allgemeinen nicht tun würde. Wenn jemand sauer auf mich ist, versuche ich einer direkten Konfrontation aus dem Weg zu gehen.

INTERVIEWERIN: Wie fühlen Sie sich, wenn jemand sauer auf Sie ist?

PHILIP: Im allgemeinen stört mich das in diesem Umfeld nicht allzu sehr. Ich verstehe, woher die Wut kommt, es ist ein Gefühl der Frustration, manchmal wegen schlechter Erfahrungen mit anderen Projektmanagern oder sonstigen Dingen, die die Firma ihnen aufgedrängt hat, also ... Im allgemeinen verstehe ich, woher es kommt, und nehme es nicht persönlich. Wenn mich jemand richtig anbrüllt, dann regt mich das manchmal wirklich auf, und statt zurückzubrüllen, schlage ich dann im allgemeinen eher vor, daß wir eine Pause machen und uns am nächsten Tag oder ein paar Tage später wieder dransetzen ... Im Augenblick arbeite ich gerade an einem Projekt ... Ich mache einige Änderungen an einem Verpackungsprozeß. In unserer Welt haben wir zwei Arten von Prozessen, es gibt das, was bei uns Verarbeitung heißt, und dann die Verpackung, wenn Sie Lebensmittel in einer Packung haben, dann müssen Sie sie erst herstellen und dann verpacken. Ich habe gerade ein großes Projekt, bei dem ich einen Verpackungsprozeß modifiziere, und die Modifikationen, die ich vornehme, werden uns erlauben, eine ganze Menge mehr zu produzieren. In diesem Bereich hat es jedoch in der Vergangenheit schon mehrfach Probleme mit dem Prozeß gegeben, mit der Herstellung des Produkts. Diese Probleme sind wirklich eine Geschichte für sich; ich mache Modifikationen an einem Teil des Prozesses, der sich nicht wirklich [auf] die anderen Teile des Prozesses auswirkt. Die Leute aus der Produktion versuchen jedoch, mich dazu zu bringen, eine Menge Zeit und Energie und finanzielle Mittel in die Lösung dieses anderen Problems zu stecken, und ich habe tatsächlich schon mehrere Meetings mit der Produktionsabteilung gehabt, und in diesem Bereich gibt es eine Person, die öfter mal sehr wütend ist, und er ist mehrfach wütend gewesen, weil ich nicht die Ressourcen einsetze, mit denen sich diese anderen Probleme lösen ließen. Er ist ein sehr emotionaler Mensch. Das ist sehr kontraproduktiv, man kommt nicht zu einem logischen Austausch von Ideen, wenn es beginnt, außer Kontrolle zu geraten ... Ein paarmal habe ich sagen müssen, hier machen wir jetzt Schluß ...

INTERVIEWERIN: Was meinen Sie mit »ein sehr emotionaler Mensch«?

PHILIP: Es passiert ihm leicht, daß er seinem Ärger freien Lauf läßt.

INTERVIEWERIN: Das ist also die Bedeutung von *emotional*?

PHILIP: Im allgemeinen, ja.

INTERVIEWERIN: Also ist das etwas Negatives?

PHILIP: Wenn ich sage, daß jemand im beruflichen Umfeld emotional ist, ja, dann ist das negativ.

INTERVIEWERIN: Und im privaten Umfeld?

PHILIP (anscheinend verblüfft und zögernd): Wissen Sie, das ist interessant, daran habe ich noch nie gedacht, also nein, ich würde sagen, in einem privaten Umfeld ist es gut, ja wünschenswert, emotional zu sein ...

INTERVIEWERIN: Was ist Ihr Haupteinwand gegen Wut im beruflichen Umfeld?

PHILIP: Sie ist nicht gerade hilfreich beim klaren Denken. Wenn Sie mich nämlich anschreien, werden wir wahrscheinlich keine Fortschritte machen, wir können nicht logisch denken, und es hilft einfach nicht dabei, die Arbeit getan zu kriegen.

INTERVIEWERIN: Die meisten Leute um Sie herum in Ihrer Arbeit schaffen es, ihre Wut unter Kontrolle zu halten?

PHILIP: Ja. Definitiv.

Dieses Interview weist einige der zentralen Elemente des oben umrissenen therapeutischen Kodes auf. Erstens ist es interessant, daß der befragte Manager die allgemeine und vage Wendung »am Arbeitsplatz Emotionen zeigen« sofort als negative Eigenschaft versteht. Tatsächlich hält er es wie *alle* interviewten Manager oder künftigen Manager (MBA-Studenten) für negativ, am Arbeitsplatz emotional zu sein. Zweitens behauptet Philip zwar, daß Wut kein Gefühl ist, das man berechtigterweise zum Ausdruck bringen dürfte, doch besteht er spontan darauf, zu »verstehen«, »woher es kommt«, wenn andere negative Emotionen haben. Damit stellt er unmittelbar seine Fähigkeit zur Schau, mit anderen mitzufühlen, sie zu entziffern und zu verstehen. Und schließ-

lich stellt Philip Rationalität und Produktivität in einen Gegensatz zu ungezügelter oder spontaner Emotionalität und
betrachtet Selbstkontrolle und Selbstmanagement als Voraussetzung für Effizienz und Kooperation. Man beachte,
daß dieser Mann seine Fähigkeit, emotional Abstand zu anderen zu halten, und seine Fähigkeit, mit ihnen zusammenzuarbeiten, für vereinbar hält, ja, daß er ersteres als Voraussetzung für letzteres sieht. Auch geht er von einem starken
Zusammenhang zwischen Produktivität und emotionaler
Selbstkontrolle aus, weil ihm emotionale Selbstkontrolle als
Ausdruck und Voraussetzung von Rationalität gilt.

Zusammengenommen sind dies die Grundkomponenten
des therapeutischen Kodes des unternehmerischen Selbst.
Wie Meyer und Rowan ausführen, sind Organisationen
nicht einfach das Produkt ihrer eigenen internen Strukturen,
Regeln und Netzwerke; vielmehr spiegeln sie die Mythen
ihres institutionellen Umfelds wider.[116] Einer der mächtigsten und beharrlichsten dieser Mythen ist der Mythos der
Rationalität. Es zählt zu den alten Leitmotiven des abendländischen Moral- und Philosophiediskurses, daß man vernünftig nur sein kann, wenn man seine Gefühle ausklammert oder unterdrückt.[117] Wie wir oben schon sahen: Weil
die Legitimität von Unternehmen wesentlich in ihrem Anspruch auf »Rationalität« besteht, ist rationales Verhalten,
wie es sich in der Abwesenheit von Emotionalität und in
der Ausübung von Selbstkontrolle ausdrückt, eine Voraus-

116   John W. Meyer u. Brian Rowan, »Institutionalized Organizations.
Formal Structure as Myth and Ceremony«, in: Walter W. Powell u. Paul
J. DiMaggio (Hg.), *The New Institutionalism in Organizational Analysis*,
Chicago 1991, S. 41-62.
117   Von wissenschaftlichen Studien wie Antonio Damasios *Descartes'
Irrtum. Fühlen, Denken und das menschliche Gehirn* (München u. Leip-
zig 1995) sind sehr überzeugende Argumente gegen diese Annahme vorgebracht worden, doch bildet sie nach wie vor einen der Grundpfeiler des
allgemein anerkannten Bildes, wie sich Gefühl und Rationalität zueinander
verhalten.

setzung für Fachkompetenz.[118] Im zitierten Interview wird Rationalität damit gleichgesetzt, Fachkompetenz an den Tag zu legen, die, weil sie auf dem Verfolgen der eigenen Interessen beruht, emotionale Selbstkontrolle erfordert. Diese Matrix, in der Rationalität, Fachkompetenz und Selbstkontrolle wechselseitig miteinander zusammenhängen, schließt jedoch eindeutig Zusammenarbeit und Teamwork nicht aus – im Gegenteil.

Ein anderes Interview, diesmal mit Bill, einem Finanzanalysten in einer großen Unternehmensberatung, illustriert die Doppeldeutigkeit von Selbstkontrolle.

INTERVIEWERIN: Aus dem, was Sie gerade gesagt haben, wird mir nicht klar, ob Sie »emotional sein« für eine positive oder eine negative Eigenschaft halten.
BILL: Für eine negative.
INTERVIEWERIN: Für eine negative. Warum ist es negativ, emotional zu sein?
BILL: Na ja, vielleicht liegt es einfach an der Alternative der beiden Wörter. Wir haben das, ähm … Es gibt so viele Eigenschaften, die wir Wörtern beilegen. Ein Wort, mit dem man die Eigenschaft auf positive Weise bezeichnen kann, und das andere Wort – ich würde sagen, man würde das Wort *leidenschaftlich* gebrauchen, wenn man die gute Seite des Wortes *emotional* meint. Und, ähm, man würde *emotional* sagen, wenn jemand ohne wirklich guten Grund weinend zusammenbricht und zetert und schreit. Also das ist – ich – ich sehe das Wort *emotional* eher auf der negativen Seite.
INTERVIEWERIN: Warum?
BILL: Ähm, es ist unangenehm. Man sollte nicht – ich sollte mit diesem Mist nichts zu tun haben. Ich sollte nicht aus dem Zimmer – ich hasse

---

118 Zur Illustration, daß die Gleichsetzung von Rationalität und Selbstkontrolle nicht so selbstverständlich ist, wie wir vielleicht glauben, mag hier ein Zitat aus einer Studie über die Geschichte der Tränen dienen. Im 18. Jahrhundert weinten Männer im Überfluß, um so zu zeigen, daß sie ein großes Herz hatten. Delisle de Sales schrieb: »Ein Mann, dem eine große Empfindsamkeit gegeben ist [der also viel weint], ist oftmals mehr Herr seiner selbst als der Mann, dessen Temperament so kalt ist wie die Vernunft.« Zitiert nach Anne Vincent-Buffault, *History of Tears*, New York 1991, S. 46.

– ich ertrage es nicht, wenn jemand zu emotional wird. Das bedeutet nämlich, daß man dann einen Eiertanz aufführen muß. Es ist eine Zumutung für die, mit denen man zu tun hat, wenn man ein zu hitziges Temperament hat, denn wenn man sehr wütend wird und anfängt, zu zetern und zu schreien, dann macht man es allen unangenehm. Und es ist ja wirklich so, daß die anderen, weil Sie diese Neigung haben, ihr Verhalten danach ausrichten und einen Eiertanz machen, damit Sie nicht sauer werden. So etwas den Menschen um einen herum aufzudrängen ist unverschämt. Die Neigung zu haben, leicht sauer zu werden, ist eine Zumutung. Es ist – es ist unfair.

INTERVIEWERIN: Verstehe. Zeigen Sie im allgemeinen Ihre Gefühle an Ihrem Arbeitsplatz?

BILL: In der Regel so selten wie möglich.

INTERVIEWERIN: So selten wie möglich.

BILL: ... Manchmal macht man sich Gedanken, ob man sich emotional verhält, denn es ist einfach unangemessen.

INTERVIEWERIN: Was, würden Sie also sagen, ist das eigentlich Unangemessene daran, seine Gefühle am Arbeitsplatz zu zeigen?

BILL: Es ist unprofessionell. Es ist, tja ... Warum? Es bringt nichts für die Arbeit. Ach, ich weiß nicht. Ich meine ... die strapazieren doch ihre Kollegen. Es wäre dasselbe wie übel zu riechen. Es ist, es ist unter sonst gleichen Umständen weniger angenehm, mit einer solchen Person zusammenzuarbeiten, weil diese Leute emotional sind. Weil sie emotional sind, muß man sich ihr Emotionalsein antun. Und »die haben nicht das Recht, dir das anzutun« ist im wesentlichen die Einstellung. Das meint man mit unprofessionell.

INTERVIEWERIN: Sagen Sie mir, ob ich Sie recht verstanden habe. Sagen Sie, daß seine Emotionen zu zeigen ein Übergriff auf das, sagen wir, Wohlergehen von jemand anderem ist?

BILL: Ja. Genau das ist es, wozu man nicht das Recht hat. Es handelt sich um einen Übergriff auf andere Leute – es gibt Situationen, wo man jedes Recht der Welt hat, einen Übergriff auf jemanden zu machen. Ich meine, wenn das der Fall ist, dann würde man es nicht so nennen. Aber es ist, also, ich bin nicht gerne vulgär, aber »ich sollte mir diese Scheiße nicht antun müssen«, das werden Sie von Leuten zu hören bekommen.

Auch hier werden Gefühle unmittelbar mit einem Mangel an Professionalität in Verbindung gebracht. Die Bedeutung von emotionaler Selbstkontrolle weist jedoch auf ein ambivalentes Verhältnis zwischen emotionaler Selbstkontrolle und Machtverhältnissen hin. Insofern sie auf eine Zurückhaltung und Beschränkung des Selbst um der »Harmonie« willen zielt, markiert sie die Grenzen der Macht des Managers. Wie dieser Befragte andeutet, ist emotionale Selbstkontrolle eine Weise, wenn schon nicht die Freiheit, dann zumindest das Wohlergehen eines anderen zu bewahren. Emotionale Selbstkontrolle ist wesentlich unpersönlicher als emotionale Direktheit und erleichtert in dieser Hinsicht die Zusammenarbeit, weil sie die Voraussetzungen für prozedurale Beziehungen schafft, bei denen es eher um die Regeln des Austausches als um den Inhalt oder Gegenstand der Interaktion geht.

Eine weitere Bedeutung von emotionaler Selbstkontrolle ist soziale Macht, nämlich das Vermögen, die Elemente einer Situation unter Kontrolle zu haben, die Reaktion anderer auf Situationen unter Kontrolle zu haben und somit berechtigterweise über diese anderen zu gebieten. Hier ist ein Beispiel von Scott, einem Manager der mittleren Ebene, der seinen MBA an der Universität von Kalifornien in Berkeley gemacht hat und für eine große Investmentbank arbeitet:

SCOTT: ... Ich denke, ich würde von mir selbst sagen, wenn ich so wütend bin, dann habe ich das nicht unter Kontrolle. Ich bin mir nicht sicher, ob das Ihre Frage beantwortet.
INTERVIEWERIN: Nein, nein, Sie haben sie perfekt beantwortet. Sie mögen es nicht, Dinge nicht unter Kontrolle zu haben?
SCOTT: Ja. Ja.
INTERVIEWERIN: Können Sie sagen, warum das so ist?
SCOTT: Ich glaube, ich habe es gelernt, das zu mögen. Ich bewundere meine eigene Effizienz, und effizient zu sein bedeutet, die Dinge unter Kontrolle zu haben, und, und ... also wenn, wissen Sie, wenn ich sauer werde und dann 75 Prozent der Rückmeldung bekomme, die ich erwarte, wenn ich mich aber unter Kontrolle gehabt hätte und 90 Prozent der Rückmeldung, die ich erwarte, hätte bekommen können, dann fühle ich mich nicht, na ja, wenigstens habe ich die emotio-

nale Anspannung abgebaut. Ich finde aber nicht, daß dieser Ausgleich, diese Energie rauszulassen, ähm, emotional, ist nicht ausreichend. Hingegen, für den Ausgleich, den ich bekomme, wenn ich effektiv bin und die Kontrolle habe, ähm ... und ich glaube, daß ganz allgemein die Tatsache, daß ich das nicht oft mache – sehr gut möglich, wenn ich in einer Kultur leben würde, wo ich – ich würde lernen, es so zu machen, daß ich auch dann noch, wenn ich gerade dabei bin, mich zu ärgern, wüßte, wo die Notausgänge sind und wie ich vorgehen muß. Und so könnte ich gewissermaßen gleichzeitig alles unter Kontrolle haben und die Kontrolle verlieren. Aber wenn man diese Erfahrung nicht hat machen können, ist es schwer, das hinzukriegen.

INTERVIEWERIN: Was geht Ihnen durch den Kopf, wenn ich Ihnen sage, daß diese oder jene Person emotional ist, was assoziieren Sie mit dem Wort *emotional*?

SCOTT: Gutes und Schlechtes. Auf der guten Seite wäre Einfühlungsvermögen und eine gewisse Ehrlichkeit. Schlecht wäre Schwäche und Unberechenbarkeit.

INTERVIEWERIN: Es ist ein Zeichen von Schwäche, emotional zu sein.

SCOTT: Ja.

INTERVIEWERIN: Können Sie sagen, wieso?

SCOTT: Tja-ha. Nein, ich – ich – ähm ... weil Leute, die ... Ich glaube nicht, daß es so sehr daran liegt, daß emotionale Menschen schwach sind, als vielmehr daran, daß schwache Menschen gerne emotional werden. Verstehen Sie den Unterschied? Das ist ein Ausdruck unserer Kultur, die nicht sehr gefühlsbetont ist. Das wird nur Menschen zugestanden, die keine Kontrolle haben. [Ein schwacher Mensch] ist nicht ... effizient in irgendwas, weil diese Leute sich selbst nicht organisieren können.

Die Antworten dieses Befragten fassen einige bereits erörterte Themen zusammen: Emotionale Selbstkontrolle gilt hier als wesentlich für das eigene Selbstgefühl und die Selbstwahrnehmung als kompetent. Emotionale Selbstkontrolle ist zugleich ein pragmatisches Werkzeug, um effizient zu werden, und ein (darwinistisches) Klassifikationselement, um die »Starken« von den »Schwachen« zu unterscheiden. Die Kategorie der »Schwachen« faßt hier sowohl soziale als auch emotionale Attribute unter der allgemeineren Metapher der »Selbstorganisation« zusammen. »Schwach« und »stark« sind gleichermaßen emotionale und soziale Kennzeichnungen, wobei in »schwach« seelische und soziale Not mitschwingt.

Insofern sie die Fähigkeit anzeigt, sich selbst zu beherrschen, bedeutet emotionale Selbstkontrolle also auf dem Wege einer metonymischen Weiterung, daß man andere beherrschen kann. Während viele vormoderne Kulturen in einer ausgeprägten Emotionalität – und vor allem in unverhohlener Wut – einen Begleitumstand der Ausübung von Macht sahen, ist Scott in Übereinstimmung mit dem therapeutischen Diskurs der Meinung, daß ungezügelte Emotionalität ein Zeichen für ein psychisch und damit sozial schwaches Selbst ist. Wenn ein wahrhaft selbstbewußter Mensch jemand ist, der sich niemals demütigen läßt, oder umgekehrt, wenn ein verletzter oder gedemütigter Mensch jemand ist, dem es an Selbstbewußtsein und daher realer Macht mangelt, dann impliziert dies, daß jemand wirklich Mächtiges beinah definitionsgemäß nicht verletzt werden darf. Umgekehrt ist es wahrscheinlich, daß aus der wiederholten Erfahrung von Verletzungen eine psychische Schwäche gemacht wird. Wütend, eifersüchtig oder offensichtlich verletzt zu werden heißt, wie psychologische Ratgeber über Führungseigenschaften unablässig wiederholen, daß man kein Selbstvertrauen und daher keine wirkliche soziale Macht hat. Die Psychologen haben also – und zwar mit Erfolg, wie ich glaube – Macht radikal neu definiert und zu einer emotionalen Größe gemacht: dem Vermögen, seine am stärksten »limbischen« Emotionen unter Kontrolle zu halten.

Auch Gertrud ist der Auffassung, daß emotionale Selbstkontrolle ein Zeichen sozialer Überlegenheit ist. Die 37jährige lehrt Mediation und Verhandlungsführung an einer führenden amerikanischen Wirtschaftsschule und hat in mehreren wichtigen Fällen als leitende Mediationsberaterin gewirkt.

GERTRUD: [Emotionale Menschen] sind dumm, sie sind ein bißchen dumm. Sie sind ein bißchen ... wahrscheinlich hat man sich nicht um sie gekümmert. »Schwach« ist ein guter Ausdruck für ... Ich meine, nicht, daß man sie für schlecht hielte oder für ... Ja, die sind in gewisser Weise einfach dumm, als ob sie sich nicht um alles kümmern würden. Wissen Sie, sie sind nicht ... sie haben irgendwie nicht alles unter Kontrolle. Schwach. Ich würde sagen, das sind schwache Menschen.

INTERVIEWERIN: Also wenn man mit seinen Gefühlen hinterm Berg hält, zeigt man damit, daß man über die Fähigkeit verfügt, die Kontrolle zu behalten, und diese Fähigkeit, die Kontrolle zu behalten, verweist auf gewisse andere wünschenswerte, überlegene Eigenschaften wie die, stark zu sein. Verstehe ich Sie richtig?

GERTRUD: Ja. Ja ... [an einer späteren Stelle des Interviews:] ... [Gefühle] zeigt man am besten nicht, so mein Vater; meine Mutter war viel extrovertierter als er. [...] Du verlierst die Kontrolle, wenn du deine Gefühle verlierst, und das ist die Botschaft, die ich meinen Studenten mitgebe, die darauf hinausläuft, wie man sich im Geschäftsleben angemessener verhält. Nämlich nicht die Kontrolle zu verlieren.

Die Ähnlichkeit zwischen dieser Erklärung und der von Scott ist bemerkenswert. Für beide ist emotionale Selbstkontrolle ein Zeichen von Stärke, die wiederum ein Zeichen von fachlicher und damit sozialer Überlegenheit ist. Um Donna Stanton zu zitieren: »Über das Selbst zu herrschen heißt, über den anderen zu herrschen.«[119]

Die zitierten Aussagen deuten darauf hin, daß sich die therapeutische Definition von Macht als Form des emotionalen Selbstmanagements nicht auf Texte beschränkt, sondern die gewöhnlichen Vorstellungen von Wert, Status und Macht in Wirtschaftsorganisationen gründlich durchdrungen hat. Die von Psychologen ersonnene emotionale Selbstkontrolle spielt in sozialen Beziehungen eine ambivalente Rolle: Soweit sie auf Selbstbeherrschung und Distanz gegenüber anderen hinausläuft, ist sie ein Zeichen für die Fähigkeit, sich für andere ungreifbar zu machen. Als Vermö-

119 Zitiert nach Robert A. Nye, *Masculinity and Male Codes of Honor in Modern France*, New York 1998, S. 22.

gen jedoch, zugunsten langfristiger pragmatischer Ziele eine unmittelbare Verstrickung des Selbst auszuklammern, steht emotionale Selbstkontrolle auch für die Fähigkeit, Netzwerke zu bauen und Vernunft an oberste Stelle zu setzen.

Schluß

Unsere Diskussion führt uns zu einem entscheidenden Paradox. Wie Pierre Bourdieu sagt, ist nicht Selbstlosigkeit oder Interessenfreiheit der wahre Gegensatz zum Interesse, sondern Indifferenz. Bourdieus Charakterisierung der Indifferenz hat große Ähnlichkeit mit der Art von Gefühlsleben, die das therapeutische Ideal der Selbstkontrolle propagiert. »Indifferent sein heißt, sich nicht vom Spiel motivieren lassen: Dieses Spiel läßt mich indifferent wie Buridans Esel […]. Indifferenz ist der axiologische Zustand der Nicht-Präferenz und zugleich ein Erkenntnisstand, bei dem ich nicht in der Lage bin, zwischen den Interessenobjekten, die auf dem Spiel stehen, einen Unterschied zu machen. […] Die *illusio* ist das Gegenteil der Ataraxie: Sie bedeutet, daß man involviert ist, im Spiel befangen und gefangen.«[120] Die therapeutische Ethik der Selbstkontrolle stellt sich als ein gewaltiges kulturelles Programm dar, um den Akteuren eine scheinbar teilnahmslose Form des Mitspielens beizubringen. Ihr Bestreben ist es, eine indifferente Einstellung einzuprägen, die Einstellung, sich nicht vom Spiel vereinnahmen zu lassen und immer das Ziel vor Augen zu haben, die eigenen Interessen zu wahren. Während die therapeutische Person exzessiv auf ihren Emotionen herumreitet, soll sie zugleich nicht von ihnen bewegt werden.

Damit konfrontiert uns das therapeutische Ethos mit dem folgenden soziologischen Rätsel: Das therapeutische

120 Pierre Bourdieu u. Loïc J. D. Wacquant, *Reflexive Anthropologie*, Frankfurt/M. 2006, S. 148.

Ethos fördert eine Form von Sozialverhalten, die auf Kommunikation beruht; es ermutigt einen starken Individualismus auf der Grundlage aufgeklärten Eigeninteresses, aber stets kombiniert mit dem Bestreben, daß das Selbst in ein Netz sozialer Beziehungen eingebunden bleibt. Das therapeutische Ethos fördert einen prozeduralen Umgang mit dem eigenen Gefühlsleben im Gegensatz zu einem »dichten« oder substantiellen. Scham, Wut, Schuld, verletzte Ehre, Bewunderung sind durchweg Gefühle, die durch einen moralischen Gehalt und eine substantielle Vorstellung von Beziehungen definiert sind, und genau diese Gefühle sind zunehmend zu Zeichen emotionaler Unreife oder emotionaler Funktionsstörungen gemacht worden.

Was statt dessen verlangt wird, ist die Fähigkeit, Gefühle zu kontrollieren und die Regeln der *Kommunikation* mit einer großen Vielfalt von anderen Akteuren zu beherrschen: »Emotional« zu sein heißt, wie in diesem therapeutischen Adjektiv schon mitschwingt, die allgemein erwartete Glätte der sozialen Interaktionen zu stören. Soziologisch aber bedeutet »emotional« zu sein schlichtweg, das eigene Verhältnis zu einem anderen in den Vordergrund zu stellen: Wut, Verachtung, Bewunderung und Zuneigung sind Bezeichnungen, die wir Gefühlen über soziale Beziehungen beilegen, wenn diese Beziehungen bedroht sind oder auf dem Spiel stehen. Das bedeutet, daß die Voraussetzung von Kommunikation oder Kooperation paradoxerweise darin besteht, die *eigene emotionale Verstrickung in eine soziale Beziehung außer Kraft zu setzen.* Soweit Emotionen darauf verweisen, daß das Selbst in eine soziale Beziehung verstrickt ist, verweisen sie auch auf die eigene Abhängigkeit von anderen. Die emotionale Selbstkontrolle deutet somit auf ein Modell des Sozialverhaltens, in dem man die Fähigkeit zur Schau stellen muß, sich dem Zugriff anderer zu entziehen, um besser mit ihnen zusammenarbeiten zu können. Die emotionale Selbstkontrolle, wie sie die therapeutische

Überzeugung vertritt, ist gleichermaßen das Erkennungs-
merkmal eines *bindungslosen Selbst* (das mit Selbstbeherrschung und -kontrolle beschäftigt ist) und eines *geselligen
Selbst* – das Gefühle ausklammert, um Beziehungen mit anderen einzugehen.

4.
Die Tyrannei der Intimität

Längst schon hatte er erkannt, daß May von der Freiheit,
die sie zu besitzen glaubte, nur den einen Gebrauch machen konnte:
sie ihm auf dem Altar der Liebe zu opfern. [...]
Doch mit einer Auffassung von der Ehe, die so unkompliziert,
so wenig neugierig wie ihre war, konnte eine Krise nur dann entstehen,
wenn er sich ihr gegenüber offensichtlich gemein betrug;
die Lauterkeit ihres Empfindens für ihn machte das aber undenkbar.
Was auch geschehen würde, ihm war klar,
daß sie stets treu und tapfer sein und ihm nie etwas nachtragen werde:
Darum fühlte er sich zu derselben Haltung ihr gegenüber verpflichtet.
— Edith Wharton*

Die therapeutische Sprache ist die bevorzugte Sprache, um über die Familie zu sprechen: Nicht nur ging sie aus den sozialen Transformationen der Familie hervor, sie war auch von Anfang an eine Familienerzählung, eine Erzählung über das Selbst und seine Identität also, die dieses Selbst in seiner Kindheit und seinen primären familiären Beziehungen verwurzelt. Für moderne Menschen ist diese Erzählung das, was die Ahnenreihe für unsere Vorfahren gewesen sein mag – ein Verfahren, um das Selbst diachronisch und synchronisch in Verwandtschaftsbeziehungen zu verorten. Doch gibt es einen entscheidenden Unterschied: Die therapeutische Lehre definiert und erklärt das Selbst nicht nur in bezug auf die Familiengeschichte, sondern beansprucht darüber hinaus, es aus diesem repressiven Joch zu befreien.

Interessanterweise entstand im 20. Jahrhundert noch eine weitere Erzählung, die wie die therapeutische Erzählung behauptete, das Selbst als Teil der Familie zu verstehen und gleichzeitig aus deren gewaltsamer Struktur zu befreien: die

---

* Das Motto stammt aus Edith Wharton, *Zeit der Unschuld*, München u. Zürich ⁷1997, S. 257.

Neue (oder Zweite) Frauenbewegung. Tatsächlich bildet die Familie sowohl im therapeutischen als auch im feministischen Diskurs die Wurzelmetapher, mit deren Hilfe die Pathologien des Selbst zu verstehen seien, und sie ist darüber hinaus der zentrale Schauplatz der von diesen beiden Diskursen geforderten Selbsttransformationen. Wo jedoch die therapeutische Überzeugung die Zwangslage des Selbst in individualistischen Begriffen beschrieb, bot die feministische Überzeugung eine politische Erzählung an, die die Pathologien der Frauen als Resultat asymmetrischer Machtverteilungen innerhalb (und natürlich auch außerhalb) der Familie erklärte.

In diesem Sinn wurde der psychologische Diskurs oft als eine Ideologie bezeichnet, die an die Stelle der in »Wirklichkeit« politischen Situation von Frauen und Familie tritt oder diese verdeckt. Es ist geradezu zu einem Klischee feministischer Kritiken geworden, die therapeutische Form der Selbstverständigung als ein falsches Bewußtsein zu kritisieren, das kollektive politische Probleme in individuelle psychische Probleme übersetzt und somit die Möglichkeit einer echten strukturellen Veränderung blockiert. Wie ich in diesem Kapitel zeigen möchte, läuft eine Analyse kulturellen Materials unter dem Gesichtspunkt, ob es eine vorgegebene politische Botschaft transportiert oder nicht, jedoch lediglich darauf hinaus, die vielen komplizierten Wege, auf denen Politik in verwässerter Form in Kultur eingeht und umgekehrt kulturelle Schemata und Modelle in politische Ideen eingehen, zu verschleiern. Die feministische Kritik der Therapie verfehlt freilich noch einen viel wichtigeren Umstand: Die Psychologie sah sich berufen, die Familie mal mehr und mal weniger ausdrücklich zu kritisieren, und es war diese kritische Mission, die in der Praxis auf den Feminismus traf und mit ihm verschmolz.

Tatsächlich liefern die therapeutische und die feministische Perspektive ein herausragendes Beispiel für eine Alli-

anz zweier mächtiger kultureller Gebilde, die in scheinbarer
Konkurrenz dieselben Gegenstände zu behandeln und zu
kritisieren versuchen: das Verhältnis des Selbst zur Familie,
die Rolle der Sexualität, das Verhältnis zwischen den Geschlechtern und die Bedeutung von Elternschaft und Mut-
terschaft. Trotz ihrer ideologischen Rivalität griffen die in
der therapeutischen Kultur entwickelten Modelle emotionaler Transaktionen und die Sprach- und Denkkategorien
der feministischen »Kulturrevolution« ineinander und verwandelten so die Gefühlskultur der Familie, indem sie ein
neues Vokabular der vermeintlichen Rechte und Pflichten
von Männern und Frauen schufen.

Das vorliegende Kapitel behandelt zwei umfassende
theoretische Komplexe. Der erste betrifft die Frage, wie
sich die beiden offenkundig konkurrierenden Diskurse des
Feminismus und der Therapie gegenseitig beeinflussen und
prägen. Diese Frage ist deshalb von besonderer Bedeutung,
weil sich genau in dem Moment, als der theoretische Streit
zwischen Feminismus und Psychologie geführt wurde, beide
Diskurse in Wirklichkeit der kulturellen Sprach- und Denkkategorien des jeweils anderen Diskurses bedienten. Wir
haben es hier also mit einem eindrucksvollen Beispiel dafür
zu tun, wie Kultur zwar nicht immer, aber doch oftmals unterhalb und jenseits der expliziten (politischen) Positionen
der Akteure wirkt. Wie sich das genau abspielt, soll im folgenden beleucht werden.

Die zweite Frage ist komplexer und betrifft die Pluralität
der gesellschaftlichen Sphären, eine Thematik, die bereits
Max Weber ausführlich behandelt und die Pierre Bourdieu
später in seiner Feldtheorie ausgearbeitet hat.[1] Im wesentlichen postuliert diese Theorie, daß sich die gesellschaftlichen

---

1 Max Weber, Einleitung zu *Die Wirtschaftsethik der Weltreligionen*,
in: ders., *Gesammelte Aufsätze zur Religionssoziologie*, Bd. 1, Tübingen
⁹1988; Pierre Bourdieu, *Die feinen Unterschiede. Kritik der gesellschaftlichen Urteilskraft*, Frankfurt/M. ⁶1993.

Sphären (des Marktes, der Familie, der Religion usw.) in der
Moderne zunehmend ausdifferenziert haben und jede einzelne Sphäre hinsichtlich der in ihr geltenden Verhaltensregeln
und Bedeutungen autonom ist. Ein Vergleich der Regeln für
das emotionale Verhalten am Arbeitsplatz und in der Familie fördert jedoch viel mehr Gemeinsamkeiten zutage, als das
Postulat der Ausdifferenzierung sozialer Sphären erwarten
ließe. Wie ich in diesem Kapitel zeigen werde, haben sich
die Sprachen ökonomischer und häuslicher Transaktionen
auf einem Zickzackkurs und manchmal sogar auf gemeinsamen Pfaden zunehmend einander angeglichen. Verschiedene
Sphären des sozialen Lebens scheinen also, wenn nicht über
gleiche, so doch zumindest über überlappende kulturelle
Modelle und normative Repertoires zu verfügen.

Intimität: ein immer kälterer Zufluchtsort

Trotz zahlreicher Unterschiede hat die moderne Familie mehr Ähnlichkeiten mit ihrem Vorläufer, der viktorianischen Familie, als man auf den ersten Blick vermuten
würde. Wie diese betrieb die moderne Mittelschichtfamilie Geburtenkontrolle, sie hielt Abstand zum öffentlichen
Raum des gesellschaftlichen Lebens, definierte ihren Sinn
und Zweck primär emotional und drehte sich immer mehr
um das Paar.[2] Ein großer Unterschied zwischen der Familie des 19. und der des 20. Jahrhunderts aber bleibt: Die
viktorianische Ehe hatte ausdrücklich zum Ziel, moralische
Werte weiterzugeben und die Gesellschaftsordnung aufrechtzuerhalten; in dieser Hinsicht war die häusliche Sphäre
eng und explizit mit der Realisierung moralischer Ziele und
Werte verflochten. Diese moralischen Vorschriften wurden

2 Tamar Hareven, »Continuity and Change in American Family Life«,
in: Arlene Skolnick u. Jerome Skolnick (Hg.), *Family in Transition*, New
York 1993, S. 40-46.

wiederum mittels geschlechtlicher Identitäten durchgesetzt: Den Definitionen von »Männlichkeit« und »Weiblichkeit« zu entsprechen hieß, die mit diesen Rollen innerhalb der Familie verbundene moralische Kompetenz an den Tag zu legen und zum Beispiel Anstand, Opfer- und Pflichtbereitschaft, Loyalität und Vertrauenswürdigkeit unter Beweis zu stellen.[3] Wenn viktorianische Ehen glücklich waren, dann waren sie nicht deshalb glücklich, weil ein Mann und eine Frau ihr jeweiliges »inneres authentisches Selbst« in einer alltäglichen, geteilten Intimität verwirklicht hätten, sondern weil Männer und Frauen, die über unterschiedliche Rollen, Geschlechteridentitäten und Handlungssphären verfügten, ihre privaten Gedanken und Gefühle mit den von ihrer Gemeinschaft sanktionierten Werten und Taten färbten.[4] Solange Männer und Frauen sich durch diese allgemeinen moralischen Vorgaben verpflichtet fühlten, lag das Glück – ungeachtet der Eigentümlichkeiten und Besonderheiten ihrer seelischen Konstitution – in ihren eigenen Händen.[5]

3 So bringt noch 1947 ein Buch mit dem Titel *How to Keep Happily Married* von Joseph L. Fox den Inbegriff des traditionellen Eheverständnisses auf den Punkt: »Marc Aurel faßte in einem Satz den Schlüssel zum menschlichen Glück in die Worte, es bestünde in wahrhaft menschlichen Handlungen« (S. 2). Diese wahrhaft menschlichen Handlungen bildeten die informellen moralischen Kodes der Mittelschicht.
4 So sah eine Collegeabsolventin 1905 im *Ladies' Home Journal* das Geheimnis einer glücklichen Ehe eindeutig in dem Umstand begründet, »daß wir jede Nacht in unseren Gebeten um gegenseitige Geduld und die Weisheit, unseren besten Idealen gerecht zu werden, bitten. In meinen Augen scheint es keine stabilere Grundlage für eine glückliche Ehe zu geben als die christliche Religion.«
5 »Der erste Artikel der Verfassung soll lauten, daß jede Person, die sich um Mitgliedschaft bewirbt, feierlich schwören und einwilligen muß, daß er oder sie im ganzen Eheleben sorgsam all die Zuvorkommenheit, Rücksichtnahme und Selbstlosigkeit an den Tag legen und praktizieren wird, die man mit der sogenannten ›Verlobungszeit‹ verbindet. [...] Das Geheimnis ehelicher Glückseligkeit steckt in dieser Formel: demonstrative Zuneigung und Aufopferungsbereitschaft. Ein Mann sollte seine Frau nicht nur von ganzem Herzen lieben, sondern ihr auch sagen, daß er sie liebt, und zwar sehr oft, und beide sollten bereit sein, dem anderen gegenüber nachzuge-

Wie Stephanie Coontz schreibt, »bestand damals ein allgemeiner Konsens, welche Unterstützung ein Mann seiner Frau schulde und welches Verhalten er wiederum von ihr erwarten könne. Männer wurden nach ihrer Arbeitshaltung beurteilt, Frauen nach ihrer Häuslichkeit. ›Liebe‹ galt als immer wichtiger, doch man betrachtete sie als etwas, das objektiv ermittelt und bemessen werden konnte.«[6] Als diese Modelle zu bröckeln begannen, wurde der massive Eingriff von Psychologen in das Familienleben nicht nur möglich, sondern notwendig.

Der Eingriff der Psychologen in das Familienleben

Die von vielen beschriene »Krise« der modernen Familie hat zu zahllosen Spekulationen geführt.[7] Es ist aber nützlicher, diese Krise als Neudefinition des Sinns und Zwecks der Familie zu verstehen. Diese Neudefinition schloß die Trennung von Fortpflanzung und Sexualität ein, wie die Erfindung der Pille und der Geburtenrückgang unterstreichen.[8] Zudem verwandelte die Tatsache, daß Paare immer mehr Zeit miteinander verbrachten, die Familie von einer Institution zum Aufziehen von Kindern und zur Sicherung

ben, nicht nur ein- oder zweimal, sondern durchgängig und als Praxis. Selbstsucht zerstört die Liebe, und die meisten Paare, die ohne gegenseitige Zuneigung, mit kalten und toten Herzen zusammenleben, mit Asche, wo eine helle und heilige Flamme brennen sollte, haben sich selbst zerstört, weil sie sich zu sehr um sich selbst kümmerten statt umeinander.« Ein anonymer »Absolvent der Universität der Ehe«, zitiert nach Edward John Hardy, *How to Be Happy through Married*, New York [7]1887, S. 7.

6 Stephanie Coontz, *Die Entstehung des Privaten. Amerikanisches Familienleben vom 17. bis zum ausgehenden 19. Jahrhundert*, Münster 1994, S. 298.

7 1916 wurde in San Francisco eine von vier Ehen geschieden. Vgl. Michael Kimmel, *Manhood in America. A Cultural History*, New York 1996, S. 159.

8 Zwischen 1800 und 1849 kamen durchschnittlich auf eine Ehefrau nahezu fünf Kinder; zwischen 1870 und 1900 weniger als drei und 1915 weniger als zwei (ebd.).

des wirtschaftlichen Überlebens von Männern und Frauen in eine Institution, die den emotionalen Bedürfnissen ihrer Mitglieder zu dienen hatte.[9] Die Familie, könnte man auch sagen, wurde individualisiert: Ihre Daseinsberechtigung leitete sich nicht mehr aus ihrem Beitrag zur Gesellschaftsordnung her, sondern aus ihrem Beitrag zum persönlichen Wohlergehen einzelner. In diesem Prozeß wurden die Normen, die das Familienleben bestimmen sollten, unklarer und zweifelhafter, so daß ein Spielraum für Argumente und Verhandlungen entstand. Aufgrund ihrer zentralen Funktion zur Kanalisierung von Sexualität, Fortpflanzung, wirtschaftlichem Überleben und Kindererziehung löste die mit der Familie verbundene zunehmende normative Ungewißheit soziale Ängste aus. Clifford Geertz spricht von der »hartnäckigen, immer aufs neue erfahrenen Schwierigkeit, bestimmte Aspekte der Natur, des Selbst und der Gesellschaft zu verstehen, bestimmte schwer faßbare Phänomene den kulturell formulierbaren Fakten zuzuordnen, weshalb die Menschen ständig einen Strom diagnostischer Symbole auf sie richten«.[10] Im 20. Jahrhundert entwickelten sich Ehe und Intimität zu solchen Bereichen des sozialen Lebens, weil sie die tiefsten Aspekte des Selbst und der Identität betrafen und diese zentralen Aspekte zugleich in Frage stellten, indem sie wiederholt die Erwartungen, Werte und Modelle überstrapazierten, die diesen Bereich regeln. Vor diesem Hintergrund wird verständlich, warum eine neue Klasse von Experten in den Mittelpunkt der amerikanischen Kultur trat. Diese Experten behaupteten nämlich, die verschiedenen Formen von Leid, die in und durch Familienbeziehungen hervorgerufen wurden, nicht nur zu erklären, sondern auch zu heilen.

9 Arlene Skolnik u. Jerome Skolnik, Einleitung zu Skolnik u. Skolnik, *Family in Transition*, S. 1-18.
10 Clifford Geertz, *Dichte Beschreibung. Beiträge zum Verstehen kultureller Systeme*, Frankfurt/M. [2]1991, S 63.

Die Psychologen traten in einem Kontext auf den Plan,
in dem Männer und Frauen unter den neuen Belastungen
litten, die die wachsenden Ansprüche an Intimität mit sich
brachten.[11] Als sich mit der Ausdehnung des Marktes die
traditionellen Netzwerke sozialer Unterstützung auflösten,
übertrugen die Frauen aus der Mittelschicht die intensiven sozialen Bindungen, die bis dahin die weibliche Kultur geprägt hatten, auf ihr Eheleben. Was bis dahin seinen
Ausfluß in einer weiblichen Kultur der Mittelschicht gefunden hatte – intensive Gefühlsbindungen, wechselseitige
Fürsorge und (mit-)geteilte Gefühle –, wurde nun auf Männer umverteilt, von denen die Frauen verlangten, emotional
expressiv und fürsorglich zu sein.[12] Im 20. Jahrhundert fiel
es Frauen leichter als in der Vergangenheit, Männer dafür
verantwortlich zu machen, wenn sie es nicht nur an finanzieller, sondern auch an emotionaler Unterstützung, an ver-
ständnisvollem Zuhören und Zuneigung fehlen ließen. Diese neue an die Männer gerichtete Erwartung wurde durch
die Entstehung der Konsumgesellschaft verstärkt, in der sich

11   So begründete eine Frau 1908 in einem Beitrag für das *Ladies' Home
Journal*, warum sie ihren Mann nicht noch einmal heiraten würde: »Ich
bin mir ganz sicher, daß mein Mann als erster zu bösen und ungeduldigen
Worten griff: daß er sich sichtlich nicht mehr um die kleinen Feinheiten
und Rücksichtnahmen bemühte, die für das Glück von Hausgenossen un-
erläßlich sind. Ich bin mir sicher, daß er mir bewußt mit kompletter Takt-
losigkeit und ohne sich im mindesten darum zu bekümmern, was das mit
meiner Liebe machen würde, die andere Seite seines Charakters zeigte.«
»Why I Would Not Marry My Husband Again«, in: *Ladies' Home Journal*,
August 1908, S. 38.
12   Zur Kultur der Frauen in der viktorianischen Mittelschicht vgl. Carroll Smith-Rosenberg, *Disorderly Conduct: Visions of Gender in Victorian
America*, New York 1985. Die neuen Erwartungen, die an die Männer
gerichtet wurden, hatten wahrscheinlich mit dem Umstand zu tun, daß
die Sphäre der Freizeit, in der Männer und Frauen zuvor voneinander getrennt gewesen waren, nach und nach einer heterosozialen Freizeit wich,
in der beide Geschlechter miteinander verkehrten. Vgl. Lawrence Birken,
*Consuming Desire. Sexual Science and the Emergence of a Culture of Ab-
undance, 1871-1914*, Ithaca 1988.

ein neues Verständnis der guten Ehe ausbreitete: Diese sollte
sich nun dadurch definieren, daß man einen gemeinsamen
Geschmack – in materieller, weltanschaulicher oder sexueller
Hinsicht – teilte. Es mag eine gewisse Ironie darin liegen,
daß nichts die Ehe so kompliziert machte wie die Idee und
das Ideal der emotionalen und sexuellen Übereinstimmung.
    Noch bevor Freud in der amerikanischen Kultur in Er-
scheinung trat, hatten die Norm sexuellen Vergnügens, die
Praktiken der Geburtenkontrolle und die Unterscheidung
zwischen sexuellem Vergnügen und Fortpflanzung die Beziehungen zwischen den Geschlechtern durchdrungen, freilich strikt innerhalb der Schranken der Ehe.[13] Begleitend zu
diesen unterschwelligen Veränderungen war man auf der
Suche nach neuen Standards des sexuellen Verhaltens besonders in bezug auf die weibliche Sexualität. Indem sie nun
die Sexualität im öffentlichen Diskurs sichtbarer machten
und frank und frei zum Mittelpunkt eines gesunden Seelen-
lebens erklärten, erzeugten die Psychologen eine Nachfrage
nach Orientierungshilfe, die um so notwendiger war, als sie
einen tabuisierten Verhaltensbereich betraf.

Die Psychologie und die Politik der Weiblichkeit

Freud fand zunächst begeisterten Anklang bei den amerikanischen Reformerinnen, die die Sexualität als einen Kampf-
platz der Politik der Emanzipation betrachteten. Was die
Feministinnen »an Freuds Theorien so ansprechend fanden,
[war] die Anerkennung weiblicher Leidenschaft«.[14] Hier
fanden sie eine Unterstützung, um Kampagnen für die Geburtenkontrolle, kleinere Familien und das Recht auf sexuelle Lust um ihrer selbst willen zu starten und schlagkräfti-

---

13 John D'Emilio u. Estelle Freedman, *Intimate Matters. A History of
Sexuality in America*, New York 1988.
14 Vgl. Mary Jo Buhle, *Feminism and Its Discontents. A Century of
Struggle with Psychoanalysis*, Cambridge, MA 1998, S. 25.

ger zu machen. Die Legitimation der weiblichen Sexualität führte ihrerseits zu einer kühleren und sogar kritischen Einstellung gegenüber der traditionellen Ehe und der Familie, an der nun immer deutlicher hervorzutreten schien, daß sie den Frauen ungerechtfertigte Opfer abverlangte. Trotz der frauenfeindlichen Elemente in Freuds Denken verschaffte die Psychoanalyse den Frauen zunächst die nötigen Werkzeuge, um eine Revolution in der genuin weiblichen Sphäre des Handelns, nämlich den Intimbeziehungen und der Sexualität, zu beginnen.[15] Weil die Psychologen jedoch

15 Man kann in diesem Zusammenhang auf den Fall Dora verweisen, obwohl gerade diese Fallgeschichte ironischerweise der feministischen Denunziation der Psychoanalyse gedient hat. Dora, einer von Freuds berühmten »gescheiterten Fällen«, wurde von ihrem Vater zu Freud geschickt, weil sie an einem heftigen Husten litt. Freud diagnostizierte den Husten als neurotische Reaktion auf die Geschichte, in die Dora verwickelt war: Ihr Vater hatte sie in die Arme eines Herrn K. getrieben, um selbst ungestört eine Affäre mit Herrn K.s Frau haben zu können. Diese Geschichte diente Feministinnen immer wieder als Zeugnis der Anklage gegen Freud, illustriere sie doch, daß das psychoanalytische Projekt in die patriarchalische Struktur eingebunden war und sich zu ihrem Helfershelfer machte – wobei sich die patriarchalische Struktur dadurch auszeichnete, daß Männer untereinander Frauen austauschten, um ihren sexuellen Appetit zu stillen, und damit zugleich ein Zeichen ihrer Herrschaft setzten. Vor diesem Hintergrund gilt dann die Therapie als Verschleierung und Beihilfe zur Perpetuierung jener Symptome und Krankheiten, die die patriarchalische Gesellschaftsstruktur verursacht. Zweifellos war Doras Geschichte ein Beispiel solcher patriarchalischer Arrangements und Herrschaftsstrukturen. Nicht jedoch Freuds Umgang mit ihr. Meiner Ansicht nach wirkte Freuds Darstellung der Fallgeschichte wesentlich destabilisierender für die Repräsentation von Frauen als jedes andere zu jener Zeit verfügbare kulturelle Gebilde. Der Familienhistoriker Carl Degler schreibt: »Im 19. und zu Beginn des 20. Jahrhunderts wäre es in der gesamten westlichen Welt nicht nur ein Skandal gewesen, die Existenz starker sexueller Wallungen bei Frauen zuzugestehen, es hätte auch jeglicher Beobachtung widersprochen.« (Carl Degler, »What Ought to Be and What Was. Women's Sexuality in the Nineteenth Century«, in: *American Historical Review* 79 [Dezember 1974], S. 1467-1490.) Im Gegensatz dazu erscheint Doras Sexualität in Freuds Nacherzählung ihres Falls so mächtig und unerbittlich wie die der beiden Männer, die sie austauschen. Tatsächlich scheint ihr Konflikt in Freuds Verständnis und Nacherzählung ihrer hysterischen Reaktion durch ihre eigenen Wün-

rasch lernten, wie sie ihre Einflußsphäre mit Hilfe des Kulturmarkts ausbauen und ein großes Publikum von Konsumenten/Patienten erreichen konnten, wandelte sich ihre inhaltliche Position deutlich. Während sie ihrer Wissenschaft zu Popularität verhalfen, veränderten die Psychologen die Kombination aus Konservatismus und Radikalismus, die die Psychoanalyse in ihren Anfängen gekennzeichnet hatte, radikal.

Das eher konservative, mittelschichtorientierte *Ladies' Home Journal* bietet ein gutes Beispiel dafür, wie die Populärpsychologie anfangs das Patriarchat umarmte. Die Zeitschrift enthielt eine regelmäßige Kolumne über die Themen Heirat, Partnersuche und Eheprobleme. Clifford Adams, der als außerordentlicher Professor für Psychologie am Pennsylvania State College und Leiter des dortigen Eheberatungsdienstes regelmäßig im *Ladies' Home Journal* publizierte,

sche ausgelöst worden zu sein, nämlich dadurch, daß sie selbst ihren Vater liebte und begehrte, daß sie unbewußt ihren skrupellosen Freier Herrn K. begehrte und auch Frau K. selbst sexuell begehrte. Daß eine solche Neubeschreibung von Doras Sexualität nicht als ein Stück Pornographie, sondern als neutrale (und daher legitime) wissenschaftliche Darstellung verfaßt wurde, machte Freuds Fallgeschichte nur noch subversiver. Denn indem er über Doras mutmaßlichen enormen und vielgestaltigen sexuellen Appetit schrieb, befreite er die Beurteilung der Sexualität dieser Frau von der Moral. Um noch einmal Peter Gay zu zitieren: »Freuds großzügige Vision der Libido machte ihn zu einem psychologischen Demokraten. Da alle Menschen am erotischen Leben teilhaben, sind alle Männer und Frauen Brüder und Schwestern unter ihren kulturellen Uniformen.« (Peter Gay, *Freud. Eine Biographie für unsere Zeit*, Frankfurt/M. 1989, S. 172.) Diese gewandelte Repräsentation von Frauen bestand nicht in einem Diskurs, der ihre Lage aktiv und explizit angeprangert hätte, sondern in einem neuen kulturellen Stil, der eine unersättliche weibliche Sexualität enthüllte und damit die Meinung legitimierte, der sexuelle Appetit von Frauen könnte so mächtig und verhaltensbestimmend sein wie der von Männern. Obwohl Freud zweifellos kein Feminist war und auch nicht der erste, der die Idee einer weiblichen Lust hatte, trug seine Auffassung, daß Männer und Frauen über eine gleich starke Sexualität verfügen, tiefgreifend dazu bei, die bis dato geltenden kulturellen Definitionen weiblicher Sexualität zu destabilisieren.

konnte 1950 schreiben, daß »eine gute Ehefrau heute wie vor
hundert Jahren eine kompetente Hausfrau sein muß, mögen
auch viele Kenntnisse von damals heute überholt sein. [...].
Wie es im wesentlichen immer noch in der Verantwortung
des Ehemanns liegt, den Lebensunterhalt zu verdienen, so ist
es im wesentlichen immer noch die Verantwortung der Frau,
sich um den Haushalt zu kümmern.«[16]

Eine weitere berühmte Kolumne von Dr. Popenoe, Leiter des von ihm selbst 1930 gegründeten Amerikanischen
Instituts für Familienbeziehungen, brachte zahllose Berichte
über zerstrittene Ehepaare. Die Kolumne setzte wie selbstverständlich voraus, daß die gebührliche Rolle der Frau darin bestand, eine tüchtige Hausfrau zu sein. Die realen Fälle, die der Kolumne zugrunde lagen, wurden von Dorothy
Cameron Disney zusammengestellt. Im Geiste des vom
therapeutischen Ethos verfochtenen Multiperspektivismus
wurde jeder Fall als Überlagerung verschiedener Gesichtspunkte – des Mannes, der Frau und des Psychologen – prä-
sentiert. Die Botschaft der Kolumne instrumentalisierte die
Techniken und Erkenntnisse der Psychologie zugunsten patriarchalischer Definitionen der Ehe, insofern sie die Machtverhältnisse zwischen Männern und Frauen in der Familie
legitimierte: Systematisch wurden die Frauen für die Gewalt
und Versäumnisse der Männer zur Rechenschaft gezogen,
wurden sie darin instruiert, die Perspektive der Männer zu
verstehen, und ganz allgemein für das Gelingen der Ehe verantwortlich gemacht. Zum Beispiel unterzog sich 1960 eine
zu ihrer Mutter geflüchtete Frau, die sich beklagt hatte, ihr
Mann habe sie mehrfach geschlagen, mehreren Beratungs-
gesprächen. Am Ende »war sie in der Lage, durch eine Neu-
bewertung ihrer Beziehung zu Lance ihre Fehler einzusehen.
Sie verstand nun, daß ihr Tun und ihre Einstellungen seine
Unsicherheit verstärkt und ihn entfremdet hatten, daß sie

16 Clifford Adams, »Making Marriage Work«, in: *Ladies' Home Journal*, Juni 1950, S. 26.

ihn ermutigt hatte, zu schmollen und sich wie ein jugend-
licher Rüpel zu verhalten. Sie verstand, daß sie Lance um
den Stolz der Vaterschaft gebracht und Susie [ihr Baby] zu
seinem Rivalen gemacht hatte.«[17] Unübersehbar wurden
die neue psychologische Fachsprache und Weltanschauung
mobilisiert, um Frauen für das Gelingen oder Scheitern ihrer Ehen, ja sogar für die Gewalttätigkeiten ihrer Ehemänner verantwortlich zu machen. So spiegelte und verstärk-
te zumindest anfangs ein Großteil der Populärpsychologie
die patriarchalische Machtstruktur innerhalb der Familie,
obwohl sie im selben Atemzug beanspruchte, die Familie
zu reformieren. Wie eine Autorin mit Blick auf diese Zeit
schreibt, hatte »die psychoanalytische Frauenfeindlichkeit
ein stolzes Regiment errichtet«,[18] insofern das psychologische Vokabular weithin dazu diente, die Ungleichheit unter
den Geschlechtern zu rechtfertigen und Frauen sogar her-
abzusetzen.

Die Populärkultur der 1930er und 1940er Jahre schien
für die in der Psychoanalyse wirkenden misogynen Elemente besonders empfänglich zu sein.[19] Psychoanalytiker rieten
Frauen, »in ihr Heim zurückzukehren und ihre wichtige,
wenn auch untergeordnete Position in der patriarchalischen

17 Paul Popenoe, »Can This Marriage Be Saved?«, in: *Ladies' Home
Journal*, Juni 1960, S. 22.
18 Buhle, *Feminism and Its Discontents*, S. 206.
19 So behauptete beispielsweise das Buch *A Generation of Vipers*, das
1942 über Nacht zu einem Riesenbestseller wurde, daß Amerika eine kranke Gesellschaft sei, weil die Frauen ihre Gatten entmannt und auch ihre
Söhne ihrer Männlichkeit beraubt hätten. Unter Rückgriff auf den Jargon
der Psychoanalyse erklärte der Autor, Philip Wylie, daß die Mütter für den
Niedergang von Führungsqualitäten und demokratischen Werten verantwortlich waren. Und um ein weiteres Beispiel zu nennen: 1944 machte
der Hollywoodfilm *Lady in the Dark* (*Die Träume einer Frau*) von psychoanalytischen Themen wie unterdrückten Wünschen, dem Unbewußten
und dem Ödipuskomplex Gebrauch, um im wesentlichen die Botschaft
zu vermitteln, daß die arbeitende Frau zum Unglück verurteilt war, aber
wieder glücklich werden konnte, wenn sie einen Mann fand, der sie zu
beherrschen fähig war.

Familie einzunehmen«.[20] Nicht nur machte die Populärpsychologie vom Jargon der Psychologie Gebrauch, um frauen-
feindliche und patriarchalische Ansichten zu verbreiten, sie
erteilte auch feministischen Ansichten eine klare Absage. So
behaupteten etwa Ferdinand Lundberg und Marynia Farnham (er Journalist, sie Psychiaterin) 1947 in ihrem einflußreichen Buch *Modern Women. The Lost Sex*, daß es sich
beim Feminismus um eine »schwerwiegende Krankheit«
handelte, die den »hochgradig verunsicherten psychobiolo-
gischen Organismus: die Mutter« befallen hätte.[21]

Mit einem Wort: Während des Zweiten Weltkriegs und
noch für einige Zeit danach standen die populären Versionen der Psychoanalyse dem Feminismus ausgesprochen
feindselig gegenüber und bedienten sich des analytischen
Jargons der Psychologie, um ein traditionelles Frauenbild
zu stützen. Angesichts der Prominenz der Psychologie in der
Populärkultur überrascht es nicht, daß die Feministinnen
nach den verheißungsvollen Anfängen der 1920er Jahre,
als Bohemiens und Frauenrechtlerinnen die von der Psychoanalyse verheißene sexuelle Offenheit begrüßt hatten, der
Psychoanalyse zunehmend mißtrauisch begegneten oder sie
sogar rundheraus ablehnten.

1946 wurde der »National Mental Health Act« (Bun-
desgesetz über die Behandlung psychischer Erkrankungen)
verabschiedet.[22] Bis zu diesem Zeitpunkt war die Arbeit
der Psychologen auf die Armee, die Unternehmen und die
Behandlung von Geisteskrankheiten beschränkt gewesen.
Das Gesetz von 1946 jedoch weitete das Feld ihrer Aktivitäten auf gewöhnliche Bürger aus. So wie Elton Mayo die
Zufriedenheit in den Unternehmen hatte steigern wollen,

---

20   Buhle, *Feminism and Its Discontents*, S. 173.
21   Marynia F. Farnham, *Modern Woman. The Lost Sex*, New York
1947, zitiert nach Ellen Herman, *The Romance of American Psychology.
Political Culture in the Age of Experts, 1940-1970*, Berkeley 1995, S. 278.
22   Herman, *Romance of American Psychology*.

beanspruchten die selbsternannten Seelenheiler nun, die Harmonie in der Familie zu fördern. Gewöhnliche Vertreter der Mittelschicht, die mit dem gewöhnlichen Problem rangen, wie man ein gutes Leben führt, gerieten zunehmend in den Zuständigkeitsbereich psychologischen Fachwissens. Und wie Ellen Herman dokumentiert hat, brachten die in den Gemeinden ansetzenden Programme für geistige Gesundheit tatsächlich neue, dezidiert psychotherapeutische Dienstleistungen für eine Klientel hervor, die größer und besser ausgebildet war und eindeutig der Mittelschicht angehörte.[23] Die Bundesgesetzgebung schuf im Laufe der 1950er und 1960er Jahre die für eine gemeindeorientierte Psychologie und Psychiatrie nötige Infrastruktur. So konnte die Psychologie ihren Einflußbereich auf »normale« Leute ausdehnen, also Angehörige der Mittelschicht und der oberen Mittelschicht in städtischen Ballungsgebieten.[24] In den 1960er Jahren erweiterten die Psychologen mit der Umstellung ihrer beruflichen Interessen und ihrer Klientel auf »normale Leute« nicht nur den Markt für therapeutische Dienstleistungen. Sie bezeugten damit auch eine dramatische Veränderung in der sozialen Identität der Gruppen, die ihre Dienste in Anspruch nahmen. Am Ende dieses Jahrzehnts war die Psychologie vollständig institutionalisiert und zu einem integralen Bestandteil der amerikanischen Populärkultur geworden.

Spiegelbildlich wiederholte sich die vollständige Institutionalisierung der Psychologie in der amerikanischen Kultur mit der ebenso vollständigen Institutionalisierung des Feminismus, die sich in den 1970er Jahren vollzog. So entstand bis zur Mitte des Jahrzehnts ein weitgespanntes Netz feministischer Organisationen, das »Kliniken, Kreditgenossenschaften, Zentren für Vergewaltigungsopfer, Buchläden, Zeitungen, Verlage und Sportvereine für Frauen« umfaß-

23 Ebd.
24 Ebd.

te.[25] Der Feminismus war zu einer institutionalisierten Praxis
geworden, deren Einfluß mit der Einrichtung von Lehrstüh‑
len für Frauenstudien an den Universitäten weiter zunahm;
an letztere wiederum lagerte sich ein großes Spektrum wei‑
terer institutioneller Praktiken innerhalb und außerhalb der
Universität an.[26]

Nachdem beide Disziplinen sich institutionalisiert hat‑
ten, wuchs die Feindseligkeit zwischen Feminismus und
Psychologie. In den 1960er Jahren kam die Kritik an der
Psychoanalyse von psychologischen Laien: Frauen, die sich
dem Feminismus verschrieben hatten und nun die Voraus‑
setzungen und die Existenzberechtigung der Psychoanalyse
schlechthin in Frage stellten. Unter Feministinnen wuchs der
Konsens, daß die Psychologie die traditionelle Rollenvertei‑
lung und Ungleichheit zwischen den Geschlechtern unter‑
mauerte.[27] Nirgends klang die Stimme dieser Kritik schnei‑
dender als in Betty Friedans *Der Weiblichkeitswahn*.[28] In
der Nachfolge zahlloser anderer feministischer Kritiken, die
dem psychotherapeutischen Establishment vorwarfen, den
Frauen ihre Freiheit zu verweigern, griff Friedan den »Freu‑
dianismus« dafür an, die Weiblichkeit essentialisiert zu ha‑
ben.[29] Die Generation der Neuen oder Zweiten Frauenbe‑

25 Bruce Schulman, *The Seventies. The Great Shift in American Culture, Society and Politics*, New York 2001, S. 171.
26 1970 gab es in amerikanischen Universitäten weniger als zwanzig Lehrveranstaltungen über Frauen; zwei Jahrzehnte später wurden mehr als 30 000 solcher Kurse für Studierende angeboten (ebd., S. 172).
27 Kritik am psychologischen und psychoanalytischen Frauenbild hatte es bereits seit den 1920er Jahren gegeben, doch kam sie zumeist von prak‑ tizierenden Psychoanalytikerinnen. Die frühe feministische Kritik an der Psychoanalyse wurde also von Zunftgenossinnen vorgetragen, die nicht darauf aus waren, die Disziplin selbst in Frage zu stellen.
28 Betty Friedan, *Der Weiblichkeitswahn oder die Selbstbefreiung der Frau. Ein Emanzipationskonzept*, Reinbek bei Hamburg [8]1975.
29 Über die Sozialwissenschaften im allgemeinen und die Psychologie im besonderen behauptete Friedan: »Statt die alten Vorurteile aus der Welt zu schaffen, die das Leben der Frauen einengten, hat ihnen die Sozialwis‑ senschaft in Amerika lediglich neue Glaubwürdigkeit verliehen.« (Ebd.,

wegung der 1960er Jahre machte Freud zu ihrem Erzfeind
– hauptsächlich aufgrund des biologischen Determinismus,
den man ihm unterstellte und der als Rechtfertigung für Unterschiede und Ungleichheiten zwischen den Geschlechtern
verstanden wurde. Auch beschuldigten die Feministinnen
die Psychoanalyse, die Abhängigkeit der Frauen von den
Männern zu zementieren und zu verstärken. Mit Verweis
auf die Rolle der Psychologen in der amerikanischen Populärkultur warfen viele Feministinnen der Psychologie vor,
Frauen mit einer patriarchalischen Definition der Familie
zu versöhnen und mit der Autorität der Wissenschaft die
Existenz eines weiblichen Wesens zu rechtfertigen. Berühmt
geworden ist Kate Milletts Charakterisierung Freuds als
»stärkste persönliche Kraft und der wichtigste gegenrevo-
lutionäre Brennpunkt der sexualpolitischen Ideologie«.[30]
Andere feministische Kritikerinnen hielten die Psychotherapie für ein Mittel, Frauen zu Geistesgestörten zu stem-
peln, wenn sie sich entweder nicht rollenkonform verhielten
oder durch abweichendes Verhalten zum Ausdruck brachten, was im wesentlichen soziale Nöte waren.[31] »Wurden
Frauen einst mittels Hexenjagd, Witwenopfer, chinesischem
Füßebinden oder sexueller Versklavung unterdrückt, so
werden sie es heute durch die Etikettierung als Verrückte
und die entsprechenden Therapien, Therapien, die manche
Feministinnen als ›geistige Vergewaltigung‹ betrachten.«[32]
Für Feministinnen waren derartige Manifestationen von
»Verrücktheit« oder »pathologischem Verhalten« entwe-
der gesellschaftliche Konstruktionen zu dem Zweck, das

S. 86)
30 Zitiert nach Buhle, *Feminism and Its Discontents*, S. 209 [dt. Fass.
zitiert nach Kate Millett, *Sexus und Herrschaft. Die Tyrannei des Mannes
in unserer Gesellschaft*, München 1971, S. 208].
31 Vgl. Elizabeth Lunbeck, *The Psychiatric Persuasion. Knowledge,
Gender, and Power in Modern America*, Princeton 1994; Jane Ussher,
Women's Madness. Misogyny or Mental Illness, Amherst 1992.
32 Ussher, *Women's Madness*, S. 166.

Verhalten von Frauen im Rahmen einer patriarchalischen
Struktur zu kontrollieren, oder berechtigte Reaktionen auf
echte Notlagen infolge ihrer Unterdrückung.

Doch unbeschadet ihrer nicht selten offenen Feindschaft
und gleichzeitig mit ihr sollte sich die (kulturelle) Allianz
von Psychologie und Feminismus als eine der stärksten des
20. Jahrhunderts erweisen. Wie können wir das erklären?

Diskursive Allianzen

Ellen Herman zufolge konnten therapeutische und feministische Überzeugungen trotz ihrer Unterschiede in den
Arbeiten gewissenhafter Feministinnen zusammenfinden.
Diese Feministinnen zeigten nämlich, daß Diagnosen wie
»Hysterie« und »Depression« Kategorien waren, die Männer zu dem Zweck ersonnen hatten, Frauen, die de facto
gegen ihre gesellschaftliche Stellung protestierten, zu entle-
gitimieren, auszuschließen und jeglicher Macht zu berauben.[33] Herman schreibt diese Entwicklung dem Umstand
zu, daß die Psychotherapeuten wahlweise »soziale und politische Verwerfungen lindern oder verschärfen konnten«.[34]
Wie sie formuliert, war die Psychologie in der Lage, »die
Frau zu konstruieren«, und sie trug zugleich dazu bei, die
»Feministin« zu konstruieren.[35] Doch bleibt unklar, wie ein
und derselbe Diskurs dies beides tun konnte.

Eine mögliche Erklärung wäre, daß Texte unbeständig
sind und von Akteuren je nach deren Bedürfnissen und
Strategien angeeignet werden können. Während die meisten
Kultursoziologen mit William Sewell einig sind, daß »die
vermeintlichen Gewißheiten oder Wahrheiten von Texten
in Wirklichkeit strittig und unbeständig sind«,[36] sind Texte

33 Herman, *Romance of American Psychology.*
34 Ebd., S. 278, 303.
35 Ebd., S. 280.
36 William H. Sewell Jr., »The Concept(s) of Culture«, in: Victoria E.

doch nicht unbegrenzt dehnbar. Im sozialen Gebrauch von Texten müssen einige ihrer Bedeutungen auf die eine oder andere Weise nachhallen, und ein solcher Nachhall entsteht nicht trotz, sondern *aufgrund* der Tatsache, daß diese Bedeutungen oftmals mehrdeutig oder widersprüchlich sind.[37] Und so möchte ich nun trotz der patriarchalischen und frauenfeindlichen Ansichten von Psychologen argumentieren, daß die Kategorien des psychologischen Diskurses von Anfang an Affinitäten zum feministischen Denken aufwiesen. Und zwar deshalb, weil sich die Psychologen als Wissenschaftler gerierten, wenn sie ihre Ratschläge destillierten, und ihr wissenschaftlicher Blick dazu neigte, die traditionelle Struktur der Ehe zu unterminieren, indem er deren Normen in Frage stellte. Auch durch ihre inhärent individualistischen Kategorien hinterfragten die Psychologen die Norm der traditionellen Ehe und griffen dabei nicht auf Werte und Begriffe des harten Kerns der Frauenbewegung zurück, sondern auf eine rudimentäre feministische Sensibilität, die das kulturelle Klima des 20. Jahrhunderts (mal stärker, mal weniger stark) geprägt hat. In ihrer populären Form sollten Psychologie und Feminismus schließlich zu einer einzigen mächtigen kulturellen und kognitiven Matrix verschmelzen.

Gegen ihren freien Willen? Die Psychologen und die Ehe

In den 1930er Jahren waren die ersten Einrichtungen entstanden, die sich auf die Behandlung von Eheproblemen spezialisierten. In den frühen 1950er Jahren war das Fach der Eheberatung bereits fest etabliert und verfügte mit dem Amerikanischen Verband der Eheberater (American As-

---

Bonnell u. Lynn Hunt (Hg.), *Beyond the Cultural Turn. New Directions in the Study of Society and Culture*, Berkeley 1999, S. 50.
37 Vgl. Michael Walzer, *Exodus und Revolution*, Berlin 1988.

sociation of Marriage Counselors) über eine landesweite
Berufsorganisation sowie über eine standardisierte Berufs-
ausbildung. Den Richtlinien des Verbands zufolge hatte
die anerkannte Ausbildung der angehenden Eheberater
»die Psychologie der Persönlichkeitsentwicklung und zwischenmenschlichen Beziehungen, Grundbegriffe der Psychiatrie, die Humanbiologie [...], die Soziologie der Ehe und
der Familie sowie Beratungstechniken« zu umfassen.[38] Wie
dieses Zitat zu erkennen gibt, bedurfte es einer neuen Einstellung gegenüber der Ehe, um dem Berufsstand Geltung
zu verleihen, und diese Einstellung bestand vor allem in
der Ideologie einer unpersönlichen und dem Streben nach
Wahrheit verpflichteten Wissenschaft. Gefordert war von
den Beratern folglich eine »wissenschaftliche Geisteshaltung [...] zumal auf dem Feld des menschlichen Sexualver-
haltens sowie die Fähigkeit, sexuelle Probleme offen zu erörtern«.[39] Die neue Wissenschaft suggerierte, daß sich eine
Beziehung aus einer neutralen Perspektive untersuchen ließ.
Dies wiederum implizierte, daß sie auch kritisiert werden
konnte. Wenn Unzufriedenheit in der Ehe wissenschaftlich
zu heilen war, dann bedeutete dies, daß die fieberhafte Suche nach einem besseren Leben Männer und Frauen dazu
bringen würde, ihre Beziehungen mit ängstlichem Blick zu
überprüfen. Folglich ging die Psychologenzunft davon aus,
daß eine gute Ehe nicht einfach in der Fähigkeit bestand,
die Normen angemessenen Verhaltens zu befolgen; sie hatte
vielmehr die Bedürfnisse (unweigerlich unterschiedlicher)
Individuen zu befriedigen. Zu diesem Zweck mußten die
Psychologen die Regeln der ehelichen Beziehung auf den
Prüfstand stellen. Das Ziel ihrer eigenen Unverzichtbarkeit
fest im Blick, machten sie sich an eine »Problematisierung«
der Ehe, wie Michel Callon sagt, das heißt, sie formulierten

---

38 Janet Fowler Nelson, »Current Trends in Marriage Counseling«, in:
Journal of Home Economics 44 (April 1952), S. 8.
39 Ebd., S. 254.

die Probleme so, daß nur Wissenschaftler sie lösen konnten. Wissenschaftler definieren Probleme und Identitäten »auf eine Weise, die sie selbst zum obligatorischen Durchgangspunkt im Netzwerk der Beziehungen macht«, das sie konstruieren.[40] Indem sie behaupteten, daß die Regeln der traditionellen Ehe wertlos geworden waren, daß Ehen von Natur aus kompliziert waren und eine gute Ehe den emotionalen Bedürfnissen von Frauen und Männern gerecht werden mußte, konnten die Psychologen die Ehe auf eine Weise neu definieren, die ihrem Fachwissen entgegenkam. Anders gesagt: Mit einer Fülle von Strategien konstruierten und objektivierten Psychologen die Ehe als ein unsicheres Unterfangen.

Um ihren Beitrag zu den Problemen der Ehe zu profilieren, förderten die Psychologen, wie sie es zuvor in den Betrieben getan hatten, die Vorstellung, daß ein bestimmter Persönlichkeitstypus einer gelungenen Ehe dienlich wäre. Weiblichen Attributen, die im 19. Jahrhundert als tugendhaft gegolten hätten, wurde nun bescheinigt, wahre Intimität zu verhindern. Lynn, eine Frau, die Dr. Popenoe um Rat fragte (also jenen Eheberater, der es erklärt und entschuldigt hatte, warum bzw. daß ein Mann seine Frau schlägt), figuriert in einer seiner Kolumnen als ideale Ehefrau, die vier Kinder aufzog, alles dafür tat, um die Karriere ihres Mannes zu unterstützen, und auf seine schlechten Stimmungen oder Fehlschläge mit größtmöglicher Fröhlichkeit reagierte. Doch da war ein großes Problem mit ihrer Persönlichkeit: »Ich spreche nicht ungezwungen und frei mit Fremden; solange ich denken kann, bin ich schüchtern und befangen gewesen.«[41] Dr. Popenoe stimmte zu: »Auf den ersten Blick

40 Michel Callon, »Some Elements of a Sociology of Translation. Domestication of the Scallops and the Fishermen of Saint Brieuc Bay«, in: John Law (Hg.), *Power, Action, and Belief. A New Sociology of Knowledge?*, Boston 1986, S. 204.
41 Popenoe, »Can This Marriage Be Saved?«, S. 144.

haben er und Lynn alles, was man für eine gute Ehe braucht – gesunde Kinder, ein schönes Zuhause, stabile Finanzen, befriedigende Arbeit. Aber sie hatten in ihre Beziehung nicht jene Qualitäten eingebracht, die Menschen mit einer geringeren akademischen Ausbildung oftmals mit in die Ehe bringen – Intimität und wahre Kameradschaft. Als Mann und Frau hatten sie keine überzeugenden gemeinsamen Ziele: keine Vorhaben, die ihnen abverlangt hätten, sich wirklich zusammenzutun.«⁴² Der ebenfalls bereits erwähnte Clifford Adams war derselben Meinung. Trotz seiner konservativen Vorstellungen über die Ehe und die Rolle der Frauen in ihr fragte er im März 1950 in einem Test: »Sind Sie zu gehemmt?« – womit er meinte, daß »sehr bescheiden und gediegen« zu sein bzw. »korrekte oder nahezu perfekte Manieren« zu haben wahre Intimität verhindern konnte.⁴³ Was zuvor als lobenswerte Kombination aus Hingabe, Gepflegtheit und Selbstkontrolle gegolten hatte, betrachtete man nun als Unfähigkeit, sich eine eigene Meinung zu bilden und eine aufgeschlossene Persönlichkeit zu entwickeln – und diese Unfähigkeit, so die Psychologen, war ein Hindernis auf dem Weg zu echter Intimität. Ja, weil die Berufung der Psychologie darin bestand, zu definieren, welche Persönlichkeit »gesund« war und welche nicht, und weil die Thematisierung der Gesundheit Diskussionen über moralische Normen das Wasser abgrub, hing der Erfolg einer Ehe nunmehr von persönlichen statt von moralischen Eigenschaften ab. Genauer noch: Die Persönlichkeitsmerkmale, die jetzt vorgeschrieben wurden, sahen für die Frauen ganz andere Rollen vor, als man ihnen im viktorianischen Zeitalter zugewiesen hatte. Wir können diesen Aspekt der wissenschaftlichen Arbeit, um einmal mehr in Michel Callons Terminologie zu sprechen, als »Interessenahme« bezeichnen

42 Ebd., S. 146.
43 Clifford Adams, »Making Marriage Work«, in: *Ladies' Home Journal*, März 1950, S. 26.

oder als das Schaffen von »Mitteln, die sich zwischen sie
[die von den Wissenschaftlern untersuchten Akteure] und
alle anderen Einheiten, die ihre Identität anders definieren
wollen, schieben lassen. A interessiert B, indem es alle Verbindungen zwischen B und der unsichtbaren (manchmal
aber auch höchst sichtbaren) Gruppe der weiteren Einheiten C, D, E usw., die sich vielleicht selbst mit B verbinden
möchten, unterbricht oder abschwächt.«[44] Um die neuen
Identitäten von (verheirateten oder heiratswilligen) Frauen
stabilisieren zu können, befreiten sich die Psychologen aus
der traditionellen normativen Ordnung, die über der Ehe
gewaltet hatte.

Nachdem die Ehe nicht mehr der Definitionshoheit des
moralischen Tugenddiskurses unterlag, war sie offener für
neue Definitionen, dadurch aber auch unsicherer. Was eine Ehe zu einer gelungenen machte, war die Fähigkeit von
Männern und Frauen, sich gegenseitig zu verstehen und an
der Gegenwart des anderen zu erfreuen. Damit machten die
Psychologen zugleich deutlich, daß die Individuen es nun
selbst in der Hand hatten, ihre Ehe glücken zu lassen, womit zugleich die Verantwortung für Erfolg oder Scheitern
bei ihnen lag. Ein solches Eheverständnis vergrößerte die
Unsicherheit hinsichtlich der Regeln, die für das Verhalten
in der Ehe gelten sollten. Indem sie den Erfolg oder das
Scheitern einer Ehe von einer adäquaten emotionalen Konstitution abhängig machten, stellten die Psychologen nicht
nur die traditionellen Geschlechterrollen in Frage, sondern
sie appellierten auch an die Menschen, sich auf sich selbst
zu konzentrieren und sich in der Kunst der emotionalen
Individualität zu üben. Indem er die Frauen ersuchte, zu
versierten Individuen zu werden, konnte der Psychologe-
als-Wissenschaftler den dritten wichtigen Aspekt der wis-
senschaftlich-therapeutischen Aneignung der Ehe vorantrei-

44 Callon, »Some Elements of a Sociology of Translation«, S. 208.

ben, nämlich die »Einschreibung«. Damit ist jenes Mittel gemeint, »durch das eine Reihe miteinander in Beziehung stehender Rollen definiert und den Akteuren, die sie akzeptieren, zugeschrieben wird«.[45] Die Frauen wurden von der Psychologie eingeschrieben, als diese sie aufforderte, zu vollwertigen Individuen zu werden.

Weil sich der therapeutische Diskurs per definitionem auf Individuen konzentrierte, war er individualistisch und verlangte von Männern wie Frauen, sich selbst in den Mittelpunkt ihres Lebensplans zu stellen, womit sie, ohne dies explizit zu beabsichtigen, die traditionelle, auf Selbstaufopferung beruhende Verpflichtung auf die Familie untergruben. So konnte sich etwa Clifford Adams, der eigentlich konservative und patriarchalische Auffassungen über Ehe und Geschlecht vertrat, 1946 in ein und demselben Atemzug mit den Worten an seine Leserinnen wenden, daß sie bei der Wahl eines Partners »nicht nur einen, sondern drei Aspekte erwägen müßten: 1. Was Sie wollen. 2. Was Sie brauchen. 3. Was Sie kriegen können.«[46] Und Dr. Joyce Brothers riet in einem Magazinartikel, der drei Tips zur Rettung einer Ehe versprach, folgendes:

Stellen Sie Ihre eigenen Bedürfnisse in den Vordergrund – zumindest manchmal. Die Gesellschaft hat Frauen einer Gehirnwäsche unterzogen und ihnen eingebleut, daß die Bedürfnisse ihres Mannes und ihrer Kinder immer an erster Stelle stehen sollten. Immer hat die Gesellschaft den Männern, nie aber den Frauen eingeschärft, daß sie an erster Stelle kommen sollten.

Es geht mir nicht darum, Egoismus zu predigen. Ich spreche von den grundsätzlichen Dingen des Lebens. Sie müssen entscheiden, wie viele Kinder Sie wollen, welche Freunde Sie wollen und welches Verhältnis zu Ihrer Familie Sie haben wollen.[47]

45   Ebd., S. 211.
46   Clifford Adams, *How to Pick a Mate*, New York 1946, S. 91.
47   Joyce Brothers, »Make Your Marriage a Love Affair«, in: *Readers' Digest*, März 1973, S. 80.

Was unter dem Strich eine stramme Form von Individualismus war, wurde zu »grundsätzlichen Dingen des Lebens« erklärt, gerade weil ein solcher Individualismus die grundlegende Arbeitshypothese des psychologischen Fachwissens bildete. Lange bevor der Feminismus tiefe Spuren in der allgemeinen Kultur hinterlassen hatte, ermutigte diese eher konservative Psychologin Frauen dazu, ihre Individualität zu entfalten, und trieb auf diese Weise einen Keil zwischen das Selbstgefühl der Frauen und ihre häusliche Rolle. Wie einer der Millionen von Artikeln über die Verbesserung der Ehe bündig formulierte, lag der Schlüssel zu einer guten Ehe darin, »zu wissen, was man will, zu sagen, was man will, und zu bekommen, was man will«.[48] Diese dem therapeutischen Diskurs ureigene Betonung von Wünschen und Bedürfnissen erklärt, warum sich seine Sprache wesentlich leichter mit dem Programm des Feminismus vereinbaren ließ, als viele seiner polemischen Kritiker behaupteten. Die Psychologie ermutigte die Akteure ganz einfach dazu, ihre gesellschaftlichen Rollen kritisch zu prüfen.

Zur selben Zeit, als er das traditionelle Modell der aufopferungsvollen Hausfrau untergrub, legitimierte der therapeutische Diskurs allmählich die zuvor aus der Ehe verbannten Konflikte zwischen den Ehepartnern. Dem traditionellen Eheverständnis galt ehelicher Unfriede als eine Folge von Unreife oder Egoismus, üblicherweise auf seiten der Frauen, und hatte im Familienleben nichts zu suchen.[49] Eine gute Ehe war eine heitere und ruhige Ehe.[50] Die neue therapeutische Auffassung wandte sich entschieden von einer solchen Auffassung ab: Weil die Psychologen sich vor

---

48 Terri Brooks, »A Better Marriage«, in: *Redbook*, August 1988, S. 142.
49 Ein Beispiel hierfür bietet John J. Anthony, *Marriage and Family Problems*, New York 1939.
50 Vgl. Peter Stearns, *American Cool. Constructing the 20th Century Emotional Style*, New York 1994.

allem mit menschlichen Konflikten befaßten, ließen sie diese
nun, wenn sie sie nicht geradezu rechtfertigten, auf jeden
Fall als etwas Natürliches erscheinen, als einen unvermeidli-
chen Bestandteil des Ehelebens. »Meinungsverschiedenheiten zwischen Mann und Frau sind ein unvermeidlicher Teil
der Ehe, wie ja auch Meinungsverschiedenheiten zwischen
zwei beliebigen Menschen ein unvermeidlicher Teil des Lebens sind.«[51] Eine solche Naturalisierung von Konflikten in
der menschlichen Interaktion läßt sich mühelos durch den
Umstand erklären, daß die Psychologen ihr Fachwissen zur
Geltung brachten, indem sie Streit als unvermeidlich, aber
überwindbar erklärten und behaupteten, daß Ehekonflik-
te, wenn man nur richtig mit ihnen umging, einzudämmen
oder zu lösen waren. Ein Beispiel: »Nicht an Streitigkeiten
zwischen Ehemännern und Ehefrauen zerbrechen Ehen,
sondern an der Unfähigkeit zu streiten, an der Angst davor
oder daran, daß es nichts gibt, worüber sich streiten läßt.«[52]
Hatte man die eheliche Harmonie in der Vergangenheit an
moralische Tugend und einen guten Charakter geknüpft,
so sollte sie nun in wachsendem Maße von entsprechenden Kenntnissen in Konfliktmanagement abhängen. Die
Ehe sollte »objektiv« und eine Beziehung leidenschaftslos
geprüft werden, indem man ihre Bestandteile analysierte.
Ein Ableger dieser Auffassung war, daß Konflikte nicht
aus moralisch falschem Verhalten resultierten, sondern aus
irrigen oder unangemessenen Interaktionen, die freilich
technischem Fachwissen zugänglich waren. So wird etwa
Dr. Popenoe in einem Artikel wie folgt zitiert: »Ich sehe Paare immer durch gegenseitige Beschuldigungen in ihren Positionen gefangen. [...] Wenn jemand Vorwürfe macht, muß
man sich verteidigen. Also muß man, was auch immer man
sonst tut, erst einmal den Vorwurf abschwächen oder aus

51   Adams, »Making Marriage Work«, S. 26.
52   Natalie Winslow, »How to Assault a Husband Safely«, in: *Mademoi-
selle*, Juli 1958, S. 71.

der Welt schaffen. [...] Sobald man einmal verstanden hat, daß das Problem aus der Interaktion heraus entsteht, *muß man die Verantwortung dafür übernehmen, zu diesem Problem beizutragen.* Es spielt keine Rolle, wer damit angefangen hat.«[53] Dieses neue ätiologische Bezugssystem trug dazu bei, Eheprobleme von moralischen Urteilen zu befreien, Probleme zu entpersönlichen und den Männern einen größeren Teil der Verantwortung für gestörte Ehen aufzubürden. Die These, daß die Probleme, unter denen Paare leiden, das Resultat von Interaktionen waren und nicht eine Folge des »schlechten« Charakters einer Person, teilte zugleich die Verantwortung neu auf und nahm moralischen Urteilen die Spitze. Indem sie behaupteten, daß sowohl Männer als auch Frauen die Verantwortung für schlechte Ehen trugen, konnten die Psychologen ihre hypothetische Klientel ausbauen und die Ursache des Problems in dem schwammigen, aber objektiven Begriff der »Interaktion« verorten.

Neu an Popenoes oder Adams Ansichten (und ich habe diese Psychologen hier aufgrund ihrer konservativen Grundhaltung zitiert) war der Versuch, die Art und Weise, wie Männer und Frauen aufeinander reagierten, als Folge ihrer frühen Kindheitserlebnisse zu verstehen. Im Rückgriff auf das Vokabular der Psychoanalyse, das Funktions- und Verhaltensstörungen auf Defekte in der Kindheit zurückführte, verstanden diese Psychologen, wie so viele andere, disharmonische Familien als Folge einer »infantilen Persönlichkeit« oder von »Unreife« – Eigenschaften von kindischen Frauen, die unfähig waren, die Bedürfnisse ihrer Männer zu verstehen und zu befriedigen, oder von unreifen Männern, die erwachsen werden und sich ihren neuen Pflichten und ihrer Verantwortung stellen mußten. Mag sich dies vielleicht auch nicht unmittelbar auf die Selbstwahrnehmung der Männer ausgewirkt haben, so veränderte es doch die

---

53 Ebd., S. 123. [Hervorhebung E.I.]

Art und Weise, wie Frauen ihr Verhältnis zu Männern und
zur Ehe begriffen. Nicht anders als in den Unternehmen trug
allein schon der Umstand, daß die Ehe nun Gegenstand von
Managementtechniken und -regeln sein sollte, dazu bei, die
moralischen und normativen Gewißheiten zu untergraben,
die das Bollwerk der traditionellen Ehe gebildet hatten. Indem sie die sozialen Praktiken von der Moral befreite, setzte
die Psychologie diese Praktiken de facto der Evaluierung,
Befragung und Kritik aus. Dies wiederum öffnete die Ehe-
praktiken einem Prozeß der Erforschung, wie die richtige
Persönlichkeit für eine gute Ehe beschaffen sein müßte.

Um besonders effektiv zu sein, muß ein neuer Diskurs
also nicht direkt den Inhalt von Überzeugungen ändern;
er muß als erstes Unsicherheit bezüglich der bestehenden
Überzeugungen und eingebürgerten Vorgehensweisen erzeugen und eine *kritische Haltung* einimpfen. Vor diesem
Hintergrund konnten sich folglich Feminismus und Psychologie treffen und in einer gemeinsamen kulturellen Matrix
verschmelzen.

Die Gemeinsamkeiten von Psychologie und Feminismus

Seit ihren Anfängen und erst recht seit den 1960er Jahren
bedienten sich die Feministinnen des therapeutischen Diskurses, um die mißliche Lage der Frauen zu verstehen und
Strategien zu ihrer Überwindung zu entwickeln. Die Neue
Frauenbewegung zehrte erheblich von einigen der grundlegenden kulturellen Schemata der Psychologie, um Strategien für die Kämpfe der Frauen zu ersinnen, während sie
zugleich mit Psychoanalyse und Psychologie nichts zu tun
haben wollte. Doch erwiesen sich Feminismus und Psychologie als ultimative Verbündete, weil sie gemeinsame Schemata bzw. grundlegende kognitive Kategorien teilten, die
letztlich aus der sozialen Erfahrung von Frauen abgeleitet

waren. Sowohl der feministische als auch der psychologische Diskurs beschäftigten sich vornehmlich mit der »Frauenfrage« und hatten es mit ähnlichen Fragen nach der Zukunft der Familie und der Rolle der Frauen in ihr zu tun. Weil zudem die Psychologie und die Psychologen die Populärkultur als Schauplatz nutzen, um ihren Einfluß zu vergrößern, und weil so viele der frühen Zeitschriften mit hoher Auflage auf Frauen ausgerichtet waren, wurde die Psychologie faktisch zu einem weiblichen kulturellen Überzeugungssystem. Vielleicht weil die psychologischen Berufe und die psychologische Klientel verweiblicht wurden, konnte die feministische Kritik am Behaviorismus, an Freuds Essentialisierung von Männern und Frauen und an der Geschlechterblindheit der analytischen Beziehung offene Ohren unter Psychologen finden.[54] Insofern Schemata von einem Erfahrungsbereich in einen anderen – oder von einer institutionellen Sphäre in eine andere – übertragbar und übersetzbar sind, konnten sich Feminismus und Psychologie beieinander bedienen.[55] Gedankliche und sprachliche Kategorien zirkulierten frei von einer Überzeugung zur anderen.

So beobachtete Ellen Herman, daß sich die für die Frauenbewegung entscheidende Praxis der »Bewußtseinsbildung« großzügig bei der therapeutischen Weltanschauung bediente.[56] Insoweit die Gruppen zur Bewußtseinsbildung die öffentliche Aufdeckung der dunkelsten (Familien-)Geheimnisse verlangten und die Familie unter dem Vergrößerungsglas betrachteten, war das Projekt der Befreiung der Frauen in höchstem Maße mit der Sprache und dem Vokabular der Therapie vereinbar. Vor allem teilten Feminismus

---

54 Einige dieser Kritiken finden sich bei Kate Millett, *Sexus und Herrschaft*, sowie bei Juliet Mitchell, *Psychoanalysis and Feminism*, New York 1974.
55 Vgl. zur Übersetzbarkeit von Schemata Bourdieu, *Die feinen Unterschiede*, oder Paul J. DiMaggio, »Culture and Cognition«, in: *Annual Review of Sociology* 24 (1997), S.263.
56 Herman, *Romance of American Psychology*, S.276-304.

und Therapie die Vorstellung, daß eine Selbsterforschung
etwas Befreiendes haben konnte, daß die Privatsphäre Gegenstand der Bewertung und Veränderung sein konnte und
auch sollte und daß Gefühle, deren Platz in der Privatsphäre war, öffentlich zur Schau gestellt werden mußten. Wenn
darüber hinaus die Feministinnen den Ursprung der Kämpfe
der Frau in der Familie ansiedelten, so deshalb, weil Psychoanalyse und Psychologie die Familie bereits in den Mittelpunkt der Prozesse gelingender oder mißlingender Identitätsbildung gerückt hatten. Bevor die Feministinnen die
Familie in eine Kategorie verwandelten, mit der und über
die nachzudenken sich lohnte, hatten die Psychologen dies
bereits getan – hatten sie doch behauptet, daß die Fami-
liendynamik in die Psyche eingeschrieben ist, die Definitionshoheit über uns besitzt und für unser allgemeines Wohlbefinden verantwortlich ist. Kurz gesagt, der Feminismus
konnte die Familie zum Gegenstand der emotionalen und
politischen Emanzipation machen, weil die Psychoanalyse
sie bereits zu einem Gegenstand des Wissens und zum wichtigsten Schauplatz der Selbstbefreiung gemacht hatte.

Eine weitere Gemeinsamkeit von Psychologie und Feminismus bestand darin, daß beide intensive Formen von
Reflexivität erforderten und zu ihnen anhielten. In seiner
Analyse von Frauendarstellungen in der westlichen Kunst
schreibt John Berger: »Eine Frau muß sich ständig selbst
beobachten und wird fast ständig von dem Bild begleitet,
das sie sich von sich selbst macht. Ob sie durch ein Zimmer
geht oder über den Tod ihres Vaters weint, sie wird es kaum
vermeiden können, sich selbst beim Gehen oder Weinen zu
beobachten. [...] Und so kommt sie dazu, den *Prüfer* und
die *Geprüfte* in ihr als die beiden wesentlichen, doch immer getrennten Komponenten ihrer Identität als Frau anzusehen.«[57] Der therapeutische Diskurs pfropfte sich dieser

57 John Berger, *Sehen. Das Bild der Welt in der Bilderwelt*, Reinbek bei
Hamburg 1994, S. 43.

besonderen Form weiblicher Subjektivität auf, einer Subjektivität, in der die Frau niemals ganz Subjekt werden kann, weil sie sich selbst Objekt ist und folglich sich selbst und ihr Innenleben als Forschungsgegenstand behandelt. Auch der feministische Diskurs lud die Frauen dazu ein, über die Grundlage ihres Bewußtseins nachzudenken und sie zu verändern. Auf diese Weise stiftete er zu genau der Art von Reflexivität an, die schon immer ein Attribut des weiblichen Selbstbewußtseins gewesen war.

Als weitere Gemeinsamkeit zwischen dem therapeutischen und dem feministischen Diskurs ist ihre Konzentration auf die widersprüchliche Position anzuführen, die Frauen im 20. Jahrhundert am Kreuzungspunkt zweier einflußreicher Bündel von Werten einnahmen: der Werte der Fürsorge (*care*) und Hilfsbereitschaft (*nurturance*) und derjenigen von Autonomie und Selbstvertrauen. »Man schreibt Frauen ein Ausmaß an Verpflichtungen gegenüber anderen und Verantwortung für andere zu, das oftmals ihre Verpflichtung und Verantwortung sich selbst gegenüber übersteigt oder zumindest ergänzt. Die weibliche Identität ist im ›Zwischen‹ angesiedelt. Das Ideal für Frauen ist ein anderes als das für Menschen im allgemeinen, und keine Frau kann beides zugleich erreichen. Jede Frau muß scheitern, selbst wenn sie Erfolg hat.«[58] Der psychologische Diskurs ging auf solche fundamental gegensätzlichen Eigenschaften der sozialen Existenz von Frauen ein und machte sich sowohl für den Aspekt der Fürsorge als auch für das Streben nach Unabhängigkeit stark. Auch hier sind die Parallelen zum Feminismus bemerkenswert, bildeten doch Unabhängigkeit und Hilfsbereitschaft die beiden zentralen Themen des Feminismus und zugleich die Extreme, mit denen die Feministinnen zu kämpfen hatten, um die neue Frau zu entwerfen. Noch wo sie die traditionelle Ehe und Geschlechterordnung

58 Ellen Kaschak, *Engendered Lives. A New Psychology of Women's Experience*, New York 1992, S. 151.

guthieß, untergrub die Psychologie das kulturelle Gebäude, auf dem die Ehe errichtet worden war. Feminismus wie Psychologie betrachteten die Familie als eine Institution, aus der man sich befreien mußte, freilich auch als eine Institution, die es nach den Wünschen und Sehnsüchten des Individuums zu rekonstruieren galt.

Ein anderer Aspekt der verborgenen Affinität und Verträglichkeit beider Diskurse besteht in der Wichtigkeit, die Sex und Sexualität für beide kulturellen Überzeugungen hatten. Als sich die Psychologen nach dem Zweiten Weltkrieg als Hauptanbieter für die Beratung unglücklicher Familien etablierten, geschah dies bereits vor dem Hintergrund des allgemein anerkannten Ideals, daß Sexualität und Lust zusammengehörten. Wie schon oft bemerkt wurde, hatte der kulturelle Einfluß von Psychologen und Sexualwissenschaftlern darin bestanden, die alte Ethik der Enthaltsamkeit, der Selbstkontrolle und der moralischen Reinheit zu untergraben und mit der Autorität der Wissenschaft neue Richtlinien für die Sexualität zu entwerfen.[59] So spricht die gewaltige Popularität des Kinsey-Reports – einer alles in allem trockenen, spezialisierten Abhandlung über die menschliche Sexualität – dafür, daß die Menschen in den 1950er Jahren nach wissenschaftlicher Orientierung zu einem Thema dürsteten, das in der Öffentlichkeit kaum erörtert wurde und dem gegenüber erhebliche Unsicherheit bestand.[60] In den 1940er und 1950er Jahren war das »Frauenproblem« zum »Gegenstand einer landesweiten Kontroverse geworden«.[61] Der öffentliche Diskurs wimmelte nur so von Analysen der

59   Joel Pfister u. Nancy Schnog (Hg.), *Inventing the Psychological. Toward a Cultural History of Emotional Life in America*, New Haven 1997, S. 17-59.
60   Indes scheint der Kinsey-Report auf gefälschten Daten und Stichprobenmethoden beruht zu haben. Vgl. Nachman Ben-Yehuda, *Sacrificing Truth. Archaeology and the Myth of Masada*, Amherst 2002.
61   William H. Chafe, *The Paradox of Change*, New York 1991, S. 176.

Wünsche, Probleme und Niederlagen von Frauen. Noch bevor der Feminismus aufkam oder doch spätestens zeitgleich mit ihm, konstruierte die Psychologie die »Frauenfrage« als eine sexuelle Frage.

Dies war einer der entscheidenden Momente, in denen sich Psychologie und Feminismus verbanden, und zwar gerade weil die sexuelle Befreiung für den Feminismus im Vordergrund stand. Daß die sexuelle Befreiung eines der Hauptthemen des neuen Feminismus war, ist mit wechselnden Graden von Unbehagen oder Zustimmung immer wieder festgestellt worden. Erica Jongs Bestseller *Angst vorm Fliegen*, 1973 in den Vereinigten Staaten erschienen, war ein überzeugendes Beispiel dafür, wie Frauen, die ihre Freiheit suchten, diese Freiheit in der Bejahung sexuellen Vergnügens außerhalb der Schranken der Ehe fanden. Tatsächlich »beeinflußte [der Feminismus] die neuen, freieren Formen der Sexualität erheblich«.[62] Auch hier sind die Unterschiede zwischen Psychologie und Feminismus so grundlegend wie ihre verborgenen Kontinuitäten.[63] Es ist schwer vorstellbar, daß die Familie und die Sexualität ohne die Freudsche Revolution einen so prominenten Platz in der Theorie und politischen Taktik des Feminismus eingenommen hätten. Für die Psychoanalyse war die Sexualität nicht nur ein neuer Gegenstand des Wissens, sondern auch ein positiver Ausgangspunkt, an dem und von dem aus Männer und Frauen nach sich selbst suchen, ihr wahres Selbst ausbilden und

---

62 Schulman, *The Seventies*, S. 175.

63 Als beispielsweise Alfred Kinsey die psychoanalytische Sexualtheorie in Frage stellte, indem er die Unempfindlichkeit der Vagina nachwies und die Klitoris zum Hauptzentrum der sexuellen Befriedigung erklärte, nutzten Feministinnen dies als Beweis dafür, daß Freuds Auffassung der Sexualität voreingenommen gegen Frauen war. Doch scheint mir, daß dieses Argument eine logische Unvereinbarkeit mit einer kulturellen Unvereinbarkeit verwechselt. Denn was die weibliche Sexualität zu einem so intensiv diskutierten Thema und zum Schauplatz der Befreiung der Frau machte, war der Umstand, daß sie von Freud und seinen Anhängern überhaupt erst einer wissenschaftlichen Erforschung für würdig befunden worden war.

sich befreien konnten. Kein kulturelles Gebilde machte von
dieser Prämisse aktiver und begieriger Gebrauch als der Feminismus, für den die Sexualität ebenfalls den Hauptschauplatz der Befreiung (der Frauen) darstellte.

Als letzten Punkt möchte ich anführen, daß das soziale
Sein der Frauen stärker sprachvermittelt und in höherem
Maße durch eine fortwährende Aufmerksamkeit auf Gefühle geprägt ist als das der Männer. So konnte beispielsweise in
verschiedenen Studien gezeigt werden, daß Freundschaften
unter Frauen auf den verbalen Austausch von Gefühlen ausgerichtet sind.[64] Die Psychologie privilegierte mit ihrer Betonung des Sprechens und der Gefühle auf natürliche Weise
Fähigkeiten, die gesellschaftlich als typisch weiblich definiert
waren, wie beispielsweise die Fähigkeit zur emotionalen
Selbstbeobachtung und zur Verbalisierung von Gefühlen;
und sie privilegierte ebenso die zentrale Stellung, die Frau-
en der Sprache in intimen Beziehungen zuerkannten. Wir
können sogar so weit gehen zu sagen: Weil die Psychologie
Frauen *und* Männer dazu aufforderte, eine im wesentlichen
weibliche Haltung zum eigenen Selbst einzunehmen (also
über die eigenen Gefühle nachzudenken, sie auszudrücken
und zu verstehen), förderte sie eine Verweiblichung der Gefühlskultur schlechthin, was für die Männer bedeutete, daß
sie artikuliert, reflexiv und emotional werden mußten (vgl.
Kapitel 3). So unterstützte die Psychologie die gesellschaftliche Aufwertung einer typisch weiblichen Einstellung zum
Selbst als eines Speichers von Gefühlen und zu intimen Beziehungen als Produkt mitgeteilter Gefühle. In diesem Sinn
schien sie dazu beizutragen, die kulturellen und emotionalen
Grenzzäune zwischen Männern und Frauen abzutragen.

Der größeren Offenheit vieler Psychologen für die Anliegen von Frauen kam eine Reihe von Entwicklungen entge-

---

64 Robert R. Bell, *Worlds of Friendship*, Beverly Hills 1981; M. A.
Caldwell u. L. A. Peplau, »Sex Differences in Same-Sex Friendships«, in:
Sex Roles 8 (1982), S. 721-32.

gen. Dazu zählten die Gegenreaktion gegen den McCarthy-
ismus, die Erfindung der Antibabypille, die wachsende
Teilhabe von Frauen am Arbeitsmarkt und die Entwicklung
raffinierter und wirksamer Strategien der Konsumkultur,
um der Protesthaltung der Heranwachsenden gegenüber
elterlichen Verboten zu schmeicheln. All diese Veränderungen verschmolzen in der sogenannten sexuellen Revolution
der 1960er Jahre, in der verschiedene Bücher wesentlich dazu beitrugen, neue gesellschaftliche und kulturelle Trends
in Sachen Sexualität zu setzen. Die beiden Kinsey-Repor-
te über die männliche und die weibliche Sexualität, *Peyton
Place*, Helen Gurley Browns *Sex und ledige Mädchen* sowie
Robert Rimmers *Sexperiment* spielten eine wichtige Rolle
bei der Schaffung einer neuen sexuellen Vorstellung.[65]

Intimität: Eine neue emotionale Vorstellung

Gemeinsam thematisierten Psychologie und Feminismus die
Erfahrungen von Frauen und entwickelten neue Modelle für
die sozialen Bindungen innerhalb der Familie. So sollte eine
intakte Ehe zunehmend mit der Vorstellung von Intimität
gleichgesetzt werden. Intimität wurde zu einer neuen Norm,
einer neuen sozialen Form und einem Gegenstand der romantischen Vorstellungskraft. David Shumway zufolge entwickelte sich ungefähr in den 1970er Jahren parallel zum romantischen Liebesdiskurs ein Diskurs über Intimität. Dieser
Diskurs unterscheidet sich von dem der romantischen Liebe nicht nur im »Inhalt«, sondern auch in den »Modi und

65   A. C. Kinsey, W. B. Pomeroy u. C. E. Martin, *Das sexuelle Verhalten
des Mannes*, Berlin u. Frankfurt/M. 1955; A. C. Kinsey et al., *Das sexuelle
Verhalten der Frau*, Berlin u. Frankfurt/M. 1954; Helen Gurley Brown, *Sex
und ledige Mädchen*, Schmiden bei Stuttgart 1963; Grace Metalious, *Die
Leute von Peyton Place*, Zürich 1958; Robert H. Rimmer, *Sexperiment*,
Veitshöcheim bei Würzburg 1968.

Formen«, in denen Beziehungen beschrieben werden.[66] Man findet ihn vor allem, aber nicht ausschließlich in der Ratgeberliteratur, die an der unbestimmten Nahtstelle zwischen Wissenschaft und Moral angesiedelt ist, seltener jedoch in Romanen, der Heimstätte der Liebesromantik. Die Form, in der »Intimität« in Erscheinung tritt, ist die der Fallgeschichte eines Paares mit Problemen, das auf die Hilfe eines Arztes oder Therapeuten angewiesen ist. Bei der Intimität geht es nicht darum, die Liebe als Glücksversprechen zu zeichnen, sondern die Fallstricke und Probleme aufzuzeigen, die mit Beziehungen einhergehen. Der Diskurs der Intimität zeigt sich an der Entstehung neuer Genres wie der Filme von Woody Allen oder der Eheromane von John Updike.

Das kulturelle Modell der Intimität läßt sich am besten verstehen, wenn man sieht, daß es am Schnittpunkt zwischen Psychologie und Feminismus angesiedelt ist. Beide Disziplinen stehen – wenn auch aus unterschiedlichen Gründen – im Bann der Kritik an der Ehe und der Darstellung ihres Verfalls, und beide haben ihre je eigene Version anzubieten, wie die Ehe unter der Ägide des neuen kulturellen Modells der Intimität zu rekonstruieren wäre. Um den Inhalt dieses neuen kulturellen Modells zu verstehen, greife ich zu einem berühmten Beispiel von William Howell Masters, einem Gynäkologen, und Virginia Johnson, einer Psychologin, die sich 1957 zusammentaten, um die menschliche Sexualität zu erforschen.[67]

Masters und Johnson setzten eine Tradition des Schreibens über Sexualität fort, die von Havelock Ellis begründet worden war, der die sexuelle Aktivität als natürlichen und

66   David R. Shumway, *Modern Love. Romance, Intimacy, and the Marriage Crisis*, New York 2003, S. 149.
67   Wobei die von Masters und Johnson gegründete Klinik heute interessanterweise sowohl »Hypersexualität« als auch Probleme mit Intimität, »Traumata« und Eßstörungen behandelt, was darauf schließen läßt, daß die von ihnen entwickelten Werkzeuge sehr schnell andere Verhaltensbereiche »kolonialisierten«.

gesunden Zug des Menschen dargestellt hatte.[68] Eines der Bücher des Autorenduos, das 1974 erstmals veröffentlichte *The Pleasure Bond*, war ein expliziter Leitfaden zum Thema der sexuellen Intimität, der stärker auf das breite Publikum als auf die Wissenschaftsgemeinde zielte.[69] Weil es niedergeschrieben wurde, nachdem die sexuelle Revolution sozusagen vollzogen war, lohnt sich ein näherer Blick auf das Buch, enthüllt es doch das neue Modell der Intimität, das die kulturelle Begegnung von Feminismus und Psychologie hervorgebracht hatte. Gerade weil Masters und Johnson sowohl die Freudschen Theorien als auch den Feminismus ablehnten,[70] läßt sich an *Spaß an der Ehe* sehr schön ablesen, wie sehr Feminismus und Psychologie zum begrifflichen Horizont geworden waren, der die Metaphorik des Selbst, der sexuellen Beziehung und des Paars prägte. Wie Psychologie und Feminismus (oftmals unbewußt) kulturelle Metaphern voneinander entlehnten und wechselseitig spiegelten, zeigt sich mit größtmöglicher Deutlichkeit an der Erschaffung des kulturellen Modells und Ideals der Intimität.

68 Statt wie Kinsey Menschen über ihre sexuellen Aktivitäten zu befragen, beobachteten Masters und Johnson letztere in einer Laborsituation. Sie entwickelten die nötigen Werkzeuge und Techniken, um die körperlichen Reaktionen von siebenhundert Männern und Frauen während des Masturbierens und des Geschlechtsverkehrs genau zu messen. 1966 veröffentlichten sie ihre Ergebnisse in dem Buch *Human Sexual Response* [dt.: *Die sexuelle Reaktion*, Frankfurt/M. 1967], das sich rasch zu einem internationalen Bestseller entwickelte. Wie Kinseys Berichte war ihr Buch sehr populär und wurde vom breiten Publikum gut aufgenommen. Masters und Johnsons Forschungen waren insofern besonders interessant, als sie wie Freud sexuelle Funktionsstörungen behandelten und gleichzeitig eine gesunde Sexualität beschrieben und vorschrieben. Zudem führten sie gründliche Laborexperimente durch und schrieben zugleich ausgesprochen populäre Bücher. Sie gründeten eine der ersten Kliniken in den Vereinigten Staaten, die sich auf die Probleme und die Sexualität von Paaren konzentrierte.
69 William Masters u. Virginia Johnson, *Spaß an der Ehe. Erfahrungen und Ratschläge der erfolgreichsten Ehetherapeuten der Welt*, München 1981.
70 Vgl. David Allyn, *Make Love, Not War. The Sexual Revolution, an Unfettered History*, New York 2001, S. 169.

In ihrer Ideengeschichte des psychoanalytischen Diskurses definiert Suzanne Kirschner Intimität als eines der beiden Hauptziele der Ich-Entwicklungsgeschichte.[71] Intimität sei die »Utopie oder doch zumindest das flüchtige Paradies des gewöhnlichen Lebens«.[72] Zwar war diese Utopie auch im 19. Jahrhundert schon verbreitet, doch meine ich, daß sie in den 1950er Jahren neuen Auftrieb bekam, als das psychologische Denken von der »Triebtheorie« auf zwischenmenschliche Beziehungen umstellte.[73] Durch diese theoretische Neuausrichtung geriet viel stärker in den Blick, wie das Selbst in einem Netz interpersoneller Beziehungen geformt wird. Die Vertreter der Objektbeziehungstheorie – Melanie Klein, Heinz Kohut, Donald W. Winnicott – betrachteten das Selbst als etwas, das sich aus dem Netz der Beziehungen heraus entwickelt. Stephen Mitchell beschreibt das bestimmende Merkmal dieser Schule wie folgt: »Der zentrale, das ganze Leben während Kampf ist der zwischen dem mächtigen Bedürfnis, intime Bindungen zu anderen aufzubauen, aufrechtzuerhalten und zu schützen, und den diversen Versuchen, den Schmerzen und Gefahren dieser Bindungen zu entfliehen – dem Gefühl der Verletzlichkeit, der Gefahr, enttäuscht, verschlungen, ausgenützt zu werden oder einen Verlust zu erleiden.«[74] Der im 19. Jahrhundert gepflegte Gegensatz zwischen einem wahren und einem falschen Selbst fand auf diese Weise ein starkes Echo in Winnicotts Unterscheidung zwischen dem wahren und dem falschen Selbst,[75] die wiederum wichtig war für die (etwas tautologische) Defi-

---

71 Suzanne R. Kirschner, *The Religious and Romantic Origins of Psychoanalysis. Individuation and Integration in Post-Freudian Theory*, New York 1996.
72 Ebd., S. 195.
73 Vgl. Stephen Mitchell, *Relational Concepts in Psychoanalysis*, Cambridge, MA 1988.
74 Ebd., S. 20.
75 Vgl. D. W. Winnicott, *Reifungsprozesse und fördernde Umwelt*, München 1974.

nition der Intimität als einer Beziehung, in der man sein authentisches Selbst ausdrücken und sogar erst finden konnte.

Die Idee der Intimität verband Merkmale des psychologischen Diskurses und des Feminismus, sollte doch das kulturelle Modell der Intimität die Enthüllung des wahren Selbst ebenso umfassen wie eine gesunde Sexualität. Die Sexualität entwickelte sich zu einer Hauptmetapher für gesunde und intime Bindungen und vielleicht vor allem für ein befreites Selbst. Und Befreiung wurde als heikle Arbeit des Austauschens von und über Gefühle konzipiert. Wie es in einem *Redbook*-Artikel heißt: »Sex ist eine sehr intime Begegnung, bei der es um das Teilen von Gefühlen geht.«[76] Das Wissen um Gefühle und der Ausdruck von Gefühlen waren folglich direkt an eine offene und gesunde Sexualität geknüpft. Wie ein anderer Artikel der Frauenzeitschrift verkündet: »Ein Weg, seinen Partner zu verstehen, besteht darin, freimütig und offen mit Gefühlen umzugehen.«[77] Oder um mit Masters und Johnson zu sprechen:

Statt Grazie und guten Geschmack als Kriterien zu nehmen, sollte man sich auf sich selbst besinnen: »Ich bin ich; ich habe ein bißchen Angst und komme mir dumm vor, aber ich möchte neue Erfahrungen machen.« Die Kommunikation mit sich selbst ist am allerwichtigsten – wenn Sie nicht in Kontakt mit sich selbst sind, können Sie auch keinen Kontakt zu jemand anderem herstellen.
Aber sobald Sie sich Ihrer Gedanken und Gefühle bewußt sind, teilen Sie sie ihrem Partner mit. Wenn Sie Angst haben, sagen Sie es. Vielleicht können Sie gemeinsam herausfinden, wovor Sie sich fürchten und warum, und vielleicht kann Ihnen Ihr Partner Wege zeigen, wie Sie Ihre Angst allmählich überwinden lernen. Mit der Zeit werden Sie dann in Einklang mit Ihren Gefühlen, nicht mehr im Widerspruch zu ihnen handeln.[78]

76 Philip Sarrel u. Lorna Sarrel, »The Redbook Report on Sexual Relationships«, in: *Redbook*, Oktober 1980, S. 73.
77 J. Barnard u. M. Fain, »Five Challenges That Can Make or Break Your Marriage«, in: *Redbook*, April 1980, S. 178.
78 Masters u. Johnson, *Spaß an der Ehe*, S. 36.

Zwischen der modernen Konzeption des »wahren Selbst«
und der des 19. Jahrhunderts bestanden ein paar wichtige
Unterschiede: Für die Viktorianer bot Intimität eine Gelegenheit, dem wahren Selbst Ausdruck zu verleihen, dieser
Ausdruck selbst jedoch stellte kein besonderes Problem dar –
man mußte nur darauf achten, dies gegenüber einer Person
zu tun, die dieser Selbstoffenbarung würdig war. Doch nun
schien die Offenbarung des wahren Selbst spezielle Probleme aufzuwerfen und besondere Sorgfalt zu erfordern: »Das
schwierigste daran, jemandem nah zu sein, ist der Schritt,
sich selbst zu zeigen.«[79] Intimität wurde als kostbares, aber
schwer zu erlangendes Gut postuliert, als ein Ziel, das das
Ich nur mit Mühe erreichen konnte. Um noch einmal die
soeben zitierte Ehefibel aus den 1980er Jahren heranzuzie-
hen, der Masters und Johnson bereitwillig zugestimmt hätten: »Von allen Bestandteilen der Ehe ist die Intimität wahrscheinlich die am meisten ersehnte und oft am schwersten
zu erreichende Qualität.«[80]

Viel stärker als im 19. Jahrhundert hielt man es für ein
heikles und sogar gefährliches Unterfangen, sich emotional zu öffnen und sein Selbst preiszugeben, und dieses Unterfangen erforderte einen bewußten Gebrauch reflexiver
Sprache. So wie die Psychologen die Vorstellung verbreitet
hatten, daß »Konflikte« ein inhärenter Bestandteil menschlicher Beziehungen waren, so machten sie sich eifrig die Idee
eines wahren Selbst zu eigen, das zu offenbaren enormer
Geschicklichkeit und größter Vorsicht bedurfte. Dies war
eine entscheidende Arbeitshypothese für die Psychologen,
denn wenn die Offenbarung des wahren Selbst eine schwierige Aufgabe war, dann bedurfte es der Unterstützung und
Techniken von Experten. Einer der Gründe für die Notwendigkeit solchen Fachwissens bestand darin, wie Masters und

79 Francine Klagsbrun, *Married People. Staying Together in the Age of
Divorce*, New York 1985, S. 21.
80 Ebd., S. 28.

Johnson nahelegten, daß die Sexualität befreit werden mußte, aber nur richtig befreit werden konnte, wenn sie jene
Gleichheit erreichte, die das Kennzeichen der Frauenbewegung gewesen war: »Wenn Sex als Dienstleistung erst recht
die Frau außer Gefecht setzt – wie kann einer emanzipierten
Frau dann die Erfüllung zuteil werden, die ihr natürliches
Recht ist? Auf dieselbe Art – die einzige Art –, wie der Mann
zu seinem natürlichen Recht kommen kann: zusammen mit
einem Partner, der sich dem Prinzip des gemeinsamen Vergnügens verschrieben hat.«[81] Oder, wie es an späterer Stelle
heißt: »Was viele Männer und Frauen lernen müssen ist,
daß ihnen die Lust, die sie beide suchen, so lange verschlos-
sen bleiben wird, bis sie erkannt haben, daß Sex dann am
beglückendsten ist, wenn nicht der Mann etwas mit seiner
oder für seine Frau tut, sondern wenn beide *als gleichwerti-
ge Partner* etwas gemeinsam tun.«[82] Allmählich entwickelte
sich die Sexualität zu einer erweiterten und doppelten Metapher für das (weibliche) Selbst und seine Politik. Um sexuellen Genuß zu erlangen, mußten sich Frauen als den Männern
gleichwertig betrachten. Und sexueller Genuß und Intimität
waren Masters und Johnson zufolge nur möglich, wenn die
Beziehung von wirklicher Gleichheit getragen wurde. Dieses
Ziel jedoch ließ sich nicht durch das hedonistische Streben
nach Lust erreichen, sondern durch eine nachhaltige und
kontrollierte Aufmerksamkeit auf die eigenen Bedürfnisse.
Für Masters und Johnson »werden die Frauen zur Passivität erzogen. Man erwartet von ihnen, daß sie dem Mann
dienen. Sie wissen schon: ›Ich möchte nichts für mich – nur
dir eine Freude machen.‹ Jeder Überrest dieser Einstellung
ist abzulehnen, denn sie hindert die Frauen daran, ihr eigenes Potential an Lustempfindungen kennenzulernen und
ihre eigenen Wünsche und Bedürfnisse zu entdecken.«[83]

81   Masters u. Johnson, *Spaß an der Ehe*, S. 26 f.
82   Ebd., S. 95.
83   Ebd., S. 39.

Und Masters fügte hinzu: »Nicht nur in physischer, sondern
auch in emotionaler Hinsicht – und wir sprechen speziell
von der Sexualität. Männer und Frauen sind unglaublich
und konstant ähnlich.«[84] Letztlich lief ein solches Ideal des
sexuellen Genusses darauf hinaus, die Geschlechtergrenzen
zu verwischen, wie Johnson anmerkte: »Ich weiß, es ist populär, auf die Unterschiede zwischen Männern und Frauen
hinzuweisen, aber ich muß Ihnen sagen, daß das, was uns
vom Anfang unserer Arbeit an am meisten erstaunt hat,
nicht die Unterschiede, sondern die Ähnlichkeit zwischen
den Geschlechtern war.«[85]

Die kulturelle Kategorie der »Bedürfnisse« spielte eine
entscheidende Rolle, als es darum ging, den Feminismus mit
psychologischen Definitionen der Seele zu verbinden und
zu verschmelzen. Durch die Kultivierung ihrer Bedürfnisse
sollten Frauen ihr Selbst zugleich erkennen und zur Geltung
bringen, sexuelle Befriedigung finden und eine auf Gleichwertigkeit gründende Beziehung zu ihrem Partner aufbau-
en.

»Wenn wir keine Lust empfinden, wird es wichtig, unsere
fundamentalen Bedürfnisse und Wünsche zu verstehen. [...]
Jeder von uns hat ein individuelles sexuelles Wertesystem,
aufgrund dessen er zwischen für ihn bedeutsamen und be-
langlosen Dingen unterscheidet. Wirklich bedeutsam sind
all die Ideen und Vorstellungen, die dazu beitragen, daß wir
als Individuen sexuell funktionieren.«[86] Einer der Gründe,
warum sich die Intimität zu einer höchst komplexen sozialen Beziehung entwickelte, war, daß sie zwei Repertoires
kombinierte: eines der privaten und spontanen Emotionalität und eines der öffentlichen und politischen Gleichheit.
Guter Sex war Sex, bei dem sich die Partner in egalitärer
Weise aufeinander beziehen – sich also an abstrakte Nor-

84 Ebd., S. 47.
85 Ebd.
86 Ebd., S. 40.

men der Gleichheit und Fairneß halten – und doch ihren subjektivsten Gefühlen und Bedürfnissen freien Lauf lassen mußten.

Eine gesunde Sexualität verlangte von jedem Partner, sich zu individualisieren. Denn wahre Intimität zu erlangen bedeutete, einen gleichwertigen Status zu haben, was wiederum bedeutete, die eigenen Bedürfnisse zu kennen und seine Beziehung an diesen Bedürfnissen auszurichten. Weil eine solche Konzeption von Natur aus individualisierend war, nahm das Entzweiungspotential zu. Nachdem die therapeutische Kultur einmal die je eigenen Bedürfnisse als legitime und nahezu ausschließliche Grundlage von Intimität postuliert hatte, war sie mit dem Problem konfrontiert, wie einander widersprechende Bedürfnisse miteinander abzustimmen und zu versöhnen wären. Um das einer individualisierenden Sexualität innewohnende Entzweiungspotential zu überwinden, wurde die zentrale Metapher der »Verhandlung« ins Spiel gebracht. Für Masters und Johnson war »die Art und Weise, wie ein Paar darüber spricht, wie oft es Sex hat, die entscheidende Frage. Wir nennen dies Verhandlung«.[87]

Gegen Ende der 1960er Jahre begann der therapeutische Diskurs, sich rhetorisch hauptsächlich an Frauen zu wenden und deren Bedürfnisse und Rechte ausdrücklich in den Vordergrund zu stellen. Parallel zu anderen bedürfnisorientierten Kategorien sprach er Männern und Frauen zunehmend grundlegende emotionale »Bedürfnisse« zu. Wenn das zutraf, lag die Idee nicht fern – und sie wurde auch rasch von Feministinnen verbreitet –, daß es sich bei emotionaler und sexueller Erfüllung um ein Recht handelte. Und so verband sich der therapeutische Diskurs seit den 1970er Jahren mit dem liberalen feministischen Vokabular der »Rechte«, das grundsätzlich mit der »sentimentalen« weiblichen Kultur

87 William Masters u. Virginia Johnson, »Sex and Marriage«, in: *Redbook*, Oktober 1970, S. 83.

des 19. Jahrhunderts brach, weil es die Sprache der Gefühle
mit der Sprache der Rechte mischte und somit Intimität zu
einer Sphäre der Streitigkeiten und des Feilschens machte. So
beschreibt die Rechtswissenschaftlerin Mary Ann Glendon,
wie die therapeutische Sprache mit dem Begriff der »Rechte« gesättigt wurde: »Wie die Sprache der Psychotherapie
verstärkt auch die Rede von Rechten unsere allzumenschli-
che Neigung, unser Selbst in den Mittelpunkt unseres moralischen Universums zu stellen. [...] Von Rechten gesättigt,
kann die politische Sprache ihre wichtige Funktion, eine öffentliche Diskussion der rechten Ordnung unseres Zusam-
menlebens, nicht mehr erfüllen.«[88]

Kulturelle Modelle werden also geprägt, indem Repertoires kombiniert und neue semantische und logische Verbindungen zwischen ihnen hergestellt werden. Der Begriff
der Intimität verband zwei unterschiedliche Repertoires und
Schlüsselmotive des Selbst. Auf der einen Seite beschwor er
das wahre Selbst, Authentizität, Lust und Selbstoffenbarung,
auf der anderen machte er von einem Vokabular Gebrauch,
das sich aus einem utilitaristischen Verständnis der menschlichen Psychologie speiste, und sprach von Rechten und
Bedürfnissen. Dieses neue Modell der Intimität schmuggel-
te die liberale und utilitaristische Mittelschichtsprache der
Rechte und des Aushandelns in Schlafzimmer und Küche
ein und etablierte öffentliche Diskursformen und -normen,
wo bis dahin Gegenseitigkeit, Aufopferung und eine Praxis
des Schenkens vorgeherrscht hatten. So, wie das therapeutische Ethos ein Vokabular der Emotionen und eine Norm
der Kommunikation in die Unternehmenswelt eingeführt
hatte, so leitete es in der häuslichen Sphäre einen rationalen
und quasiökonomischen Umgang mit Gefühlen ein.

Wenn wir also die Behauptung bedenken, daß das Private politisch ist, sollten wir nicht vergessen, daß dies so

[88] Mary Ann Glendon, *Rights Talk. The Impoverishment of Political
Discourse*, Toronto 1991, S. XI.

scheinen könnte, weil das Private vor allem durch die aktive Präsenz der Psychologie in der amerikanischen Kultur bereits zu einer konstruierten kulturellen Kategorie gemacht worden war. Auf ähnliche Weise konnte die von Natur aus individualisierende Sprache der Psychologie die gängig gewordene feministische Sprache der Rechte recyceln und naturalisieren. Weil Psychologen als Schlichter von Konflikten wirkten und Verhandlungstechniken zu lehren beanspruchten, verleibte sich die Sprache der Psychologie die feministische Forderung nach Gleichheit umstandslos ein. Aufgrund seiner emanzipatorischen Struktur bot der therapeutische Diskurs eine mächtige Erzählung von Wachstum und Befreiung, die mit der feministischen politischen Forderung nach Befreiung harmonierte. So trug die Verbindung von Feminismus und Psychologie tatsächlich dazu bei, das private Selbst in ein öffentliches Konstrukt umzuformen, ja sogar, wie ich im nächsten Kapitel zeigen werden, in eine öffentliche Inszenierung. Das therapeutische Ethos verwandelte das Zuhause in eine Mikroöffentlichkeit, in der nach den Normen der Fairneß und Gleichheit über Gefühle und private Bedürfnisse argumentiert werden konnte.

Diese Konvergenz von Feminismus und Therapie ist zur gängigen Münze geworden. Man nehme nur die Behauptung der prominenten feministischen Gelehrten Angela McRobbie, daß sich der »Feminismus darum dreht, wer man sein will – und darum, überhaupt erst einmal herauszufinden, wer man ist«.[89] In dieser Definition gehen politische und psychologische Kategorien völlig durcheinander. Ein weiteres Beispiel für die Konvergenz therapeutischer und feministischer Metaphern ist in den Schriften Gloria Steinems zu finden, einer Veteranin der Frauenbewegung und Herausgeberin der Zeitschrift *Ms*. In ihrem Buch *Was heißt schon*

89 Angela McRobbie, »Just Like a Jackie Story«, in: dies. u. Trisha McCabe (Hg.), *Feminism for Girls. An Adventure Story*, New York 1981, S. 6.

emanzipiert vertritt Steinem die These, daß psychologische Barrieren Frauen aus der Ober- und aus der Mittelschicht gleich stark betreffen und daß ein zu geringes Selbstwertgefühl das Hauptproblem von Frauen ist.[90] Dies ist nicht etwa ein Beispiel dafür, wie Feministinnen vom therapeutischen Diskurs »eingemeindet« wurden. Es ist vielmehr ein Beispiel dafür, wie gewisse Kategorien (das »wahre Selbst«, »Selbstachtung«) als Brücken zwischen zwei diskursiven Formationen fungieren – zwischen dem Individuellen und dem Politischen, dem Psychologischen und dem Feministischen. Zugleich illustriert es, wie dicht diese beiden kulturellen Formationen inzwischen miteinander verwoben sind.

Kommunikative Rationalität im Schlafzimmer

Nachdem sie Kategorien wie »Bedürfnis« und »Interesse« naturalisiert und Konflikte für unvermeidlich erklärt hatten, konnten die Psychologen – wie zuvor schon in den Unternehmen – Techniken anbieten, um die von ihnen nach Kräften angefachten Probleme der Individualisierung von Intimbeziehungen zu überwinden. Zu finden waren diese Techniken im Modell der Kommunikation. Was das kulturelle Modell der Kommunikation so stark machte, war, daß in ihm Beschreibung und Vorschrift, Diagnose und Heilung verschmolzen waren. In einem *Redwood*-Artikel hieß es: »Kommunikation ist der Lebensnerv einer jeden Beziehung, und besonders jede Liebesbeziehung braucht Kommunikation, um zu gedeihen.«[91] Kommunikation sollte hier als

90 »Je mehr ich mit Männern wie auch Frauen sprach, um so mehr schien es, daß die inneren Gefühle von Unvollständigkeit, Leere, Selbstzweifel und Selbsthaß identisch waren, gleich, wer sie erlebte, und sogar, wenn sie in kulturell entgegengesetzter Weise ausgedrückt wurden.« Gloria Steinem, *Was heißt schon emanzipiert. Meine Suche nach einem neuen Feminismus*, Hamburg 1995, S. 13.
91 Nathaniel Branden, »If You Could Hear What I Cannot Say. The

ein »Modell von« und ein »Modell für« verstanden werden, das Beziehungen zugleich *be*schreibt und ihnen etwas
*vor*schreibt. In einem populären Eheratgeber war zu lesen:
»Der Weg zur völligen Vereinigung führt über die Fähigkeit,
zu kommunizieren.«[92] Unvereinbare sexuelle Bedürfnisse,
Wut, Streit ums Geld, eine ungleiche Verteilung der Hausarbeit, unvereinbare Persönlichkeiten, verborgene Gefühle
und Kindheitserlebnisse: All dies ließ sich unter einem einzigen übergreifenden Modell subsumieren und verstehen.
So lautet beispielsweise in einem Artikel über Ehen, die
unter Geldproblemen leiden, der Rat zweier Ehetherapeuten: »Der beste Weg, einige dieser Probleme zu lösen, ist,
so banal es klingen mag, sich hinzusetzen und die Dinge zu
besprechen.«[93] Dergestalt wird Intimität mit Sprechen und
verbaler Kommunikation gleichgesetzt. Ein gutes Beispiel
bietet ein Roman, der bei seinem Erscheinen 1978 in Amerika sehr erfolgreich war, *Rough Strife* von Lynne Sharon
Schwartz. Das Buch handelt von einer Ehe. Der Höhepunkt
der Handlung ist, glaube ich, in der Geschichte des Romans
ohne Beispiel. Das Ehepaar hat Probleme, die der Leser nicht
so recht versteht. Dann fragt der Mann in einer zentralen
Szene: »Warum redest du so daher?« Und die Frau antwor-
tet: »Weil ich nicht mehr weiß, wie ich überhaupt noch mit
dir reden soll. [...] Ich weiß nicht mehr, wo du bist, noch
wohin du gehst. Du sagst mir absolut nichts. Der einzige
Kontakt, den wir noch haben, ist der im Bett. Verdammt,
was ist hier bloß los?«[94] In den 1970er Jahren begann ein
neuer Geist die Populärkultur heimzusuchen, nämlich der

Husband/Wife Communication Workshop«, in: *Redbook*, April 1985,
S. 94.
92 Dale R. Olen, *Resolving Conflict. Learning How You Both Can Win
and Keep Your Relationship*, Milwaukee 1993, S. 6.
93 Abigail Gerd, »When Money Comes between Couples«, in: *Redbook*, Januar 1985, S. 82.
94 Lynne Sharon Schwartz, *Für immer ist ganz schön lange*, München
1993, S. 104 f.

Geist mangelnder Intimität, verstanden als ein entsprechendes Unvermögen, sprachlich zu kommunizieren.

1976 definierten zwei Feministinnen – Carol Travis, eine Psychologin, und Toby Epstein Jayaratne – in einem Artikel die glückliche Ehe wie folgt: »Die Frauen, die in ihrer Ehe am glücklichsten sind, sagen, daß sowohl sie als auch ihre Ehemänner es sich gegenseitig wissen lassen, wenn sie etwas stört, und somit ihre Unzufriedenheit zusammen angehen, indem sie auf ruhige und vernünftige Weise miteinander reden.«[95] Diesem Kommunikationsmodell zufolge galt, daß eine gute Ehe eine war, in der Männer und Frauen ihre jeweiligen Bedürfnisse und Meinungsverschiedenheiten verbalisieren und besprechen konnten. Mittlerweile ist es zu dem Modell geworden, das implizit das Verhalten von Partnern in Intimbeziehungen regelt.

Wie in den Unternehmen ist auch in Intimbeziehungen die systematische Selbstprüfung das erste Gebot der Kommunikation. So berichtet etwa ein *Redbook*-Artikel, daß »Dr. Walsh, um die Sackgasse zu durchbrechen, von einer wirkungsvollen Technik Gebrauch machte: Sie forderte jeden Partner auf, den Standpunkt des anderen zu vertreten. [...] Eheberater versuchen, Machtkämpfe in die gesünderen Muster von wechselseitigen Verhandlungen und von Entgegenkommen zu überführen.«[96]

Als das therapeutische Ethos dazu beitrug, das Selbst zu individualisieren sowie Unterschiede in den Persönlichkeiten und Biographien zu legitimieren und festzuschreiben, suggerierte es zugleich, daß ein neutraler Boden objektiver Bedeutungen zu finden wäre, auf dem man Differenzen überwinden könnte. Dieser neutrale Boden war gleichermaßen emotionaler wie sprachlicher Natur. So beschreibt beispielsweise ein Leitfaden für Paare die von ihm so genannte »Vesuvtechnik«:

---

95 Carol Travis u. Toby Epstein Jayaratne, »How Happy Is Your Marriage?«, in: *Redbook*, Juni 1976, S. 92.
96 Terri Brooks u. Judith Glassman, »Three Ways to a Better (Trouble-Proof) Marriage«, in: *Redbook*, August 1998, S. 96.

Diese Technik hilft Ihnen dabei, zu erkennen, wann Ihre Wut vulkanische Ausmaße erreicht, und sie zu einem Ritual zu machen, bei dem Sie sich darauf konzentrieren können, sie aus Ihrem System zu verbannen. Die Aufgabe Ihres Partners besteht darin, schlicht und einfach respektvoll mitzuerleben, wie Sie Ihre Wut rauslassen, als handelte es sich um ein Naturphänomen, mit dem er oder sie nichts zu tun hat. [...] Wenn Sie Dampf ablassen wollen, sagen Sie etwas in der Art: »Ich bin kurz davor, zu explodieren. Kannst du mir für zwei Minuten zuhören?« Jeder Zeitraum, auf den Ihr Partner sich einläßt, ist in Ordnung, aber schon zwei Minuten können für beide, den Gebenden und den Nehmenden, überraschend lang werden. Wenn Ihr Partner ja sagt, ist alles, was er oder sie tut, ehrfurchtsvoll zuzuhören, als würde er einem Vulkanausbruch beiwohnen – und Sie wissen zu lassen, wenn Ihre Zeit abgelaufen ist.[97]

Diese Technik lehrt die Menschen, ihre Gefühle in Gegenstände zu verwandeln, die gewissermaßen vom Subjekt und vom Objekt des Gefühls von außen betrachtet werden können. Das Gebot, sich Gefühle vom Leib zu halten, gehört zum Kern des Ethos der Kommunikation und der Therapie. In den Worten Melody Beatties, der Autorin des Bestsellers *Co-dependant No More* (»Schluß mit der gegenseitigen Abhängigkeit«): »Nehmen Sie in Liebe Abstand, oder nehmen Sie wütend Abstand, aber bemühen Sie sich um Abstand. Ich weiß, wie schwer das ist, aber mit etwas Übung wird es leichter. Wenn Sie nicht ganz loslassen können, versuchen Sie, etwas Spielraum zu kriegen. Beruhigen Sie sich. Lehnen Sie sich zurück. Atmen Sie jetzt einmal tief durch.«[98]

Wie sein Gegenstück in der Unternehmenswelt verbietet auch das häusliche Ethos der Kommunikation den ungeschminkten und zügellosen Ausdruck jeglichen Gefühls und

97 Lori H. Gordon u. Jon Frandsen, *Passage to Intimacy. Key Concepts and Skills from the Pairs Program Which Has Helped Thousands of Couples Rekindle Their Love*, New York 1993, S. 114.
98 Zitiert nach John Steadman Rice, *A Disease of One's Own. Psychotherapy, Addiction, and the Emergence of Co-dependency*, New Brunswick 1998, S. 163.

versucht, zu neutralen Sprachmustern anzuhalten. Darum sind die Übungen, mit deren Hilfe man Kommunikation soll erreichen können, auch rein sprachlicher Natur: »Die Geteilte-Bedeutung-Technik [zur Verbesserung von Intimbeziehungen] erlaubt es Ihnen, die Bedeutung dessen, was Sie gerade gehört haben, mitzuteilen und zu prüfen, ob das, was Sie gehört haben, das ist, was Ihr Partner meinte. Was oft nicht der Fall ist.«[99] Zwar ist uns seit dem Poststrukturalismus gesagt worden, Bedeutungen seien nichtintentional, unentscheidbar und polysemisch, die therapeutische Literatur jedoch erklärt die Mehrdeutigkeit zum Erzfeind der Intimität und fordert uns auf, unklare und ambivalente Aussagen aus der Alltagssprache zu verbannen. Die Selbsthilfeanleitungen haben zahlreiche »Übungen« im Angebot, die darauf abzielen, die verborgenen Annahmen und Erwartungen von Eheleuten explizit zu machen und sich ihrer Sprachmuster bewußt zu werden, um zu verstehen, wie diese Sprachmuster Mißverständnisse und Entfremdung verursachen. Kurz gesagt: Derlei Techniken zielen darauf, den Sprachgebrauch zu formalisieren und zu neutralisieren. Dabei dient dieser Versuch, Mehrdeutigkeiten zu verbannen, einem anderen und höheren Zweck, nämlich dem, den Standpunkt des anderen zu verstehen und letztlich zu akzeptieren. »Entfremdung unter Eheleuten«, verrät uns der zuletzt zitierte Ratgeber, »wird oftmals durch Mißverständnisse und irrtümliche Annahmen verursacht«.[100] Und weiter: »Ein fairer Streit [...] soll an die Stelle von flehentlichen Bitten, Ignoranz, Vorwürfen und Drohungen treten. [Er] ist eine Struktur, um Probleme zu isolieren und zu lösen. [...] Der Wert des Fairen Streits besteht darin, daß er beide Partner in einer Beziehung dazu zwingt, die näheren Umstände eines Themas zu besprechen, klar zu entscheiden, was sie wollen, und dies gegenüber dem anderen ebenso klar zu artikulieren. Dann suchen

99   Gordon u. Frandsen, *Passage to Intimacy*, S. 91.
100 Ebd., S. 105 f.

die Partner nach einer für beide befriedigenden Lösung.«[101] Vielleicht ist keine andere kulturelle Eigenschaft des Ethos der Kommunikation so frappierend wie seine grundlegende moralische (oder soziologische) These, daß durch den Gebrauch adäquater Sprachmuster gleichzeitig den eigenen Interessen und denen der anderen gedient werden kann. Wenn es eine Botschaft gibt, die die therapeutische kommunikative Weltanschauung unablässig vermittelt, dann ist es die, daß durch die Fähigkeit der Partner, ihre Bedürfnisse, Gefühle und Ziele zu verbalisieren und diese Bedürfnisse im Medium der Sprache auszuhandeln, jedwede Bindung eingegangen und aufrechterhalten werden kann. So impliziert auch die ständig wiederholte Mahnung, in der Ich-Form zu sprechen – also »ich brauche dich, damit wir die Hausarbeit teilen können« zu sagen statt »du solltest dir die Hausarbeit mit mir teilen« –, daß Konflikte für die therapeutische Weltanschauung nicht durch den Bezug auf gemeinsame Normen oder gemeinsame Werte gelöst werden, sondern durch den Einsatz adäquater sprachlicher Techniken.

Ein Beispiel aus meinen Interviews illustriert diese Vorstellung von Neutralität. Susan, eine 42jährige verheiratete Therapeutin, erzählt, wie sehr es ihr mißfällt, wenn »er [ihr Mann] emotional wird. Er nimmt dann alles persönlich, während ich mich extrem zurückhalte, um ihm nicht zu sagen, ›immer machst du dies … oder immer machst du das‹.«

INTERVIEWERIN: Was also sagen Sie ihm?
SUSAN: Ich versuche normalerweise, meine Punkte anzubringen, ohne persönlich oder emotional zu werden. Einfach zu sagen, wie mich – oder andere – sein Verhalten stört. Nicht er selbst; sein Verhalten.

Diese Therapeutin gebraucht sprachliche Techniken zur Entschärfung von Konflikten und versucht dabei, wie sie sagt, nicht »persönlich« oder »emotional« zu werden.

101 Ebd., S. 120.

»Die Dinge ins reine bringen«, wie zahllose Ratgeber über gelingende Ehen es nennen, bedeutet, eine Methode zu haben, um zu sprechen, zu erklären, Gefühle zu verbalisieren und bezüglich der eigenen Bedürfnisse zu verhandeln und Kompromisse zu schließen. Diese Methode beruht auf einer Ideologie der Gefühle, die Gefühle aus ihrem unmittelbaren Kontext herauslöst. Dies wiederum legt eine paradoxe Beobachtung nahe: Gefühle werden zu Objekten, die in einer Interaktion ausgetauscht werden sollen, doch werden sie in einer Sprache ausgetauscht, die sowohl neutral als auch hochgradig subjektiv ist. Neutral ist diese Sprache, weil man auf den objektiven und denotativen Inhalt eines Satzes achten und subjektive Mißverständnisse und Gefühle, die auf dem Weg lauern, möglichst neutralisieren soll; hochgradig subjektiv ist sie, weil die Rechtfertigung dafür, etwas zu fordern oder ein Bedürfnis zu verspüren, letztlich auf den eigenen subjektiven Bedürfnissen und Gefühlen beruht, die niemals einer höheren Begründung bedürfen als des Umstands, daß das Subjekt sie verspürt.

Unterwegs zur Ideologie des reinen Gefühls

Oft ist gesagt worden, die Gegenkultur der 1960er Jahre habe eine neue Ära für das Selbst eingeläutet, weil sie »Offenheit«, »Authentizität« und Ungezwungenheit förderte und zelebrierte. Tatsächlich schienen sich die Psychotherapie und der Feminismus gleichermaßen dafür stark zu machen, eine neue »utopische Vision eines Lebensraums [zu schaffen], in dem die Menschen sich in einem absoluten und unvermittelten Sinn, jenseits von Status und Konventionen, von Angesicht zu Angesicht würden entgegentreten können«.[102] Die Allianz von Psychologie und Feminismus

102 Fredric Jameson, zitiert nach Arthur P. Bochner, »On the Efficacy of Openness in Close Relationships«, in: *Communication Yearbook* 5, hg.

war keine geplante, ihre Folgen aber standen überraschenderweise im Gegensatz zu dem Kult der Authentizität und Spontaneität, der die 1960er und 1970er Jahre beherrschte: Das Zusammentreffen von Psychotherapie und Feminismus schuf letztlich eine neue Disziplin intimer Bindungen, und die Form, die diese Disziplin annahm, war ein verstärkter Gebrauch der Sprache der Rechte im Schlafzimmer, die Praxis der Selbstbeobachtung und Selbsterkenntnis sowie das Gebot, Beziehungsarbeit zu leisten und Beziehungen weiterzuentwickeln. Die feministische und die therapeutische Überzeugung brachten neue emotionale Praktiken hervor, zu denen neue Weisen, auf Gefühle zu achten, ebenso gehörten wie neue Weisen, kulturelle Kategorien und Diskurse zu gebrauchen, um Gefühle zu klassifizieren, zu etikettieren, zu erklären und zu transformieren. Anders gesagt: Die Melange aus Feminismus und Therapie war ein integraler Bestandteil eines umfassenden Prozesses zur Disziplinierung der Gefühle in der Privatsphäre.

Disziplin ist in individuellen Praktiken verkörpert, die durch eine Ethik und Techniken der Disziplinierung hervorgebracht werden. Die Ethik der Disziplinierung schreibt vor, daß Triebe und Affekte unter Kontrolle gehalten und psychische Energien so kanalisiert werden müssen, daß sie der Realisierung idealer Interessen dienen. Die Techniken der Disziplinierung bestehen in den psychologischen Strategien und physischen Operationen, durch die Disziplin aufrechterhalten wird. Diese Praktiken werden innerhalb festumrissener institutioneller Felder, die von disziplinarischen Kodes und Strategien getragen werden, anerzogen und reproduziert. Die Kodes legen (üblicherweise in schriftlicher Form) ein allgemeines Bündel von Verhaltensnormen und -standards fest, und die Strategien dienen dazu, den physischen Raum und die sozialen Positionen in einer Weise zu organisieren, die die Kontrolle und Überwachung erleichtert.[103]

von Michael Burgoon, New Brunswick 1982, S. 109.
103   Philip Gorski, »Calvinism and State-Formation in Early Modern Europe«, in: George Steinmetz (Hg.), *State/Culture. State Formation after the Cultural Turn*, Ithaca 1999, S. 161.

Insofern Feminismus wie Psychotherapie unzählige Texte
hervorbrachten, in festumrissenen institutionellen Feldern
(der akademischen Welt, den Massenmedien und den Unternehmen) zum Einsatz kamen und ein breites Spektrum an
psychologischen, körperlichen und emotionalen Strategien
zur Verwandlung und Befreiung des Selbst lehrten, vollzogen sie eine gewaltige Umkodierung und Disziplinierung der
Psyche. Worin bestanden diese Strategien? Um diese Frage
zu beantworten, möchte ich mich lieber an Weber als an
Foucault halten, weil Weber ein besseres Verständnis von
Disziplin als Bündel kognitiver Praktiken zur Umkodierung
sozialer Beziehungen erarbeitet hat; somit eignet er sich besser als Anknüpfungspunkt für eine kognitive Herangehensweise an Kultur.

Für Max Weber ist Disziplin – die er auch als Rationalisierung der Lebensführung bezeichnete – Teil einer Denkweise, einer bestimmten Form geistiger Prozesse. Genauer
gesagt, sie bedeutet einen bewußten, an Regeln gebundenen
Vergleich und eine entsprechende Entscheidung zwischen
alternativen Mitteln zu einem gegebenen Zweck.[104] Das
heißt, rationales Handeln wird bewußt reguliert, es ist nicht
zufällig, gewohnheitsmäßig oder impulsiv. Was einen Ver-
haltensgrundsatz rational macht, ist, daß er methodisch ist,

104 Vgl. Martin Albrow, »The Application of the Weberian Concept
of Rationalization to Contemporary Conditions«, in: Scott Lash u. Sam
Whimster (Hg.), *Max Weber, Rationality and Modernity*, Boston 1987,
S. 164-82. Im Anschluß an Habermas' Diskussion des Begriffs schlägt
Albrow vor, daß Rationalisierung die folgenden fünf Elemente umfaßt:
den kalkulierten Gebrauch von Mitteln; den Gebrauch effektiverer Mittel; Entscheidungen auf rationaler Grundlage (das heißt auf der Grundlage
von Wissen und Bildung); eine an allgemeinen Wertprinzipien orientierte
Lebensführung; sowie die Vereinheitlichung dieser vier Elemente in einem
rationalen, methodischen Lebensstil. Doch hat Rationalisierung noch eine
weitere wichtige Bedeutung: Sie ist der Prozeß der Ausdehnung formaler
Wissenssysteme, die wiederum zu einer »Intellektualisierung« des Alltagslebens führt: zu dem Umstand mithin, daß das alltägliche Leben zunehmend von Wissenssystemen und der Systematisierung von Überzeugungen
über die Welt geprägt wird.

einen allgemeinen Charakter hat, systematisch ist und, mit Weber zu sprechen, durch »verstandesmäßig zu kontrollierende Mittel« zustande kommt. Rational zu sein schließt das Vermögen ein, das Spektrum möglicher Handlungen geistig zu überschauen, sich für eine Vorgehensweise zu entscheiden und sie methodisch in Angriff zu nehmen.

Mit diesen Definitionen rationalen Verhaltens im Hinterkopf wollen wir nun untersuchen, wie die Verbindung von Feminismus und Therapie das Gefühlsleben rationalisiert hat. Diese Rationalisierung spielt sich auf mehreren Ebenen ab.

Wertrationalisierung

»Um rational zu sein, muß die Handlung durch Werte und klar durchdachte Zwecke reguliert und auf Wissen ausgerichtet sein.«[105] *Wertrationalisierung* ist der Prozeß, in dem die eigenen Werte und Überzeugungen geklärt werden. Wertrationalität nennt Weber eine Rationalität, bei der die Ziele mit vorher festgesetzten Werten übereinstimmen müssen. Ein Selbsthilfebuch bietet uns ein Beispiel: »Streit an sich [ist] nicht das Problem. Es geht darum, wie weit wir in der Lage sind, uns in der Beziehung abzugrenzen, eine eindeutige Haltung einzunehmen und in einer Weise zu handeln, die mit unseren wirklichen Überzeugungen übereinstimmt.«[106]

Tatsächlich stellen die in der Ratgeberliteratur allgegenwärtigen Tests eine Form der Wertrationalisierung in bezug auf zwischenmenschliche Beziehungen dar. Was wollen Sie? Was für eine Persönlichkeit haben Sie? Sind Sie eifersüchtig? Sind Sie treu? Der Test ist nicht deshalb kulturell bedeutsam, weil er Antworten auf diese Fragen gäbe, sondern weil

---

105 Ebd., S. 170.
106 Harriet Goldhor Lerner, *Wohin mit meiner Wut? Neue Beziehungsmuster für Frauen*, Zürich 1987, S. 31.

er die Anwendung der Wertrationalisierung auf den Bereich
der Gefühle kodifiziert und fördert. So bietet etwa ein *Redbook*-Artikel einen Fragebogen, »um einzuschätzen, wie gut
Menschen zusammenpassen, wie romantisch ihre Ehe ist.
Der Romantische-Anziehungskraft-Fragebogen (RAF) ist
darauf ausgerichtet, vorherzusagen, wie gut zwei Partner
füreinander geeignet sind. Der RAF umfaßt 60 Aussagen.
[...] Der ideale RAF-Wert liegt zwischen 220 und 300 Punk-
ten. Er bezeichnet das für eine dauerhafte Beziehung erforderliche Mindestmaß romantischer Anziehungskraft.«[107]

Sowohl vom Feminismus als auch von der Therapie
wurde Frauen auferlegt, ihre Werte und Präferenzen zu
klären und Beziehungen aufzubauen, die mit diesen Werten übereinstimmen und zu ihnen passen – immer mit dem
Ziel, ein autonomes und selbständiges Selbst zur Geltung zu
bringen. Dieser Prozeß setzt voraus, daß Frauen sich selbst
zum Gegenstand einer umsichtigen Prüfung machen, ihre
Gefühle kontrollieren und entscheiden, welches ihre bevorzugte Handlungsweise ist.

Rationalisierung des Denkens

Eng verbunden mit der Wertrationalisierung ist die *Rationalisierung des Denkens*. Für Weber ist sie durch den Versuch
charakterisiert, die Realität durch »zunehmend präzise abstrakte Begriffe« zu verstehen.[108] Auch hierfür ein Beispiel:
»In einer solchen Situation [wenn ein Streit ausbricht] ist Ihnen bewußt, daß Ihnen unfertige Gedanken durch den Kopf
schießen. Die meisten von uns sind jedoch ungeübt darin,
sich solche Gedanken auf eine Weise bewußtzumachen, die

107   Sarrel u. Sarrel, »Redbook Report«, S. 73.
108   Max Weber, zitiert nach Seyla Benhabib, *Critique, Norm, and Uto-
pia: A Study of the Foundations of Critical Theory*, New York 1986 [dt.
zitiert nach: Max Weber, Einleitung zu *Die Wirtschaftsethik der Weltreligionen*, S. 266].

es erlauben würde, alles abzuwägen und zu einem rational kontrollierten Ergebnis zu kommen.« Hier wird für das plädiert, was Weber Rationalisierung des Denkens nennt – nur daß es hier auf Gefühle angewendet wird. Frauen sollen ihre Gefühle beobachten, Verhaltensmuster an sich feststellen, die versteckten Ursachen ihres Verhaltens erkennen (die üblicherweise in frühen Kindheitsbeziehungen zu suchen sind) und auf der Grundlage dieses Wissens ihre Beziehungen kontrollieren.

Quantifizierung der Gefühle

Die Objektivierung der Gefühle führt zu der Vorstellung, daß Gefühle feste Einheiten sind und als solche in Zahlen ausgedrückt werden können, so daß man ihre Durchschnittswerte ermitteln und sie gegeneinander abgleichen kann. Eines der verbreitetsten Klischees der Populärkultur ist, daß Beziehungen ausgeglichen sein sollten. Dr. Popenoe etwa verzeichnet Intimitätsgrade auf einer Skala von eins bis zehn, um den Prozeß zu umreißen, in dem sich ein Paar polarisiert: »An einem Ende der Skala, sagen wir bei zehn, herrscht Gegenseitigkeit, Vereinigung, Nähe. Am anderen Ende Getrenntheit, Individualität, Abgrenzung. Ein gutes Gleichgewicht herrscht ungefähr bei fünf. Nehmen wir an, ein Paar heiratet – sie ist eine Sechs mit einer leichten Tendenz zur Verbundenheit, und er ist eine Vier mit einem Hang zur Distanz. Das wäre ein Unterschied, den man handhaben kann. [...] [Doch vielleicht entwickelt sie sich zu] einer Neun, indem sie anhänglicher und anspruchsvoller wird. [...] Wenn das für längere Zeit so weitergeht, wird sie bei zehn landen und er bei null.«[109]
   Sobald numerische Metaphern zum Einsatz kommen, um Persönlichkeiten und Beziehungen zu charakterisieren,

109 Popenoe, »Can This Marriage Be Saved?«.

ähnelt der »Ausgleich« von Gefühlen der Feststellung des
»Mittelwerts« oder Durchschnitts auf einer numerischen
Skala. Zahlen sind Metaphern für die Vorstellung, daß man
die Durchschnittswerte von Gefühlen und Persönlichkeits-
zügen ermitteln kann. »Vernunft ohne Gefühl ist so unattraktiv und ungesund wie Gefühle ohne Vernunft. Beides
sollte irgendwie im Gleichgewicht sein.«[110] Die Idee des
»Gleichgewichts« ist eng mit der Epistemologie und den beruflichen Interessen der Psychologen verbunden, ermöglicht
sie es diesen doch, zahlreiche Arten von Intimität und Persönlichkeiten als problematisch auszuzeichnen. Sobald man
das Gleichgewicht als Ideal postuliert, können Wärme und
Kälte, Passivität und Aktivität, Durchsetzungsvermögen und
Schüchternheit, Überschwang und Zurückhaltung allesamt
gleichermaßen problematisch werden und somit die Anzahl
potentieller Abnehmer von therapeutischen Maßnahmen
erhöhen. Eine weitere Folge ist eine große Unsicherheit darüber, wie denn eine »gesunde« emotionale Konstitution beschaffen sein muß. Ein Beispiel:

In den über 25 Jahren, die ich als Psychiater mit Paaren und jungen
Familien arbeite, habe ich immer festgestellt, daß ein Ungleichgewicht
dieser Art bei einem der Partner oder bei beiden Partnern zu zwei Arten
von Eheproblemen führen kann: Entweder gibt es zuviel Gemeinsamkeit und Einfühlungsvermögen zwischen den Partnern (richtig, es gibt
tatsächlich so etwas wie ein Zuviel des Guten!), oder es gibt nicht genügend Gemeinsamkeit und Einfühlungsvermögen. Ich nenne eine Ehe
im ersten Stil »heiß« und die andere »kalt«. Beide sind beschwerlich.
Glücklicherweise können Sie, wenn Sie merken, daß Ihre Ehe in eine
dieser Richtungen tendiert, den bewußten Versuch unternehmen, Ihre
Beziehung auf jenes stabile Gleichgewicht hin auszurichten, das wir als
»warme« Ehe bezeichnen.[111]

110 Ann Curran, »Should You Sob on the Job?«, in: *Redbook*, März
1985, S. 174.
111 Wells Goodrich, »How to Handle a Hot Marriage and Warm up a
Cool One«, in: *Redbook*, November 1980, S. 25, 181.

Diese Aufforderung, ein Gleichgewicht anzustreben, dient den beruflichen Interessen von Psychologen und verwandelt Intimbeziehungen in kognitive Objekte, die zahlenmäßig bewertet und deren Durchschnittswert ermittelt werden kann. Verbunden damit ist der Einzug von Kalkulationstechniken in die intime Bindung.

Kalkulationstechniken

Für Weber zeichnete sich die Rationalisierung durch eine Verfeinerung von Kalkulationstechniken aus. Wie die obigen Beispiele zeigen, werden Intimbeziehungen und Gefühle tatsächlich in meßbare und berechenbare Objekte verwandelt, die in quantitativen Aussagen festgehalten werden können. Wenn ich weiß, daß ich angesichts der Aussage »es verunsichert mich, wenn du dich für andere Frauen interessierst« auf den Wert zehn komme, wird dies vermutlich zu einem anderen Selbstverständnis und zu einer anderen Gegenstrategie führen, als wenn ich auf zwei gekommen wäre. Psychologische Tests dieser Art nutzen eine spezifisch moderne kulturelle Erkenntnisform, die die Soziologen Wendy Espeland und Mitchell Stevens als »Kommensurabilisierung« (*commensuration*) bezeichnen.[112] Espeland definiert sie wie folgt: »Kommensurabilisierung bedeutet, Zahlen zu verwenden, um Dinge ins Verhältnis zu setzen. Die Kommensurabilisierung verwandelt qualitative in quantitative Unterscheidungen, bei denen der Unterschied als eine Größe in einem gemeinsamen metrischen System ausgedrückt wird.«[113] Unter der Ägide von Psychologie und Feminismus sind Intimbeziehungen zunehmend zu Dingen geworden, die

---

112   Wendy Espeland u. Mitchell Stevens, »Commensuration as a Social Process«, in: *Annual Review of Sociology* 24 (1998), S. 313-43.
113   Wendy Nelson Espeland, »Commensuration and Cognition«, in: Karen Cerulo (Hg.), *Culture in Mind. Toward a Sociology of Culture and Cognition*, New York 2002, S. 64.

man nach einem metrischen System – das sich im übrigen je nach Psychologe und psychologischer Schule unterscheiden kann – bewertet und quantifiziert.

Objektivierung durch Lesen und Schreiben

Historisch hat die Literalität oder Lese- und Schreibfähigkeit eine gewichtige Rolle im Prozeß der Rationalisierung des Verhaltens gespielt. Auch zu lesen und zu schreiben trägt zur Rationalisierung von Intimität bei.

»Jedesmal, wenn Sie sich abgeschottet oder distanziert von Ihrem Partner fühlen«, instruiert eine Psychologin in *Redbook*,

dann gehen Sie in ein anderes Zimmer und schreiben Sie Ihre Gefühle auf, angefangen mit Ihrer Verärgerung. Werfen Sie Ihrem Partner alle Sünden vor, die er Ihrer Meinung nach begangen hat – und zensieren Sie sich dabei nicht. Bald werden Sie merken, daß in Ihren Aufzeichnungen Verletztheit und Traurigkeit durchschimmern. Schreiben Sie weiter, jetzt über das, wovor Sie Angst haben oder was Ihnen leid tut. Und zum Schluß bringen Sie Ihre Liebe zu Ihrem Partner zum Ausdruck, Ihr Verständnis und Ihre Bereitschaft zu verzeihen. Sie werden überrascht sein, wieviel positives Gefühl dabei herauskommt – weil Sie den negativen Teil schon losgeworden sind. Dann zeigen Sie Ihre Aufzeichnungen Ihrem Partner.[114]

Das Medium der Literalität, vom populären therapeutischen Diskurs unablässig gepriesen, setzt einen Prozeß der Objektivierung von Gefühlen in Gang. In diesem Prozeß werden Gefühle in dem Sinn externalisiert, daß sie von der Subjektivität des Sprechers abgelöst werden, damit man sie unter Kontrolle bringen und bearbeiten kann. Die Lese- und Schreibfähigkeit ermöglicht es also, eine Emotion zum Gegenstand zu machen, um auf diese Weise zwischenmenschliche Transaktionen zu erleichtern. So wurde etwa

114 Mary Beth Crain, »The Marriage Checkup«, in: *Redbook* [Jahrgang unbekannt], S. 89.

ein Fragebogen in *Redbook*, der die Leserinnen der Zeitschrift dazu aufforderte, ihr Sexual- und Gefühlsleben zu evaluieren, später von zwei arrivierten Therapeuten in ihre Praxen übernommen:

Wir setzen jetzt den *Redbook*-Fragebogen in unseren therapeutischen Sitzungen ein, um Paaren dabei zu helfen, besser miteinander zu kommunizieren. Nachdem sie die Fragen jeder für sich beantwortet haben, vergleichen sie ihre Antworten und sprechen über ihre Gefühle. Ein Paar sagte uns, daß sie einige emotionale und sogar schmerzhafte Themen in Angriff nehmen konnten, weil der Fragebogen ihnen dabei half, über ihre diesbezügliche Verlegenheit hinwegzukommen; nachdem sie sich einmal etwas entspannt hatten, schien es sogar Spaß zu machen, die Antwortfelder auszufüllen – selbst die, die mit schwierigen Problemen zu tun hatten.[115]

Die Verquickung von Textualität und emotionaler Erfahrung ist ein Hauptmerkmal der populären psychologischen Ratgeberliteratur. Mit dem Mediävisten Brian Stock können wir sagen, daß Textualität zu einem wichtigen Attribut der emotionalen Erfahrung geworden ist.[116] »Übungen« wie die gerade zitierte organisieren und verändern das Gefühlsleben, indem sie Gefühle im Medium der Schrift »einschließen« – in dem Sinn, daß sie einen Abstand zwischen dem Erleben der Gefühle und dem Gewahrwerden der Gefühle herstellen. Wenn die Lese- und Schreibfähigkeit eine Einschreibung der gesprochenen Sprache in ein Medium leistet, das es uns ermöglicht, Sprache zu »sehen« (statt zu hören) und aus dem Kontext des Sprechens herauszulösen, dann laden diese Übungen zu einer vergleichbaren Dekontextualisierung von Emotionen ein, insofern sie Männer und Frauen dazu auffordern, über Emotionen nachzudenken und sie zu diskutieren, nachdem sie von ihrem ursprünglichen Kontext

115 Sarrel u. Sarrel, »Redbook Report«, S. 73.
116 »Ich versuche zu zeigen, wo Texte, verstanden als Attribute des Diskurses, das menschliche Handeln vollständig durchdringen.« Brian Stock, *Listening for the Text. On the Uses of the Past*, Baltimore 1990, S. 104 f.

getrennt worden sind. Der reflexive Akt, Gefühlen Namen
zu geben, um sie zu handhaben, verhilft ihnen zu einer Ontologie, die ihren flüchtigen, vergänglichen und kontextge-
stützten Charakter fest-stellt.

Elaine, eine 35jährige Frau, die Workshops zu den Themen »Wutmanagement« und »Konfliktlösung« veranstal-
tet, liefert uns ein Beispiel für den Einsatz der Lese- und
Schreibfähigkeit in Intimbeziehungen. Sie erklärt uns, wie
sie mit ihrem Mann über die unangenehmen Dinge kommuniziert, in denen Unstimmigkeit zwischen beiden herrscht.
»Ich schreibe ihm Nachrichten, daß er bestimmte Dinge lassen soll, zum Beispiel wenn er die Spüle nach dem Abwasch
nicht saubermacht.«

INTERVIEWERIN: Können Sie mir sagen, was genau Sie schreiben?
ELAINE: Wissen Sie, zum Beispiel so etwas wie: »Bob, ich habe dich
oft gebeten, die Spüle sauberzumachen, und du scheinst nicht in der
Lage zu sein, dieser einfachen Bitte nachzukommen. Wenn du das nicht
schaffst, fange ich an durchzudrehen.«
INTERVIEWERIN: Gibt es Ihrer Meinung nach einen Unterschied zwischen
Schreiben und Sprechen?
ELAINE: Na klar, ich glaube, wenn man schreibt, kann man seine Botschaft besser vermitteln. Wenn man spricht, werden die Dinge manchmal kompliziert; man wird völlig von diesen Gefühlen in Beschlag genommen und sagt dann nicht einmal, was man eigentlich sagen will.

Jack Goody und Ian Watt zufolge reißt die Lese- und Schreibfähigkeit oder Literalität die Sprache und das Denken aus
dem Zusammenhang und löst die Regeln der Sprachproduk-
tion vom Akt des Sprechens selbst ab.[117] Meiner Meinung
nach geschieht mit den Gefühlen etwas Ähnliches. Wenn sie
in Literalität eingeschlossen sind, werden sie zu Objekten,
die man beobachten und manipulieren kann. Emotionale
Literalität bewirkt, daß man sich dem Fluß und dem nicht-

117   Jack Goody u. Ian Watt, »Konsequenzen der Literalität«, in: Jack
Goody (Hg.), *Literalität in traditionalen Gesellschaften*, Frankfurt/M.
1981, S. 45-104.

reflexiven Charakter der Erfahrung entzieht und emotionale Erfahrungen in Worte umwandelt. Man ist gehalten, Emotionen in kalte Kognitionen zu verwandeln, die von den konkreten Umständen ihres Entstehens abgelöst sind. In seiner Erörterung des Einflusses der Drucktechnik auf die abendländische Kultur schreibt Walter Ong: »Der Druck fördert ein Gefühl der Abgeschlossenheit, das Gefühl, daß das, was sich in einem Text findet, fertiggestellt ist, ein Stadium der Vollständigkeit erreicht hat. [...] Indem Gedanken auf einer beschriebenen Oberfläche isoliert werden – losgelöst von jeglichem Gesprächspartner, was eine Äußerung in diesem Sinn autonom und gleichgültig gegenüber Angriffen macht –, stellt die Schrift Äußerungen und Gedanken so dar, als hätten sie mit nichts etwas zu tun, als genügten sie sich selbst und wären vollständig.«[118] Ong argumentiert weiter, daß die Ideologie der Literalität die Idee eines »reinen Textes« entstehen ließ, die Idee, daß Texte über eine eigene Ontologie verfügen, daß ihre Bedeutungen von denen ihrer Verfasser und Kontexte abgelöst werden können. Auf ähnliche Weise ruft das Einschließen von Gefühlen in Sprache die Vorstellung eines »reinen Gefühls« hervor, die Vorstellung, daß Gefühle eindeutige festumrissene Einheiten sind, die irgendwie im Selbst eingeschlossen und gefangen sind und durch eine Arbeit der Aneignung manipuliert und verändert werden können.

Die neue emotionale Disziplin, die das therapeutische Ethos uns einimpft, macht Gefühle zu kognitiv faßbaren Objekten, die wir manipulieren sollen, um eine übergreifende Form der Rationalität zu erreichen, die ich als kommunikative Rationalität bezeichne. Die Kontrolle der Gefühle, die Klärung der eigenen Werte und Ziele sowie die Objektivierung der Gefühle künden allesamt von einem umfassenderen Prozeß der Rationalisierung von Intimbeziehungen.

118 Walter J. Ong, »Print, Space, and Closure«, in: David Crowley u. Paul Heyer (Hg.), *Communication in History. Technology, Culture, Society*, New York 1991, S. 110.

Die Abkühlung der Leidenschaft

In Anthony Giddens' Lesart drückt sich im modernen Wandel der Intimität eine Entwicklung hin zu Gleichheit und Emanzipation aus.[119] Jedoch reproduziert Giddens' Analyse leider allzuoft das psychologische Credo (dem zufolge Intimität aus Gleichheit herrührt) und versäumt es, die gesellschaftlichen Konsequenzen des Wandels zu befragen, den sie doch beschreiben will. Wie hat die therapeutische Sprache die Sprache der Intimität verändert? Ich habe sowohl Therapeuten als auch Menschen interviewt, die sich langjährigen Therapien unterzogen haben. Meine Annahme dabei war, daß diese Personen wahrscheinlich am ehesten veranschaulichen können, wie (falls überhaupt) die Sprache der Therapie die Vorstellungen von Intimität und die entsprechenden Praktiken zu prägen vermag.

Matthew ist ein 54jähriger Wissenschaftler, der nach seiner Scheidung für fünf Jahre in Therapie war. Vor sieben Jahren hat er erneut geheiratet, und zwar eine Therapeutin.

INTERVIEWERIN: Sie erwähnten vorhin, daß Ihre [zweite] Frau dieses Kommunikationsideal hat. Können Sie mir das erläutern?
MATTHEW: Nur nebenbei gesagt, ich denke nicht, daß sie an dieses Ideal glaubt, sie weiß, daß Kommunikation auch etwas Negatives sein kann, ich glaube, abstrakt ist ihr das klar, aber in der Praxis fällt es ihr nicht immer leicht, mit negativer Kommunikation umzugehen. Davon abgesehen, insgesamt, ja ...
INTERVIEWERIN: Wenn Sie jemandem erklären müßten, was es heißt, zu kommunizieren, was Leute machen, wenn sie kommunizieren, was in ihnen vorgeht, über welche Arten von Dingen sie sprechen, was das mit ihnen im nachhinein anstellt, wie würden Sie das erklären?
MATTHEW: Die Theorie ist, daß ... Wenn ich mir selbst darüber im klaren bin, was ich will und was ich nicht will, was ich brauche und was ich nicht brauche, und wenn ich Ihnen das mitteilen kann, dann

119 Anthony Giddens, *Wandel der Intimität. Sexualität, Liebe und Erotik in modernen Gesellschaften*, Frankfurt/M. 1993.

haben wir eine größere Chance, eine Situation herbeizuführen, in der wir beide mehr von unseren Bedürfnissen befriedigen können – durch eine Auseinandersetzung und die Verhandlungen, die auf diese Auseinandersetzung folgen. Eine Auseinandersetzung heißt: »Ich will dies nicht tun, ich will lieber das tun« oder »ich brauche dies nicht, ich brauche das«, und weil jeder der beiden Partner in diesem Prozeß die gleichen Rechte hat, gibt es gewissermaßen die Erwartung, daß zwei Dinge passieren werden: Das eine ist, daß es eine Art Optimum geben wird, daß jeder am Ende besser dasteht und die ungelösten Probleme erträglicher sein werden, weil ihnen ein Teilerfolg zugrunde liegt und die Erkenntnis, daß man weiter nicht kommt. Also, eine Art Optimum. Das ist vielleicht nicht perfekt, aber vielleicht sind 20 Prozent nicht gelöst – im Gegensatz zu verschiedenen »dis-utopischen« [dystopischen] Modellen, nach denen wir uns anschreien und 90 Prozent ungelöste Konflikte miteinander haben.

INTERVIEWERIN: Können Sie mir ein Beispiel dafür geben?

MATTHEW: Was mehr von der eigenen Reaktion auf den anderen zum Ausdruck bringt, ist etwas eindeutig Positives oder Negatives; ich mag es, wenn du das tust; ich schätze, was du machst; damit fühle ich mich unwohl; ich bin nicht glücklich mit dem, was ich hier gerade tue; könnten wir einen Weg finden, wie du mehr von meinen Bedingungen erfüllst und ich versuche, mehr von deinen Bedingungen zu erfüllen. Ich glaube, es ist eine Fantasievorstellung, daß auf diese Weise 100 Prozent der Konflikte gelöst werden oder daß dies nicht selbst wiederum andere Probleme nach sich zieht. Ich möchte Ihnen ein Beispiel für eine Auseinandersetzung geben: Bei uns zu Hause gibt es gewisse Spannungen, wenn meine Frau sagt, »du machst die Spüle nie sauber!«, wobei ich denke, daß ich das in 80 oder 90 Prozent der Fälle tue. Mehr und mehr wird mir deutlich, wenn ich das zu hören bekomme, daß ich dann meine Mutter sprechen höre. Meine Frau frustriert das, weil sie sagt, »du gibst mir keine Stimme!«, und ich sage dann, »ich gebe dir eine Stimme, aber ich werde mich darüber aufregen«. Sie sagt: »Gibt es irgendeine Möglichkeit, wie ich dir das sagen kann, ohne daß du dich aufregst?«, und darüber habe ich vielleicht ein oder zwei Jahre nachgedacht, und dann habe ich gesagt, »wahrscheinlich nicht, also hast du die Wahl, entweder nichts zu sagen oder es zu sagen und zu wissen, daß ich mich darüber aufregen werde, aber das ist dann der Preis, den du zahlen mußt. Ich werde dann, nachdem ich mich aufgeregt habe, versuchen, mein Verhalten zu ändern.«

Unlängst haben wir das alles noch mal durchgemacht, was sie sehr deprimiert hat, und diesmal gelang es mir, die Beziehung zu sehen, sie war sehr stabil, aber eingehüllt in Konflikte, und da habe ich versucht nachzudenken. Wenn ich dieses Modell einen Schritt weiterentwickle, könnte ich einen Weg finden, mit jedem Moment klarzukommen, auch wenn eine Reaktion auf eine Kommunikation nichts mehr zu bringen schien. Ich schlug schließlich vor, daß wir ein Notizboard anbringen. Daß wir uns Nachrichten schreiben, statt uns in Worten auszudrücken. Das mag etwas Reelles oder ein Witz sein, aber wie bei einer E-Mail können wir eine Nachricht aufmachen, wenn wir bereit sind, mit ihr umzugehen und nicht im Moment selbst, wir können über sie nachdenken und reflektieren. Ich habe darüber im Unterricht nachgedacht ... Ich dachte, wir haben da einen Konflikt, wo ich mir deinen Scheiß nicht mehr bieten lasse und du dir meinen Scheiß nicht mehr bieten läßt ... So habe ich buchstäblich eine alte Idee aus einem soziologischen Beispiel genommen und überlegt, das als eine Art Puffer zu verwenden. Wir machen das jetzt seit einer Weile, ich glaube nicht, daß das alle Probleme löst, aber wir haben zumindest unser Repertoire erweitert, denke ich.

INTERVIEWERIN: Was bewirken die Nachrichten auf dem Notizboard?

MATTHEW: Sie ermöglichen es mir, eine Kommunikation zu verarbeiten, ohne daß der andere im selben Moment an mir klebt. Sie geben mir also die Freiheit zu hören, ohne daß es mir direkt ins Gesicht gesagt wird, es hat einen gewissen symbolischen Wert, geschrieben zu sein, weil wir beide schreiben und das ein erwachsener Umgang miteinander ist und kein kindlicher, das ist ein »erzieherisches« Verhalten. Auf gewisse Weise hat das ein bißchen was von der Gruppenkultur, und es dämpft gewissermaßen manche der kindlichen, impulsiv reagierenden Züge. Ich bin sicher, daß wir eine Weile darauf zurückgreifen werden, und ich glaube, daß das eine interessante Erfahrung ist, denn wenn einer von uns das Gefühl hat, keine Stimme zu haben, dann gibt es diesen anderen Kanal.

INTERVIEWERIN: Warum stellt es ein Hindernis dar, die Stimme des anderen zu hören?

MATTHEW: Weil es uns an ältere, kindliche Modelle erinnert, die sehr enttäuschend und ohnmächtig usw. usw. sind. Ich kann nicht für sie sprechen, aber so geht es mir auf jeden Fall zum Teil. Ich glaube, ich wurde von meiner Mutter extrem stark kontrolliert, und ich glaube, wenn ich einen mütterlichen Ton höre, dann höre ich meine Frau Sa-

chen zu mir sagen, die ich sie nie zu ihrem Sohn habe sagen hören, niemals, in all den Jahren, die wir zusammenleben. Das habe ich ihr oft so ruhig wie möglich gesagt, und sie hat es immer abgestritten oder gesagt: »Sie haben mit mir aber auch nicht gemacht, was du mit mir machst«, und dann sage ich »vielleicht« und beruhige mich normalerweise, denn wenn ich wütend wäre, würde ich ihr sagen, daß das nicht stimmt, und versuchen, sie zu kriegen. [...] Ich sehe, wie die Jungs in mancher Hinsicht wesentlich passiver in ihrem Kommunikationsverhalten sind, und wir haben unlängst angefangen darüber zu sprechen, daß meine Tochter ihre ambivalenten Gefühle diesbezüglich zur Sprache bringen muß, und meine Frau sagt: »Ich habe genug davon, wenn du unbedingt mußt, dann mach es halt, aber ich werde die Dinge einfach nur aussprechen.« Das hat mir zu denken gegeben, und sie sagte: »Nun, das ist die Kultur deiner Familie, und die Kultur meiner Familie ist eben anders.« Darauf ich: »Okay, das ist zumindest oberflächlich in gewisser Weise neutral, obwohl jeder von uns glaubt, daß seine Familienkultur besser ist ...«, aber ich habe doch darüber nachgedacht, was das bedeutet, und ich glaube, mir vermittelt es das Gefühl, daß wir ein unterschiedliches Modell von Intimität haben. Ihr Modell von Intimität ist: »Ich sage dir etwas, was mich nervt, und dann gehe ich und komm halt damit klar«, und mein Modell ist: »Ich möchte mit dir darüber reden, ich möchte es mit dir teilen, sowohl, um etwas Bestätigung zu bekommen, als auch, um irgendeine Hilfestellung zu kriegen, um anders mit der Sache umgehen zu können.«
Sie hat so ein bißchen den Impuls: »Darüber haben wir doch schon geredet, warum sollten wir darüber schon wieder sprechen müssen?«
Ihre Art [zu reden] ist: »Man soll über alles sprechen, was man empfindet, darüber sprechen, warum man wütend ist und was man dagegen tun kann.« Eines unserer Standard-Konfliktmuster ist, wenn sie sagt, daß ich ihr nicht zuhöre, und ich versuche, sie dazu zu bringen zu sagen, daß alles in Ordnung ist, wenn sie wütend ist. Es gibt da genügend Übereinstimmung mit meinen alten Mustern, daß ich da einiges wiedererkenne. Ich kann ihre Wut nicht ertragen, wenn sie also explodiert, dann greife ich sie am Ende immer an und versuche, sie dazu zu bringen zu sagen, daß sie unrecht hat und ich recht habe. So etwas gibt es schon, und das ist sicher ein Teil meines Bemühens, einen konstruktiveren Zugang zu finden. Ich glaube, daß sie ihre eigenen Themen hat, die sie nicht angeht, daß wir faktisch ziemlich verschiedene Modelle von Intimität haben, und für mich kann diese Intimität einschließen, daß

man seinen Ärger auf unterschiedliche Weisen ausdrückt. Sie regt sich
furchtbar auf, wenn ich laut werde, aber ich habe in den vergangenen
Jahren gemerkt, wenn ich mich über etwas beschweren will, dann sagt
sie oft so etwas wie: »Das höre ich nicht zum ersten Mal, das hast
du schon mal gesagt.« Und ich sage dann immer: »Aber das ist nicht
... diese alten Vorwürfe sind nicht fair, immer sagst du, daß ich das
wieder und wieder tue. Das ist eine Mißachtung, und du machst mich
wütend.« Und dann sie: »Du machst mich wütend, weil du ewig damit
weitermachen willst.« Ich glaube, da ist ein Teil von ihr, der ein rich-
tiges Problem damit hat, ihre eigenen Schattenseiten zu akzeptieren,
solange sie sie nicht definiert. Für sie ist die Art von Kritik, die ich zu
äußern pflege, der Grenzfall, das ist für sie auf einer bestimmten Ebene
sehr schwer zu akzeptieren. So, wie sie mir sagt, daß ich versuche, sie
dazu zu bringen zu sagen, daß sie unrecht hat, versucht sie auch, mich
dazu zu bringen zu sagen, daß ich unrecht habe und sie nicht, nur ist
der Mechanismus ein anderer, zu der unfairen Weise, wie sie streitet,
gehört auch, daß sie ihren Therapeutinnenmantel benutzt, als könnte
sie eine Therapeutin in ihrem eigenen Haus sein, und so fängt sie mit-
ten in unserem Streit mit diesem Diskurs an.

Hier kommen viele interessante Aspekte zur Sprache. Zunächst verfügt dieser Mann – wie alle anderen Interviewten – über ein klares Modell von Kommunikation, zu dem
spezifische und angemessene Sprachmuster, Selbsterkenntnis, die Fähigkeit, sich mit dem Standpunkt eines anderen
zu identifizieren, und die Fähigkeit zum Kompromiß gehören. Zweitens strotzen seine Ausführungen nur so vor
Jargon und Erzählschablonen der Therapie (zum Beispiel
versteht er die Konflikte mit seiner Frau als Wiederholungen von Konflikten aus der Kindheit – »ich glaube, daß sie
ihre eigenen Themen hat«). In seiner Darstellung stehen
Gefühle und das Management von Gefühlen im Vordergrund der ehelichen Beziehung. Dies veranschaulicht, daß
die Therapie neue Modelle von Männlichkeit hervorbringt,
in denen Selbstbeobachtung, der Ausdruck von Gefühlen
und emotionale Selbstüberwachung eine erhebliche Rolle spielen. Diese neuen Formen von Männlichkeit dürften

sich jedoch am ehesten bei Vertretern von Berufen finden
lassen, für die Eloquenz und das Management des Selbst
von ausschlaggebender Bedeutung sind (vgl. unten, Kapitel
6). Drittens ist die Reflexivität dieses Mannes unübersehbar,
da er seine Gefühle und die Art, wie er sie kommuniziert,
permanent beobachtet. Darüber hinaus zeigt das Interview,
daß Sprache – oder vielmehr ein metasprachliches Modell
von Kommunikation (ein Modell über Kommunikation)
– im Zentrum von Beziehungen steht, ja, in ihnen auch auf
dem Spiel steht. Beispielsweise betrifft einer der Gründe,
warum Matthew sich mit seiner Frau streitet, die Art und
Weise, wie jeder von ihnen streitet und seine Verärgerung
zum Ausdruck bringt. Worum es in ihren Disputen geht, ist
der jeweilige emotionale Stil, an dem beide bewußt festhalten und über den sie debattieren. Dies legt nahe, daß das
Kommunikationsmodell zumindest unter Angehörigen der
Mittelschicht eine genau umschriebene und festetablierte
kulturelle Kognition ist. Viertens sind Matthew und seine
Frau überaus bewandert im Jargon und den Techniken der
Therapie. Doch scheint ihnen dies nicht nur nicht dabei zu
helfen, Streitigkeiten aus dem Weg zu gehen, sondern diese
noch zu fördern. Reflexivität bringt Endlosschleifen unbe-
friedigter Bedürfnisse hervor, Modelle, *wie Kommunikation betrieben werden sollte*, und verschärft die Standards,
anhand derer Beziehungen beurteilt, gemessen und damit
konkretisiert werden. Die Auffassung des Paars, ihre Konflikte rührten von Kindheitserlebnissen her, hilft ihnen, diese Konflikte zu erklären, verdinglicht sie aber zugleich. Zu-
sätzlich erzeugt der bloße Umstand, daß Matthews Frau ein
klar formuliertes Konfliktlösungsmodell hat, dem er nicht
zustimmt, ein weiteres Feld von Meinungsverschiedenheiten. Als letzten Punkt sollte man sich bewußtmachen, wie
sehr das Intimleben dieses Mannes sowohl von Gefühlen als
auch von Selbstkontrolle geprägt ist. Wie er ja selbst sagt,
unternimmt er große Anstrengungen, um seine Gedanken,

seine Gefühle und sein Verhalten zu kontrollieren. Um besser über seinen eigenen emotionalen Stil gebieten zu können, greift er auf die Technik des Schreibens (auf einem Notizboard) zurück, eine Technik, die zweifellos darauf abzielt, die für Interaktionen von Angesicht zu Angesicht typische Reaktionsfreudigkeit und Spontaneität abzumildern und eine Distanz zwischen seinen unmittelbaren Gefühlsreaktionen und seinen Zielen herzustellen. Was dieses Interview also aufzeigt und enthüllt, ist die widersprüchliche kulturelle Struktur der zeitgenössischen Intimität, die zwischen einer dichten Emotionalität und Prozessen der Rationalisierung von Empfindungen hin- und hergerissen ist. In Kapitel 6 wird deutlicher werden, daß eine solche Struktur eher für die Mittelschicht als für die Arbeiterschaft charakteristisch ist.

Mein Interview mit Margaret, einer 42jährigen Kommunikationsberaterin, bietet ein weiteres Beispiel für einige Aspekte dieser Dynamik.

MARGARET: Ja, wir haben eine Standard-, wir haben üblicherweise eine Auseinandersetzung ... Tatsächlich, wir haben nur eine Auseinandersetzung, das ist schon interessant, und es ist mir aufgefallen, es geht darum, daß ich etwas tue oder sage, was meinem Mann peinlich ist oder ihn schlecht draufbringt, normalerweise vor Leuten, und dann wird er sehr kindisch und aggressiv, wo auch immer wir sind, spricht den ganzen Abend nicht mehr mit unserem Gastgeber oder unserem Gast, und wenn wir dann im Auto sind und ich ihn frage, was los ist, weil er nichts sagt, dann schimpft er auf mich ein, was für eine schreckliche Person ich bin. [...] Normalerweise sage ich dann so was wie »ich habe X vor drei Tagen zu dir gesagt, und es hat dich nicht geärgert, warum also bist du heute abend so?«, versuche im wesentlichen, das Ganze etwas vernünftiger anzugehen, und das endet dann damit, daß ich dichtmache, weil er mich persönlich angreift, aber nicht sagt, worum es eigentlich geht, er will nur, daß ich mich entschuldige und genauso kindisch bin wie er. Ich habe bestimmt nichts getan, was ich in jenem Moment nicht tun wollte, und ganz gewiß wollte ich ihn nicht verletzen, ich wußte ja nicht ... Ich entschuldige mich für das Ergebnis

– »ich bedauere, daß du so schlecht drauf bist, ich hatte keine Ahnung, daß das dabei herauskommen würde« –, er aber will, daß ich sage, »ich bereue, daß ich X gesagt habe«, und ich werde mich nicht für etwas entschuldigen, was ich getan habe. Ich bedauere oft das Ergebnis, aber ich kann nicht bereuen, was ich getan habe. Das sind dumme kleine Streitereien, die aber Ausmaße annehmen, und dann sprechen wir zwei oder drei Tage lang nicht miteinander. Dazu kommt es aber nicht sehr oft. Vielleicht mittlerweile alle sechs bis zwölf Monate, zum Teil, weil er sich sehr verändert hat. Ich sehe nicht, daß ich groß anders bin, aber er ist damals bei der Ungerechtigkeit sehr laut geworden. Ich glaube nicht, daß er ein hohes Selbstwertgefühl hatte, das wächst jetzt, glaube ich, jetzt sagt er, »warum hast du das gesagt?«, was ich prima finde, und wir können über all das sprechen. Das ist also unsere Auseinandersetzung, wir hatten gerade eine, und ich erinnere mich an sie, weil es große Auseinandersetzungen sind und ich einfach nicht mit ihm reden kann, wenn er so irrational ist und seine Entschuldigung kriegen will und ich sie ihm einfach nicht geben kann. Ich bin sicher, daß da irgend etwas dahintersteckt, aber das ist jedenfalls unser Streit, das ist der einzige, den wir haben, über alles andere können wir reden, selbst über die Sache mit dem Saubermachen, am Ende setze ich mich mit ihm hin und rede mit ihm darüber: »Daß du alles so herumliegen läßt, macht mich X.« Also das kriegen wir schon hin, aber das andere wird nie geklärt.

Auch hier strukturieren die kulturellen Rahmenbedingungen der Therapie die Art und Weise, wie diese Frau ihre Konflikte versteht. Die Befragte versteht das Problem ihres Mannes als eines des »Selbstwertgefühls«. Wie im Falle des vorangegangenen Interviews müssen Streitigkeiten durch faire Prozeduren des Sprechens geregelt werden und auf diesen Rahmen beschränkt bleiben. Auch hier ist der Streit einer über die korrekte Prozedur des Streitens. Und auch in diesem Interview wird deutlich, daß der Gebrauch rationaler Verhaltensmodelle tief in intime soziale Bindungen eingeschrieben ist.

Wie sollen wir die Konsequenzen einer solcher Rationalisierung interpretieren? Um diese Frage zu erörtern, möchte ich mich auf Georg Simmels Theorie der Arbeit beziehen, wie Jorge Arditi und Ann Swidler sie zusammengefaßt haben.[120] Wie Arditi erklärt, formulierte Simmel eine Theorie der Entfremdung, der zufolge die Verarmung des Privatlebens eine Folge der zunehmenden Trennung unserer direkten, unvermittelten Erfahrung der Welt von der immer dichteren Welt der Objekte und Ideen ist, die produziert werden, um sich sozusagen außerhalb unserer Erfahrung einen Reim auf die Welt unserer Erfahrung zu machen. Für Simmel gehen wir der Einheit verlustig, die nötig ist, damit solche Objekte bedeutungsvoll bleiben können, wenn wir eine unüberschaubare und komplexe objektive Kultur hervorbringen, wie unsere das zweifellos ist. Laut Arditi muß es für Simmel eine hohe Übereinstimmung zwischen dem Objekt und dem Subjekt der Erfahrung geben, damit unsere Erfahrung existentiell bedeutungsvoll bleiben kann. Zu lieben heißt somit für Simmel, den anderen direkt und ganz zu erfassen. Es heißt, daß kein soziales oder kulturelles Objekt zwischen dem Liebenden und dem Geliebten liegt und daß kein intellektuelles Element oder äußeres kulturelles Objekt eine Rolle in der Erfahrung des Liebens spielt. Das Nichtrationale ist gerade das, was es ermöglicht, einem Objekt direkt Bedeutung zuzuschreiben, ohne Vermittlung durch intellektuelle Konstruktionen. Wenn wir jemanden lieben, dann versehen wir diese Person mit einer Bedeutung, die sich daraus herleitet, sie als eine ganze zu erfahren. Dann und nur dann können wir die existentielle Partikularität des anderen erfahren und mit ihm verschmelzen. Wie Arditi treffend formuliert, führt die intellektuelle Erfahrung – für Weber das Wesen der Rationalität – somit notwendigerweise eine Distanz zwischen mich und das Objekt ein. Für Simmel bedeutet die zunehmende Rationalisierung der modernen Gesellschaften eine merkliche Vergrößerung der Distanz zwischen Subjekten und Objekten. An dieser Stelle hat Ar-

120   Jorge Arditi, »Simmel's Theory of Alienation and the Decline of the Nonrational«, in: *Sociological Theory* 14 (Juli 1996), S.93-108.

diti in den Fußstapfen Simmels eine sehr interessante Idee, daß nämlich soziale Distanz nicht vom Fehlen gemeinsamer Eigenschaften herrührt, sondern vom abstrakten Charakter dieser Züge. Um es etwas anders auszudrücken: Ferne rührt von dem Umstand her, daß Menschen eine standardisierte Sprache teilen, eine abstrakte Weise, Beziehungen zu erfassen und sich einen Reim auf sie zu machen. Daß wir also in wachsendem Maße über Kulturtechniken verfügen, um Intimbeziehungen zu standardisieren, über sie zu sprechen und sie in einer verallgemeinerten Form zu managen, schwächt das Potential für Nähe, für die Übereinstimmung von Subjekten und Objekten, für die Möglichkeit der Verschmelzung. Wenn eine Beziehung immer stärker verallgemeinert und intellektualisiert wird, verliert die Liebe ihren unmittelbaren Charakter, und sowohl das Gefühl als auch das Liebesobjekt werden schließlich in Begriffen interpretiert, die der inneren Erfahrung des Selbst fremd sind. Wie diese Analyse wiederum nahelegt, ist das Private nicht nur politisch, sondern es wird von der zeitgenössischen Politik des Gefühls tiefgreifend umgewandelt.

Schluß

Oberflächlich betrachtet ist die therapeutische Kultur eine Reaktion auf eine abstumpfende technisch-bürokratische Entzauberung. Mit ihrer Betonung der Einzigartigkeit des Individuums, mit ihrem nachdrücklichen Akzent auf der Lust und der Selbstbeobachtung ist die therapeutische Kultur auf den ersten Blick eine kulturelle Großanstrengung, um Sinn und Gefühl in einer Welt ansonsten öder und technischer Bedeutungen zurückzugewinnen. Der Prozeß jedoch, den ich hier offengelegt habe, ist ein ganz anderer: Im selben Moment, in dem sie ein reichhaltiges und ausgefeiltes Vokabular der Innerlichkeit und der Gefühle verfügbar gemacht hat, hat die Therapie eine Standardisierung und Rationalisierung des Gefühlslebens eingeläutet. Die kulturelle Originalität des therapeutischen Diskurses liegt darin, daß er die Emotionen durch eine intensive Emotionalisierung der romantischen Bindung rationalisiert hat. Die Beziehungen emotionaler zu machen ging – wie zuvor in der Unternehmenswelt – Hand in Hand damit, sie rationaler zu machen. Die Untersuchung der Sphäre der Intimität legt also die andere Seite jenes Prozesses eines »emotionalen Kapitalismus« frei, den ich im vorangegangenen Kapitel zu enträtseln begonnen habe, nämlich die Verquickung und Intensivierung emotionaler und ökonomischer kultureller Modelle zu dem Zweck, soziale Beziehungen zu gestalten.[121]

Indem sie eine reflexive Haltung gegenüber Gefühlen einnahm, die für das Selbst essentiell sind, und indem sie ein Modell der bindungslosen Herrschaft über die eigenen Gefühle postulierte, trug die therapeutische Kultur paradoxerweise zu einer Trennung von Gefühl und Handeln bei. Indem sie darauf bestand, daß die Regeln, denen der Ausdruck der Gefühle unterliegt, reflexiv gelernt werden müssen, machte der therapeutische Diskurs das Gefühlsleben zu einer Frage des prozeduralen und reflexiven Überwachens des Selbst, und dies speziell für Angehörige der Mittelschicht und vielleicht noch spezieller für Frauen. Ich denke, daß hier womöglich ein großes Feld von Unterschieden zwischen verschiedenen Kategorien der Gefühlskultur liegt und daß diese Unterschiede die Mittelschicht von den Männern und Frauen der Arbeiterschicht trennen. Tatsächlich haben die emotionalen Bruchlinien in unserer Gesellschaft, wie in Kapitel 6 deutlich werden wird, womöglich immer weniger mit Unterschieden zwischen männlicher und weiblicher Emotionalität zu tun als mit Unterschieden zwischen der Arbeiter- und der Mittelschicht. Auch mögen emotionale

---

121   Eva Illouz, *Gefühle in Zeiten des Kapitalismus. Frankfurter Adorno-Vorlesungen 2004*, Frankfurt/M. 2006.

Unterschiede weniger mit dem emotionalen Inhalt – welche Emotionen gefühlt werden – zu tun haben als mit emotionalen Regeln und Stilen, *wie* Angehörige verschiedener gesellschaftlicher Gruppen sich auf das Reich der Gefühle einlassen oder sich aus ihm ausklinken. Die Gefühlskultur der Mittelschicht ist durch eine eindringliche Selbstprüfung und Reflexivität gekennzeichnet, und wenn eine solche Reflexivität auch unter Frauen ausgeprägter ist, so sind die Männer doch ebenfalls von der im vorliegenden Kapitel beschriebenen Rationalisierung der Intimität betroffen. Dies wiederum lädt zu einer Überprüfung der Art und Weise ein, wie wir die Geschlechtertrennung anhand der Frage der Vernunft denken. Genevieve Lloyd hat wie viele andere feministische Gelehrte betont, daß die Vernunft lange Zeit mit dem männlichen Standpunkt gleichgesetzt worden ist.[122] Ein solcher männlicher Vernunftgebrauch ist durch die Trennung von Vernunft und Gefühl und die Vorherrschaft der instrumentellen Vernunft charakterisiert. Wie ich aber in diesem Kapitel zu zeigen versucht habe, deutet die durchgreifende Rationalisierung der Privatsphäre nicht nur darauf hin, daß die Gefühlskultur der Frauen aus der Mittelschicht in hohem Maße rationalisiert ist, sondern auch, daß die Rationalität der männlichen Vertreter der Mittelschicht stark mit Gefühlen durchsetzt ist. In den nächsten beiden Kapiteln möchte ich zeigen, daß die vom Diskurs der Therapie angebotenen kulturellen Modelle sich zunehmend in ein geschlechtsblindes Narrativ übersetzen (Kapitel 5) und den Charakter der Ressourcen selbst transformieren, die von den Akteuren in ihren sozialen Kämpfen verwendet werden (Kapitel 6).

122 Genevieve Lloyd, *Das Patriarchat der Vernunft: »männlich« und »weiblich« in der westlichen Philosophie*, Bielefeld 1985.

5.
Der Triumph des Leidens

Er [der Leiter der Selbsthilfegruppe] freute sich immer
auf die zweite Sitzung. Zeit, an die Arbeit zu gehen
und die Geheimnisse zu enthüllen,
die das Ganze überhaupt interessant machten.
Gewiß, schon der Prozeß an sich war sehr erfüllend –
zu sehen, wie all diese beschädigten Menschen
gesund zu werden begannen und die ersten Schritte
in Richtung ihres neuen Lebens machten.
Aber was er wirklich liebte, das waren die Geschichten:
das reiche Muster des Lebens, dessen Komplexität
sich vor seinen Augen entwirrte. [...]
Vielleicht war die Gruppe das Nähzeug,
mit dessen Hilfe die Leute sich wieder zusammenflickten,
ein bißchen zerzauster diesmal, aber auch interessanter.
— Kate Harrison

Nur was nicht aufhört, weh zu tun, bleibt im Gedächtnis.
— Friedrich Nietzsche

Es scheint mir die Möglichkeit zu geben,
die Fiktion in der Wahrheit zum Arbeiten zu bringen.
— Michel Foucault*

1859 veröffentlichte Samuel Smiles ein Buch, das es zu
großer Popularität bringen sollte. *Self-Help* enthielt eine
Reihe biographischer Porträts von Männern, die sich aus
dem Nichts heraus zu Ruhm und Reichtum hochgearbeitet
hatten. (Selbsthilfe war eine männliche Domäne; für Frauen

---

* Die Motti stammen aus Kate Harrison, *The Starter Marriage*, London
2005, S. 75; Friedrich Nietzsche, *Zur Genealogie der Moral*, in: *Sämtliche
Werke*, hg. von Giorgio Colli u. Mazzino Montinari, München 1980, Bd. 5,
S. 295; Michel Foucault, »Die Machtverhältnisse durchziehen das Körper-
innere. Ein Gespräch mit Lucette Finas«, in: ders., *Dispositive der Macht.
Über Sexualität, Wissen und Wahrheit*, Berlin 1978, S. 117.

war in Geschichten von Erfolg, Selbständigkeit und Selbstvertrauen wenig bis kein Platz.) Das beliebte Buch trug starke Argumente für die viktorianischen Vorstellungen von
individueller Verantwortung vor. Mit dem Optimismus und
moralischen Voluntarismus, der für den Fortschrittsglauben
des 19. Jahrhunderts bezeichnend war, beschwor Smiles den
»Geist der Selbsthilfe, energischer individueller Thätigkeit«.
»Es fanden sich immer eine Reihe von Individuen, die sich
vor anderen auszeichneten, sich über die Menge erhoben
und von ihr verehrt wurden.« Ihre Leben, schrieb er, lehren
uns, edel zu denken, und sind Musterbeispiele für entschlos-
sene Arbeit, Rechtschaffenheit und einen »wirklich edlen
und männlichen Charakter«. Die Kraft der Selbsthilfe, fuhr
Smiles fort, ist die Kraft eines jeden einzelnen, selbst erfolgreich zu sein. Insofern hatte die Selbsthilfe eine entschieden
demokratische Note, konnte sie doch »sogar Menschen aus
dem niedrigsten Stande befähigen[,] sich ein anständiges
Auskommen und einen guten Ruf zu erwerben«.[1]

Sechzig Jahre später hielt Freud kurz vor Ende des Ersten
Weltkriegs eine Ansprache vor seinen psychoanalytischen
Kollegen, in der er eine so großartige wie pessimistische
Vision der künftigen psychoanalytischen Arbeit entwarf:
»Gegen das Übermaß von neurotischem Elend, das es in
der Welt gibt und vielleicht nicht zu geben braucht, kommt
das, was wir davon wegschaffen können, quantitativ kaum
in Betracht. Außerdem sind wir durch die Bedingungen
unserer Existenz auf die wohlhabenden Oberschichten
der Gesellschaft eingeschränkt [...].« Und er fügte hinzu:
»Für die breiten Volksschichten, die ungeheuer schwer unter den Neurosen leiden, können wir derzeit nichts tun.«
Seiner eigenen Forderung nach einer Demokratisierung der
Psychoanalyse zum Trotz zweifelte Freud an der Bereit-

---

1 Samuel Smiles, *Selbst ist der Mann. Charakterskizzen und Lebensbil-
der. Dritte, sorgfältig durchgesehene Auflage von Smiles' »Hilf dir selbst«,*
Colberg 1881, S. 6 ff.

schaft des Armen, auf seine Neurose zu verzichten, »weil das schwere Leben, das ihn erwartet, ihn nicht lockt, und das Kranksein ihm einen Anspruch mehr auf soziale Hilfe bedeutet.« Glaubte Smiles, daß der einfache oder arme Mann sich durch Nüchternheit, Ausdauer und Energie über die gewöhnlichen Prüfungen des täglichen Lebens erheben könnte, eröffnete Freud die beunruhigende Möglichkeit, daß weder die Psychoanalyse noch die Armen »das Übermaß von neurotischem Elend« beseitigen würden, weil die Arbeiter, wie er so überzeugend erklärte, ihre sittliche und geistige Not einer Heilung vorzögen.[2] Im Gegensatz zum Selbsthilfeethos eines Samuel Smiles, dem zufolge moralische Festigkeit über die eigene soziale Position und Bestimmung entscheiden konnte, besagte Freuds pessimistisches Bild von Seele und Gesellschaft, daß schon allein die Fähigkeit, sich selbst zu helfen, durch die Klassenzugehörigkeit bedingt war und genauso wie andere Momente der seelischen Entwicklung beeinträchtigt werden konnte. Hatte die seelische Entwicklung einmal Schaden genommen, war dies nicht durch schiere Willenskraft zu heilen. Allein die wissenschaftliche, mühevolle (und kostspielige) Arbeit des Analytikers konnte zur Verbesserung des Selbst beitragen. Indem er die Psychoanalyse zum einzigen Weg der Rettung der Seele machte, implizierte Freud, daß die Selbsthilfe nicht auf moralischer Beständigkeit, Tugend und Willenskraft aufbauen konnte, da das Unbewußte die Entscheidungen des Bewußtseins auf vielen raffinierten Wegen auszutricksen vermochte. Wenn das Unbewußte den Entschluß, sich selbst zu helfen, zu sabotieren in der Lage war, dann bedeutete dies wiederum, daß die Freudsche Perspektive zumindest anfangs nicht mit jener Industrie zu vereinbaren war, zu der sich die Selbsthilfe entwickeln sollte. Auch handelte es sich

2 Sigmund Freud, »Wege der psychoanalytischen Therapie«, in: *Gesammelte Werke*, Bd. 12, *Werke aus den Jahren 1917-1920*, Frankfurt/M. 1999, S. 192 f.

beim »moralischen Rückgrat« und dem »eisernen Willen«
um Symptome genau des Problems (nämlich der Neurose),
an dessen Lösung die Psychoanalyse arbeitete.

So standen Smiles und Freud am Ende des 19. und zu Beginn des 20. Jahrhunderts an den entgegengesetzten Enden
des moralischen Diskurses über das Selbst: Smiles' Ethos
der Selbsthilfe machte den Zugang zu Mobilität und zum
Markt von der Ausübung einer Tugend abhängig, die durch
den kombinierten Effekt von Willenskraft und moralischem
Rückgrat zu erreichen war. In Freuds Theoriegerüst aber
war kein Platz für Selbsthilfe und Tugend. Die Familienerzählung im Zentrum des Freudschen Paradigmas war nämlich nicht linear, sondern figurativ angelegt, um mit Erich
Auerbach zu sprechen. Die figurative Erzählform ist der li-
nearen oder horizontalen insofern entgegengesetzt, als sie
»zwei kausal und chronologisch weit voneinander entfern-
te Ereignisse kombiniert, indem sie ihnen eine gemeinsame
Bedeutung zuschreibt«.[3] Während der Selbsthilfegedanke
postulierte, daß das Leben aus einer Reihe akkumulierter
Leistungen bestand und sich schrittweise entlang einer horizontalen Zeitachse entfaltete, ging die Freudsche Auffassung
des Selbst davon aus, daß viele unsichtbare Linien zwischen
Schlüsselereignissen der eigenen Kindheit und der späteren
seelischen Entwicklung gezogen werden mußten; ein Men-
schenleben entfaltete sich nach dieser Konzeption nicht in
linearer, sondern in zyklischer Form. Darüber hinaus bildete
für Freud nicht Erfolg, sondern Gesundheit das neue Ziel
der Seele, und diese Gesundheit hing nicht vom schieren
Willen des Patienten ab, weil sich eine Heilung sozusagen
hinter dem Rücken seines Cogito und Willens vollzog. Nur
Übertragung, Widerstand, Traumarbeit und freie Assozia-

3 Erich Auerbach, zitiert nach Melvin J. Woody, »The Unconscious
as a Hermeneutic Myth. Defense of the Imagination«, in: James Phillips
u. James Morley (Hg.), *Imagination and Its Pathologies*, Cambridge, MA
2003, S. 191.

tion – nicht Wille oder Selbstkontrolle – konnten zu einer seelischen und letztlich sozialen Transformation führen. Und zuletzt ließ sich die seelische Heilung nicht demokratisch und gleichmäßig in der Gesellschaft verteilen. Freud ging ja davon aus, daß die Therapie ein unausgesprochenes gesellschaftliches Privileg war.

Ein kurzer Blick auf die heutige amerikanische Kultur genügt jedoch, um zu sehen, daß eine mächtige Allianz zwischen Smiles' Ethos der Selbstverbesserung und freudianisch inspirierten Begriffen wie dem Kindheitstrauma, selbstzerstörerischen Verhaltensmustern und unbewußten Konflikten allgegenwärtig ist. Während Freud an der Möglichkeit einer Heilung aus eigener Kraft zweifelte, hämmert uns heute eine gewaltige Selbsthilfeindustrie – die sich mit Themen wie Intimität, Kindererziehung, Führungsstärke, Scheidung, Durchsetzungsvermögen, Wutmanagement, Diät und Wohlbefinden befaßt – unbarmherzig Smiles' Botschaft ein, daß Selbsthilfe für jedermann zu haben ist. Durch eine ironische Wendung der Geschichte hat dieses Selbsthilfeethos gehörig freudianische Züge angenommen, umfaßt es doch zentrale Freudsche Grundsätze wie etwa die Behauptungen, daß ein Großteil unserer Identität unbewußt ist, daß die emotionale Konstitution dieser Identität höchst widersprüchlich ist, daß die meisten unserer Konflikte innere und nicht äußere Ursachen haben und daß sie durch eine angemessene verbale Steuerung des eigenen Selbst und der eigenen Psyche überwunden werden können.

Die unmittelbare Nachbarschaft von Psychologie und Selbsthilfe – die ursprünglich kulturelle Gegenpole gebildet hatten – ist nur ein Beispiel von vielen, wie scheinbar inkompatible kulturelle Bezugssysteme verschmelzen können, um ein hybrides kulturelles System hervorzubringen, das sich von beiden Ausgangssystemen unterscheidet. Zu einer solchen Allianz kam es, weil die Sprache der Psychotherapie aus dem Reich der Experten hinaus- und in das

Reich der Populärkultur hineindrängte, wo sie sich mit
diversen anderen Schlüsselkategorien der amerikanischen
Kultur wie dem Streben nach Glück, Selbständigkeit und
Selbstvertrauen sowie dem Glauben an die Perfektionier-
barkeit des Selbst verbündete und verschränkte. Tatsächlich konnten die Freudschen Prämissen über das Selbst Einzug ins Herz der amerikanischen Kultur halten, nachdem
seine Perspektive durch andere Theoretiker hinreichend
modifiziert worden war, um Platz für die Idee der Perfek-
tionierbarkeit des Selbst zu schaffen.

In diesem Kapitel möchte ich über den Prozeß nachdenken, in dessen Verlauf die Allianz zwischen dem therapeutischen Diskurs und dem Ethos der Selbsthilfe eine Erzählung
des Selbst hervorgebracht hat, die den autobiographischen
Diskurs – also wie Lebensgeschichten in interpersoneller Interaktion begriffen, erzählt und verhandelt werden
– und damit zugleich die Konzeptionen von Identität tiefgreifend veränderte. Weil er sich verschiedenen kulturellen
Überzeugungen anzupassen und diese in sich aufzunehmen
vermochte, hat der psychologische Diskurs seinen Einflußbereich im Laufe des 20. Jahrhunderts kontinuierlich erweitert, um heute die Erzählungen des Selbst und der Identität zu strukturieren. Die Dauerhaftigkeit einer kulturellen
Struktur steht nicht im Gegensatz zum Wandel, ist es doch
gerade oft der Wandel, der sie erklärt. Wir müssen also be-
greiflich machen, wie sich, um mit Orlando Patterson zu
sprechen, »Identität durch die vielen Quellen des Wandels
hindurch erhält«.[4]

Die therapeutische Erzählung wurde an einer ganzen
Reihe von sozialen Schauplätzen wie Selbsthilfegruppen
und Selbstentblößungstalkshows in Szene gesetzt und hat
eine Vielzahl kultureller Bedeutungen in sich aufgesogen,

4 Orlando Patterson, »Culture and Continuity. Causal Structures in
Socio-Cultural Persistence«, in: Roger Friedland u. John Mohr (Hg.), *Matters of Culture. Cultural Sociology in Practice*, New York 2004, S. 82.

unter denen vor allem der Feminismus und die »New Age-
Bewegung« herausragen. Im Zuge seiner weiten Verbreitung entwickelte sich das therapeutische Ethos von einem
Wissenssystem zu etwas, das Raymond Williams »Gefühls-
struktur« nennt.[5] Dieser Begriff bezeichnet zwei entgegen-
gesetzte Phänomene: »Gefühle« verweisen auf eine unfertige Erfahrung, die definiert, wer wir sind, ohne dieses »wer
wir sind« artikulieren zu können. Der Begriff der Struktur
jedoch deutet darauf hin, daß dieser Erfahrungsebene ein
Muster zugrunde liegt, sie also systematisch und nicht plan-
los ist. Die therapeutische Selbsthilfekultur ist fürwahr ein
zwangloser und beinahe rudimentärer Aspekt unserer sozialen Erfahrung, doch ist sie zugleich ein tief internalisiertes
kulturelles Schema, das unsere Wahrnehmung unserer selbst
und der anderen, unsere Autobiographien und unsere zwischenmenschlichen Interaktionen organisiert.[6] Wenn wir
verstehen wollen, wie die Psychologie sich zu einer solchen
allgegenwärtigen und unbewußten kulturellen Struktur
entwickelte, müssen wir verstehen, wie und warum sie in
verschiedene kulturelle Arenen ausstrahlte und zu einem Bestandteil der mentalen und emotionalen Ausrüstung der Akteure wurde. Die Frage der Dauerhaftigkeit einer kulturellen
Struktur bringt uns somit zwangsläufig zur Frage ihrer Tiefe
zurück,[7] die ihrerseits zu einer der zentralen theoretischen
Fragen der Kultursoziologie umformuliert werden kann:
Wie übersetzt sich (die therapeutische) kulturelle Struktur
in die »Mikropraktiken« des Rechenschaft-von-sich-selbst-
Ablegens, des Erzählens der eigenen Lebensgeschichte und
der Erklärung des Verhaltens anderer? Das vorliegende Ka-

---

5 Raymond Williams, *Marxism and Literature*, Oxford 1977.
6 Terry Eagleton, *Ideologie. Eine Einführung*, Stuttgart u. Weimar
1993.
7 Den Begriff der »Tiefe« diskutiert William H. Sewell Jr., »A Theory of
Structure. Quality, Agency, and Transformation«, in: *American Journal of
Sociology* 98, Nr. 1 (1992), S. 1-29.

pitel versucht die (therapeutische) kulturelle Struktur in ihrer ganzen Dimension und Reichweite zu erfassen, indem es diesen Doppelaspekt untersucht.

Warum die Therapie triumphierte

Daß die therapeutische Perspektive sich zu einer in den Mikropraktiken der Akteure realisierten kulturellen Struktur entwickelte, verdankt sich einer Reihe von Faktoren: theorieinternen Entwicklungen der Psychologie; der staatlichen Institutionalisierung des therapeutischen Diskurses; dem zunehmenden gesellschaftlichen Einfluß der Psychologen; der Rolle von Versicherungsgesellschaften und pharmazeutischer Industrie bei der Regulierung von Pathologien und Therapien; schließlich dem Gebrauch, den verschiedene zivilgesellschaftliche Akteure von der Psychologie machten. All diese Faktoren erklären, wie die Therapie sich des Selbst in Form einer starken Erzählung bemächtigte – einer Erzählung, deren wichtigste Aufgabe darin besteht, diverse biographische Brüche in den Griff zu bekommen. Derartige Brüche sind etwa Scheidungen, Trauerfälle, Arbeitslosigkeit, die soziale Unsicherheit, die unserer postmodernen Lebensform bei der wachsenden Komplexität von Wirtschaft und Kultur anhaftet, sowie Probleme im Zusammenhang mit der »Größe« des Selbst (Luc Boltanski), also der Frage, als wie groß oder klein man sich selbst definiert (was zu »Pathologien« führen kann, etwa einem Mangel an Selbstachtung, Selbstvertrauen und Durchsetzungsvermögen).

Theorieinterne Entwicklungen der Psychologie

Wie wir in Kapitel 2 gesehen haben, konnte die Freudsche Psychologie an die ausgesprochen populäre »Mind-cure«-Bewegung des 19. Jahrhunderts anknüpfen, die sowohl die

Christliche Wissenschaft als auch verschiedene andere Formen von »Gesundheitsmystizismus«[8] umfaßte. William James zufolge hatte diese Bewegung »eine ausgesprochen optimistische Vorstellung vom Leben, mit sowohl einer spekulativen als auch einer praktischen Seite«, deren Hauptanliegen die »systematische Pflege des gesunden Geistes« war.[9] Der Protestantismus machte sich besonders für eigeninitiatives Handeln stark, wie sich überhaupt in Amerika selbsthilfeorientierte Lebensstrategien gerne mit populären Religionen verbanden, so daß sich Spiritualität und Selbsthilfe zu zentralen Aspekten der amerikanischen Kultur entwickelten. Dieses grundlegende Element der amerikanischen Kultur war nicht leicht mit dem pessimistischen und deterministischen Grundzug der Freudschen Theorie zu vereinbaren.

Tatsächlich konnte sich die Psychoanalyse in der amerikanischen Populärkultur ausbreiten, weil ihr dieser trostlose Determinismus zum Großteil ausgetrieben wurde. Alternative psychologische Theorien – die optimistischere und offenere Vorstellungen der Selbstentwicklung im Angebot hatten – konnten sich also problemlos etablieren. Neben Ernst Kris und Rudolph Loewenstein spielte Heinz Hartmann eine überaus wichtige Rolle, als es darum ging, die Psychoanalyse an die zentralen Werte der amerikanischen Kultur anzupassen. Für Ich-Psychologen bildet nicht das Es, sondern das als Anpassungsmechanismus verstandene Ich die Grundlage menschlicher Verhaltensweisen und Funktionen. Mochten sich ihre Anschauungen auch unterscheiden, so lehnten doch Psychologen wie Alfred Adler, Erich Fromm, Karen Horney und Albert Ellis den Freudschen Determinismus der Seele durchweg ab und bevorzugten ein

8 Vgl. Eva Moskowitz, *In Therapy We Trust. America's Obsession with Self-Fulfillment*, Baltimore 2001.
9 William James, *Die Vielfalt religiöser Erfahrung. Eine Studie über die menschliche Natur*, Frankfurt/M. 1997, S. 125, 122.

flexibleres Bild des Selbst mit unbestimmtem Ausgang, womit sich neue Möglichkeiten für eine bessere Vereinbarkeit der Psychologie und der moralischen Vorstellungen von der Person ergaben. Für Alfred Adler beispielsweise stehen Bewußtes und Unbewußtes gleichermaßen im Dienst des Individuums, das diese nutzt, um persönliche Ziele zu verfolgen. Dieser Auffassung zufolge konnte sich das Verhalten einer Person im Laufe ihrer Lebenszeit ändern, wofür einerseits die unmittelbaren Erfordernisse einer Situation, andererseits langfristige Ziele, wie sie einem Lebensstil inhärent sind, den Ausschlag gaben. Die Menschen verfolgen Ziele, die sie sich selbst ausgesucht haben, weil sie sich von ihnen einen Platz in der Welt, Sicherheit und Selbstachtung versprechen. Wie Adler bestand auch Albert Ellis auf der Wichtigkeit des Handelns und betrachtete das Leben als dynamisches Streben. Erik H. Eriksons *Kindheit und Gesellschaft*, 1950 in den Vereinigten Staaten erschienen, bildete einen weiteren Wendepunkt für die Integration der Psychoanalyse in den Mainstream der amerikanischen Kultur.[10] Erikson wandte sich vom früheren psychodynamischen Denken ab und ging von rationaleren und somit bewußteren Entscheidungsprozessen und Problemlösungsstrategien aus. Während Freud glaubte, das Ich ringe um die Lösung von Konflikten zwischen Triebregungen und moralischen Zwängen, wurde es von Erikson als autonomes System behandelt, das sich mittels Wahrnehmung, Denken, Aufmerksamkeit und Gedächtnis mit der Realität auseinandersetzt. Infolge dieser Betonung der Anpassungsfunktion des Ichs sprach Erikson der Person die Kompetenz zu, im Laufe ihrer Entwicklung mit verschiedenen Umwelten zurechtzukommen.[11] Während Freud sich mit dem Einfluß der Eltern auf die Persönlichkeitsbildung des Kindes befaßte, betonte Erikson

10   Erik H. Erikson, *Kindheit und Gesellschaft*, Stuttgart [13]1999.
11   Larry A. Hjelle u. Daniel J. Ziegler, *Personality Theories. Basic Assumptions, Research, and Applications*, New York [3]1992, S. 188 f.

die historischen Umstände, unter denen das Ich des Kindes geformt wurde. Wenn die Ich-Entwicklung untrennbar mit der unbeständigen Natur gesellschaftlicher Institutionen und Wertesysteme verbunden war, dann hieß das, daß das Ich wesentlich plastischer war als das Ego bei Freud. Auch entwickelte sich das Ich bei Erikson im Lauf der gesamten Lebensspanne und nicht nur in der frühen Kindheit, was ebenfalls für die Möglichkeit eines kontinuierlichen Wandels sprach. Freud wollte erforschen, wie frühe Traumata bei Erwachsenen zu seelischen Pathologien führen konnten, Erikson hingegen ging es darum, die Fähigkeit des Menschen, über die seelischen Wechselfälle des Lebens zu triumphieren, in den Vordergrund zu stellen. Kurz gesagt: Freuds fatalistischem Determinismus begegnete Erikson mit der optimistischen und voluntaristischen Prämisse, daß jede Krise dem Selbst die Möglichkeit gab, zu wachsen und die Welt zu meistern. Diese Entwicklungen bewirkten, daß sich die Psychologie immer besser mit den Werten des Selbsthilfeethos vereinbaren ließ, denn sie legten nahe, in Wachstum und Reife inhärente Bestandteile des Lebensverlaufs zu sehen, die durch bewußte Willensakte zu erreichen waren.

So bildete die Ich-Psychologie eine kulturelle Brücke zwischen der Wissenschaft der Psychologie und den in der amerikanischen Kultur vorherrschenden Vorstellungen vom Selbst. Diese Allianz zu besiegeln und das Vordringen der Psychologie in die Populärkultur zu ermöglichen war zweifellos im wesentlichen das Verdienst der humanistischen Psychologie. Ihre beiden markantesten und einflußreichsten Vertreter waren Abraham Maslow und sein Mentor Carl Rogers.

Auf der Grundlage einer beträchtlich vereinfachten Freudschen Theorie betrachtete Carl Rogers Menschen als grundsätzlich gut oder gesund und geistige Gesundheit als Normalfall der menschlichen Entwicklung; psychische Erkrankungen, Kriminalität und andere Probleme galten ihm hingegen als Deformationen dieser natürlichen, angeborenen Tendenz zur Gesundheit. Tatsächlich erweiterte und dehnte Rogers die Kategorie der »Gesundheit« erheblich, indem er sie zu einer intrinsischen Eigenschaft menschlicher Lebewesen machte. Rogers' ganze Theorie fußte auf der simplen Idee einer Tendenz zur Selbstverwirklichung, verstanden als eine jeder Lebensform innewohnende Motivation, ihr Potential in größtmöglichem Ausmaß zu entfalten. In einem 1954 am Oberlin College gehaltenen Vortrag sagte Rogers: »Ob man dies eine Tendenz zur Entfaltung, einen Drang zur Selbstaktualisierung oder eine sich vorwärtsentwickelnde Gerichtetheit nennt, es handelt sich um die Haupttriebfeder des Lebens und ist letztendlich die Tendenz, von der die ganze Psychotherapie abhängt. Es ist der Drang, der sich in allem organischen und menschlichen Leben zeigt: sich auszuweiten, auszudehnen, zu entwickeln, autonom zu werden, zu reifen; die Tendenz, alle Fähigkeiten des Organismus [...] auszudrücken und zu aktivieren [...]. [Es] ist meine Überzeugung, daß [diese Tendenz] in jedem Einzelnen existiert und nur auf die richtigen Bedingungen wartet, um sich freizusetzen und auszudrücken.«[12] In einer dem Pflanzen- und Tierreich entlehnten Metaphorik legte Rogers nahe, daß Wachstum eine universelle Disposition ist, die eigentlich immer vorhanden, nur manchmal verschüttet ist. Indem er das Wachstum zu einem von Natur aus dazugehörigen Bestandteil des menschlichen Lebens machte, konnte Rogers eine einfache Erklärung für weniger geglückte Lebensschicksale anbieten: Diese waren schlicht und ergreifend unzureichend »selbstverwirklicht«. Das Ziel der Therapie bestand folglich zunehmend darin, dem Patienten dabei zu helfen, sein eigenes authentisches Selbst zu verwirklichen, ob dieses nun freigelegt oder aus dem Nichts heraus entworfen werden mußte. Die Grundlage

12   Carl Rogers, *Entwicklung der Persönlichkeit. Psychotherapie aus der Sicht eines Therapeuten*, Stuttgart 1976, S. 49.

der Aufrechterhaltung eines solchen Wachstumstriebs sah
Rogers darin, »daß man sich selbst prinzipiell auf bedin-
gungslose Weise wertschätzen muß. Jede ›Bedingung dieser Wertschätzung‹ – ich bin wertvoll, wenn ich es meinem
Vater recht mache; ich bin wertvoll, wenn ich gute Noten
bekomme – schränkt die Möglichkeit der Selbstaktualisierung ein.«[13] Damit war es dem Selbst freilich von jetzt an
auferlegt, nach dem flüchtigen Ziel der Selbstaktualisierung
oder Selbstverwirklichung zu streben.

Es blieb jedoch Abraham Maslow vorbehalten, diese
Ideen aufzugreifen und zur erfolgreichsten Synthese von
Selbsthilfeethos und Psychologie zu verschmelzen. Wie die
zuvor erwähnten Psychologen behaupten auch die Vertreter
der humanistischen Psychologie, daß Menschen im wesentlichen bewußte und rationale Wesen sind, die nicht von unbewußten Bedürfnissen und Konflikten beherrscht werden,
sondern ihre Handlungen bewußt erleben, selbst bestimmen
und frei wählen. Ebenso von der Ich-Psychologie inspiriert
war die Idee »des Werdens«, der zufolge eine Person nichts
Statisches ist: Ein Heranwachsender unterscheidet sich von
dem, was er in der Kindheit war und was er als Erwachsener sein wird. Folglich ist die Person als freie Akteurin
verpflichtet, soviel wie möglich von ihrem Potential zu verwirklichen; nur dann kann sie ein wahrhaft authentisches
Leben führen. Es ist ein Fehler, wenn Menschen darauf verzichten, aus jedem Moment ihrer Existenz das Beste zu machen und dieser Existenz so gerecht zu werden, wie es ihnen
gegeben ist. Maslows Idee setzte ein Bedürfnis nach Selbstverwirklichung voraus und führte ihn zu einer Hypothese,
der ein Siegeszug in der amerikanischen Kultur beschieden
sein sollte, nämlich daß es die Angst vor Erfolg war, die eine
Person daran hinderte, nach Größe und Selbsterfüllung zu
streben:

13 Carl Rogers, *On Becoming a Person*, Boston 1991, S. 35.

Es ist vernünftig, davon auszugehen, daß es in praktisch jedem menschlichen Lebewesen und gewiß in nahezu jedem Neugeborenen einen
Willen gibt, der aktiv nach Gesundheit strebt, einen Wachstumsimpuls
bzw. einen Impuls, die menschlichen Möglichkeiten zu verwirklichen.
Zugleich sind wir aber mit der traurigen Erkenntnis konfrontiert, daß
nur wenige Leute dies schaffen. Nur ein Bruchteil der Erdbevölkerung
erreicht den Punkt der Identität, des Selbstseins, der vollen Mensch-
lichkeit, Selbstverwirklichung usw. Selbst in einer Gesellschaft wie der
unsrigen, die noch eine der glücklichsten auf Erden ist. [...] Dies ist
der neue Ansatz, mit dem wir die Probleme des Menschseins angehen
wollen, indem wir nämlich die großen Möglichkeiten des Menschen
anerkennen und zugleich unsere tiefe Enttäuschung nicht verhehlen,
daß diese Möglichkeiten so selten verwirklicht werden.[14]

Im Ergebnis lief dies darauf hinaus, eine neue Kategorie von
Menschen zu definieren: Wer hinter jenen psychologischen
Idealen der Selbsterfüllung zurückblieb, war nun krank.
»›Krank‹ nennen wir die Menschen, die nicht sie selbst sind,
die Menschen, die alle möglichen neurotischen Barrieren
dagegen errichtet haben, menschlich zu sein.«[15] Oder um
es etwas anders zu sagen: »Der Begriff der schöpferischen
Kraft und der Begriff der gesunden, sich selbst verwirkli-
chenden, voll und ganz menschlichen Person scheinen sich
immer weiter einander anzunähern und laufen am Ende
vielleicht auf ein und dasselbe hinaus.«[16]
     Damit war der Zuständigkeitsbereich der Psychologen
enorm ausgeweitet. Nicht nur verlegten sie sich von psychischen Störungen auf das wesentlich größere Feld des neurotischen Unglücks, sondern nun auch noch vom neurotischen
Unglück auf die Vorstellung, Gesundheit und Selbstverwirklichung seien *Synonyme*. Selbstverwirklichung in den Mittelpunkt von Modellen des Selbst zu stellen hatte zur Folge,

14   Abraham Maslow, *The Farther Reaches of Human Nature*, New York
1993, S. 25 f.
15   Ebd., S. 52.
16   Ebd., S. 57.

daß die meisten Leben auf einmal »nichtselbstverwirklicht«
waren. Diese Grundidee bildete den Kern des unheimlichen
Publikumserfolgs der Psychologie.

Um aber das Handeln bestimmen zu können, sind Ideen
auf eine institutionelle Basis angewiesen. Wenn das Selbst,
wie das vorliegende Buch annimmt, eine durch und durch
institutionalisierte Form ist, sollten wir nach der institutionellen Basis von Sprachen der Subjektivität suchen. Wie
John Meyer sagt: »Die subjektiven Eigenschaften der Akteure [richten sich] nach den und [adaptieren] die allgemeinen kulturellen Ressourcen und Rezepte.«[17] Meine These
ist, daß die therapeutischen Rezepte das amerikanische Gemeinwesen erobern konnten, weil sie vor dem Hintergrund
der wachsenden gesellschaftlichen Autorität der Experten in
drei zentralen Sphären in Kraft gesetzt wurden: dem Staat,
dem Markt und der Zivilgesellschaft.

Die Autorität der Experten

Das Ansehen der Psychologen wuchs in den späten 1960er
Jahren beinahe grenzenlos, weil sie in der kulturellen und
politischen Sphäre kaum Gegenspieler hatten. In diesem
Jahrzehnt befanden sich jene politischen Ideologien, die
sich mit einiger Wahrscheinlichkeit gegen die individualistischen und psychologischen Konzeptionen des Selbst ge-
wehrt hätten, auf dem Rückzug. Steven Brint schreibt: »Die
Macht der Experten ist dann am größten [...], wenn die
Experten in einem entpolitisierten Umfeld unhinterfragter
Prämissen arbeiten. [...] Der Einfluß der Fachleute kann
sehr weitreichend sein, wenn diese in der Abwesenheit einer starken Gegenideologie zentrale kulturelle Werte setzen

17 John Meyer, »The Self and Life Course. Institutionalization and Its Ef-
fects«, in: Aage B. Sørensen, Franz E. Weinert u. Lonnie R. Sherrod (Hg.),
Human Development and the Life Course. Multidisciplinary Perspectives,
Hillsdale 1986, S. 206.

können.«[18] Die 1960er Jahre stellten einen bedeutenden Schritt auf dem Weg zur Entpolitisierung der kulturellen Sphäre dar, weil nun die Sexualität, die Selbstentfaltung und das Private im Mittelpunkt des öffentlichen Diskurses standen. Genauer gesagt: Weil diese Kategorien im Rahmen der Studentenproteste und des studentischen Diskurses politisiert worden waren, verdrängten sie die »ältere« kollektivistische Idee und Praxis der Politik und trugen dazu bei, die allgemeine Aufmerksamkeit auf das persönliche Wohlergehen und die Sexualität zu richten. Im Zusammenspiel mit der sexuellen Revolution führte die Blüte und Ausdehnung des Konsumentenmarkts zu einer gesteigerten Sichtbarkeit und Autorität der Psychologen, weil *beide* kulturellen und ideologischen Überzeugungen – der Konsumismus und die sexuelle Befreiung – das Selbst, die Sexualität und das Privatleben zu entscheidenden Schauplätzen der Identität machten. Nachdem die großen politischen Ideologien an Glanz verloren hatten und Themen wie Sexualität und Intimbeziehungen sich zunehmender Legitimität und kultureller Sichtbarkeit erfreuten, waren die Psychologen die natürlichen Kandidaten, um die dringend benötigte Orientierungshilfe in Sachen Sexualität und Intimität zu gewähren; Eltern oder Freunde hatten in diesen Dingen wenig beizutragen. Tatsächlich werden Verhaltensbereiche am ehesten dann zu unsicheren Gefilden, in die die Experten mit ihrer Autorität gestaltend eingreifen müssen, wenn die sozialen Netzwerke keine Orientierung geben (können).[19] Weil die Sexualität zum wichtigsten Schauplatz der Identität geworden war, konnten die Psychologen die Rolle des Schiedsrichters im Privatleben übernehmen. Unter Rückgriff auf diese psychologische Erzählung sprachen

18   Steven Brint, »Rethinking the Policy Influence of Experts«, in: *Sociological Forum* 5 (1990), S. 372 f.
19   Ann Swidler, »Culture in Action«, in: *American Sociological Review* 51, Nr. 2 (1986), S. 273-86.

die Psychologen die Öffentlichkeit immer häufiger zugleich als Konsumenten und als Patienten an. Weil insbesondere die 1939 durch den Verlag Pocket Books in den Vereinigten Staaten initiierte »Paperback-Revolution« Bücher für weite Teile der Verbraucher erschwinglich machte, konnten Populärpsychologen nun eine ständig wachsende Zahl von Lesern der mittleren und unteren Mittelschicht erreichen. Und sie konnten sich direkt an dieses große und heterogene Publikum wenden. Das neue Medium des Taschenbuchs war überall zu finden, in Minimärkten, an Bahnhöfen und in Drugstores. Die bereits blühende Selbsthilfeindustrie wurde damit weiter gefestigt.

In den letzten Jahrzehnten des 20. Jahrhunderts verzeichnete das Selbsthilfesegment des amerikanischen Buchmarkts einen gewaltigen Boom. »Wie das Branchenblatt *American Bookseller* berichtet, stieg der Absatz von Selbsthilfebüchern in den fünf Jahren zwischen 1991 und 1996 um 96 Prozent. 1998 sollen die Umsätze bei rund 581 Millionen US-Dollar gelegen haben, was das Selbsthilfesegment zu einer echten Macht im Verlagswesen werden ließ. [...] In der Tat wird die Selbstverbesserungsindustrie mit ihren Büchern, Seminaren, Audio- und Videoformaten sowie individuellen Coaching-Angeboten auf jährlich 2,48 Milliarden US-Dollar geschätzt.«[20]

Der Staat

Wirklich allgegenwärtig wurde der therapeutische Diskurs der Selbsthilfe, als er von staatlicher Seite aufgenommen und verbreitet wurde – als der Staat sich als »therapeutischer Staat« (James Nolan) definierte und in dieser Eigenschaft

---

20 Micki McGee, *Self-Help, Inc. Makeover Culture in American Life*, New York 2005, S. 11.

kulturell aktiv wurde.[21] Ellen Herman zufolge läßt sich die massive staatliche Inanspruchnahme des therapeutischen Diskurses auf das Bemühen um soziale Anpassung und Wohlstand in der Nachkriegszeit zurückführen: »Man verstand, daß die geistige Gesundheit kurzfristig für die Schlagkraft der Streitkräfte und langfristig für die nationale Sicherheit, innere Ordnung und wirtschaftliche Wettbewerbsfähigkeit erforderlich war.«[22] In dieser Geisteshaltung wurde 1946 das »National Institute of Mental Health« (NIMH) gegründet, dessen Budget sehr bald spektakulär anstieg. Betrug es 1950 8,7 Millionen US-Dollar, so waren es 1967 315 Millionen, was darauf schließen läßt, daß seelischer Gesundheit ein allgemeiner Wert und psychologischen Dienstleistungen eine allgemeine Nützlichkeit zugesprochen wurden.[23] Ein weiterer Beleg für die zunehmende Dominanz der Sprache der Psychologie und geistigen Gesundheit besteht in dem Umstand, daß das NIMH in den 1960er Jahren mehr Geld für psychologische Verhaltensstudien ausgab als für die konventionelle medizinische Erforschung der biologischen Seite von Geisteskrankheiten.[24] Die Institutionalisierung des therapeutischen Weltbilds im Staatsapparat zeigte sich auch an der zunehmenden Beliebtheit psychologischer Wissensmodi und Formen der Wahrheitsfindung. Wie Nolan berichtet, verdreifachte sich die Anzahl klinischer Psychologen zwischen 1968 und 1983. »Das Ausmaß der Psychologisierung des modernen Lebens läßt sich auch daran ablesen, daß es in den Vereinigten Staaten mehr Therapeuten als Bibliothe-

21 James L. Nolan, *The Therapeutic State. Justifying Government at Century's End*, New York 1998.
22 Ellen Herman, *The Romance of American Psychology. Political Culture in the Age of Experts, 1940-1970*, Berkeley 1995, S. 241. Ein Beispiel für ein derartiges Bemühen um geistige Gesundheit war der Umstand, daß manche Bundesbehörden wie das Ministerium für Veteranenangelegenheiten eifrig neue Programme für geistige Gesundheit auflegten.
23 Ebd.
24 Nolan, *Therapeutic State*, S. 281.

kare, Feuerwehrleute oder Postzusteller gibt – und doppelt
so viele Therapeuten wie Zahnärzte oder Apotheker.« 1986
»wurden in den Vereinigten Staaten 253 000 Psychologen
beschäftigt, von denen mehr als ein Fünftel promoviert waren«. In diesem Zeitraum nahmen durchschnittlich jedes Jahr
schätzungsweise zehn Millionen Amerikaner therapeutische
Beratung in Anspruch.[25] Diese spektakulären Zuwachsraten
hingen eng mit dem Ansehen zusammen, dessen sich die Psychologie im amerikanischen Staatsapparat erfreute.

Nolan geht davon aus, daß der (amerikanische) Staat
zunehmend von den Kodes, der Symbolik und dem moralischen Diskurs des therapeutischen Ethos Gebrauch machte,
um verschiedene Rehabilitationsprogramme für Gruppen
wie die Armen, wie Häftlinge, Kriminelle und Traumaopfer
aufzulegen. So blieb beispielsweise die Zahl der Personen
mit seelischen Verletzungen im Laufe des 20. Jahrhunderts
konstant, doch »schnellte nach den 1960er Jahren die Zahl
der Fälle, in denen seelische Schäden angeführt wurden, in
beeindruckendem Tempo empor«.[26] Tatsächlich erkannten
die Gerichte zunehmend den eigenständigen Charakter von
Gefühlen und seelischen Verletzungen an, wie sich an der
wachsenden Zahl psychologischer Experten, die zugunsten
traumatisierter Opfer aussagten, ebenso zeigt wie an dem
Umstand, daß Kriminelle sich immer häufiger einer Therapie unterzogen. Nolan schreibt die beherrschende Stellung
der Psychologen im Staatsapparat dem staatlichen Legiti-
mationsbedürfnis zu. Warum der therapeutische Diskurs
allerdings über eine solche legitimierende Kraft verfügen
sollte, erklärt er nicht. Meiner Ansicht nach liegt zumindest
einer der Gründe für die staatliche Indienstnahme der Psychologie in dem von George Thomas und seinen Kollegen
überzeugend dokumentierten Umstand, daß moderne »kollektive Akteure über eine größere Legitimität und Autorität

25 Alle Zahlenangaben aus ebd., S. 8.
26 Ebd., S. 48.

gebieten, wenn sie sich auf eine Theorie individueller Mitgliedschaft und Aktivität stützen«.[27] Aus dieser Perspektive
stellen Individualismus und staatliche Macht keine Gegensätze dar. Wie Michel Foucault und John Meyer auf je eigene, aber übereinstimmende Weise gezeigt haben, organisiert
der moderne Staat seine Macht in der Tat anhand kultureller Vorstellungen und moralischer Auffassungen vom
Individuum. Hand in Hand mit dem öffentlichen medialen
Diskurs hat der Staat allgemein zugängliche Repertoires zur
Gestaltung von Sprachen des Selbst und des Individualismus geschaffen. Es ist daher grundlegend falsch, das psychologische Selbst als »asozial« oder antiinstitutionell zu
verstehen.[28] Der therapeutische Diskurs verlieh dem Staat
in genau dem Moment eine zusätzliche Rechtfertigung, als
er durch seine Integration in den Staatsapparat naturalisiert
wurde. Der psychologische Diskurs ist eine der Hauptquel-
len von Modellen des Individualismus, die sich der Staat zu
eigen macht und propagiert.[29] Diese Modelle, so Meyer und
seine Koautoren, spiegeln sich in der Agenda und im Modus
staatlichen Handelns in so unterschiedlichen Bereichen wie
Bildung, Wirtschaft, Wissenschaft und Politik wider.

Der Markt: Die Pharmaindustrie und das Diagnostische
und statistische Manual psychischer Störungen

Das *Diagnostic and Statistical Manual of Mental Disorders*
(DSM) bildete eines der Hauptinstrumente der außerordent-

---

27 George M. Thomas et al., »Ontology and Rationalization in the Western Cultural Account«, in: dies., *Institutional Structure. Constituting
State, Society, and the Individual*, Newbury Park 1987, S. 27.
28 Wie dies etwa John Steadman Rice in seinem Buch *A Disease of One's
Own. Psychotherapy, Addiction, and the Emergence of Co-dependency*,
New Brunswick 1998, S. 89-99, tut.
29 John Meyer et al., »Die Weltgesellschaft und der Nationalstaat«, in:
ders., *Weltkultur. Wie die westlichen Prinzipien die Welt durchdringen*,
Frankfurt/M. 2005, S. 85-132.

lichen Konjunktur psychologischer Erklärungsmodi. Die
dritte Ausgabe des DSM (DSM III) wurde zur definitiven
»Bibel« der Psychologen. Sie wartete mit einer umfassenden
Liste psychischer Probleme auf, von denen einige bereits
bekannt und andere erst kurz zuvor von einem Gremium
aus Psychiatern und klinischen Psychologen ausgearbeitet
und diagnostiziert worden waren.[30] Das DSM ist das kombinierte Ergebnis von experimenteller Forschung und den
Beratungen diverser Komitees. Als verbindliches Referenz-
handbuch für psychische Störungen bietet es eine alphabe-
tische Liste und Definition einer Vielzahl von Störungen.[31]
Herausgegeben wird das DSM von der American Psychiatric Association, und spätestens seit dem 1980 erstmals er-
schienenen DSM III handelt es sich dabei um ein populäres
und kommerziell einträgliches Unternehmen. So brachte etwa der Verkauf des DSM IV nur zehn Monate nach seiner
Veröffentlichung bereits 18 Millionen Dollar ein.[32]

Obwohl das DSM III die Bandbreite von Verhaltensweisen, die als Merkmal einer psychischen Störung galten, erheblich ausweitete, hat das Handbuch nie wirklich definiert,
was genau das entsprechende Verhalten zur psychischen
Störung macht. Die Erstellung eines Klassifikationssystems,
in dem Symptome eine psychische oder emotionale Störung
anzeigten und somit auf deren Vorhandensein schließen
ließen, pathologisierte nunmehr ein großes Verhaltensspek-
trum. So wird etwa »Trotzverhalten« (Kode 313.81) definiert als »Muster von ungehorsamem, negativistischem und

30   American Psychiatric Association, *Diagnostisches und statistisches
Manual psychischer Störungen*, bearbeitet und eingeführt von K. Koehler
u. H. Saß, Weinheim 1984 (im folgenden zitiert als DSM III).
31   Atwood D. Gains, »From DSM to III-R. Voices of Self Mastery and
the Other: A Cultural Constructivist Reading of U.S. Psychiatric Classifica-
tion«, in: *Social Science and Medicine* 35, Nr. 1 (1992), S. 3-24.
32   Herb Kutchins u. Stuart Kirk, *Making Us Crazy. DSM: The Psychiatric Bible and the Creation of Mental Disorders*, New York 1997, S. 247.
Meine Diskussion des DSM stützt sich stark auf dieses Buch.

provokativem Oppositionsverhalten gegenüber Autoritäten«; Menschen, die eine »histrionische Persönlichkeitsstörung« (Kode 301.50) haben, »sind lebhaft und dramatisch und ziehen immer alle Aufmerksamkeit auf sich«, während die »hypersensitive Persönlichkeitsstörung« (Kode 301.82) charakterisiert ist durch eine »Hypersensitivität gegen mögliche Zurückweisung, Demütigung oder Beschämung« sowie eine fehlende »Bereitschaft, sich auf Beziehungen einzulassen, außer wenn ungewöhnlich sichere Garantien für ein unkritisches Angenommenwerden vorliegen«.[33] Der Versuch, Pathologien mit aller Sorgfalt zu kodifizieren und zu klassifizieren, führte zu einem ziemlich weitgefaßten und vagen Begriff der psychischen Störung. Er umfaßte nun auch Verhaltensmerkmale oder Persönlichkeitszüge, die einfach nur außerhalb dessen lagen, was den Psychologen als »durchschnittlich« galt. Verhaltensmerkmale oder Persönlichkeitszüge, die man früher vielleicht unter »schlechter Laune« abgebucht hätte, bedurften fortan der Fürsorge und Lenkung und wurden als krankhaft angesehen.

Herb Kutchins und Stuart Kirk gehen davon aus, daß sich die Kodifizierung von Pathologien dem engen Zusammenhang zwischen psychiatrischer Behandlung und Krankenversicherungsschutz verdankt. Das DSM III entstand aus dem Bedürfnis, Diagnosen und Behandlungen enger miteinander zu verzahnen, damit die Versicherungsgesellschaften oder andere Kostenträger die Leistungsanträge effizienter beurteilen konnten. Wie Kutchins und Kirk schreiben: »Das DSM ist das Paßwort des Psychotherapeuten, um Leistungen bei der Versicherung abzurechnen.«[34] Das DSM – dessen Kodenummern auf den Anträgen an die Versicherungen stehen müssen – bildet die Brücke zwischen den Fachärzten für psychische Erkrankungen und großen Kostenträgern wie Medicaid (Krankenversorgung für Menschen mit

33   DSM III, S. 72, 326, 336.
34   Kutchins u. Kirk, *Making Us Crazy*, S. 12.

geringem Einkommen), Social Security Disability Income
(Invaliditätsrente) sowie Hilfsprogrammen für Kriegsvete-
ranen und Medicare (staatliche Krankenversicherung für
ältere und behinderte Menschen).[35] Nicht nur die Mehrheit
der klinischen Psychologen arbeitet mit dem Handbuch,
sondern auch Dritte wie »Parlamente, Regulierungsbehör-
den, Gerichte, Zulassungsstellen, Versicherungen, Kinder-
schutzdienste, die Polizei usw.«.[36] Darüber hinaus hat die
pharmazeutische Industrie ein Interesse an der Ausweitung
psychischer Pathologien, die dann mit Psychopharmaka
behandelt werden können.[37] Kutchins und Kirk bringen es
auf den Punkt: »Für Arzneimittelhersteller [...] ist die nicht
klassifizierte Masse der Bürger ein riesiger brachliegender
Markt, gleichsam die schlummernde Alaska-Ölreserve der
psychischen Störungen.«[38] Ob absichtlich oder nicht, trägt
das DSM somit dazu bei, neue Kundensegmente auf dem
Gebiet der geistigen Gesundheit zu erschließen, was wiederum dem Wachstum der Pharmaunternehmen zugute
kommt. Die Ausweitung der Kategorie der psychischen Er-
krankung, Funktionsstörung oder emotionalen Pathologie
hängt folglich mit den finanziellen Interessen der Fachleute
für psychische Krankheiten und der Arzneimittelhersteller
zusammen. Und sie hat auch etwas mit dem zunehmenden
Rückgriff auf psychologische Kategorien zu tun, wenn es
um Leistungen, Entschädigungen oder mildernde Umstände
vor Gericht geht. Im Rahmen dieses Prozesses hat das DSM
den Psychologen eindeutig zu größerer Anerkennung verholfen. Sie befinden nun über Fragen wie die, wieviel Wut
zu zeigen angemessen ist, wie stark ein normaler Sexualtrieb
sein sollte, welches Maß an Angst normal ist und welche

35 Ebd.
36 Ebd., S. 261.
37 Ebd., S. 247. Die Autoren behaupten sogar, daß einige Pharmaunternehmen direkt an der Entwicklung des DSM beteiligt waren.
38 Ebd., S. 13.

emotionalen Verhaltensweisen mit dem Etikett »Geisteskrankheit« versehen werden sollten. Weil die klassifikato-
rische und bürokratische Logik des DSM auf die Kontrolle,
Vorhersage und den rationalen Umgang mit psychischen
Störungen zielt, hat es die Schwelle zur Definition von
Funktionsstörungen immer weiter abgesenkt. Dieser Prozeß
machte die Therapie hochgradig markttauglich, indem er
die Klassifikationen und kulturellen Rahmenbedingungen
schuf, die ihre radikale Kommerzialisierung erlaubten.

Doch auch wenn wir auf diese Weise mit John Meyers
Kulturtheorie die »Angebotsseite« der Kultur verstehen können (also verstehen können, welche Instanzen Kultur hervorbringen), so hilft sie uns nicht bei der Frage, warum manche
institutionalisierten Regeln bereitwilliger befolgt werden als
andere. Die Institutionalisierung des therapeutischen Diskurses in Staat und Markt allein erklärt noch nicht die un-
heimliche Leichtigkeit, mit der er sich der Modelle des Selbst
bemächtigte. Die therapeutischen Modelle des Selbst fanden
ein so außerordentliches kulturelles Echo, weil politische Akteure in der Zivilgesellschaft neue Forderungen an Staat und
Gesetzgeber stellten und ihre Ansprüche auf die elementaren
kulturellen Schemata der therapeutischen Sprache stützten.

Die Zivilgesellschaft

Wie wir im vorangegangenen Kapitel sehen konnten, hatte
sich mit dem Feminismus eine der wichtigsten politischen
und kulturellen Formationen den therapeutischen Diskurs
bereits in den 1920er Jahren und dann noch einmal energisch
in den 1970er Jahren zu eigen gemacht. Der Feminismus sah
einen nützlichen kulturellen Bündnispartner in der Psychologie, weil diese sowohl die Sexualität zum Schauplatz der
Emanzipation machte als auch mit der historisch völlig neu-
en Auffassung aufwartete, daß die Privatsphäre dem (politischen und psychologischen) Ideal der Selbstbestimmung

gehorchen sollte. In den 1980er Jahren jedoch nahm diese
Allianz eine neue Wende, als der Feminismus die repressiven
Auswirkungen der patriarchalischen Familie anhand des
Phänomens der Kindesmißhandlung an den Pranger stellte.
Ian Hacking hat zu zeigen versucht, daß die Bewegung ge-
gen die Kindesmißhandlung 1961/62 von einer Gruppe von
Kinderärzten in Denver ausgelöst wurde, die die Öffentlich-
keit mit Hilfe von Röntgenuntersuchungen auf regelmäßige
Verletzungen von Kindern aufmerksam machte.[39] Wenn es
den Kinderärzten prompt gelang, die öffentliche Meinung
in Aufruhr zu versetzen, dann deshalb, weil die von ihnen in
Anschlag gebrachte Kategorie des Verbrechens sich sehr gut
in die bereits bestehenden Auffassungen über die Seele des
Kindes und die Spätfolgen von Verletzungen in der Kindheit
fügte. 1971 machte Florence Rush in einer Ansprache an die
radikale feministische Konferenz in New York ihr Publikum
auf das Thema Kindesmißhandlung aufmerksam,[40] ein für
den Feminismus höchst folgenreicher Moment. Das Anliegen wurde später von feministischen Aktivistinnen aufgegriffen, weil es dabei half, eine seelische Verletzung in eine
politische Kritik an der Familie umzumünzen.

Eine der eindringlichsten feministischen Stimmen gegen
den Kindesmißbrauch war die von Alice Miller. In ihrem
überaus einflußreichen Buch *Das Drama des begabten Kindes* behauptete Miller im Geist der therapeutischen Logik,
daß das mißbrauchte Kind, um zu überleben und unerträg-
liche Schmerzen zu vermeiden, auf einen bemerkenswerten
Mechanismus zurückgreifen kann, das »Geschenk« der
»Verdrängung«, welches es erlaubt, Mißbrauchserlebnisse

---

39 Ian Hacking, *The Social Construction of What?*, Cambridge, MA
1999, S. 136 f. [In der gekürzten dt. Ausgabe: *Was heißt »soziale Konstruktion«? Zur Konjunktur einer Kampfvokabel in den Wissenschaften*, Frank-
furt/M. 1999, nicht enthalten.]
40 Ebd., S. 139.

außerhalb des Bewußtseins zu speichern.[41] Miller rückte
das Trauma ins Zentrum der Lebensgeschichte und führte die Verdrängung als Grund dafür an, warum manche
mißbrauchten oder vernachlässigten Kinder als Erwachsene ihre seelischen Verwüstungen nicht empfinden und sich
ihrer nicht bewußt sind. Sie schloß sich darüber hinaus dem
therapeutischen Grundsatz an, daß Erwachsene die in ihrer
Kindheit erfahrenen Leiden reproduzieren und psychische
Probleme von einer Generation an die nächste weitergegeben werden:

> Jeder Mensch, der seine Kinder mißhandelt, ist selbst in seiner Kind-
> heit in irgendeiner Form schwer traumatisiert worden. Dieser Satz gilt
> ohne jede Ausnahme, weil es absolut unmöglich ist, daß ein Mensch,
> der in einer ehrlichen, respektvollen und zugewandten Umgebung auf-
> gewachsen ist, jemals unter dem Zwang stünde, Schwächere zu quälen
> und lebenslänglich zu schädigen. Er hat einst erfahren, daß es richtig
> ist, dem kleinen, hilflosen Wesen Schutz und Orientierung zukommen
> zu lassen, und dieses in seinem Körper und seinem Gehirn früh gespei-
> cherte Wissen wird für ihn lebenslänglich wirksam bleiben.[42]

Auch war die Autorin der Ansicht, daß Selbstachtung die
wichtigste Eigenschaft einer erfolgreichen Sozialisation ist
und auf der Authentizität der eigenen Gefühle beruhen muß.

Ganze Kohorten von Feministinnen sind in Millers Fußstapfen getreten. In der Verteidigung mißbrauchter Kinder
fand der Feminismus eine neue Taktik, um die Familie und
das Patriarchat zu kritisieren. Denn das gesellschaftliche
Problem namens »Kindesmißbrauch« ermöglichte es ihm,
kulturelle Kategorien wie die des Kindes zu mobilisieren,
die auf eine breitere und allgemeinere Resonanz in der Bevölkerung stießen.

Die kulturellen Kategorien des Kindesmißbrauchs und des
Traumas waren entscheidend für die feministische Taktik, in-

---

41 Alice Miller, *Das Drama des begabten Kindes und die Suche nach
dem wahren Selbst*, Frankfurt/M. [16]1995.
42 Alice Miller, *Das verbannte Wissen*, Frankfurt/M. 1988, S. 245.

sofern sie von allgemeinen und unstrittigen moralischen Auffassungen wie jener der Heiligkeit der Kinder und der Familie
zehrten, die von keinem politischen Lager in Frage gestellt
wurden. Die Kategorie des Traumas diente Feministinnen dazu, die Familie zu kritisieren, das Kind zu beschützen, neue
Gesetze zu erwirken und die männliche Gewalt gegen Frauen
und Kinder zu bekämpfen – ein Beispiel dafür, wie psychologisches Wissen in der Zivilgesellschaft genutzt wurde, um private Leiden zu politischen Problemen zu machen und den feministischen Forderungen Anspruch auf Allgemeingültigkeit
zu verleihen. Als Folge dieser Taktiken begannen der Staat
und die Gerichte nach und nach damit, eine neue Kategorie
von Straftätern zu verfolgen und das Verhalten von Männern
innerhalb der Familie zu regulieren.

Eine andere Gruppe, die maßgeblich daran beteiligt war,
die therapeutische Erzählung zur Geltung zu bringen, waren
die Vietnamveteranen, für die die Kategorie des Traumas
ein Mittel darstellte, um soziale und kulturelle Leistungen
zu erwirken. Die Kategorie des Traumas wurde 1980 offiziell von der American Psychiatric Association anerkannt.
»Daß die PTBS [posttraumatische Belastungsstörung] als
Krankheit anerkannt wurde, war zum Teil die Folge einer
intensiven Lobbyarbeit zugunsten der Vietnamveteranen
durch Psychotherapeuten und interessierte Laien. Die Diagnose auf PTBS bedeutete eine Anerkennung und Würdi-
gung des seelischen Leidens amerikanischer Veteranen, die
von einer gespaltenen und kriegsmüden Öffentlichkeit mit
scheelen Blicken bedacht wurden. Es machte ihre verwirren-
den Symptome und Verhaltensweisen an greifbaren äußeren Ereignissen fest und versprach, einzelne Veteranen vom
Stigma der Geisteskrankheit zu befreien und ihnen (zumindest theoretisch) zu Mitgefühl, medizinischer Versorgung
und Entschädigungszahlungen zu verhelfen.«[43] Auch hier

43   Mark S. Micale u. Paul Lerner, »Trauma, Psychiatry, and History«,
in: dies. (Hg.), *Traumatic Pasts. History, Psychiatry, and Trauma in the*

sehen wir wieder die Verschmelzung politischer und privater Kategorien und den Versuch, Ansprüche (auf Entschädigung oder gerichtliche Verfolgung) mit den universellen Kategorien des »seelischen Schadens« zu begründen. Gemäß
der institutionellen und epistemologischen Logik des therapeutischen Diskurses wurde die Diagnose PTBS nach und
nach bei einer großen Bandbreite von Fällen wie Vergewaltigungen, Terroranschlägen, Verbrechen und sogar Unfällen
angewandt. Mit dieser Ausweitung wurde die Kategorie zu
einem Krankheitskonstrukt, das auf ein immer größeres Re-
servoir von Opfern zutraf.

   Mit Ron Eyerman können wir sagen, daß es nicht die
Erfahrung selbst ist, die die traumatischen Folgen bewirkt,
sondern die Art und Weise, *wie* wir sie erinnern. Erfahrung
ist, wie Kultursoziologen wissen, durch Kultur vermittelt.[44]
Sowohl Feministinnen als auch Vietnamveteranen konnten
bestimmte Erfahrungen als traumatisch konstruieren, weil
sie einige kulturelle Annahmen teilten, die zu dem Phänomen einer traumatischen Erinnerung verschmolzen: daß
Menschen nicht nur körperlich, sondern auch seelisch ver-
letzbar waren; daß zwischen der eigentlichen Verletzung
und ihren aktuellen Auswirkungen eine erhebliche Zeit-
spanne liegen konnte; daß man PTBS-Symptome aufweisen
konnte, ohne sich unbedingt bewußt an die Ereignisse zu
erinnern, die zu ihnen geführt hatten; daß noch Jahrzehnte
nach dem Trauma Entschädigungen gefordert (oder Anklage erhoben) werden konnte; daß ein Trauma die Möglichkeiten zur Selbstentfaltung erheblich einschränkte; und daß
alle Bürger das gleiche Recht auf psychische Gesundheit
hatten. Feministinnen und Vietnamveteranen machten damit lediglich den Weg für eine Vielzahl weiterer politischer
Akteure frei, die in die Zivilgesellschaft drängten, indem sie

Modern Age, 1870-1930, New York 2001, S. 2.
44 Ron Eyerman, *Cultural Trauma. Slavery and the Formation of Afri-
can-American Identity*, Cambridge 2002.

im Namen von zugleich psychisch und politisch geprägten Persönlichkeitsidealen Anspruch auf einen Opferstatus und Anerkennung ihrer seelischen Schäden erhoben.

Von der Vielzahl von Beispielen für die Inflation neuer psychischer Erkrankungen im allgemeinen und die Ausweitung der Definition von PTBS sei nur das von Carol Wilson und Mary Ellen Fromouth genannt. Die beiden Psychologinnen sind der Meinung, daß ein Großteil dessen, was man als Geschwisterrivalität bezeichnet, in Wirklichkeit als Mißbrauchsbeziehung verstanden werden sollte. Frank Furedi berichtet: »Moralunternehmer, die versuchen, ein öffentliches ›Bewußtsein‹ für dieses Thema zu erzeugen, sind der Meinung, daß in allen Fällen von Geschwistermißbrauch ein seelischer Mißbrauch vorliegt. Sie glauben, daß die Opfer eines Geschwistermißbrauchs oftmals Symptome einer PTBS, einer komplexen posttraumatischen Belastungsstörung oder einer dissoziativen Identitätsstörung aufweisen.«[45] Hat man ihnen einmal attestiert, an einer Form von PTBS zu leiden, können die Opfer eines Geschwistermißbrauchs in den riesigen pharmazeutisch-gesundheitlich-medial-juridischen Komplex eingespeist werden, der die Vokabulare und kulturellen Rahmenbedingungen bietet, um eine Geschichte zu konstruieren, Ansprüche gegenüber Institutionen und Behörden zu erheben und Entschädigungen zu fordern.

Zwar stimme ich Eva Moskowitz und Frank Furedi zu, daß politische Probleme seit den 1970er Jahren in zunehmendem Maße zu individuellen psychischen Defekten umdeklariert wurden,[46] doch kann ich mich ihrer Schlußfolgerung, daß auf diese Weise politische Probleme privatisiert oder von der Politik abgekoppelt wurden, nicht anschlie-

45 Frank Furedi, *Therapy Culture. Cultivating Vulnerability in an Uncertain Age*, New York 2004, S. 82.
46 Moskowitz, *In Therapy We Trust*, Kap. 8; Furedi, *Therapy Culture*, Kap. 1 u. 7.

ßen. Ganz im Gegenteil: Nachdem sie einmal psychologisiert waren, wurden gesellschaftliche Probleme wieder in die Öffentlichkeit eingespeist, um neue und größere Ansprüche an das Gemeinwesen zu stellen (wenn auch nicht in Form organisierter ideologischer Thesen). Dies stellt zweifellos eine der auffälligsten Transformationen der Öffentlichkeit in den 1990er Jahren dar, einen Wandel, der sich dem Umstand verdankt, daß so viele verschiedene gesellschaftliche Akteure ein Interesse daran hatten, eine Erzählung durchzusetzen, die von Krankheit und Opferrollen handelt.

Diese Analyse bietet ein herausragendes Beispiel für einen Prozeß, den Bruno Latour »Übersetzung« nennt – womit der Prozeß gemeint ist, in dem individuelle oder kollektive Akteure beständig daran arbeiten, ihre eigene Sprache, Probleme, Identitäten und Interessen in die anderer Akteure zu übersetzen.[47] Feministinnen, Psychologen, der Staat mit seinen Armeen von Sozialarbeitern, Akademiker, die sich mit psychischen Erkrankungen befassen, Versicherungsgesellschaften und Pharmaunternehmen »übersetzten« die therapeutische Erzählung, weil sie alle – aus unterschiedlichen Gründen – ein starkes Interesse daran hatten, eine Erzählung des durch seine Pathologien definierten Selbst zu verallgemeinern und ihr zum Erfolg zu verhelfen, womit sie faktisch eine Krankengeschichte durchsetzten. Das therapeutische Ethos fungiert somit als ein vergrößerter kultureller »Umschlagplatz« (*trading zone*), um einen Begriff des Wissenschaftshistorikers Peter Galison für meine Zwecke einzuspannen, der besagt, daß sich diverse Gruppen mit unterschiedlichen Interessen und Denkweisen sogar dann an einem Austausch von Wissen

---

47 Vgl. Bruno Latour, *The Pasteurization of France*, Cambridge, MA 1988. In diesem Buch zeigt Latour, wie die Hygieniker Pasteurs Theorien über Mikroben unterstützten, weil dies ihren Kampf gegen ungesunde Wohnverhältnisse rechtfertigte. Vgl. auch Michael Callon, »Some Elements of a Sociology of Translation. Domestication of the Scallops and the Fishermen of Saint Brieuc Bay«, in: John Law (Hg.), *Power, Action, and Belief. A New Sociology of Knowledge?*, Boston 1986, S. 196-233.

und Symbolen beteiligen, wenn sie unterschiedlicher Ansicht über die Bedeutung dessen sind, was sie da austauschen.[48]

Diese mannigfaltigen Akteure fanden sich zusammen, um einen Bereich des Handelns zu schaffen, in dem als wichtigste Ware seelische und emotionale Gesundheit zirkuliert – einen Bereich, der seinerseits die Grenzen eines »emotionalen Felds« markiert, nämlich einer Sphäre des sozialen Lebens, in der der Staat, die akademische Welt, verschiedene Segmente der Kulturindustrie, Gruppen von staatlich und universitär beglaubigten Fachleuten und der große Markt der Medikation und der Populärkultur sich überschneiden und eine Domäne des Handelns mit ihrer eigenen Sprache, eigenen Regeln, Gegenständen und Grenzen hervorgebracht haben. Die Konkurrenz zwischen verschiedenen psychologischen Schulen sollte sowenig wie die Rivalität zwischen Psychiatrie und Psychologie überdecken, daß sie alle letztlich darin übereinstimmen, das Gefühlsleben als lenkungs- und kontrollbedürftig zu definieren und unter dem expansiven Ideal einer von Staat und Markt kanalisierten Gesundheit zu regulieren. Ein bunter Strauß sozialer und institutioneller Akteure wetteifert darum, Selbstverwirklichung, Gesundheit und Pathologie zu definieren, und verwandelt dadurch emotionale Gesundheit in eine Ware, die an sozialen und ökonomischen Schauplätzen produziert, in Umlauf gebracht und recycelt wird. Die Beschaffenheit des »emotionalen Felds«, das diese Schauplätze bilden, erklärt das Entstehen neuer Formen von Kapital (vgl. das folgende Kapitel) und neuer Schemata, um das Selbst in Begriffen von Krankheit, Gesundheit, Leid und Selbstverwirklichung zu verstehen. So wie künstlerische Felder festlegen, was »wahre« Kunst ist, entscheiden emotionale Felder, was »wahre« (seelische, emotionale) Gesundheit ist. So wie künstlerische Felder die zur Beurteilung von Kunst erforderlichen Kompetenzen definieren, definieren emotionale

48 Peter Galison, *Image and Logic. A Material Culture of Microphysics*, Chicago 1997.

Felder die emotionalen und persönlichen Veranlagungen, anhand deren sich Gesundheit, Reife und Selbstverwirklichung feststellen lassen. Wie solche Felder neue Formen von Habitus hervorbringen, werde ich auf den verbleibenden Seiten dieses Kapitels und im nächsten Kapitel behandeln.

Die therapeutische Erzählung des Selbst

Die therapeutische Erzählung

Wie wir bereits gesehen haben, hat das therapeutische Credo etwas, das einmal als moralisches Problem gegolten hatte, in eine Krankheit verwandelt. Wir können es also als integralen Bestandteil jenes umfassenderen Phänomens der Medikalisierung des sozialen Lebens verstehen. Der therapeutische Diskurs hat in der Tat eine gewaltige kulturelle Umkodierung unmoralischen Verhaltens, wie die ältere Definition gelautet hatte, in eine »Krankheit des Willens« (Mariana Valverde) vorgenommen – eine Krankheit, in der die Fähigkeit des Selbst, seine eigene Handlungen im Blick zu behalten und gegebenenfalls zu ändern, gefährdet ist.[49] Mit dem Gebot, so »vollständig« oder »selbstverwirklicht« wie nur möglich wir selbst zu werden, war keine Anleitung einhergegangen, wie sich ein vollständiges von einem unvollständigen Selbst unterscheiden läßt. Wenn sich »das wahre Selbst« permanent entwickelt und, wie Maslow sagt, »unsere Bedürfnisse, Wünsche, Gefühle, Werte, Ziele und unser Verhalten [sich] je nach Alter und Erfahrung ändern«,[50] dann ist es unmöglich, festzuschreiben, was genau das

49 Mariana Valverde, *Diseases of the Will. Alcohol and the Dilemmas of Freedom*, New York 1998.
50 Sidney Jourard, »The Fear That Cheats Us of Love«, in: *Redbook*, Oktober 1971, S. 157; Maslow, *Farther Reaches*, S. 57.

selbstverwirklichte Selbst ausmacht. Umgekehrt und spiegelbildlich ließe sich jedes Verhalten als »unsinnig«, »neurotisch« oder »ungesund« klassifizieren (begreifen). Doch wenn man die Annahmen untersucht, die den meisten in therapeutischer Sprache gehaltenen Texten zugrunde liegen, dann zeigt sich ein klares, für diese Denkweise symptomatisches Muster: Das Ideal der Gesundheit oder Selbstverwirklichung definiert im Umkehrschluß Funktionsstörungen, die durch die Kategorie des »vollkommen selbstverwirklichten Lebens« selbst hervorgerufen werden. Mit anderen Worten: Die Behauptung, daß ein nichtselbstverwirklichtes Leben therapiebedürftig ist, ist gleichbedeutend mit der Behauptung, daß jemand, der nicht das volle Potential seiner Muskulatur entwickelt, krank ist,[51] mit dem Unterschied, daß im psychologischen Diskurs nicht einmal klar ist, was als »starke Muskulatur« gilt. Dies ist die Grundlogik der therapeutischen Erzählung (vgl. oben Kapitel 2).

Die Erzählung hat sich zu einer Schlüsselkategorie entwickelt, mit der sich verstehen lassen soll, wie das Selbst kulturell konstituiert wird, wie es mit anderen kommuniziert und wie man sich einen Reim auf den eigenen Platz in einer bestimmten sozialen Umwelt macht. Lebensgeschichten lenken durch die Art und Weise, wie sie Ereignisse im Lebensverlauf miteinander verbinden, die Aufmerksamkeit auf bestimmte Gegenstände. Eine Erzählung umfaßt ein Exposé (Inhaltsangabe der Hauptpunkte der Erzählung); eine Angabe von Raum, Zeit, Situation und Beteiligten; eine Verwicklung (Sequenz von Ereignissen); eine Bewertung (Gewicht und Bedeutung der Handlung, Einstellung des Erzählers) sowie eine Auflösung.[52] Eine biographische Erzählung

---

51 Lawrie Reznek, *The Philosophical Defense of Psychiatry*, New York 1991.
52 William Labov, *Language in the Inner City. Studies in the Black English Vernacular*, Philadelphia 1972; vgl. auch Catherine Kohler Riessman, *Narrative Analysis*, Newbury Park 1993.

ist eine Erzählung, die »bedeutungsvolle Ereignisse« aus jemandes Leben auswählt und verbindet und auf diese Weise dem Leben dieser Person Bedeutung, Richtung und eine Bestimmung verleiht. Aus Studien über den autobiographischen Diskurs wissen wir, daß Erzählungen unser Selbstverständnis und die Art und Weise, wie wir mit anderen interagieren, prägen. Ja, wie wir unser Leben erfassen und es anderen mitteilen, hängt von der erzählerischen Form ab, die wir wählen, »um unser Leben zu erzählen«.[53] Lebensgeschichten haben eine Form. Um an Paul Ricœurs Begriff der »Fabelkomposition« anzuknüpfen: Sie lassen das Selbst auf bestimmte Weisen in die Komposition einer Fabel eingehen und integrieren so die verschiedenen Ereignisse eines Lebens in einen allgemeinen erzählerischen Rahmen oder eine Geschichte mit einem allgemeinen Thema.[54] Erzählungen des Selbst zehren von umfassenderen, kollektiven Erzählungen, Werten und Blaupausen, die diese persönlichen Geschichten mit gesellschaftlich relevanten Bedeutungen aufladen. Persönliche Erzählungen können auch eine kollektive Dimension in sich bergen, wenn sie nämlich mit leitenden oder großen »kulturellen Schlüsselszenarien«[55] verknüpft sind, um Sherry Ortners treffenden Ausdruck zu gebrauchen.

Das Hauptmerkmal der therapeutischen Erzählung besteht darin, daß das Ziel der Geschichte sowohl die Auswahl der Ereignisse, mit denen sie erzählt wird, als auch die Art und Weise, wie diese Ereignisse als Bestandteile der Erzählung verknüpft werden, bestimmt.[56] Erzählziele wie

53   Meine Ausführungen über die Erzählung zehren von der ausgezeichneten und inspirierenden Studie Carol Kidrons: »Amcha's Second Generation Holocaust Survivors. A Recursive Journey into the Past to Construct Wounded Carriers of Memory« (Magisterarbeit, Hebräische Universität von Jerusalem 1999).
54   Paul Ricœur, *Zeit und Erzählung*, 3 Bände, München 1988-1991.
55   Sherry Ortner, zitiert nach Kidron, »Amcha's Second Generation«, S. 6.
56   Kenneth J. Gergen u. Mary Gergen, »Narrative and the Self as Re-

»sexuelle Befreiung«, »Selbstverwirklichung«, »beruflicher Erfolg« oder »Intimität« diktieren die Komplikation, die mich am Erreichen meines Ziels hindert, wodurch wiederum bestimmt wird, auf welche vergangenen Ereignisse meines Lebens ich meine Aufmerksamkeit lenke, und ebenso die emotionale Logik festgelegt wird, die diese Ereignisse verbindet (nach dem Muster: »In meinem Leben sollte es Intimität geben; ich erfahre aber keine Intimität; dies liegt daran, daß ich nur mit kühl-distanzierten Männern zu tun habe; die Männer, mit denen ich zu tun habe, sind kühl-distanziert, *weil ich sie mir so aussuche*; ich suche mir kühl-distanzierte Männer aus, weil meine Mutter sich nie um meine Bedürfnisse gekümmert hat. Woher weiß ich, daß meine Bedürfnisse damals nicht befriedigt wurden? Weil sie heute unbefriedigt sind.«). In diesem Sinn ist die therapeutische Erzählung retrospektiv angelegt oder »rückwärts geschrieben«: Das »Ende« der Geschichte (meine gegenwärtige mißliche Lage und deren voraussichtliche Verbesserung) setzt die Geschichte in Gang.

Doch stoßen wir hier auf ein ungewöhnliches Paradox: Die therapeutische Kultur – deren wichtigste Mission es ist, zu heilen – muß eine narrative Struktur erzeugen, in der genau genommen das Selbst durch sein Leid und seine Opferrolle definiert ist. Tatsächlich funktioniert die therapeutische Erzählung nur, wenn sie die Ereignisse des Lebens als Anzeichen verpaßter oder vereitelter Gelegenheiten zur Selbstentwicklung begreift. Die Erzählung der Selbsthilfe wird also im Grunde durch eine Leidensgeschichte gestützt, und zwar deshalb, weil der zentrale »Knoten« der Erzählung, das, was sie in Gang setzt und motiviert, was ihr zur Entfaltung verhilft und dafür sorgt, daß sie »funktioniert«, das Leiden ist. Therapeutisches Geschichtenerzählen ist somit von Natur aus zirkulär: eine Geschichte zu erzählen

lationship«, in: *Advances in Experimental Social Psychology* 21 (1988), S. 18.

heißt, eine Geschichte über ein »erkranktes Selbst« zu erzählen. Wie Michel Foucault in *Sexualität und Wahrheit*
lakonisch anmerkt, ermutigte die Sorge um sich, einmal in
die medizinischen Metaphern der Gesundheit gegossen, paradoxerweise die Vorstellung eines »kranken« Selbst, das
der Korrektur und Transformation bedarf.[57]

Hier ist ein Beispiel einer solchen Erzählung. Wie ich im
vorangegangenen Kapitel dargelegt habe, postulierten die
Psychologen die Intimität als ein in sexuellen und ehelichen
Beziehungen zu erreichendes Ideal. Im Kontext enger Beziehungen wurde Intimität wie Selbstverwirklichung und
andere von Psychologen erfundene Kategorien zu einem
Kodewort für Gesundheit. Gesunde Beziehungen waren in-
tim, und Intimität galt als gesund. Nachdem der Begriff der
Intimität einmal die Norm und den Standard für eine gesunde Beziehung gebildet hatte, konnte mangelnde Intimität zu
einem strukturierenden allgemeinen Erzählrahmen für eine
ganze Reihe von Problemen werden. In der therapeutischen
Erzählung kann die Abwesenheit von Intimität nur auf jemandes eigene emotionale Konstitution verweisen, zum
Beispiel auf das, was die Psychologen als *Angst* vor Intimität bezeichnen. Ein Artikel in *Redbook* bringt den Zusammenhang in den Worten eines Therapeuten treffend zum
Ausdruck: »In unserer Gesellschaft haben die Menschen
mehr Angst vor Intimität als vor Sex. [...] Typischerweise
haben Personen mit Intimitätsproblemen Schwierigkeiten,
in engen Beziehungen sexuell erregt zu sein, während sie
in lockeren Affären womöglich sehr gut funktionieren.«[58]
Therapeutische Erzählungen sind zutiefst tautologisch,
denn sobald ein Gefühlszustand als gesund und erstrebens-
wert ausgezeichnet ist, werden alle Verhaltensweisen oder
Zustände, die hinter diesem Ideal zurückbleiben, auf pro-

---

57 Michel Foucault, *Sexualität und Wahrheit*, Bd. 3: *Die Sorge um sich*,
Teil II: »Die Kultur seiner selber«, Frankfurt/M. ⁴1995, S. 53-94.
58 Carol Botwin, »The Big Chill«, in: *Redbook*, Februar 1985, S. 102.

blematische Gefühle oder unbewußte Hindernisse deuten, die wiederum im Rahmen der therapeutischen Erzählung verstanden und gemanagt werden müssen. »Manche Paare glauben, daß sie gar nicht zusammenpassen: Sie glauben, die Distanziertheit in ihren Ehen liege daran, daß sie die falsche Person geheiratet haben. Vielleicht haben sich aber beide ihre unvereinbaren Partner ausgesucht, weil sie Distanz brauchen. Wenn sie mit jemand verheiratet wären, den sie wirklich mögen, müßten sie vertraulich miteinander umgehen und hätten noch viel größere Probleme.«[59] Statt »Unvereinbarkeit« als Grund für Uneinigkeit zu nehmen, wird sie als Symptom tiefer unbewußter Ängste behandelt, die ans Licht zu bringen die narrative Nachbearbeitung des Selbst in Gang setzen wird. »Angst vor Intimität« wird zu einem narrativen Aufhänger für Intimbeziehungen, zu einer Möglichkeit, sie zu fassen, zu erklären und zu transformieren. Wenn distanzierte Männer (oder Frauen) eigentlich nur Angst vor etwas haben, wonach sie in Wirklichkeit tiefe Sehnsucht empfinden, dann bietet diese Erzählung sowohl das beherrschende Thema ihrer unzulänglichen Identität als auch das Ziel, auf das hin eine solche Identität ausgerichtet und verbessert werden kann.

Die symbolische Struktur therapeutischer Erzählungen harmonisiert ausgesprochen gut mit der Kulturindustrie, weil sich narrative Aufhänger leicht verändern lassen, was die psychologische Zunft für stets neue Wellen von »Erzählungen« und Erzählmoden empfänglich macht. Um auch dafür ein Beispiel zu geben: In den 1980er Jahren kreierte ein Buch, von dem ein Jahr nach seiner Veröffentlichung über drei Millionen Exemplare verkauft worden waren, einen neuen narrativen Rahmen: *Wenn Frauen zu sehr lieben.*[60] Der narrative Aufhänger »Angst« wurde hier durch

---

59 Ebd., S. 106.
60 Robin Norwood, *Wenn Frauen zu sehr lieben. Die heimliche Sucht, gebraucht zu werden*, Neuausgabe, Reinbek bei Hamburg 2006.

den neuen Aufhänger der »Abhängigkeit« ersetzt, dem die
narrative Rolle zukam, zu erklären, warum manche Beziehungen hinter dem Ideal der Intimität zurückblieben, das
die Psychologen konstruiert hatten. Jedes Verhalten, das
hinter dem therapeutischen Ideal zurückbleibt, erfordert
eine Erklärung.[61] In diesem Prozeß können Gegensätze zu
Äquivalenten werden: In Norwoods Buch etwa stellt sich
heraus, daß sich hinter Abhängigkeit in Wirklichkeit Angst
verbirgt. »Wenn Sie jemals auf einen Mann total fixiert waren, dann haben Sie vielleicht schon vermutet, daß diese extreme Hinwendung gar nicht auf Liebe, sondern auf Angst
basierte. Diejenigen, die so obsessiv lieben, stecken voller
Angst [...].«[62] Und wie weiß man, daß man die Krankheit
des »zu sehr Liebens« hat? Einfach, indem man sich die eigene Kindheit anschaut. Hat man seine Kindheit in einer
dysfunktionalen Familie verbracht, so führt dies mit einiger
Wahrscheinlichkeit zu Abhängigkeit. Was ist eine dysfunktionale Familie? Eine Familie, in der die eigenen Bedürfnisse
nicht befriedigt werden. Und wie weiß man, daß die eigenen Bedürfnisse in der Kindheit nicht befriedigt wurden?
Einfach, indem man sich seine jetzige Situation anschaut.
Die Tautologie ist offenkundig: Jede gegenwärtige Mißlich-
keit verweist auf eine Beschädigung in der Vergangenheit
(die von ernsthaftem körperlichem Mißbrauch oder Mangel

---

61   Und manchmal wird gleich eine ganze Reihe von Erklärungen angeboten wie in diesem Zitat aus Stephanie Covingtons *Dornröschen schläft
nicht mehr. Das Erwachen der weiblichen Sexualität*, Zürich 1993, S. 166:
»Süchte, Mißhandlungen und Mißbrauch hindern Partner zweifellos daran, sich ehrlich und vollständig aufeinander einzulassen, aber Menschen
können einem auch aus anderen Gründen fern sein. Sie können mit jemand
anderem verheiratet oder in mehrfache Beziehungen verstrickt sein. Sie
können starre Grenzen haben, die Intimität ausschließen. Sie können depressiv und aus diesem Grund unfähig sein, Ihre Bedürfnisse zu erfüllen. Sie
können ungeheuer narzißtisch sein und alles auf sich selbst rückbeziehen;
damit versagen sie Ihnen das Recht auf Ihre Gefühle bzw. Erinnerungen,
weil sie sich nur für Dinge interessieren, die sie selbst berühren.«
62   Norwood, *Wenn Frauen zu sehr lieben*, S. 10.

an Liebe bis hin zu milden Formen von Vernachlässigung reichen kann). Ein Mangel an Liebe in der Vergangenheit kann sich auf zweierlei konträre Weise manifestieren: Entweder hat man »Angst vor Nähe«, oder man kompensiert den Mangel an Liebe durch ein Übermaß an Fürsorglichkeit.[63] Zu sehr lieben und nicht genug lieben werden somit in Symptome derselben Pathologie verwandelt. Der Knackpunkt des Gedankengangs hinter diesen Behauptungen entspricht wieder dem Gedankengang des Psychologen: Gesunde Liebe verletzt und schmerzt definitionsgemäß nicht; wenn irgend etwas schmerzt oder schiefgeht, deutet dies notwendigerweise auf ein seelisches Manko der liebenden Person hin, ein Manko, das in einem von zwei gegensätzlichen Umständen besteht: dem des zu sehr oder dem des zu wenig Liebens. »Wenn Liebe für uns gleichbedeutend ist mit Schmerz und Leiden, dann lieben wir zu sehr. [...] Wenn die Beziehung zu einem Partner unser seelisches Wohlergehen [...] gefährdet, dann lieben wir zweifellos zu sehr.«[64] Intimität und Gesundheit werden somit gleichgesetzt und äquivalent:

Männer, die uns geben könnten, was wir brauchen, interessieren uns nicht. Sie kommen uns langweilig vor. Wir fühlen uns zu Männern hingezogen, mit denen wir die Qualen noch einmal erleben können, die wir mit unseren Eltern durchgemacht haben: Damals versuchten wir, gut, liebenswert, nützlich und intelligent zu sein, um Liebe, Aufmerksamkeit und Anerkennung von denen zu bekommen, die uns nicht geben konnten, was wir brauchten, weil sie mit anderen Problemen beschäftigt waren und sich für andere Dinge interessierten. Nun verhalten wir uns, als wenn Liebe, Aufmerksamkeit und Anerkennung nur dann wirklich zählen, wenn wir sie einem Mann entlocken können, der ebenfalls nicht in der Lage ist, uns all das bereitwillig zu geben, weil er mit anderen Dingen beschäftigt ist und sich für andere Dinge interessiert.[65]

63 Ebd.
64 Ebd., S. 9.
65 Ebd., S. 35.

Die therapeutische Erzählstruktur kann unvereinbare Handlungsverläufe hervorbringen – Angst vor Intimität oder Abhängigkeit von Intimität –, die das Selbst auf konsistente Weise ordnen, indem sie die Ursachen einer defizitären Beziehung in einer verdrängten oder vergessenen Vergangenheit ausfindig machen. Wie ist diese Erzählung strukturiert? Genauer gefragt, wie spiegeln sich in ihrer Struktur einige wichtige ideologische Mechanismen des therapeutischen Diskurses?

Eine dämonische Erzählung

William Sewell Jr. und viele andere haben gezeigt, daß Institutionen kulturelle Kohärenz nicht in erster Linie dadurch herstellen, daß sie Gleichförmigkeit schaffen, sondern dadurch, daß sie Verschiedenheit organisieren. Institutionen sind »unentwegt damit beschäftigt, Praktiken und Bevölkerungsteile, die nicht dem offiziellen Ideal entsprechen, nicht nur zu normalisieren oder zu homogenisieren, sondern auch zu hierarchisieren, abzukapseln, auszuschließen, zu kriminalisieren, zu unterwerfen oder zu marginalisieren«.[66] Was die therapeutische Überzeugung so interessant und vielleicht zu etwas historisch Einzigartigem macht, ist, daß sie ein Selbst mittels einer »Verschiedenheit« institutionalisiert hat, die genaugenommen durch das moralische und wissenschaftliche Ideal der Gesundheit und Normalität hervorgebracht wird.

Nachdem erst einmal ein undefiniertes und grenzenlos expansives Ideal der Gesundheit postuliert war, ließen sich im Umkehrschluß schlichtweg alle Verhaltensweisen als »pathologisch«, »krank«, »neurotisch« oder einfach »dysfunktional« oder »nichtselbstverwirklicht« etikettieren. Die

66 William H. Sewell Jr., »The Concept(s) of Culture«, in: Victoria E. Bonnell u. Lynn Hunt (Hg.), *Beyond the Cultural Turn: New Directions in the Study of Society and Culture*, Berkeley 1999, S. 56.

therapeutische Erzählschablone gibt Normalität als Ziel der Erzählung des Selbst vor, doch wird diesem Ziel niemals ein klarer positiver Inhalt zugeordnet, so daß es tatsächlich eine Vielzahl von nichtselbstverwirklichten und somit kranken Menschen hervorbringt. Die Erzählung der Selbsthilfe ist daher kein Heilmittel gegen Scheitern und Not; vielmehr *bringt das Gebot, nach höheren Niveaus an Gesundheit und Selbstverwirklichung zu streben, seinerseits Leidensgeschichten hervor.* Freuds berühmter Behauptung können wir also mit Blick auf die gegenwärtige Lage die folgende Wendung geben: Wir sind durchaus Herr im eigenen Haus, selbst wenn – oder vielleicht besonders dann, wenn – dieses Haus in Flammen steht.

Mit anderen Worten: Die Erzählung der therapeutischen Selbsthilfe ist nicht, wie Strukturalisten meinen würden, der binäre Gegensatz zu einer Erzählung der »Krankheit«. Die Erzählung, die die Selbsthilfe anpreist, *ist* vielmehr gerade die Erzählung der Krankheit und des seelischen Leidens. Weil sich kulturelle Schemata auf neue Situationen ausdehnen oder übertragen lassen, gebrauchten und übersetzten Feministinnen, Vietnamveteranen, Gerichte, staatliche Einrichtungen und die Experten des seelischen Gesundheitswesens alle dasselbe Schema der Krankheit und Selbstverwirklichung, um das Selbst zu organisieren. Auf diese Weise verwandelten sie die Erzählung der Selbstverwirklichung in eine wahrhaft derridasche Entität, die das, was sie auszuschließen trachtet, nämlich Krankheit, Leid und Schmerz, zugleich in sich einschließt und in Kraft setzt.

Diese Erzählung ist keine Entstellung der Psychoanalyse, sondern war von Anfang an in ihr enthalten. So behauptete etwa Margaret Mahler, eine der führenden frühen Vertreterinnen der Psychoanalyse in Amerika: »Es scheint ein Teil der menschlichen Natur zu sein, daß noch nicht einmal das am normalsten ausgestattete Kind, das die zugänglichste Mutter hat, die sich denken läßt, dazu in der Lage ist,

den Prozeß der Trennung und Individuation ohne Krisen
zu überstehen, aus dem Ringen um die Wiedervereinigung
unversehrt hervorzugehen und ohne Schwierigkeiten mit
seiner Entwicklung in die ödipale Phase einzutreten.«[67]
Wenn »das am normalsten ausgestattete Kind« und »die
zugänglichste Mutter, die sich denken läßt«, immer noch
»Schwierigkeiten« und »Krisen« verursachen, dann werden sowohl normale als auch pathologische Kinder – *alle*
Kinder – daran scheitern müssen, jemals seelische Gesundheit zu erlangen, und entsprechend auf die Hilfe der Psychologie angewiesen sein, um die mit dem bloßen Umstand
der Lebendigkeit verbundenen Krisen zu meistern. Die elementare Vision der Gesundheit – die der therapeutischen
Erzählung von Selbstbefreiung und Selbstverwirklichung
immanent ist – lebt von einer Erzählung der Krankheit.

Wir können diese Erzählung als »dämonische Erzählung« verstehen.[68] Wie Alon Nahi und Haim Omer erläutern, lokalisiert die dämonische Erzählung die Ursache des
Leidens in einem bösen Prinzip, das sich außerhalb des Subjekts befindet, sei dies Satan oder ein traumatisches Ereignis. Diese Form des Bösen zeichnet sich dadurch aus, heimtückisch ins Innere einer Person gelangen zu können. Das
Böse ist in der Person und bleibt Beobachtern und sogar
dem Blick des Subjekts selbst im wesentlichen verborgen.
So wie der Teufel die Kontrolle über jemand übernehmen
kann, ohne daß dieser es bemerkt, kann auch ein Trauma

---

67 Margaret S. Mahler, »On the Current Status of the Infantile Neuro-
sis«, in: *Journal of the American Psychoanalytical Association* 23 (1975),
S. 327-33, zitiert nach Suzanne R. Kirschner, *The Religious and Romantic
Origins of Psychoanalysis. Individuation and Integration in Post-Freudian
Theory*, New York 1996, S. 41.
68 Alon Nahi u. Haim Omer, »Demonic and Tragic Narratives in Psy-
chotherapy«, in: Amia Lieblich, Dan P. McAdams u. Ruthellen Josselson
(Hg.), *Healing Plots. The Narrative Basis of Psychotherapy*, Washington,
DC 2004, S. 29-48. Ich werde die dämonische Erzählung jedoch in etwas
anderen Begriffen charakterisieren, als es diese Autoren tun.

seine zerstörerischen Spuren hinterlassen, ohne daß der oder die Betroffene sich dessen bewußt wäre. Zudem übernimmt und transformiert in der dämonischen Erzählung das böse Prinzip, das heimtückisch in Seele und Körper einer Person eingedrungen ist, deren Identität. Auf ähnliche Weise formt in der therapeutischen Erzählung das Trauma eine neue Identität. Eine weitere Besonderheit der dämonischen Erzählung ist, daß nur ein Außenstehender die Zeichen der seelischen Vergiftung zutreffend entziffern kann. Deshalb ist die Beichte so entscheidend für den Reinigungsprozeß, der auf die Feststellung der dämonischen Besessenheit zu folgen hat. Am wichtigsten ist aber vielleicht, daß in der dämonischen Erzählung eine Sache und ihr Gegenteil gleichermaßen als Beweis der Anwesenheit des Dämons interpretiert werden können. Einzuräumen, daß man Satan begegnet ist, beweist ebensogut eine Zusammenkunft mit dem Teufel, wie wenn man dies vehement abstreitet. Und so belegt es deren Macht ebensogut, wenn man sich seiner psychischen Probleme bewußt ist, wie wenn man sie leugnet.

Ich fasse zusammen: Um zu erklären, wie die Therapie zu einem grundlegenden Schema für das Selbst wurde, müssen wir der Tatsache Rechnung tragen, daß sie zu einem Teil des alltäglichen Funktionierens großer Institutionen geworden ist, die über umfangreiche kulturelle und soziale Ressourcen gebieten und die man mit William Sewell auch als »institutionelle Knotenpunkte«[69] bezeichnen kann, also etwa den Staat oder den Markt. Darüber hinaus ist die therapeutische Erzählung an dem filigranen, konfliktgeladenen und instabilen Knotenpunkt zwischen dem Markt und der Sprache der Rechte, die die Zivilgesellschaft zunehmend durchdrungen hat, angesiedelt. Die Institutionalisierung und die diffuse Ausbreitung des therapeutischen Erzählkodes in der Gesellschaft gehen Hand in Hand und

69 Sewell, »Concept(s) of Culture«, S. 56.

bilden den Schlüssel, um zu verstehen, wie das therapeutische Selbst in ein narratives Schema zur Organisation des Selbst verwandelt wurde.

Die therapeutische Inszenierung des Selbst

Kulturelle Schemata sind elementare Formen kultureller Kodierung, weil sie die Wahrnehmung der Welt innerhalb grundlegender Strukturen organisieren, die wiederum die Art und Weise beschränken, wie wir kommunizieren und mit unserer Umgebung interagieren können. Aufgrund ihrer großen institutionellen Resonanz ist die therapeutische Erzählung zu einem grundlegenden Schema für das Selbst geworden, das Geschichten über das Selbst und besonders den autobiographischen Diskurs organisiert. Sie liefert ebensosehr die Form wie den Inhalt, wenn wir versuchen, uns selbst in der Welt zu verstehen. Kulturelle Schemata lassen sich auf neue Situationen ausdehnen oder übertragen, wenn sich eine passende Gelegenheit bietet. In diesem Sinn ist eine schematische Struktur virtuell, das heißt, sie kann in einem potentiell breiten und nicht vorab festgelegten Spektrum von Situationen aktualisiert werden. »Kulturelles Handeln setzt Texte in die Praxis um.«[70] Aber wie genau tut es das? Therapeutische Texte wurden in Praxis übersetzt, weil sie von Anfang an Texte waren, die *inszeniert* wurden. Diese Inszenierungen (*performances*) begannen im Sprechzimmer des Psychoanalytikers, wurden aber später auf eine ganze Reihe neu hinzugekommener Schauplätze ausgedehnt, unter denen besonders die Selbsthilfegruppe und die Fernseh-

70 Jeffrey Alexander u. Jason L. Mast, »Introduction: Symbolic Action in Theory and Practice. The Cultural Pragmatics of Symbolic Action«, in: Jeffrey C. Alexander, Bernhard Giesen u. Jason L. Mast (Hg.), *Social Performance. Symbolic Action, Cultural Pragmatics, and Ritual*, New York 2006, S. 5.

talkshow herausragen. »Die kulturelle Inszenierung ist der gesellschaftliche Prozeß, in dem Akteure – einzeln oder im Zusammenspiel – vor anderen die Bedeutung ihrer sozialen Situation vorführen. [...] Die Bedeutung ist die, von der sie als soziale Akteure bewußt oder unbewußt gerne hätten, daß andere sie glauben. Damit ihre Vorführung wirkungsvoll ist, müssen die Akteure sie plausibel inszenieren, und zwar so, daß jene, die mit ihren Handlungen und Gesten erreicht werden sollen, ihre Motive und Erklärungen als glaubwürdige Darstellung akzeptieren.«[71]

Die therapeutische Erzählung strukturiert die Art des Sprechens in einem inszenatorischen Genre, das in den vergangenen 15 Jahren entstanden ist und das Medium des Fernsehens vollständig umgekrempelt hat, nämlich dem Genre der Fernsehtalkshow. Das diesbezüglich erfolgreichste und bekannteste Beispiel in den Vereinigten Staaten ist die Talkshow von Oprah Winfrey, die täglich von mehr als 33 Millionen Zuschauern gesehen wird. Oprah Winfrey ist bekannt dafür, einen therapeutischen Interviewstil zu pflegen, und sie hat sich energisch für die therapeutische Auffassung von Selbstverbesserung stark gemacht. Wie ich an anderem Ort argumentiert habe, lebt ihr gewaltiges kulturelles und wirtschaftliches Projekt von ihrer Gabe, ihr inneres Selbst zu inszenieren, also von ihrer Fähigkeit, ihr Publikum von der Authentizität ihres Leidens und ihrer Selbstüberwindung zu überzeugen. Davon abgesehen ist ihre Show eine Bühne für die Probleme und Kämpfe gewöhnlicher Menschen, ihrer Studiogäste, die sich bei der Inszenierung ihres Selbst auf die therapeutische Erzählung stützen. Wie die Oprah-Winfrey-Show ihren Gästen eine therapeutische Erzählschablone anbietet, mit der sie ihr Selbstverständnis formulieren *und inszenieren* können, zeigt das folgende Beispiel:

71 Jeffrey Alexander, »Cultural Pragmatics. Social Performance between Ritual and Strategy«, in: Alexander, Giesen u. Mast, *Social Performance*, S. 32.

Sue will die Scheidung einreichen. Gary, ihr Mann, ist
darüber verzweifelt und will unbedingt zu seiner Frau zurück. Sein Wunsch, zu seiner von ihm entfremdeten Frau zurückzukehren, wird als psychologisches Problem formuliert
und unter die allgemeine Überschrift »warum Menschen zu
ihrem Expartner zurückwollen« gestellt. Eine Psychothera-
peutin, Carolyn Bushong, hat vordringlich die Funktion,
Garys Geschichte als Problem zu formulieren und für die
allgemeine narrative Interpretation seines Verhaltens zu sorgen:

OPRAH: Wir begrüßen im Studio Carolyn Bushong. Sie ist Psychothe-
rapeutin, und ihr Buch heißt »Wie Sie ihn lieben, ohne sich selbst zu
verlieren«. Und sie sagt, daß Liebe normalerweise nicht der Grund
ist, warum die Leute nicht über ihre oder ihren Ex hinwegkommen.
Ist das so?
BUSHONG: Nun ja, es gibt eine ganze Menge Gründe, aber viel davon
ist Zurückweisung. Und ich glaube, das ist, was ihn [Gary] am Ball
bleiben läßt – weil er braucht – du mußt sie zurückgewinnen, um dich
mit dir selbst im reinen zu fühlen. [… Später in der Sendung:] Gary ist
abhängig davon. Und »davon« meint das Gefühl: Ich bin ein schlechter
Mensch. Daß – meine Ex sagt, daß ich ein schlechter Mensch bin. Und
vielleicht bin ich ein schlechter Mensch. Wenn ich sie also überzeugen
kann, daß ich kein schlechter Mensch bin, dann kommt alles wieder
ins Lot … Wenn man das Unrecht wiedergutmacht, dann ist das der
Teil, also, wo ich mich vielleicht schuldig fühle wegen dem, was ich getan habe, und ich möchte – ich möchte mich mit dieser Person wieder
versöhnen, so daß ich meine Schuld loswerde.
OPRAH: Fühlst du dich denn ein bißchen schuldig, Gary?
GARY: Klar, tu ich.
BUSHONG: Ja, weil [du versucht hast, Sue zu kontrollieren].
OPRAH: Und du willst sagen: Wenn du mich nur zurückkommen läßt,
kann ich dir zeigen, daß ich das nicht mehr will und nicht mehr ma-
chen werde.
GARY: So hab ich das früher gesehen, ja.
OPRAH: Ja, klar, daß du nicht leben oder – nicht mit deiner Ex und nicht
ohne deine Ex leben kannst.
BUSHONG: Und das verwandelt sich dann in abhängige – in Abhängig-

keitsbeziehungen. Es gibt so viele Beziehungen, in denen die Menschen denken, weißt du, »ich will diese Person, ich liebe sie, aber ich hasse sie«.[72]

Hier sind einige Feststellungen angebracht. Erstens wird eine Gruppe von Leuten, die »zu sehr lieben« oder »nicht ohne ihren Expartner leben können«, von der Therapeutenzunft, dem Verlagswesen und der Fernsehtalkshow in Kranke und Konsumenten zugleich verwandelt. Der kulturelle Einfluß und die Verbreitung der Therapie, so wird hier anschaulich belegt, hängen mit dem Umstand zusammen, daß sich die Konsumkultur zu einem der wichtigsten Schauplätze für die Therapie entwickelt hat. Zweitens können wir hier sehen, wie die therapeutische Erzählung Gefühle – in diesem Fall ein Schuldgefühl – zu öffentlichen Gegenständen macht, die ausgestellt, erörtert, strittig behandelt und vor allem inszeniert, sprich für ein Publikum kommuniziert und auf ihre Authentizität hin geprüft werden. Indem es also therapeutisch wird, wird das Selbst sowohl privater (es kreist um sein Innenleben) als auch öffentlicher (es ist im Besitz einer Sprache, mit der es Rechenschaft über seinem Privatleben ablegen und dies zum Gegenstand der objektiven Bewertung durch andere machen kann). Drittens ist die therapeutische Biographie eine ideale Ware, weil sie keine oder kaum eine finanzielle Investition erfordert – sondern lediglich, daß der Betroffene uns erlaubt, in die dunklen Ecken seiner Psyche zu schauen, und bereit ist, eine Geschichte zu erzählen. Zu erzählen und durch die eigene Erzählung verwandelt zu werden, dies sind die Waren, die von einem breiten Spektrum an Medienkanälen (Frauenzeitschriften und Männermagazinen, Talkshows, Radioprogrammen mit Zuhörerbeteiligung usw.) hergestellt, verarbeitet und in Umlauf gebracht werden, weil sie einen praktisch noch nie dagewesenen Mehrwert erzeugen können. Ja, was

72 »Can't Get Over Your Ex«, *Oprah Winfrey Show*, 28. März 1995.

der therapeutischen Erzählung ihren inszenatorischen Charakter verleiht, ist ihre Marktposition. Wenn Oprah Winfrey
zu einer der reichsten Frauen der Vereinigten Staaten geworden ist, dann deshalb, weil Talkshows keiner großen finanziellen Investitionen bedürfen, die Verwandlung privaten Kum-
mers in öffentliche Belange aber dem Geschmack des breiten
Publikums entspricht, weil sie die kulturelle Grenze zwischen
dem Privaten und dem Öffentlichen überwindet. Viertens übt
die therapeutische Erzählung aus diesem Grund einen »be-
trächtlichen interpretativen Einfluß« auf Prozesse der Selbst-
auslegung aus.[73] Was einem Menschen hilft, die Geschichte
seines Lebens umzuschreiben, ist das therapeutische Ziel der
Geschichte.[74] Und schließlich stellt diese Erzählung negative
Emotionen wie Scham, Schuld, Angst und Unzulänglichkeit
in den Vordergrund, ohne moralische Schemata des Tadelns
oder Schuldzuweisens ins Spiel zu bringen.

Die therapeutische Erzählung hat den autobiographischen Diskurs erheblich verändert, insofern sie die öffentliche Zurschaustellung seelischer Leiden in den Mittelpunkt
der Selbstdarstellung rückte. Zeichneten sich die autobiographischen Erzählungen des 19. Jahrhunderts durch einen
»Vom-Tellerwäscher-zum-Millionär«-Plot aus, dann hat das
neue zeitgenössische autobiographische Genre den gegentei-
ligen Charakter: In diesen Geschichten geht es noch auf dem
Höhepunkt von Ruhm und Reichtum um Seelenqualen, und
es geht um den eigentlichen Akt, sie zu erzählen. Drei Beispiele mögen dies verdeutlichen. Das erste betrifft wieder
Oprah Winfrey, die sich auf dem Gipfel ihres Ruhmes ihr
Leben wie folgt zurechtlegen konnte:

Vor dem Buch [einem autobiographischen Buch, das sie schreiben
wollte] trieb sie emotional hilflos in den trüben und bedrohlichen
Wassern des Selbstzweifels. [...] Was zählt, ist, wie sie sich in ihrem

73   Jaber Gubrium u. James Holstein, »The Self in a World of Going
Concerns«, in: *Symbolic Interaction* 23, Nr. 2 (2000), S. 109.
74   Gergen u. Gergen, »Narrative and the Self«.

Innern anfühlte, in den tiefsten Korridoren ihrer Seele. Und da fühlte sie sich nie gut genug. Alles kommt von da: ihr ewiger Kampf gegen die Fettleibigkeit (»die Pfunde standen für die Last meines Lebens«), ihre sexuell aktive Adoleszenz (»das habe ich nicht gemacht, weil ich es toll fand, überall herumzurennen und Sex zu haben. Sondern deshalb, weil ich nicht wollte, daß die andern Jungs böse auf mich sind, nachdem ich einmal damit angefangen hatte«), ihre Bereitschaft, sich im Namen der Liebe für einen Mann zum Narren zu machen (»ich war in einer Beziehung nach der anderen, in der ich schlecht behandelt wurde, weil ich glaubte, das zu verdienen«). »Ich weiß, daß es so wirkt, als hätte ich alles«, sagt Oprah mit einem Rundblick über ihren 20 Millionen Dollar teuren, mehr als 8000 Quadratmeter großen Film- und Fernsehkomplex westlich von Downtown Chicago. »Und die Leute glauben, bloß weil du auf dem Bildschirm bist, hast du alle Fäden in der Hand. Aber ich habe mit *meinem* Selbstwertgefühl viele, viele Jahre zu kämpfen gehabt. Und ich komme jetzt erst langsam damit klar.«[75]

Die Erzählung des seelischen Leidens verwandelt Erfolgsgeschichten in Biographien, in denen das Selbst nie richtig »fertig« ist und das seelische Leid auf Dauer zu einem konstitutiven Aspekt der Identität wird. Im neuen Genre der therapeutischen Autobiographie ist es nicht der Erfolg, der die Geschichte vorantreibt, sondern vielmehr gerade die Möglichkeit, daß sich das Selbst auf dem Höhepunkt seines weltlichen Erfolgs auflöst oder auflösen kann. Um ein anderes Beispiel zu nehmen: Eine so junge und erfolgreiche Schauspielerin wie Brooke Shields kann eine Autobiographie schreiben, die sich fast ausschließlich um ihre Wochenbettdepression dreht.[76] Der Wert solcher Berichte besteht darin, daß für die therapeutische Weltanschauung auch erfolgreiche Lebensläufe immer noch im Werden sind, wobei der Akt des Erzählens der Geschichte selbst Teil eines solchen Selbstwerdungsprozesses ist. Auf

75 L. Randolph, »Oprah Opens up about Her Weight, Her Wedding, and Why She Withheld the Book«, in: *Ebony*, Oktober 1993, S. 130.
76 Brooke Shields, *Ich würde dich so gerne lieben. Über die große Traurigkeit nach der Geburt*, Berlin 2006.

vergleichbare Weise ist Jane Fondas Autobiographie[77] als
Entfaltung eines emotionalen und seelischen Dramas erzählt, an dessen Anfang eine unglückliche Kindheit mit
einem kalten und abweisenden Vater steht, der sich in ihrer Geschichte zum unterschwelligen, aber wahren Grund
für ihre drei gleichermaßen gescheiterten Ehen entwickelt.
Maureen Dowd, eine Kolumnistin der *New York Times*,
wies in ihrer Besprechung des Buchs sarkastisch auf Fondas
inflationäre Verwendung der therapeutischen Formel hin:
»Fonda bietet uns satte sechs Jahrzehnte voller erschöpfen-
der Ausgrabungen ihrer verlorenen und wiedergefundenen
Selbste. *My Life So Far* ist kein poetischer Titel, doch trifft
er Janes Jungianische Sisyphos- oder Oprah-Arbeit, ihren
Schmerz zu überwinden und ihre Dämonen zu bannen. Ihr
Buch ist eine Endlosschleife aus Psychoblabla [...] darüber,
wie sie ihre Identität einbüßt und sich entkörperlicht fühlt
und dann bemüht ist, sich ihren Körper und ihre ›eigene‹
Weiblichkeit und ihren Raum und ihre Vagina – und ihre
Führungskraft und ihre Falten und ihre Mutter – wieder
anzueignen, auf daß ihr ›authentisches Selbst‹ zum Vorschein kommen möge.«[78] Alle drei Autobiographien mächtiger, erfolgreicher und glamouröser Frauen werden also als
Geschichten vergangener Wunden erzählt, und noch immer
sind die in ihrem erfolgreichen und glamourösen Leben
hart arbeitenden Protagonistinnen damit beschäftigt, ihre
seelischen Probleme zu lösen.

Die Erzählung der Selbsthilfe und Selbstverwirklichung
ist eine Erzählung der Erinnerung und der Erinnerung an
Leid, doch bewirkt die Erinnerungsarbeit zugleich eine Erlösung von diesem Leid. Im Kern dieser Erzählung steht
die Annahme, daß man Erinnerungsarbeit an vergangenem
Leid leistet, um sich von ihm zu befreien.

77   Jane Fonda, *My Life So Far*, New York 2005.
78   Maureen Dowd, »The Roles of a Lifetime«, in: *New York Times Book
Review*, 24. April 2005, S. 13.

Im Laufe der 1990er Jahre entwickelten sich derartige autobiographische Bekenntnisse zu einem gängigen, laut Frank Furedi »gar zu einem der ausgeprägtesten Genres der 1990er Jahre«.[79] Tatsächlich haben die Krankheitsmemoiren einer Art von Buch zur Geburt verholfen, die das »Branchenmagazin *Bookseller* als ›mis lit‹ oder Elendsmemoiren (›*misery memoirs*‹) bezeichnet und in denen Autoren und Autorinnen vom Triumph über ihr persönliches Trauma erzählen«.[80] Seltsamerweise scheint sich dieses Genre besonders bei den wirtschaftlich und/oder gesellschaftlich Privilegierten großer Beliebtheit zu erfreuen. Ich vermute, daß sie diese Form von Erzählung einsetzen können, um sich symbolisches Kapital zu verschaffen, um zu zeigen, daß ihr Leben immer noch ein Kampf gegen (und ein Erfolg über) eine Not ist, die nunmehr seelischer Natur ist. Um die kulturelle Besonderheit dieses narrativen Genres zu veranschaulichen, lohnt es sich an dieser Stelle, eine Bemerkung Abraham Lincolns über sein eigenes Leben zu zitieren: »Es wäre eine einzige Eselei, wenn man aus meinen frühen Jahren irgend etwas machen wollte. Das läßt sich alles in einem einzigen Satz zusammenfassen … den kurzen und schlichten Annalen der Armen.«[81] Die therapeutische Erzählung ist das radikale Gegenteil dieser Form, seine Lebensgeschichte zu erzählen, weil sie gerade darin besteht, alles aus den frühen Jahren zu machen. In Übereinstimmung mit dem Stoizismus und der Zurückhaltung weiter Teile der protestantischen Kultur weigerte sich Lincoln, Armut und Leid mit Bedeutung aufzuladen. Im Gegensatz dazu besteht die therapeutische Erzählung gerade darin, al-

---

79 Furedi, *Therapy Culture*, S. 41.
80 Brendan O'Neill, »Misery Lit … Read On«, 17. April 2007, ⟨http://news.bbc.co.uk/2/hi/uk_news/magazine/6563529.stm⟩ (Zugriff am 13. Juni 2007).
81 Abraham Lincolns Bemerkung gegenüber John L. Scripps aus dem Jahr 1860 findet sich in: J. L. Scripps u. M. L. Houser, *John Locke Scripps' 1860 Campaign Life of Abraham Lincoln*, Peoria 1931.

len – realen wie erfundenen – Formen von Leid maximale
Bedeutung beizumessen.

Es liegt nahe, die Verbreitung eines solchen Erzählens zu
beklagen. Doch sollten wir dieser Versuchung widerstehen
und statt dessen zu erklären versuchen, wie in der symbolischen Struktur dieser Erzählung die Struktur der Bedürfnisse und Sehnsüchte heutiger Männer und Frauen widerhallt.
Meiner Ansicht nach ist die therapeutische Erzählung aus
einer Reihe von Gründen auf ein so großes Echo gestoßen.

1. Die therapeutische Erzählung befaßt sich mit widersprüchlichen Gefühlen – zu sehr lieben oder nicht genug
lieben; aggressiv sein oder nicht durchsetzungsfähig genug
sein – und liefert eine Erklärung für sie. Unter dem Aspekt
der Vermarktung gleicht sie einer Zigarette, die Raucher
ebenso wie Nichtraucher und auch die Raucher verschiedener Marken glücklich machen kann. Mit anderen Worten:
Die therapeutische Struktur ist eine Gattungsstruktur ohne spezifischen Inhalt und insofern hochgradig mobil und
flexibel. Sie läßt sich auf eine Vielzahl von Übeln anwen-
den, kann individuellen Besonderheiten Rechnung tragen
und zugleich von vielen Menschen geteilt werden. Diese
Gattungsflexibilität erlaubt die Bildung von sogenannten
»Schicksalsgemeinschaften« (David Held),[82] also Gemeinschaften, die sich um ein gemeinsames Leiden herum organisieren. Das beste Beispiel hierfür ist das Phänomen der
Selbsthilfegruppe.

2. Die therapeutische Erzählung macht sich das Subjekt
zugleich als Patienten und als Konsumenten zunutze, als
jemanden, der Führung und Fürsorge braucht, und als jemanden, der auf sich selbst aufpassen kann, wenn man ihm
hilft. In dieser Hinsicht kombiniert sie zwei gegensätzliche
Konstruktionen des Selbst, die in der zeitgenössischen Kul-

82 David Held, *Introduction to Critical Theory. Horkheimer to Haber-*
mas, Berkeley 1980, S. 183 f.

tur wirksam sind: das Selbst als (potentielles oder tatsäch-
liches) Opfer sozialer Umstände und das Selbst als Akteur
und alleiniger Autor des eigenen Lebens.

3. Die Erzählung bedient sich der grundlegenden kulturellen Schablone der jüdisch-christlichen Erzählung. Diese
Schablone ist gleichermaßen rückschrittlich und fortschrittlich: rückschrittlich, weil sie von vergangenen Ereignissen
handelt, die sozusagen immer noch präsent und im Leben
der Menschen wirksam sind, und fortschrittlich, weil das
Ziel der Erzählung darin besteht, eine zukünftige Erlösung
– in diesem Fall seelische Gesundheit – zu begründen. Dergestalt erweist sich die Erzählung als ein sehr effizientes
Hilfsmittel, um dem Selbst Kohärenz und Kontinuität zu
gewähren.

4. Die Erzählung macht einen für das eigene seelische
Wohlergehen verantwortlich, doch tut sie dies, indem sie
jeglichen Begriff von moralischer Schuld beseitigt. Sie ermöglicht es, die kulturellen Schemata und Werte des moralischen Individualismus und der Selbstverbesserung zu
mobilisieren. Doch indem sie diese auf die Kindheit und de-
fizitäre Familien anwendet, entbindet sie uns von der moralischen Bürde, im Unrecht zu sein oder ein unbefriedigendes
Leben zu führen.

5. Die Erzählung ist inszenatorisch bzw. performativ und
in diesem Sinn mehr als eine Geschichte, weil sie Erfahrung
umstrukturiert, während sie sie erzählt. So wie performative
Verben die Handlung vollziehen, die sie benennen, bietet
eine Vielzahl sozialer Schauplätze wie Selbsthilfegruppen
oder Talkshows eine Bühne, auf der Heilung vollzogen und
inszeniert wird. Dies ist eine wichtige Eigenschaft, weil sich
moderne Subjekte in der Erfahrung der Selbstveränderung
und in der Konstruktion dieser Erfahrung moralisch und
sozial am kompetentesten fühlen. Die Selbstveränderung
ist vielleicht die wichtigste Quelle moralischen Werts in der
Gegenwart.

6. Der therapeutische Diskurs ist gewissermaßen eine ansteckende kulturelle Struktur, insofern er vervielfältigt und an Ehegatten, Enkelkinder und andere Verwandte weitergegeben werden kann. So haben zum Beispiel Traumaopfer der zweiten und dritten Generation heute ihre eigenen Selbsthilfegruppen, weil ihre Großeltern realiter Holocaustopfer waren.[83] Möglich ist dies, weil sie von einer symbolischen Struktur zehren, die sie in die Lage versetzt, sich eine Identität als kranke, heilungsbedürftige Subjekte zu entwerfen. Auf diese Weise kann die therapeutische Erzählung die familiäre Abstammung mobilisieren und eine sowohl vertikale als auch horizontale Kontinuität herstellen.

7. Diese Erzählung hat auf Männer und Frauen gleichermaßen verlockend gewirkt, weil sie das (traditionell männliche) Ideal des Selbstvertrauens berührt, indem das Gefühlsleben in den Vordergrund gestellt wird, und weil sie im privaten wie im öffentlichen Bereich Selbststeuerung ermöglicht. Insoweit kann man sie als geschlechtsblind bezeichnen.

8. Ein letzter und vielleicht entscheidender Punkt: Die therapeutische Erzählung ist aus dem Umstand hervorgegangen, daß das Individuum zunehmend von einer mit dem Begriff der Rechte gesättigten Kultur umgeben ist. Das psychologische Ethos stellt das Vokabular und die Grammatik zur Verfügung, um einen Anspruch auf »Anerkennung« zu artikulieren, den Anspruch, daß privates Leiden öffentlich anerkannt und geheilt werden sollte. Wie keine andere kulturelle Sprache vermengt die Sprache der Psychologie private Emotionalität und öffentliche Normen. Die Sprache der Psychologie hat das private Selbst kodifiziert und für die öffentliche Prüfung und Offenbarung präpariert. Dieser Mechanismus kann aus Leiden eine Opferrolle machen und aus der Opferrolle eine Identität. Die therapeu-

83 Kidron, »Amcha's Second Generation«.

tische Erzählung appelliert an uns, unser Leben zu verbessern, sie kann dies aber nur tun, indem sie dafür sorgt, daß wir uns um unsere Mängel, unser Leid und unsere Funktionsstörungen kümmern. Indem man dieses Leid in eine Art öffentliche Sprache verwandelt, in der man anderen gegenüber die Verletzungen offenbart, die dem Selbst von anderen zugefügt wurden, wird man ipso facto zu einem öffentlichen Opfer, zu jemand, dessen seelische Defekte auf die von anderen in der Vergangenheit begangenen Verletzungen verweisen und dessen Status als Opfer im Akt des öffentlichen Erzählens dieser Verletzungen erworben wird. Indem sie öffentlich wird, ermöglicht diese Sprache es dem Subjekt nicht nur, symbolische Entschädigung (in Form von Anerkennung) zu bekommen, sondern nötigt es auch dazu, seine Situation zu verändern und zu verbessern. Dadurch führt sie ein neues Modell von Selbst und Verantwortung ein: Sie macht einen für die eigene Zukunft verantwortlich, nicht aber für die eigene Vergangenheit. Sie begünstigt ein Selbst, das passiv ist – insofern es sich durch die von anderen zugefügten Wunden definiert –, das sich jedoch aufgefordert sieht, überaus aktiv zu werden, insofern es gehalten ist, sich zu verändern. Es ist in höchstem Maße für seine Selbsttransformation verantwortlich, wird jedoch für seine Defizite moralisch nicht verantwortlich gemacht. Dieses Modell einer gespaltenen Verantwortung stellt meiner Meinung nach eine neue kulturelle Form des Selbstseins dar.

Diese letzte These steht in völligem Widerspruch zu der Meinung vieler Kommentatoren, daß der amerikanische Glaube an Erfolg und Selbstvertrauen durch eine therapeutische Beschäftigung mit sich selbst ausgehöhlt werde. Insbesondere Christina Hoff Sommers und Sally Satel haben mit Nachdruck behauptet, daß der »Therapiewahn« eine stoische Haltung und den Sinn für Selbstverantwortlichkeit untergrüben.[84] Wie ich dargelegt habe, ist dies eine irrige Annahme, die völlig übersieht, daß die therapeutische Kultur einen großen Fortschritt für das Ethos der Selbständigkeit und des Selbstvertrauens darstellt; obwohl sie sich hinsichtlich der Vergangenheit auf den Standpunkt des Opfers und der moralischen Reinwaschung zurückzieht, macht sie eine voluntaristische Verantwortung für die Zukunft zur Pflicht.

Eine Erzählung in Aktion

Man sollte sich kognitive Typisierungen oder Schemata als Institutionen vorstellen, die in mentalen Gerüsten »hinterlegt« sind. Umgekehrt verweisen mentale Strukturen auf die Institutionen zurück, aus denen sie hervorgehen.[85] Terry Eagleton schreibt: »Eine erfolgreiche Ideologie muß theoretisch und praktisch funktionieren und sie muß einen Weg finden, diese beiden Ebenen zu verbinden. Sie muß alles erfassen – vom ausgefeilten Denksystem bis zu den Kleinigkeiten des Alltags, von der gelehrten Abhandlung bis zum Schrei auf der Straße.«[86] Tatsächlich sind ideologische Systeme besonders gerne »handlungsorientiert«, das heißt, sie zielen darauf ab, ihren Lehrsätzen und Überzeugungen durch ein Bündel von Praktiken und Verhaltensweisen einen verbindlichen Anstrich zu geben. Nur im Rahmen einer Praxis kann ein theoretischer Diskurs in die gewöhnlichen Vorstellungen vom Selbst Eingang finden. Mit anderen Worten: Um in Umlauf zu kommen, muß Kultur in sozialen Praktiken verkörpert sein. Um wirksam zu werden, müssen

---

84 Christina Hoff Sommers u. Sally Satel, *One Nation under Therapy. How the Helping Culture Is Eroding Self-Reliance*, New York 2005.

85 Paul DiMaggio, »Culture and Cognition«, in: *Annual Review of Sociology* 23 (1997), S. 263-87.

86 Terry Eagleton, *Ideologie. Eine Einführung*, Stuttgart u. Weimar 1993, S. 58.

kulturelle Ideen sich an Objekten, Interaktionsritualen und sozialen Inszenierungen auskristallisieren. Eines der wichtigsten kulturellen Medien, um die textliche und institutionelle Struktur der Therapie in eine kulturelle Inszenierung zu übersetzen, bilden die Selbsthilfegruppen. In dieser Hinsicht sollte man das Aufkommen der Selbsthilfegruppen als die andere Seite der kulturellen Münze einer institutionalisierten therapeutischen Sprache verstehen. Die therapeutische Struktur existiert in dem dichten Zusammenspiel einer textuellen Kultur mit sozialen Inszenierungen, wie es vor allem Selbsthilfegruppen betreiben.

Was ihre Ausrichtung und Methodik betrifft, gibt es eine Vielzahl unterschiedlicher Selbsthilfegruppen. Ihre Themen und Methoden erstrecken sich von Meditationsgruppen bis hin zu Urschreigruppen, Selbstbehauptungstrainingsgruppen, den Anonymen Alkoholikern, Gruppen für Menschen, die sexuellen Mißbrauch, Vergewaltigungen, Traumata oder einen Völkermord überlebt haben, sowie Gruppen für Singles, Freß- und Magersüchtige. Ja, das Spektrum der Selbsthilfegruppen ist so groß, daß ihr Begriff sich schlechterdings auflösen würde, wollten wir sie über ihren Inhalt definieren. Diese Vielfalt an Themen, um die sich Selbsthilfegruppen organisieren, läßt darauf schließen, daß sie eine tiefere kulturelle Struktur gemeinsam haben. Zwar wurde viel über sie geschrieben, aber nur selten hat jemand den schlichten Umstand bemerkt, daß Selbsthilfegruppen die Struktur therapeutischer Erzählungen mobilisieren und inszenieren. Das therapeutische Erzählschema ermöglicht eine Form von Fabelkomposition, die aus der Erzählung des Selbst eine öffentliche Inszenierung macht.

Selbsthilfegruppen zeichnen sich dadurch aus, daß sie aus privaten Geschichten öffentliche kommunikative Akte machen.[87] Der Mechanismus, der die Übersetzung des

87 Robert Wuthnow, *Sharing the Journey. Support Groups and America's New Quest for Community*, New York 1994.

Privaten ins Öffentliche ermöglicht, ist therapeutisch: Es ist
der narrative Kode der Therapie, der diktiert, wie Geschichten (mit-)geteilt werden können, mit welcher Motivation
sie öffentlich erzählt werden und wie die Zuhörerschaft sie
interpretieren sollte. Wenn wir die Selbsthilfegruppe als einen kulturellen Rahmen verstehen, in dem man eine Identitätserzählung in Kraft setzt und sich zu eigen macht, dann
wird deutlich, daß es sich bei ihr um eine kulturelle Form im
Sinne Simmels handelt – um eine Weise, gesellschaftliche Erfahrung zu organisieren, den Abstand zwischen Selbst und
anderen auszuhandeln und Grenzen zwischen dem privaten
und dem öffentlichen Selbst zu ziehen.

Was Selbstachtung, Essen, Alkohol oder die Tatsache,
ein Holocaustüberlebender in dritter Generation zu sein,
zu Problemen macht, die im Kontext einer Selbsthilfegruppe offenbart, erzählt und (mit-)geteilt werden sollen,
ist das enge Zusammenspiel zwischen drei Kategorien von
Erzählungen: einer *allgemeinen, die Gattung definierenden
therapeutischen Erzählung*, der zufolge das Selbst der Entwicklung und/oder Wiedergutmachung bedarf und die das
Selbst auffordert, die Gegenwart durch Gedächtnisarbeit
neu zu gestalten; einer *thematischen Erzählung* über Dinge
wie Fettleibigkeit, Alkohol, Scheidung, Sozialphobie usw.,
die von allen Mitgliedern der Gruppe geteilt wird und ihren
zentralen Gegenstand ausmacht, mit dem wahrscheinlich
alle Gruppenmitglieder Erfahrung haben; sowie schließlich
einer *persönlichen, individuell zugeschnittenen Erzählung*
für jedes Mitglied. Mit Hilfe dieser drei Erzählkategorien
strukturieren Selbsthilfegruppen ihre Gruppensitzungen
und die Art und Weise, wie ihre Mitglieder ihre Geschichten erzählen. Ich würde sogar so weit gehen zu behaupten,
daß sich die therapeutische Erzählung, verstanden als ein
Bündel von Techniken zur Präsentation und Inszenierung
des Selbst, in der Gesellschaft ausbreiten konnte, weil sie
eine standardisierte therapeutische Erzählung – die auf

Männer und Frauen, Jugendliche und Erwachsene, »normal neurotische« und pathologisch dysfunktionale Personen anwendbar war – mit einer hochindividualisierten Erzählung verband, in der sich die Lebensumstände des Betroffenen spiegelten.

Zwar haben sich viele Selbsthilfegruppen in den Nischen der Zivilgesellschaft entwickelt und dem Zugriff des Marktes entzogen, doch ist das Modell »Selbsthilfegruppe« zunehmend kommerzialisiert worden. Ich möchte mich im folgenden einer Praxis zuwenden, die Ähnlichkeiten mit der Selbsthilfegruppe hat, ohne mit ihr identisch zu sein, nämlich dem gewinnorientierten Workshop. Solche Workshops dauern von ein paar Stunden bis zu einigen Tagen und werden normalerweise von Personen durchgeführt, die wie die Leiter von Selbsthilfegruppen beanspruchen, selbst von den Techniken profitiert zu haben, die sie vermitteln wollen. Sie haben einen klar definierten kommerziellen Charakter und sind ein anschaulicher Beleg für die Verwandlung der Therapie in eine marktförmige Ware. Während die Selbsthilfegruppen aus der Zivilgesellschaft hervorgehen, versuchen derartige Workshops, die therapeutische Erzählung zu vermarkten und sie in eine standardisierte, kurze und wiederverwertbare Formel zu packen.

1998 nahm ich an einem der dreitägigen »Forum Workshops« der Landmark Education Corporation (LEC) teil. Ich entschied mich für diesen Workshop, weil er die weltweit erfolgreichste therapeutische kulturelle Form ist – nicht nur »exportiert« er globale psychologische kulturelle Gerüste an spezifische Schauplätze, sondern er setzt sie voraus – und weil ihm der Ruf vorausging, spürbare Auswirkungen auf seine Teilnehmer zu haben.

Das Forum ist ein Ableger und eine Weiterentwicklung von »est« (Erhard Seminar Training Inc.), der Erfindung des ehemaligen Autoverkäufers Werner Erhard, der eine »Offenbarung« hatte und sie in Workshops zum Thema

»Machtgewinn« umsetzte. Reichlich unbescheiden behauptet die Website, auf der er vorgestellt wird, daß

Werner Erhard, eine Kraft des Wandels, in der zweiten Hälfte des 20. Jahrhunderts zu einer kulturellen Ikone wurde und das menschliche Bewußtsein veränderte. 1971 machte Erhard die amerikanische Öffentlichkeit mit dem bahnbrechenden Begriff der »Transformation« bekannt – einem Begriff, der die Art und Weise, wie Menschen ihr Leben betrachten, neu definierte und der in der heutigen Gesellschaft nach wie vor als mächtige, praktische und einschlägige Ressource gilt. Erhard zufolge bedeutet Transformation eine klare Unterscheidung zwischen der Veränderung eines bestehenden Modells (wie deutlich auch immer sie ausfällt) und dem Entwurf eines völlig neuen Modells. Dieser Denkansatz führte zu der Idee, daß Menschen ihr Leben in sehr kurzer Zeit transformieren und dabei beeindruckende und dauerhafte Ergebnisse erzielen können.

Erhard entwickelte eine dynamisch-evolutionäre Denkfabrik für Spitzenprogramme zur Maximierung der persönlichen und organisatorischen Effizienz, Kommunikation und Fähigkeit, mit anderen in Beziehung zu treten. Die Ergebnisse waren außerordentlich. Bis auf den heutigen Tag berichten Teilnehmer von bemerkenswerten, dauerhaften Vorteilen für ihr privates und ihr Berufsleben – in Familie und Karriere, in Organisationen und Gemeinschaften.

Millionen von Menschen wurden durch Erhards Arbeit beeinflußt – entweder weil sie direkt teilgenommen haben oder durch den kulturellen Wandel, der sich einstellte, als Vordenker auf Erhards Philosophie aufbauten und sie anwandten. Die milliardenschwere Industrie der persönlichen Entwicklung zehrt auch heute noch von Erhards ursprünglichen Konzepten und entwickelt diese weiter.[88]

Hier finden sich einige interessante Elemente. Wie sein Nachfolger, das Forum, war »est« ein Mischmasch aus allen möglichen Lehren und Ideen – religiösen (Zen und Scientology), philosophischen (vor allem Heideggers Existentialismus) und psychologischen (mit deutlichen Spuren von Maslow und Rogers). Der Workshop ist strenggenommen nicht psychologisch ausgerichtet, doch nutzt er viele der für

88 »Werner Erhard: Influence«, 2002, ⟨www.wernererhard.com/werner erhardinfluence.htm⟩ (Zugriff am 16. März 2007).

den therapeutischen Ethos und vor allem für die humanistische Psychologie charakteristischen Themen und Techniken. Ein Kurs für Fortgeschrittene namens »Weisheitskurs« beispielsweise ist laut Beschreibung eine »achtmonatige Erkundung, die unsere gewöhnlichen Konversationen und Weisen, mit anderen in Beziehung zu treten, transformiert. Eine kindische Seinsweise, die wir aus unserer Vergangenheit geerbt haben, wird in eine fundamental erwachsene Seinsweise verwandelt, die unsere besten Potentiale voll entfaltet«. Wir wollen festhalten, daß Erhard kein professioneller Psychologe war, sondern ein einfacher Angestellter. Was sich zu einem internationalen Workshop für Selbstveränderung entwickeln sollte, konnte von einem gewöhnlichen Angehörigen der amerikanischen Mittelklasse ersonnen werden: So tief war die therapeutische Sprache und Erzählung bereits in der amerikanischen Kultur verwurzelt, daß ein psychologischer Laie deren Grundkategorien nehmen und mit Elementen der New-Age-Bewegung zu einem konzeptuellen Rahmen für Selbstveränderung kombinieren konnte. Das zweite bemerkenswerte Element am Forum ist, daß es einen beispiellosen Versuch zur Kommerzialisierung der therapeutischen Erzählung darstellt, die nun binnen 50 oder 60 Stunden konsumiert werden kann. In der Tat schätzt die Erhard-Website die Zahl derjenigen, die sich dem »est«-Training unterzogen, bevor das Seminarangebot 1991 eingestellt und durch LEC abgelöst wurde, auf eine Million. LEC kommt auf jährliche Bruttoeinnahmen von rund 50 Millionen US-Dollar und hat weltweit mehrere hunderttausend Teilnehmer angezogen. Die LEC hat ihren Firmensitz in San Francisco und verfügt über 42 Niederlassungen in elf Ländern, ist also ein globales Unternehmen.

Die Workshops funktionieren wie eine globale Firma, insofern sie darauf ausgerichtet sind, weltweit Verbreitung zu finden, und dabei zugleich eine homogene kulturelle Form in weltweiten Umlauf bringen. Das Unternehmen wird von

einem Gremium von 50 Führungskräften aus verschiedenen
Ländern geleitet, die ihre Ausbildung alle in den Vereinigten
Staaten erhalten. Nur diese Führungskräfte sind berechtigt,
Workshops der obersten Kategorie abzuhalten. Die Programme werden in den Vereinigten Staaten, Kanada, dem Nahen
Osten, Australien, Europa, Asien und Indien durchgeführt.
Was es dem Unternehmen ermöglicht, als globale kulturelle Form zu funktionieren, ist sein doppelter Rückgriff auf
fernöstliche Spiritualität und therapeutische Schemata,[89] die
sich beide in Form der New-Age-Bewegung zu dauerhaften
kulturellen Merkmalen der westlichen Kulturen entwickelt
haben. Der Workshop greift einen maßgeblichen Aspekt
der New-Age-Bewegung auf, wenn er die New-Age-Spiri-
tualität nahtlos mit psychologischen Selbsterkenntnis- und
Diskussionstechniken verschmilzt. Doch der interessanteste
Aspekt ist die duale ökonomische Struktur der LEC: Neben
der kommerziellen Struktur diverser Workshops, die nur
von autorisierten Leitern durchgeführt werden können, gibt
es eine Freiwilligenstruktur, die aus einer Serie von Treffen
nach dem Hauptworkshop besteht. Bei diesen Treffen üben
die Teilnehmer die Lektionen, die sie in den Workshops gelernt haben, mit Hilfe einer Gruppe von Freiwilligen, deren
Hauptaufgabe es ist, die Teilnehmer im kulturellen Einzugs-
bereich des Forums zu halten und zum Besuch von Workshops für Fortgeschrittene zu motivieren. Geleitet werden
die After-Workshop-Treffen von ehemaligen Forumsteilnehmern, die, nachdem sie dafür ausgebildet worden sind, die
freiwilligen Übungen mit Forumsteilnehmern durchführen.
Die freiwilligen Workshops bilden eine wichtige Ergänzung
zu den kommerziellen Workshops, weil sie die Selbsttransformation in einen dauerhaften und stufenweisen Prozeß

89 Obwohl sich das Unternehmen stark auf therapeutische Techniken
stützt, bietet es laut Selbstbeschreibung eine »Bildungsmethode« an, um
sich nicht der Kontrolle und dem Zulassungssystem der Psychologen unterwerfen zu müssen.

verwandeln – und jeden weiteren Schritt auf dem Weg zur
Selbsttransformation in eine erneute ökonomische Investition. Die Landmark Education Corporation verbindet so
eine hochkommerzielle Version der therapeutischen Erzählung mit der zwanglosen, freiwilligen Arbeit von Leuten, die
andere durch ihr überwundenes Leid und ihre Fähigkeit, ihr
Selbst neu zu ordnen, beeinflussen können.

In Einklang mit dem Selbstverwirklichungsnarrativ und
dem therapeutischen Ideal der Kommunikation gibt die
LEC-Website als Zweck des Workshops an, er verhelfe den
Teilnehmern »zu einer bemerkenswerten Steigerung ihrer
Fähigkeit, zu kommunizieren und mit anderen in Beziehung
zu treten sowie das zu erreichen, was ihnen selbst im Leben
wichtig ist«. Der Leiter des Forumsworkshops, an dem ich
teilnahm, definierte Machtgewinn und Selbsttransformation als die Hauptziele, womit er den Workshop eindeutig
im Genre der Selbsthilfe ansiedelte. Darüber hinaus wurde
vollmundig der Anspruch formuliert, zur Selbstverwirklichung beizutragen, und dies im Rückgriff auf wenigstens
zwei Terminologien: einer aus dem Bereich der Spiritualität
und des New-Age-Denkens (mit Bezugnahmen unter anderem auf den Zen-Buddhismus) und einer aus dem »wissenschaftlichen« Sprachgebrauch der Psychologie. Das Kern-
stück des Programms jedoch ist dem kulturellen Modell der
Kommunikation verpflichtet, wie wir es in den vorangegangenen Kapiteln analysiert haben. Nach den Angaben des
Anbieters zielt es darauf, »die Kommunikationsfähigkeit
in außergewöhnlichem Maß zu steigern – indem man lernt,
eindringlich zuzuhören und engagiert zu sprechen, und so
zu einer angemessenen Selbstdarstellung kommt und Erfüllung findet«.[90]

Selbsthilfegruppen sind eine Reaktion auf Brüche und
Lebenskrisen. Es bedarf keiner großen Fantasie, um zu

90 Robert Todd Carroll, »Landmark Forum«, 2005, ⟨http://skepdic.com/
landmark.html⟩ (Zugriff am 16. März 2007).

verstehen, warum eine Scheidung, eine Vergewaltigung
oder sexueller Mißbrauch sowohl zur Teilnahme an einer
Selbsthilfegruppe motivieren als auch deren thematisches
Rohmaterial bilden können. Denn mit Erfahrungen dieser
Art, die einen Bruch zwischen Selbst und Gesellschaft sowie zwischen Ideal und Realität am stärksten hervortreten
lassen, geht auch das stärkste Bedürfnis einher, von seinen
Erfahrungen zu erzählen.[91] Aus dieser Perspektive besteht
der Hauptzweck einer Selbsthilfegruppe darin, das Selbst
neu zu erzählen und verstörende Erlebnisse zu verarbeiten.
Eine Untersuchung von Großgruppentrainingsprogrammen
bestätigt, daß deren Teilnehmer (oder künftige Teilnehmer)
mit größerer Wahrscheinlichkeit Lebenskrisen zu bewältigen haben:

> Eine Untersuchung wurde durchgeführt, um die psychosozialen Ei-
> genschaften von Personen zu ermitteln, die an Großgruppentrainings
> teilnehmen. Künftige Teilnehmer des (als Großgruppentraining einge-
> stuften) Forums wurden mit gleichgestellten Nichtteilnehmern sowie
> mit verfügbaren normierten Stichproben in bezug auf Wohlbefinden,
> negative Vorfälle im Leben, soziale Unterstützung und Lebenseinstel-
> lung verglichen. Wie die Ergebnisse zeigten, waren die künftigen Teil-
> nehmer signifikant verzweifelter als die Stichprobe der Gleichgestellten
> und die normierten Stichproben aus dem gleichen Einzugsbereich, und
> sie waren im Verhältnis zur Stichprobe der Gleichgestellten (nicht aber
> im Verhältnis zur normierten Stichprobe) stärker von noch nicht lange
> zurückliegenden negativen Vorfällen im Leben beeinflußt.[92]

Doch obgleich an diesem Workshop Menschen teilnehmen,
die einen Bruch im Leben erfahren haben, macht er von einer narrativen Struktur Gebrauch, die im wesentlichen Carl
Rogers' Ideal der Selbstverwirklichung entspricht. Der Leiter des Forums eröffnet somit den Workshop mit der Be-

---

91 Kohler Riessman, *Narrative Analysis*.
92 Y. Klar et al., »Characteristics of Participants in a Large Group Aware-
ness Training«, in: *Journal of Consulting and Clinical Psychology* 58, Nr. 1
(1999), S. 98-108, zitiert nach »Landmark Forum«.

hauptung: »Außergewöhnlich zu sein, das ist es, was wir erreichen wollen. [...] Das Forum umfaßt alle Bereiche Ihres Lebens. Wir kümmern uns darum. Versuchen Sie's einfach.«

Um diese Außergewöhnlichkeit zu erreichen, fordert der Leiter die Teilnehmer auf, eine Störung zu benennen, einen Grund zur Klage. Tatsächlich geht es im ersten Schritt des Workshops darum, aus dem Selbst eine Fabel zu machen, sich also auf das zu konzentrieren, was das Forum als »Aufruhr« (»*racket*«) bezeichnet, womit eine immer wiederkehrende Klage gemeint ist. Die erzählerische Rekonstruktion des Selbst besteht dann darin, in die »Vergangenheit zu schauen, um den Grund der Klage ausfindig zu machen.« Getreu der therapeutischen Logik wird die Erzählung des Forums in Gang gesetzt, indem man einen dysfunktionalen Aspekt seines Lebens aufgreift, der sich herauskristallisiert, wenn man verschiedene sich wiederholende Momente seines Lebens durch ein System von Analogien miteinander verknüpft. Um das Selbst zu mobilisieren – und damit zu einer Quelle der Fabelkomposition und der Selbstveränderung zu machen –, wird dieser Klage ein geheimer Nutzen für den Klagenden zugesprochen. Ein Faltblatt über das Forum-Programm verkündet: »In der Aufruhr-Phase wollen wir erörtern, daß die Idee des Aufruhrs eine unproduktive Form des Seins oder Handelns ist, bei der es darum geht, daß irgend etwas nicht so ist, wie es sein sollte. Oft bemerken wir nicht, daß unsere Klagen zwar berechtigt und sogar legitim scheinen mögen, wir aber trotzdem einen gewissen Ausgleich haben – irgendeinen Vorteil oder Nutzen, der den Impuls nur verstärkt, mit dem wir uns im Kreis drehen. Zugleich sind mit dieser Seinsweise enorme Kosten in bezug auf Vitalität, Affizierbarkeit, der Fähigkeit zur Selbstdarstellung oder dem Gefühl der Befriedigung verbunden.« Dieser Schritt liefert eine Erklärung für die eigene Unzufriedenheit, geht aber mit der Behauptung einher, daß solche Klagen verborgenen Zwecken dienen und insgeheim einen Nutzen haben; die Annahme eines verborgenen zusätzlichen Nutzens, den wir aus dem Leiden ziehen, ermöglicht wiederum den Appell an das Individuum, sich zu ändern.

Der Leiter fordert die Teilnehmer dazu auf, intensiv über die Menschen nachzudenken, mit denen man ein schwieriges Verhältnis hat, wie zum Beispiel Kollegen, Vorgesetzte oder enge Verwandte. Auch hier nimmt die Erzählung des Selbst ihren Ausgang von einer Funktionsstörung. Zudem wird allein schon die Idee der Selbstverwirklichung oder »Außergewöhnlichkeit« mit einiger Wahrscheinlichkeit das Gefühl einer permanenten Krise nach sich ziehen.

In dem von mir besuchten Workshop erhoben sich mehrere Personen aus einem Kreis von Hunderten von Teilnehmern und erzählten coram publico, auf welche Klagen sie in dem beschriebenen Prozeß gekommen waren. Eine Frau sagte, sie hätte seit Jahren nicht mehr mit ihrem Vater gesprochen. Ein Mann führte aus, er hätte eigentlich immer Musiker werden wollen, dieser Traum sei aber nie in Erfüllung gegangen. Nun fühlte er sich soweit, sein Ziel in Angriff zu nehmen. Ein weiterer Mann erklärte, nunmehr verstanden zu haben, daß er immer von zu Hause weggerannt sei, um sich vor seinen Pflichten zu drücken, sich ihnen jetzt aber gewachsen fühle. Eine Frau, deren Eltern sich scheiden ließen, als sie ein Kind war, gab an, jetzt endlich, nach zwanzig Jahren, verstanden zu haben, daß sie von einer unterdrückten Wut auf ihren Vater verzehrt wurde, der die Familie verlassen hatte. Als ein letztes Beispiel möge eine 42jährige Frau dienen, deren Bruder starb, als sie zwölf Jahre alt war. Auf einmal schien ihr klar, daß sie ihr ganzes Leben unter dem Problem gelitten hatte, nicht richtig um ihren toten Bruder getrauert zu haben. Dadurch war sie passiv und ängstlich geworden und hatte ihr Leben nicht in den Griff bekommen.

Der Workshop lebt im wesentlichen von zwei Kategorien von Problemen. Die erste betrifft das Verhältnis des Selbst zu anderen, seine Kompetenz und seine Fähigkeit, im Vergleich mit ihnen gut abzuschneiden: Dies sind Probleme wie mangelnde Selbstachtung oder Durchsetzungsfähigkeit, Minderwertigkeits- oder Superioritätskomplexe oder Unsicherheit. Die zweite Kategorie betrifft die Lebensfähigkeit und Dauerhaftigkeit enger Beziehungen und/oder die Probleme, die das Selbst damit hat, solche Beziehungen einzugehen.

So erzählt etwa Daniel, der an dem Workshop teilgenommen hat, die folgende Geschichte auf der erwähnten Website:

Eine meiner automatischen Seinsweisen rührt von einem Ereignis her, als ich zwölf war und mich gezwungen sah, öffentlich vor meinen Freunden zuzugeben, daß ich zu schüchtern war, um ein Mädchen zu küssen, das auf der anderen Straßenseite wohnte. Ich fühlte mich gedemütigt und schloß daraus, daß ich es nie schaffen würde, das Ansehen der anderen zu genießen oder wirklich mutig im Umgang mit Mädchen zu sein. Um das aufzuwiegen, entwarf ich mich statt dessen neu als fleißig, ernsthaft, hart arbeitend und verantwortungsbewußt. Dazu gehörte, daß ich alles allein und selber machen mußte. Das wurde meine Siegesformel, und sie ist es immer noch, aber weil ich sie nun klar vor Augen habe, muß ich mich nicht mehr von ihr treiben lassen. Ich habe die Freiheit, auf Weisen zu sein und Dinge zu schaffen, die mir die vorherige automatische Verhaltensweise als tabu oder zu gefährlich verboten hätte. Ich empfinde mich jetzt als weniger steif und eher in der Lage, es zu genießen, wenn ich eine wachsende Zahl von Leuten und Aktivitäten in meine soziale Umgebung, meine Gemeinschaft und meine Arbeit integriere.

Die Banalität dieses Ereignisses – öffentlich zuzugeben, daß man zu schüchtern ist, ein Mädchen zu küssen – veranschaulicht, daß die solchen Selbsterzählungen zugrunde liegenden Funktionsstörungen damit zu tun haben, wie das Selbst eingeschätzt und bewertet wird. In der Tat betreffen viele der Krankheiten des Selbst die Frage, wie groß oder klein man sich gegenüber anderen fühlt.[93] Wir können in Dani-

93   Alain Ehrenberg, *L'individu incertain*, Paris 1995.

els Geschichte mitverfolgen, wie die therapeutische Erzählung funktioniert. Der Betroffene identifiziert ein Verhalten
– harte Arbeit, Ernsthaftigkeit, Fleiß – als »pathologisch«,
indem er ein Ereignis identifiziert, das es verursacht hat,
und indem er sich auf die Verhaltensweisen oder Gefühle
konzentriert, die durch dieses Ereignis mutmaßlich verhin-
dert wurden. Getreu der neuen narrativen Struktur, die das
Forum anbietet, versucht dieser Mann auch den Gewinn zu
bestimmen, der ihm aus seinem Verhalten erwachsen ist. Ist
ein solcher »Aufruhr« einmal identifiziert und die Lebensgeschichte entsprechend und passend ausgerichtet, besteht der
nächste Schritt darin, eine Handlung zu vollziehen, die einen
dramatischen Bruch mit diesen alten Mustern signalisiert
und sich als Beginn der Veränderung der Lebensgeschichte interpretieren läßt. Dies entspricht der Dramaturgie, wie
Victor Turner sie definiert: »Die dramaturgische Phase setzt
ein, wenn es im täglichen Fluß der Interaktion zu Krisen
kommt.«[94] Es handelt sich bei diesen öffentlichen Geschichten um eine Form von Metasprache über alltägliche Krisen,
die weder amorph sind noch ein unbestimmtes Ende haben,
sondern über eine diachrone Struktur, identifizierbare und
isolierbare Phasen und ein Ende verfügen – all dies waren
für Turner Charakteristika von Performances. In solchen
Selbsthilfegruppen werden Männer und Frauen reflexiv und
»offenbaren« sich gegenüber sich selbst und anderen. In diesen Erzählungen wird das eigene Leben neu erzählt, indem
man es durch die Brille einer problematischen Gegenwart
betrachtet, ein Ereignis in der Vergangenheit bestimmt, das
die gegenwärtige mißliche Lage verursacht hat und direkt
mit ihr in Zusammenhang steht, und indem man die emotionale Selbstverständigung zum Motor der Selbstveränderung
rung macht. In Übereinstimmung mit dem therapeutischen
Ethos betonen diese Geschichten der Selbstveränderung die

94 Victor Turner, »The Anthropology of Performance«, in: ders., *The
Anthropology of Performance*, New York 1986, S. 76.

Selbstverständigung und die Fähigkeit, auf flexible Weise Entscheidungen zu treffen.

Die Gruppe ist nicht nur der Schauplatz einer mündlichen Erzählung, sondern sie fungiert auch als Zeuge des sofortigen Wandels, den der Leiter fordert. Nachdem ein Aufruhr identifiziert wurde, soll jeder Teilnehmer einen Brief an jemanden schreiben und/oder jemanden anrufen, mit dem er oder sie schon lange keinen Kontakt mehr hatte, und um Verzeihung bitten oder ein sonstwie wichtiges und aufschlußreiches Gespräch führen. Das Gespräch ist ein rein performatives Ereignis, denn indem man es mit jemandem führt, mit dem man in einem schwierigen Verhältnis steht, bewirkt man bereits eine Veränderung (die sich dann der mächtigen Wirkung des Forum-Workshops zuschreiben läßt). Im Anschluß wird man gebeten, der Gruppe über die durch das Gespräch in einem selbst bewirkte Veränderung zu berichten, was das Gespräch zu einer dramaturgischen Inszenierung macht, der durch die Bestätigung der Gruppe noch mehr emotionales Gewicht zukommt.

Im folgenden zitiere ich ein Beispiel für die ideale Forumsgeschichte, wie es von einem Teilnehmer des ersten Workshops berichtet wurde, dessen Geschichte neue Interessenten überzeugen und anwerben sollte.

Meine Geschichte ist einfach. Das Forum hat mir mein Leben wiedergegeben. Ich wuchs in einer Familie mit einem Vater auf, der mich häufig schlug, und ich bin mit einer schweren Last auf meinen Schultern durchs Leben gegangen. Was das Forum mir zu sehen ermöglichte, war, daß ich Angst vor Menschen hatte und sie vorschnell beurteilte, daß ich ihnen nicht nahekommen konnte und es vorzog, ein Opfer zu sein, jemand, den man verletzt und zum Opfer gemacht hat. Es war das größte Geschenk meines Lebens, das Forum zu besuchen und abzuschließen. Ich bin zu meinem Vater gegangen und habe ihm gesagt: »Papa, ich liebe dich. Es spielt keine Rolle, was geschehen ist.« Zu diesem Zeitpunkt hatte ich meinen Vater schon seit einigen Jahren nicht mehr gesehen, da sich meine Eltern hatten scheiden lassen. Aber dann redete ich mit ihm, als ob nichts gewesen wäre, ich besuchte ihn bei sich zu Hause, wir tranken Kaffee, und ich bekam mein Leben zurück. Heute hat mein Vater Krebs, und meine Mutter unterstützt ihn sehr, wir alle unterstützen ihn sehr, und ohne das Forum kann ich mir kaum vorstellen, wo wir alle miteinander stünden. Ich wäre wahrscheinlich zu ihm gekommen mit der ganzen Last meiner Vergangenheit, mit der ganzen Last der Jahre, in denen er mich mißhandelt hat. Die Tatsache, daß ich in der Lage bin, ihm zu verzeihen, macht mich zu einem freieren Menschen. Ich stehe nicht mehr unter dem Bann der Vergangenheit.

Mit Blick auf Victor Turner argumentiert James Clifford, daß soziale Performances eindringliche Geschichten inszenieren, »die den gesellschaftlichen Prozeß mit einer Rhetorik, einem Modus der Aktivität und einer Bedeutung versehen«.[95]

In den diversen Pausen des Workshops sprach ich mit fünf Teilnehmern darüber, ob ihnen das Forum gefiel. Alle äußerten sich enthusiastisch über den Workshop. Als ich sie beiläufig fragte, was ihnen daran gefiel, nannten die vier Frauen und der Mann übereinstimmend die Vorstellung, daß »es in deiner Hand liegt« und »du dein Leben ändern kannst«, als das bei weitem attraktivste Merkmal.

Der Grundpfeiler des großen therapeutischen Gebäudes ist also Selbstveränderung, die nur stattfinden kann, wenn zuvor Übel und Leiden definiert, etikettiert und kategorisiert wurden. Diese zweigleisige narrative Struktur bringt ihrerseits die zweigleisige moralische Welt heutiger Männer und Frauen hervor, in der sowohl Opfer als auch jene gefeiert werden, die ihre Notlage überwunden haben. Die duale narrative Struktur von »Opfern« und »Überlebenden« ist eine moralische Struktur, die dem Selbstsein einen moralischen Status verleiht.

95 James Clifford, »On Ethnographic Allegory«, in: Jeffrey Alexander u. Steven Seidman (Hg.), *The New Social Theory Reader*, New York 2001, S. 58.

Schluß

In seiner Abhandlung über den Narzißmus schreibt Fred Alford dem Soziologen Christopher Lasch und dem Philosophen Alasdair McIntyre die Auffassung zu, daß das therapeutisch-narzißtische Selbst zu keiner kohärenten Erzählung seines Selbstseins mehr in der Lage ist. Weil sich das Selbst auf die Gegenwart und in das Reich seines emotionalen Innenlebens zurückzieht, vermag es keine Erzählung mehr hervorzubringen, die die Ereignisse des Lebens auf bedeutungsvolle Weise verbindet und das Selbst in die Zukunft hinein entwirft.[96] Wie dieses Kapitel jedoch nahelegt, scheint das Gegenteil der Fall zu sein. Der therapeutische Diskurs bietet unendlich viele Möglichkeiten, die Lebensgeschichte anhand ihrer »Krankheiten« in eine kohärente Erzählung zu verwandeln. Aufgrund dieser für die Selbsthilfegruppe entscheidenden Annahme nämlich »funktioniert« die therapeutische Überzeugung: Wenn ein Defekt immer repariert werden kann, dann muß er irgendwie das Resultat einer »Krankheit des Willens«, also selbstgemacht sein, und wenn er selbstgemacht ist, dann kann er auch rückgängig gemacht werden, womit das Bestehen der Institution »Therapie« gerechtfertigt und auf Dauer gestellt wäre. Besonders interessant an therapeutischen Erzählungen ist ja, daß die Erzählung *über* das Selbst sehr schnell zu einer »Erzählung in Aktion« wird – einer Erzählung über den Prozeß des Verstehens, Bearbeitens und Lösens (oder Nichtlösens) der eigenen Probleme. Man kann therapeutischen Erzählungen nicht vorwerfen, einem gegebenen Leben keine Kohärenz verleihen zu können, vielmehr verleihen sie diesem Leben *zuviel* Sinn und verbinden Vergangenheit, Gegenwart und Zukunft in einer nahtlosen Erzählung über seelische Verwundungen und Selbstveränderung auf zu enge Weise.

96 C. Fred Alford, *Narcissism. Socrates, the Frankfurt School, and Psychoanalytic Theory*, New Haven 1988, S. 11 ff.

Im nächsten Kapitel werde ich den sozialen und ökonomischen Folgen solcher geschlechtsblinder oder androgyner
Erzählungen des Selbst nachgehen.

6.
Eine neue Achse sozialer Schichtung?

Je weniger die Handarbeit Geschicklichkeit und
Kraftäußerung erheischt,
d. h. je mehr die moderne Industrie sich entwickelt,
desto mehr wird die Arbeit der Männer
durch die der Weiber verdrängt.
— Karl Marx*

Am 29. August 1883, noch vor der Geburt der Psychoanalyse, äußerte sich Freud in einem Brief an seine zukünftige Frau Martha Bernays über den Unterschied zwischen den Lustbarkeiten »des Gesindels« und denen der Mittelschicht und des Besitzbürgertums:

Das Gesindel lebt sich aus und wir entbehren. Wir entbehren, um unsere Integrität zu erhalten, wir sparen mit unserer Gesundheit, unserer Genußfähigkeit, unseren Erregungen, wir heben uns für etwas auf, wir wissen selbst nicht für was – und diese Gewohnheit der beständigen Unterdrückung natürlicher Triebe gibt uns den Charakter der Verfeinerung. [...] [W]arum betrinken wir uns nicht? Weil uns die Unbehaglichkeit und Schande des Katzenjammers mehr Unlust als das Betrinken Lust schafft; warum verlieben wir uns [nicht] jeden Monat aufs neue? Weil bei jeder Trennung ein Stück unseres Herzens abgerissen werden würde [...]. Unsere ganze Lebensführung hat zur Voraussetzung, daß wir vor dem groben Elend geschützt seien [...]. Die Armen, das Volk, sie könnten nicht bestehen ohne ihre dicke Haut und ihren leichten Sinn [...], wozu das augenblickliche Vergnügen verschmähen, wenn sie auf kein anderes warten können?[1]

---

* Das Motto stammt aus Karl Marx u. Friedrich Engels, *Manifest der Kommunistischen Partei. Grundsätze des Kommunismus*, Stuttgart 1981, S. 31 f.
[1] Sigmund Freud, *Brautbriefe. Briefe an Martha Bernays aus den Jahren 1882 bis 1886*, hg. von Ernst L. Freud, Frankfurt/M. 1988, S. 42 f.

In diesen überraschend soziologischen Bemerkungen über die unterschiedliche Gefühls- und Triebstruktur der Arbeiter- und der Mittelschicht nimmt Freud ein Klischee der 1960er Jahre vorweg: Die Mittelschicht und das Besitzbürgertum erreichen wirtschaftliche Sicherheit um den Preis, ihre Gefühle, Impulse und Begierden zu zügeln und abzuschnüren. Mit der Verwendung von Metaphern wie »sparen«, »aufheben« und »entbehren« läßt Freud durchblicken, daß seine mittelständischen Zeitgenossen ihre Gefühle als ökonomisches Kapital behandeln: Sie sparen und erhalten Energie; sie »investieren« Gefühle in Objekte, die keine Bedrohung ihrer Sicherheit und Stabilität darstellen; sie sorgen dafür, daß ihre Gefühle einen sozialen Gewinn wie »Verfeinerung« und vornehmes Benehmen abwerfen. Spiegelbildlich dazu ist die Arbeiterschicht in Freuds Augen weniger stark von emotionalen Zwängen gehemmt. Das emotionale Ethos der Mittelschicht würde der Arbeiterschicht nichts nützen, sagt Freud, weil es sie nur schwächen würde (ihre »dicke Haut« ist für sie überlebensnotwendig) und weil emotionale Entbehrungen zwecklos sind, wenn keine zukünftigen Belohnungen in Form von Ansehen und gesellschaftlicher Stellung zu erwarten sind. Es bleibt den Arbeitern nichts anderes übrig, als sich den gewöhnlichen Vergnügungen hinzugeben, wann immer sie können.

In wenigen prägnanten Zeilen entwirft Freud einen Zusammenhang zwischen einer psychischen Ökonomie der Gefühle und der sozialen Schicht, oder genauer: zwischen Gefühlen und dem, was Pierre Bourdieu als »ökonomische Notwendigkeit« bezeichnen sollte.[2] Je stärker der ökonomische Zwang, desto schwächer ist wahrscheinlich der Druck, seine Gefühle im Zaum zu halten: Genau dies können wir zwischen Freuds Zeilen lesen.

In einem späteren Text gibt Freud diesen aufrüttelnden Sätzen eine neue Wendung. Er stellt sich ein Haus vor, in

---

2 Pierre Bourdieu, *Die feinen Unterschiede. Kritik der gesellschaftlichen Urteilskraft*, Frankfurt/M. ⁶1993, S. 100-104.

dem »zu ebener Erde« der Hausbesorger mit seiner Tochter und »im ersten Stock« der Hausherr mit seiner Tochter lebt.[3] In jungen Jahren, malt sich Freud aus, spielen die beiden Kinder miteinander, und zuweilen nehmen ihre Spiele einen sexuellen Charakter an. Doch werden sich, läßt Freud uns wissen, die Mädchen recht unterschiedlich entwickeln. Die Tochter des Hausbesorgers, die es unbedenklich findet, an den Genitalien herumzuspielen, wird hieraus keinen Schaden davontragen und vielleicht später eine beliebte Künstlerin werden, über ihre Verhältnisse heiraten und als Aristokratin enden. Die Tochter des Hausherrn hingegen, die früh über die Ideale »weiblicher Reinheit und Unbedürftigkeit« unterrichtet wurde, wird ihre kindliche sexuelle Betätigung mit diesen Idealen nicht vereinbaren können. Schuldgefühle werden sie plagen, sie wird sich in eine Neurose flüchten und nicht heiraten können. Angesichts der Vorurteile Freuds und seiner Zeitgenossen müssen wir annehmen, daß ihr das einsame und dröge Leben einer alten Jungfer bevorsteht. Freud behauptet also, daß das soziale Schicksal dieser beiden Mädchen mit ihrer seelischen Entwicklung verquickt ist und daß ihre Neurose (bzw. die Abwesenheit einer solchen) ihre soziale Entwicklung bestimmen wird. Die hier formulierte Vorstellung unterscheidet sich freilich von der, die Freud in seinem Brief an Martha zum Ausdruck brachte. Auch hier legt Freud nahe, daß den Angehörigen verschiedener sozialer Schichten nicht die gleichen emotionalen Ressourcen offenstehen, doch sind diesmal die unteren Schichten emotional gewissermaßen besser ausgestattet, ist es doch gerade ihr Mangel an sexueller Gehemmtheit, der die Bildung einer Neurose verhindern und der Tochter des Hausmeisters zu sozialer Aufwärtsmobilität verhelfen wird.[4]

3 Sigmund Freud, *Gesammelte Werke*, Bd. 11, *Vorlesung zur Einführung in die Psychoanalyse*, Frankfurt/M. 1999, S. 366f.
4 Ich danke José Brunner dafür, mich auf diese beiden Freudtexte hingewiesen zu haben.

In diesen beiden Texten stellt Freud eine komplexe Behauptung über die Beziehungen zwischen sozialem und seelischem Lebensweg auf. Er verweist auf einen wechselseitigen Zusammenhang zwischen Gefühlen und sozialer Stellung, denn wenn die soziale Schicht auch das Gefühlsleben determiniert, so können Gefühle umgekehrt eine unsichtbare, aber bedeutende Rolle für die soziale Mobilität spielen. Indem er durchblicken läßt, daß das ökonomische Ethos der Emotionen, wie es die kapitalistische Arbeitswelt hervorbringt, unvereinbar mit einer erfolgreichen persönlichen und emotionalen Entwicklung ist, stützt sich Freud implizit auf ein Modell, in dem die seelische Entwicklung die traditionelle hierarchische Überlegenheit von Geld und gesellschaftlichem Prestige *durcheinanderbringen und umkehren kann*.

Freuds Beobachtungen haben wichtige Konsequenzen für unser Verständnis des Verhältnisses von Kultur, Gefühlen und sozialer Schicht. Erstens sagt Freud, daß die Privatsphäre der Mittelschicht nicht vom Marktgeschehen abgeschottet ist. Sie ist auch keine Zone frei fließender, spontaner und interesseloser Gefühle. Ganz im Gegenteil gibt Freud deutlich zu verstehen, daß die Angehörigen der Mittelschicht ihre Gefühle noch in ihrem Privatleben als *Kapital* behandeln – als etwas, das man weidlich akkumulieren muß, um eine respektable gesellschaftliche Identität zu erwerben, die sich dann in den »feinen Unterschieden« ausdrückt. Zweitens behauptet Freud, daß die Vertreter der Mittelschicht, indem sie ihre Gefühle und ihre Libido nach Maßgabe des ökonomischen Ethos steuern, sich selbst jeglicher emotionalen Erfüllung und Zufriedenheit berauben. Wirtschaftlicher Erfolg und Distinktion sind nur um den Preis »wahrer« Intimität zu haben und stehen dem Glück im Wege. Drittens und vielleicht am wichtigsten: Emotionale Entwicklung und Zufriedenheit können letztlich die konventionellen sozialen Hierarchien durcheinanderbringen.

In den wenigen hier zitierten Sätzen stellt Freud versuchsweise die These auf, daß es signifikante Berührungspunkte
zwischen sozialer Schichtung und Gefühlen gibt und daß
das Gefühlsleben ausschlaggebend für das soziale Geschick
und den gesellschaftlichen Erfolg sein kann. Er schlägt also
eine durch und durch soziologische Idee vor: daß nämlich
das Gefühlsleben nicht nur schichtenspezifisch ist, sondern
seinerseits zur Schichtenbildung beiträgt.

Damit aber das Gefühlsleben eine solche Rolle in der
Gesellschaftsstruktur spielen kann, muß es einen Mecha-
nismus geben, der es erlaubt, emotionales Handeln in so-
ziale Ressourcen zu konvertieren. Und in der Tat klingen
Freuds Bemerkungen ja auf eigentümliche Weise wie die
Vorahnung einer Zeit, in der psychologische Ideen dazu
beigetragen haben, Gefühlen zu einer immer wichtigeren
Rolle für die soziale Mobilität zu verhelfen. Anders gesagt:
Der Mechanismus, der zwischen Gesellschaftsstruktur und
Gefühlen vermittelt, ist jener gewaltige vom psychologischen Ethos in Anschlag gebrachte Apparat, den ich in den
vorangegangenen Kapiteln dokumentiert habe. Ich möchte
an dieser Stelle Karin Knorr Cetina zitieren: »Bei unserem
derzeitigen Verständnis der Gesellschaft neigen wir dazu,
Wissen als eine Komponente des ökonomischen, sozialen
und politischen Lebens zu betrachten. Wir können dieses
Verhältnis aber auch umkehren und das soziale, politische
und ökonomische Leben als integralen Bestandteil einer
bestimmten Wissenskultur verstehen. [...] *Wissenskulturen
haben echte politische, ökonomische und soziale Folgen, die
in bezug auf gesellschaftliche Strukturen und Interessen und
das Wirtschaftswachstum nicht neutral sind.*«[5]

In diesem Kapitel untersuche ich auf etwas vorläufige
und tastende Weise einige der Auswirkungen psychologi-

5 Karin Knorr Cetina, »Culture in Global Knowledge Societies«, in:
Marc Jacobs u. Nancy Weiss Hanrahan (Hg.), The *Blackwell Companion
to the Sociology of Culture*, Oxford 2005, S. 74. [Hervorhebung E. I.]

schen Wissens auf die Gesellschaftsstruktur. Wenn die Kultur von entscheidender Bedeutung für das Projekt der Soziologie ist, dann nicht nur, weil sie das Handeln mit Bedeutung versieht, sondern auch, weil sie unmittelbar die Struktur ökonomischer und symbolischer Ressourcen prägt. Um mit Roger Friedland und John Mohr zu sprechen: »Materialität ist eine Weise, Bedeutung zu produzieren; Bedeutung ist eine Weise, Materialität zu produzieren.«[6]

Der Siegeszug der emotionalen Kompetenz

Freuds zu Beginn dieses Kapitels zitierte Vorstellungen sind nirgendwo gründlicher zur Anwendung gekommen als in den Persönlichkeitstests, die in den ersten zehn Jahren des 20. Jahrhunderts entwickelt wurden.[7] Wie Andrew Abbott schreibt: »Psychologische Tests in Form von Intelligenztests und Persönlichkeitstests sind seit den 1920er Jahren ein entscheidender Faktor im amerikanischen Organisationswesen.«[8] Persönlichkeitstests waren dazu gedacht, die am besten geeigneten Bewerber für die jeweilige Organisation auszuwählen, und basierten folglich auf der Annahme eines engen Zusammenhangs zwischen Persönlichkeitsmerkmalen, emotionaler Konstitution und Arbeitsleistung. Es überrascht daher nicht, wenn zwei führende Forscher auf dem Gebiet der Persönlichkeitstests feststellen: »Psycho-

6 Roger Friedland u. John Mohr, »The Cultural Turn in American Sociology«, in: dies. (Hg.), *Matters of Culture. Cultural Sociology in Practice*, New York 2004, S. 9.

7 Hugo Münsterberg war der erste aus einer langen Reihe von Psychologen, die Persönlichkeitstests für Arbeiter entwickelten (vgl. sein Buch *Psychology and Industrial Efficiency*, Boston 1913), und begründete praktisch im Alleingang die Berufsberatung.

8 Andrew Abbott, *The System of Professions. An Essay on the Division of Expert Labor*, Chicago 1988, S. 149.

analytische Begriffe und die Psychoanalyse selbst haben den Beurteilungsprozeß ziemlich grundlegend beeinflußt.«[9] Die Psychoanalyse spielte eine wichtige Rolle dabei, die Gefühle und die Persönlichkeit zu einem Aspekt der sozialen Mobilität zu machen, indem sie die Werkzeuge zur Verfügung stellte, um Personal zu rekrutieren und dessen Arbeitsleistung in Unternehmen zu beurteilen.

In den 1940er Jahren erlebte das Feld der Persönlichkeitsdurchleuchtung durch den Rückgriff auf die Jungschen »Archetypen« einen bedeutenden Entwicklungsschub. Auf der Grundlage ihrer Interpretation von Jungs Archetypen entwickelten Katherine C. Briggs und Isabel Myers den vor allem in den Vereinigten Staaten sehr bekannten Myers-Briggs-Typenindikator, der Kategorien wie »sensorisch« und »intuitiv« verwendete und bei der Persönlichkeitsbeurteilung und der Besetzung von Arbeitsplätzen breite Anwendung fand.[10] Ein weiteres Beispiel für den Einfluß der klinischen Psychologie auf Persönlichkeitstests war das Minnesota Multiphasic Personality Inventory (MMPI), das ursprünglich zur Diagnose klinischer Pathologien entwickelt und später aus diesem Kontext in die Arbeitswelt übertragen wurde. Der Test basiert auf der Annahme, daß Ja/Nein-Entscheidungen zu einer Reihe von Aussagen, etwa »Mir ist es lieber, wenn mein Chef gutmütig, aber widersprüchlich ist, als wenn er spitzzüngig, aber logisch ist«, die Persönlichkeit des Getesteten offenbaren.

Durch eine solche psychologisch inspirierte Kategorisierung und Klassifikation drängte sich das emotionale Verhalten von selbst als Schlüsselkriterium zur Beurteilung und Vorhersage ökonomischen Verhaltens auf. Die Persönlichkeitstests sind mittlerweile so verbreitet, daß man sagen

---

9   Bruce Walsh u. Nancy Betz, *Tests and Assessments*, Englewood Cliffs 1985, S. 110.
10   Katherine C. Briggs u. Isabel Myers, *Myers-Briggs Type Indicator*, Palo Alto 1976.

kann, daß sie für die Gefühle das sind, was akademische
Prüfungen für das kulturelle Kapital sind: eine Methode,
um eine bestimmte Weise, mit Gefühlen umzugehen, zu
sanktionieren, zu rechtfertigen und zu autorisieren. In ihrem Buch *Cult of Personality* berichtet Annie Murphy Paul,
daß es mittlerweile 2500 Persönlichkeitstests gibt, an denen
eine 400 Millionen Dollar schwere Industrie hängt. 89 der
100 größten Unternehmen auf der Fortune-100-Liste machen von Persönlichkeitstests Gebrauch, wenn sie Mitarbeiter einstellen und ausbilden.[11]

Persönlichkeitstests beruhen auf einer Reihe von
Grundannahmen: daß die Handlungen und Reaktionen
von Individuen in einer Kategorie namens »Persönlichkeit«
zu erfassen sind; daß Persönlichkeiten im Zeitfluß stabil
bleiben und insofern vorhersagbar sind; daß sie gemessen
werden können; und schließlich daß sich bestimmte Persönlichkeiten – also strukturierte Bündel von Einstellungen und
Gefühlen, mit denen wir auf Situationen reagieren – besser
für bestimmte Berufe eignen als andere. Es bedurfte nur einer Ausweitung dieser zentralen Idee, um manche Persönlichkeiten für kompetenter zu halten als andere.

Praktisch gesehen umfaßte die Persönlichkeitsmessung
zwei Teile, von denen der eine auf die Einstellungen und
der andere auf die emotionale Seite zielte. Doch war es die
emotionale Komponente, die im Laufe der Zeit am entschiedensten weiterentwickelt wurde. Nirgendwo kam die Vorstellung, daß Gefühle auf (fachliche und soziale) Kompetenz
schließen lassen, stärker zum Tragen als in dem mittlerweile
omnipräsenten Begriff der emotionalen Intelligenz (EI), der
die Handhabung und Selbststeuerung von Gefühlen explizit
mit gesellschaftlichem Erfolg verknüpft. Diesem Begriff zufolge läßt sich die emotionale Konstitution eines Menschen,

---

11 Annie Murphy Paul, *Cult of Personality. How Personality Tests Are
Leading Us to Miseducate Our Children, Mismanage Our Companies, and
Misunderstand Ourselves*, New York 2004.

wie subjektiv sie auch sei, objektiv beurteilen, womit die emotionalen Fähigkeiten verschiedener Menschen als vergleichbar gelten.

Als der Begriff der EI in den 1990er Jahren aufkam, eroberte er die amerikanischen Unternehmen und sogar die amerikanische Kultur insgesamt im Handumdrehen. Mit diesem neuen Instrument zur Beurteilung der Arbeitsleistung konnten die Psychologen nun Eigenschaften in der Welt »entdecken«, die zu definieren sie selbst beigetragen hatten: Sie stellten nämlich fest, daß das emotionale Gebaren zu einem Kennzeichen der sozialen Identität geworden war. Im Begriff der EI lag die Behauptung, daß die Art und Weise unseres Umgangs mit unseren Gefühlen Wesentliches darüber verrät, wer wir sind, und daß Gefühle ihrerseits eine Art Währung sind, die sich gegen eine Vielzahl sozialer Güter konvertieren läßt, insbesondere gegen das der Führungsqualität.

Die emotionale Intelligenz und ihre Vorläufer

Zwar scheint der Begriff der EI eine jüngere »Entdeckung« zu sein, aber wie so oft in der Geschichte der Wissenschaften und der Ideen waren seine Grundzüge bereits im Laufe des 20. Jahrhunderts von Psychologen entwickelt und in Umlauf gebracht worden. So markiert die EI den Gipfelpunkt eines Jahrhunderts, in dem das therapeutische Ethos eine hegemoniale Stellung errungen hatte.

Man kann also sagen, daß sich Psychologen für die Grundsätze der EI stark machten, noch bevor der Begriff selbst geprägt wurde. So erteilte beispielsweise ein Artikel in der Frauenzeitschrift *Redbook* 1985 folgenden Rat:

Sie können an Ihrem Arbeitsplatz Vorteile aus einem entspannten Umgang mit Gefühlen ziehen, wenn Sie diese strategisch einsetzen. Sie können anfangen, darüber nachzudenken, was Sie empfinden, und zu verstehen versuchen, warum Sie so empfinden. Verstehen Sie Ihre

Gefühle als ein Frühwarnsystem, das Sie darauf hinweist, wenn eine Situation im Büro geklärt werden muß. »Wenn Sie wütend oder erregt sind«, sagt Dr. Potter, »stimmt etwas nicht. Soviel verraten Ihnen Ihre Gefühle. Nutzen Sie jetzt Ihren Verstand, um zu entscheiden, was zu tun ist. Analysieren Sie, welches Risiko Sie eingehen, und überlegen Sie, ob es Ihren Interessen dient, wenn Sie Ihre Gefühle zeigen. Wenn Sie nachdenken, bevor Sie etwas sagen, könnte es sich als geschickte Büropolitik erweisen, Ihre Gefühle zum Ausdruck zu bringen.«[12]

In diesem Artikel ist die Kernidee der EI bereits enthalten, nämlich daß Gefühle dem Verstand zu Diensten sein und stets dazu eingesetzt werden sollten, sein Eigeninteresse zu erkennen und zu verfolgen. Emotional intelligent zu sein wird tautologisch als Fähigkeit definiert, seine Gefühle so zu managen, daß sie durch das kognitive und praktische Verständnis der eigenen Interessen diszipliniert werden. Ein zweiter Beleg für die Existenz der Idee vor der Geburt des Begriffs läßt sich in einem Buch aus dem Jahr 1997 finden, in dem behauptet wird, »emotionale Kompetenz« sei der Schlüssel zu einem glücklichen Leben ohne emotionale Mißgriffe. Wo Gefühle wie »Wut, Furcht oder Scham [...] vernünftige Menschen zu törichtem Verhalten [veranlassen] und [...] sie am Ende machtlos dastehen [lassen]«, ermöglicht es emotionale Kompetenz, in so unterschiedlichen Situationen wie einer Schlägerei, einem Ehekrach oder als Angeklagter vor Gericht geschickt zu reagieren.[13]

Wenn Daniel Goleman, ein in klinischer Psychologie ausgebildeter Journalist, mit seinem Buch *Emotionale Intelligenz* einen weltweiten Bestseller landen und einen neuen Standard zur Verhaltensevaluation etablieren konnte,[14] dann deshalb, weil die amerikanische Populärkultur bereits seit

12   Ann Curran, »Should You Sob on the Job?«, in: *Redbook*, März 1985, S. 115.
13   Claude Steiner, *Emotionale Kompetenz*, München u. Wien 1997, S. 23. [Übers. leicht geändert.]
14   Daniel Goleman, *Emotionale Intelligenz*, München u. Wien 1996.

fast einem Jahrhundert von psychologischen Begriffen, die
Gefühle in den Mittelpunkt der Bewertung des Selbst und
der anderen stellten, durchdrungen war. Schon seit langem
setzte sich die psychologische Kultur für die zentrale Lehre
hinter dem Konzept der EI ein: daß nämlich Gefühle durch
rationale Urteile fundiert und gelenkt werden sollten.

Die EI ist unter anderem ein Ableger von Howard Gardners wegweisendem Begriff der »multiplen Intelligenz«[15]
bzw. insbesondere von seinem Konzept der »personalen Intelligenz«. Diese besteht im »*Zugang zum eigenen Gefühlsleben* – zur persönlichen Palette der Affekte oder Emotionen; der Kapazität, diese Gefühle sofort zu unterscheiden,
zu etikettieren, in symbolische Kodes zu verschlüsseln und
als Hilfsmittel zum Verstehen und Steuern des persönlichen
Verhaltens zu benutzen«.[16] Die EI ist eine Erweiterung dieser Form von Intelligenz, insofern es sich bei ihr »um einen
Typ sozialer Intelligenz [handelt], der die Fähigkeiten einschließt, die eigenen Gefühle und die anderer zu beobachten, zwischen ihnen zu unterscheiden und die gewonnenen
Erkenntnisse dafür zu nutzen, das eigene Denken und die
eigenen Handlungen anzuleiten«.[17]

John Mayer, Peter Salovey und David Caruso, drei pro-
minente EI-Forscher, definieren die EI als ein Bündel von
Fertigkeiten, die über die Akkuratheit der emotionalen Berichte einer Person entscheiden und damit ihre Problemlö-
sungskompetenz beeinflussen. Ihrer Definition nach schließt
emotionale Intelligenz die Fähigkeit ein, Gefühle wahrzu-

15 Howard Gardner, *Abschied vom IQ. Die Rahmentheorie der vielfa-
chen Intelligenzen*, Stuttgart 1991.
16 Zitiert nach Peter Salovey et al., »Emotional Attention, Clarity, and
Repair. Exploring Emotional Intelligence Using the Trait Meta-Mood
Scale«, in: J. W. Pennebaker (Hg.), *Emotion, Disclosure, and Health*, Washington, DC 1995, S. 126. [Dt. Fass. zitiert nach Gardner, *Abschied vom
IQ*, S. 219.]
17 John D. Mayer u. Peter Salovey, »The Intelligence of Emotional Intelligence«, in: *Intelligence* 17 (1993), S. 433.

nehmen und auszudrücken, sie in kognitive Prozesse ein-
zubeziehen sowie die eigenen Gefühle und die anderer zu
regulieren.[18] Dieser Definition zufolge ist EI das kognitive
Vermögen, die eigenen Gefühle mental und verbal zu verarbeiten, wobei diese rationale Verarbeitung ihrerseits für die
reflexive Handhabung von Situationen bedeutsam ist.[19] EI
ist somit das rationale Vermögen, mit den eigenen Gefühlen
auf eine Weise umzugehen, die situationsbezogene Anpas-
sungsreaktionen erlaubt.

Angesichts der Tatsache, daß sich die Soziologie intensiv
mit den Mechanismen der sozialen Reproduktion und Exklusion befaßt hat,[20] sollte das Konzept der EI eigentlich eine willkommene Ergänzung darstellen: Auf den ersten Blick
sollte es uns dabei helfen, komplexere Modelle der sozialen
Schichtung zu entwickeln, indem es uns eine weitere Variable einzuführen erlaubt, mit deren Hilfe wir soziale Mobilität erklären und vorhersagen können (oder auch nicht).
Darüber hinaus böte die EI eine Alternative zum vielkriti-
sierten Konzept des Intelligenzquotienten. Immerhin haben
Soziologen die üblichen Verfahren zur Messung von Intelligenz scharf kritisiert, weil sich in ihnen die kognitive Kom-

18   John D. Mayer, Peter Salovey u. David Caruso, »Models of Emotional
Intelligence«, in: R. J. Sternberg (Hg.), *Handbook of Human Intelligence*,
2nd ed., New York 2000, S. 396-420.
19   Die emotionale Intelligenz schließt Gardners inter- und intrapersonale
Intelligenzen ein und umfaßt Fähigkeiten, die man fünf Bereichen zuord-
nen kann: 1. *Selbsterfahrung*: ein Gefühl bei sich selbst in dem Moment
erkennen, in dem es sich einstellt; 2. *Gefühlsmanagement*: Gefühle so
handhaben, daß sie angemessen sind; verstehen, was hinter einem Gefühl
steckt; Wege finden, um mit negativen Gefühlen wie Angst, Wut und Trauer
umzugehen; 3. *Selbstmotivation*: Gefühle auf ein Ziel lenken; Befriedigung
aufschieben und spontane Impulse unterdrücken; zur Selbstkontrolle fähig
sein; 4. *Einfühlungsvermögen*: Sensibilität für die Gefühle und Belange anderer sowie die Fähigkeit, die Dinge aus ihrer Perspektive zu betrachten;
Wertschätzung der unterschiedlichen emotionalen Reaktionen von Menschen; 5. *Beziehungsmanagement*: die Gefühle anderer beeinflussen; soziale
Kompetenz und soziales Geschick.
20   Bourdieu, *Die feinen Unterschiede*.

petenz und soziale Umwelt der mittleren und oberen Mittelschicht niedergeschlagen hat. Somit stellen sie eine subtile Form von Diskriminierung all jener dar, in deren Sozialisation die kognitiven Fertigkeiten nicht vorkommen, auf die Intelligenztests abzielen. Ein Beispiel dafür, wie der Begriff der EI von der Populärkultur als Alternative zu den gewohnten Vorstellungen von Intelligenz aufgegriffen wurde, bietet eine Folge der Oprah-Winfrey-Show zu diesem Thema. Oprah begrüßte den neuen Begriff enthusiastisch: »Ist es nicht aufregend zu wissen, daß man klüger ist, als man denkt? Weil der Erfolg im Leben, in Beziehungen, in der Familie und bei der Arbeit nicht wirklich davon abhängt, wie gut man in der Schule war, von irgendwelchen Testergebnissen oder sogar von einem hohen IQ. Er hängt von etwas ganz anderem ab, und zwar von etwas, das zu verändern man selbst in der Hand hat. Man nennt es emotionale Intelligenz. [...] Das beste daran: Anders als deinen IQ, der so ziemlich in Stein gemeißelt ist, kannst du deinen EQ tatsächlich steigern und emotional klüger werden.«[21]

Es ist ebensoleicht einzusehen, warum der Begriff der EI begeistert von Feministinnen aufgegriffen wurde, in deren Augen Frauen in höherem Maße auf zwischenmenschliche Beziehungen eingestellt sind als Männer und ihre moralischen Entscheidungen auf empathisches Denken gründen. Wenn es sich wirklich so verhält, daß Frauen (und vielleicht Minderheiten im allgemeinen) ein Geschick darin entwickeln, sich auf die emotionalen Bedürfnisse anderer einzustellen, soziale Beziehungen auf nichtkonfrontative Weise zu handhaben und ihr eigenes verbales und emotionales Verhalten zu beobachten, dann sollten sie bei EI-Tests hohe Werte erzielen. Würden wir unsere Institutionen für EI sensibilisieren und öffnen, dann könnten wir folglich den Status von Minderheiten, die im Vergleich mit anderen auf der Grundlage formaler

---

21 »Emotional Intelligence«, *Oprah Winfrey Show*, 6. Oktober 1998.

intellektueller Fähigkeiten benachteiligt wurden, aufgrund ihrer emotionalen Kompetenz verbessern. In diesem Licht scheint das Konzept der EI analytisch nützlich, weil es unser Bild der sozialen Schichtung komplexer macht und, was normativ von großer Bedeutung ist, weil es uns helfen könnte, andere Fähigkeiten positiv zu definieren als die, nach denen man traditionellerweise Kinder und Erwachsene einstuft. Auf den ersten Blick sollte uns das Konzept der EI also willkommen sein, stützt es doch die oft vorgebrachte Behauptung, daß es verschiedene Formen von Intelligenz gibt, daß Intelligenz nicht notwendig schulmäßige kognitive Fertigkeiten erfordert und daß unsere Institutionen (Schulen wie Unternehmen) besser darauf eingestellt sein sollten, diese neue Form von Kompetenz festzustellen und auszuzeichnen. Doch trotz des mit ihr einhergehenden Versprechens, eine vielfältigere und demokratischere Ressourcenverteilung zu ermöglichen, möchte ich zeigen, daß die EI faktisch eine neue Achse der sozialen Klassifikation bildet, aus der neue Formen sozialer Kompetenz (und Inkompetenz) hervorgehen.

Emotionale Intelligenz und die therapeutische Ideologie

In einem grundlegenden Aufsatz von zwei der prominentesten akademischen Vertreter der emotionalen Intelligenz, Mayer und Geher, findet sich die folgende Vignette. Die Autoren definieren die EI sozusagen ex negativo: »Eine Patientin hatte eine Affäre mit einem verheirateten Mann. Eines Tages bat sie ihn um das Versprechen, nicht von zu Hause und seiner Frau zu ihr zu kommen und nicht nach Hause zurückzukehren, wenn er bei ihr war. Am nächsten Tag formulierte sie deutlicher, was sie von ihm erwartete: ›Du darfst nicht von ihr kommen oder zu ihr gehen, wenn wir uns treffen.‹ Sie sagte das so, als wäre es ein beiläufiger Gedanke, der ihr gekommen war, ein bequemes Arrangement, vielleicht sogar ein amüsanter Einfall. Der Analytiker konnte sich jedoch in ihre Lage versetzen. [...] Er hatte eine Vorstellung [...] von den Gefühlen seiner Patientin: von ihrer Eifersucht und ihrem Unglück, wenn sie daran dachte, daß ihr Liebhaber sie verließ, um nach Hause zu seiner Frau zu gehen.«[22] Für die Verfasser formuliert die Frau ihre Forderung in einer Weise, die ihr eigenes Interesse unkenntlich macht: In ihrer Unfähigkeit, sich selbst und ihrem Liebhaber ihre »wahren« Gefühle einzugestehen, riskiert sie, launisch, irrational und anspruchsvoll zu erscheinen. Man müsse also schließen, daß ihre Strategien zur Situationsbewältigung nicht dazu geeignet sind, ihr zum Erreichen ihrer Ziele zu verhelfen. Für Mayer und Geher beweist sie einen Mangel an emotionaler Intelligenz.

Die Deutung der Autoren ist deshalb für uns von Interesse, weil sie die im Begriff der EI enthaltenen Voraussetzungen offenbart, Voraussetzungen, die sich zum Großteil der therapeutischen Ideologie verdanken. Die erste und vielleicht offensichtlichste dieser Annahmen ist, daß es »wahre« Gefühle gibt, die im Selbst gefangen sind und nur darauf warten, von einem bewußten und wissenden Subjekt angemessen benannt und erkannt zu werden. Wie ich in Kapitel 4 zu zeigen versucht habe, ist eine derartige »ontologische« Vorstellung von Emotionen zentral für die klinische Psychologie; sie steht im Gegensatz zu der Auffassung, daß das Empfinden eines Gefühls ein labiler Prozeß ist, dessen Ausgang von Interpretationen und Benennungen abhängt, die ihrerseits von symbolischen Anhaltspunkten aus der Umwelt leben. Wie zahllose Anthropologen und Sozialpsychologen argumentiert haben, gibt es keine emotionale »Substanz«, die darauf wartet, erkannt, benannt und enthüllt zu werden.[23] Gefühlsbezeichnungen oder Ge-

---

22 J. D. Mayer u. G. Geher, »Emotional Intelligence and the Identification of Emotion«, in: *Intelligence* 22, Nr. 2 (1996), S. 90 f.
23 Vgl. Catherine A. Lutz u. Lila Abu-Lughod (Hg.), *Language and the Politics of Emotion*, Cambridge 1990.

fühlsempfindungen sind alles andere als feststehende Er-
fahrungs- oder Bewußtseinsblöcke, die nur darauf warten,
entdeckt und passend benannt zu werden, sie sind vielmehr
fließend und kontextabhängig. Die Vorstellung, Gefühle
seien Erfahrungsblöcke, die, verdrängt und gespeichert, nur
darauf warten, etikettiert und befreit zu werden, verdankt
sich unmittelbar den Interessen von Psychologen, die es als
ihre Aufgabe verstehen, Gefühle zu enthüllen, treffend zu
bezeichnen und zu transformieren.

    Darüber hinaus halten es die Autoren für ein Zeichen
von größerer sozialer Kompetenz, wenn man seine Ansprüche damit begründet, »was man empfindet«. Auch diese im
Text nicht explizit gemachte, sondern axiomatisch voraus-
gesetzte Behauptung ist ein zentrales Dogma des therapeutischen Glaubens. Ich möchte dem entgegenhalten, daß eine
kompetente emotionale Reaktion von den situativ gegebenen Bedingungen abhängt und nicht von einem kontextlo-
sen Verarbeiten, Verstehen und Etikettieren von Gefühlen.
Mit anderen Worten: Eine kompetente emotionale Reaktion schließt nicht notwendig ein, daß man sich ihr auch
auf selbstbewußte Weise inne wird. So war beispielsweise in
der oben zitierten Szene dem Mann höchstwahrscheinlich
absolut klar, was seine Geliebte ihm mit ihrer Forderung
sagen wollte, und er hätte schon selten »unmusikalisch«
in bezug auf zeitgenössische Liebeskodes sein müssen, um
nicht zu verstehen, daß ihre Forderung der Versuch war,
auf der Einzigartigkeit ihrer Beziehung zu bestehen und sie
von seinem Eheleben abzugrenzen. So, wie sie vorgebracht
wurde, war die Forderung der Frau *nicht nur vernünftig,
sondern äußerst kompetent*, gerade weil die Sprecherin ihre
Beweggründe nicht verbalisierte. Sie war dazu in der Lage,
eine deutliche Erwartung an das Verhalten dieses Mannes
zu formulieren, ohne Angst, Eifersucht oder Besitzansprü-
che auszudrücken, mithin Gefühle, die allesamt ihre Position und ihren Status in der Beziehung eher geschwächt

hätten. Dies legt eine wichtige theoretische Feststellung nahe: Das situationsbezogene Verhalten sozialer Akteure lebt von einem *gespeicherten kulturellen Wissen oder kulturellen Kodes*, aufgrund deren sie feinjustiert auf die situativ gegebenen Bedingungen eingestellt sind, ohne daß sie die aufwendige Prozedur durchlaufen müßten, die durch diese Bedingungen hervorgerufenen Gefühle zu identifizieren, zu benennen und explizit zum Ausdruck zu bringen. Der »Fluß« der sozialen Interaktionen wird also dadurch ermöglicht, daß so viele dieser Interaktionen auf implizitem und gespeichertem Wissen beruhen. Mayers und Gehers im Bann des psychologischen Ethos stehender Glaube, daß emotionale Intelligenz die reflexive und explizite Benennung von Gefühlen für einen selbst und für andere einschließt, übersieht die Tatsache, daß Menschen auf die Bedeutungen der von anderen empfundenen Gefühle reagieren, ohne Gefühle reflexiv in den Vordergrund stellen und manipulieren zu müssen. Eine emotionale Intelligenz, wie sie die Autoren verstehen, würde die meisten sozialen Interaktionen zu einer beschwerlichen Angelegenheit machen und ihren freien Fluß behindern. Der Begriff der EI spiegelt die rationalen Vorstellungen über Akteure und Handeln wider, von denen die Sozialwissenschaften überschwemmt und kolonialisiert wurden,[24] und setzt Intelligenz damit gleich, Gefühle für Problemlösungen einzuspannen. Im Gegensatz dazu werden Situationen für Kultursoziologen mit Hilfe des impliziten Wissens, das wir mitbringen, konstruiert und angegangen; dieses implizite Wissen führt dazu, daß wir uns für weniger explizite emotionale Reaktionen entscheiden, die in praktischem und habituellem Wissen verwurzelt sind. Wir verhalten uns in solchen Situationen wie ein Pianist beim Spielen einer schwierigen Sonate, indem wir auf perfekt internalisierte Regeln zurückgreifen und nicht indem wir be-

24 Neil J. Smelser, »The Rational and the Ambivalent in the Social Sciences«, in: *American Sociological Review* 63, Nr. 1 (1998), S. 1-16.

wußt alternative Vorgehensweisen gegeneinander abwägen.
Pianisten und soziale Akteure, die sich ihrer selbst und der
von ihnen benutzten Regeln, ihrer körperlichen und ihrer
emotionalen Regungen zu deutlich bewußt werden, spielen
ihre soziale Partitur ungeschickt, ohne jenen Fluß und jene
Geschmeidigkeit, die den Unterschied zwischen Virtuosität
und Auswendiglernen ausmachen. Kurz gesagt: Ein menta-
les Bewußtsein der eigenen Gefühle ist nicht immer möglich
und auch nicht immer wünschenswert. Die bloße Idee und
das Ideal der EI entspringen der Ideologie der Psychologen,
die mit der Konstruktion und Institutionalisierung der Unterscheidung von kompetenten und inkompetenten emotionalen Reaktionen das Gefühlsleben verdinglicht hat.

Dies führt uns zu einem anderen wichtigen Punkt: In
dieser speziellen sozialen Situation – in der ein verheirate-
ter Mann die Oberhand über eine alleinstehende Frau hat
– ist es die *kompetenteste* emotionale Reaktion seitens der
Frau, ihren Anspruch in einer indirekten Weise auszudrük-
ken, statt geradeheraus ihre Gefühle zu erklären, weil sie
auf diese Weise die Situation unter Kontrolle behält. Wie
dieses Beispiel zeigt, behalten wir in der Tat Situationen
häufig dadurch unter Kontrolle, daß wir sowohl uns selbst
als auch anderen gegenüber Gefühle verschleiern, statt sie
zu offenbaren. Nachdem Macht und Kontrolle nun einmal
grundlegende Dimensionen sozialer Interaktionen sind und
entscheidend davon abhängen, Gefühle (vor anderen, aber
manchmal auch vor uns selbst) zu verbergen, läuft dies
darauf hinaus, daß die von Psychologen und Experten in
Sachen emotionaler Intelligenz gepriesene Reflexivität und
verbale Entäußerung von Gefühlen letztlich eine subtile und
sehr viel effizientere Handhabung sozialer Beziehungen und
Situationen beeinträchtigt. Genauer gesagt: Die Frau aus
unserem Beispiel ist in einer Doppelbindung gefangen, in
die ihr Liebhaber sie gebracht hat. Ihre indirekte Aufforderung bringt zwei gegensätzliche Bedürfnisse elegant unter

einen Hut: die Kontrolle zu behalten, indem sie scheinbar gelassen mit der situationsbedingten Zwickmühle umgeht, und ihr amouröses Territorium abzustecken. Somit veranschaulicht dieses Beispiel nicht die Inkompetenz der Frau; es veranschaulicht ganz im Gegenteil, daß Akteure häufig in Situationen mit widersprüchlichen Anforderungen stecken und sich darin unreflexiv mit Hilfe improvisierter Reaktionen einen Weg bahnen. Emotionale Mehrdeutigkeit, Ambivalenz und Unklarheit sind *hochgradig kompetente* Weisen, mit widersprüchlichen sozialen Situationen umzugehen. Hätte diese Frau das an den Tag gelegt, was die Autoren als emotionale Intelligenz bezeichnen, hätte sie die Kontrolle über die Situation oder ihren Liebhaber verlieren können. Ihre Gefühle, Bedürfnisse und Ziele anzugeben hätte sie der Möglichkeit beraubt, strategisch und praktisch mit ihrer Lage umzugehen. Die Formen von Kompetenz, die durch den Begriff der EI postuliert und vorausgesetzt werden, sind also blind für den Umstand, daß Akteure von situationsbedingten Anhaltspunkten auf ihre Gefühle schließen, praktisches und implizites emotionales Wissen nutzen und folglich oft nicht auf hintergründige Gefühle achten, die sie vielleicht haben, um sich ganz dem Ausbalancieren widersprüchlicher Situationsanforderungen widmen zu können.

Kurioserweise widersprechen die rationalistischen Annahmen, die den Begriff der EI leiten, nicht nur der Kultursoziologie, sondern auch einer Forschungsrichtung innerhalb der kognitiven Psychologie, die sich mit Entscheidungsprozessen befaßt. Dieser Forschungsansatz zeigt, daß viele intelligente Entscheidungen auf intuitivem Denken beruhen bzw. auf dem, was die kognitiven Psychologen »thin slicing« nennen, also die Fähigkeit, »dünne Scheibchen« aus der Realität herauszuschneiden und treffende schnelle Urteile über Menschen, Probleme und Situationen zu fällen, ohne den umständlichen Prozeß zu durchlaufen, die emotionalen oder sonstigen Dimensionen der Situation zu benennen und

kognitiv durchzuarbeiten. Solche Schnellurteile verdanken
sich unbewußten Denkprozessen sowie der Fähigkeit, seinen Erfahrungsschatz anzuzapfen, einige wenige Elemente
des zu beurteilenden Gegenstands herauszugreifen und sich
auf diese zu konzentrieren. Auch haben die Kognitionspsychologen Timothy Wilson und Jonathan Schooler in einigen
bahnbrechenden Experimenten gezeigt, daß Introspektion
ein Hindernis für eine erkenntnisorientierte Problemlö-
sungsstrategie sein kann. Wenn sie sich selbst beobachten,
um über den Geschmack einer Marmelade oder die Wahl
eines interessanten Seminars zu entscheiden, scheitern Ver-
suchspersonen häufiger daran, die gute von der schlechten
Marmelade oder das interessante vom langweiligen Seminar zu unterscheiden.[25] In der Sprache der Soziologie ausgedrückt, kommt die Selbstbeobachtung einer Handlung in
die Quere, die der Logik von Praktiken wie Geschmack und
sozialem Takt gehorcht.[26]

Ich möchte darum folgendes vorschlagen: Emotionale
Intelligenz ist dadurch charakterisiert, daß sie Gefühle reflexiv, kognitiv und verbal in den Vordergrund rückt. Doch ist
es höchst zweifelhaft, daß das Gebot, sich seiner selbst bewußt zu sein, die eigene emotionale Konstitution der Selbstbeobachtung zu unterwerfen und seine Gefühle rational zu
durchdenken, der emotionalen Kompetenz in ihren vielen
Formen gerecht wird. Was wir jedoch sagen können, ist,
daß die EI in der soeben definierten Form ein weitverbrei-
teter und sogar hegemonialer Begriff ist, weil er der Ideologie der für den Produktionsprozeß entscheidenden sozialen
Gruppen ebenso entspricht wie den Anforderungen, die die

25 Timothy Wilson u. Jonathan W. Schooler, »Thinking Too Much. Intro-
spection Can Reduce the Quality of Preferences and Decisions«, in: *Journal
of Personality and Social Psychology* 60 (Februar 1991), S. 181-92.
26 Ebd.; vgl. auch Jonathan Schooler, Stellan Ohlsson u. Kevin Brooks,
»Thoughts beyond Words. When Language Overshadows Insight«, in:
Journal of Experimental Psychology (Juni 1993), S. 166-83.

neuen Formen des Kapitalismus an das Selbst stellen. Wir sollten uns also fragen, wessen soziale und emotionale Fertigkeiten das Konzept der EI naturalisiert und beglaubigt. Dies soll unser nächster Schritt sein.

Emotionale und soziale Kompetenz

Es ist kein Zufall, daß es in der von Mayer und Geher geschilderten Szene der Therapeut ist, der als emotional intelligent dargestellt wird. Es ist deshalb kein Zufall, weil emotionale Inkompetenz zu definieren zugleich bedeutet, Kompetenz zu definieren sowie diejenigen, die kompetent sind. Das Ergebnis ist wenig überraschend, entspricht doch der Begriff der EI ziemlich genau dem Weltbild einer bestimmten Klasse von Experten – dem der Psychologen –, die historisch gesehen ausgesprochen erfolgreich damit waren, das Monopol auf die Definition und die Regeln des Gefühlslebens im privaten und öffentlichen Bereich für sich zu beanspruchen. Auch haben sie beruflichen Erfolg zu einer Frage des emotionalen Verhaltens und des Gefühlsmanagements gemacht. Emotional intelligent zu sein ist zum Privileg einer professionellen Klasse geworden, die für das Management von Gefühlen zuständig ist, und emotional kompetent zu sein scheint darin zu bestehen, jene kognitiven und emotionalen Fertigkeiten zu erwerben, bei denen klinische Psychologen und Psychoexperten Virtuosität beanspruchen. EI dient wie der Begriff des IQ als Instrument der Klassifikation und Schichtenbildung, weil sie in Organisationen verkörpert ist, die sie gutheißen und beglaubigen. Diente der Intelligenzquotient dazu, Menschen in der Armee und am Arbeitsplatz zu klassifizieren, um ihre Produktivität zu steigern, so hat sich die emotionale Intelligenz zu einer Methode entwickelt, um Arbeitnehmer in produktivere und weniger produktive einzuteilen – diesmal anhand emotionaler statt kognitiver Kompetenzen. Während es verschiedene Formen emotionaler Fähigkeiten einfach nur zu beschreiben beansprucht, trägt das Konzept der EI faktisch dazu bei, soziale Gruppen um eine neue Achse der sozialen Schichtung anzuordnen. Gefühle haben sich zunehmend zu einer Form von Trümpfen entwickelt, die auf einem Feld sozialer Kämpfe »ausgespielt« werden können.

Wie ich im vorangegangenen Kapitel dargelegt habe, ist es die Funktion emotionaler Felder, Kriterien zur Beurteilung von Gesundheit und Pathologie aufzustellen und auf möglichst viele Bereiche auszudehnen. Diese emotionalen Felder schaffen und regulieren den Zugang zu neuen Formen von sozialer Kompetenz, die ich als emotionale Kompetenz bezeichnen möchte. So wie kulturelle Felder durch kulturelle Kompetenz strukturiert sind – also durch die Fähigkeit, sich in einer Weise auf kulturelle Artefakte zu beziehen, die Vertrautheit mit der Hochkultur bzw. der offiziellen, von den Oberschichten approbierten Kultur signalisiert –, werden emotionale Felder durch emotionale Kompetenz reguliert – also durch die Fähigkeit, einen emotionalen Stil an den Tag zu legen, der von den Hauptakteuren in diesem Feld, nämlich Psychologen und Psychoexperten, definiert und gutgeheißen wird. Der Begriff der emotionalen Intelligenz stellt eine Formalisierung und Kodifizierung einer solchen emotionalen Kompetenz dar.

Wie die kulturelle Kompetenz läßt sich auch die emotionale Kompetenz in einen sozialen Nutzen wie zum Beispiel einen beruflichen Aufstieg oder Sozialkapital ummünzen. Ja, damit eine bestimmte Art des kulturellen Verhaltens zu einer Form von Kapital werden kann, muß sie in etwas konvertierbar sein, womit die Akteure auf einem Feld spielen können – also etwa in einen ökonomischen und sozialen Vorteil, der ihnen das Zutrittsrecht und die Möglichkeit verschafft, sich das anzueignen, worum es in diesem Feld geht.[27] In diesem Sinn können wir in Analogie zum kulturellen Kapital von einem emotionalen Kapital sprechen.

27 Bourdieu, *Die feinen Unterschiede.*

Eine Internetrecherche zur EI erbrachte eine Reihe von Beispielen dafür, wie dieses Konstrukt in modernen Unternehmen eingesetzt wird und in welchem Verhältnis zum emotionalen Kapital es steht. Ich möchte ausführlicher aus einem Aufsatz zitieren, der die verschiedenen Formen des Rückgriffs auf emotionale Intelligenz in der Industrie Revue passieren läßt, weil dieser Text (ungewollt) illustriert, wie die emotionale Intelligenz als eine neue Form der Klassifikation eingesetzt wird, die sich in echtes ökonomisches Kapital ummünzen läßt.[28] Der Aufsatz preist die Möglichkeit an, ökonomische Leistungsfähigkeit anhand von emotionaler Intelligenz zu bewerten und zu messen:

– »Die US-Luftwaffe nutzte den EQ-I [Emotional Quotient Inventory], um Rekrutierer (die Mitarbeiter des Personalwesens der Luftwaffe an vorderster Front) auszuwählen, und stellte fest, daß die erfolgreichsten Rekrutierer bei bestimmten Kompetenzen der emotionalen Intelligenz – Selbstsicherheit, Empathie, Glück und emotionalem Selbstbewußtsein – signifikant höhere Werte aufwiesen. Die Luftwaffe stellte ebenfalls fest, daß sie durch die Berücksichtigung von emotionaler Intelligenz bei der Auswahl von Anwerbern ihre Prognose, welche von diesen erfolgreich sein würden, um fast das Dreifache steigern konnte. Hieraus ergab sich ein unmittelbarer Vorteil von drei Millionen Dollar an jährlichen Einsparungen. Aufgrund dieser Vorteile übergab der Regierungsrechnungshof dem Kongreß einen Bericht, der zu der Aufforderung an das Verteidigungsministerium führte, dieses Prozedere bei der Rekrutierung und Auswahl für alle Teilstreitkräfte anzuordnen.«[29]

28   Cary Cherniss, »The Business Case for Emotional Intelligence«, 2004, ⟨www.eiconsortium.org/research/business_case_for_ei.htm⟩ (Zugriff am 18. März 2007).
29   Ebd., Zitat aus: U.S. Government Accounting Office, »Military Recruiting. The Department of Defense Could Improve Its Recruiter

– »Erfahrene Partner einer multinationalen Consultingfirma wurden in den Kompetenzen der emotionalen Intelligenz und mittels dreier weiterer Tests bewertet. Partner, die in 9 von 20 Kompetenzen über dem Medianwert lagen, machten mit ihren Kunden 1,2 Millionen Dollar mehr Gewinn als andere Partner – ein zusätzlicher Gewinn von 139 Prozent.«[30]

– »Eine Analyse von mehr als 300 Spitzenführungskräften aus 15 globalen Unternehmen ergab, daß sechs emotionale Kompetenzen die Stars vom Durchschnitt unterschieden: Einfluß, Teamwork und Zusammenarbeit, Organisatorisches Bewußtsein, Selbstvertrauen, Ergebnisorientierung, Führung.«[31]

– »In Berufen mittlerer Komplexität (Verkäufer, Mechaniker) ist ein Leistungsträger zwölfmal produktiver als einer aus der Gruppe der schwächsten Mitarbeiter und um 85 Prozent produktiver als ein durchschnittlicher Mitarbeiter. In den komplexesten Berufen (Versicherungsagent, Kundenbetreuer) ist ein Leistungsträger um 127 Prozent produktiver als ein durchschnittlicher Mitarbeiter. Untersuchungen der Kompetenzen in über 200 Unternehmen und Organisationen weltweit besagen, daß ungefähr ein Drittel dieses Unterschieds auf technische Fertigkeiten und kognitive Fähigkeiten zurückzuführen ist, während zwei Drittel auf die emotionale Kompetenz zurückzuführen sind. (In Führungspositionen auf oberster Ebene sind vier Fünftel des Unterschieds auf die emotionale Kompetenz zurückzuführen.)«[32]

Selection and Incentive Systems«, dem Kongreß vorgelegt am 30. Januar 1998.
30 Ebd., Zitat aus: R. E. Boyatzis, »Emotional Intelligence«, Vortrag auf der Linkage Conference on Emotional Intelligence, Chicaco, 27. September 1999.
31 Ebd., Zitat aus: Lyle M. Spencer, David C. McClelland u. S. Kelner, *Competency Assessment Methods. History and State of the Art*, Boston 1997.
32 Ebd., Zitat aus: J. E. Hunter, F. L. Schmidt u. M. K. Judiesch, »Individ-

– »Bei L'Oréal hatten Verkäufer, die auf der Basis bestimmter emotionaler Kompetenzen ausgewählt worden waren, deutlich höhere Verkaufszahlen als Verkäufer, die nach dem alten Auswahlverfahren der Firma eingestellt worden waren. Aufs Jahr gesehen verkauften die auf der Basis emotionaler Kompetenz eingestellten Verkäufer für 91 370 Dollar mehr Produkte als die anderen, was einer Nettoumsatzsteigerung von 2 558 360 Dollar entspricht. Bei den auf der Basis emotionaler Kompetenz ausgewählten Verkäufern gab es zudem im ersten Jahr 63 Prozent weniger Fluktuation als bei den traditionell ausgewählten Verkäufern.«[33]

– »In einem landesweit operierenden Versicherungsunternehmen verkauften die Vertreter mit schwachen Werten in emotionalen Kompetenzen wie Selbstvertrauen, Initiative und Empathie Policen mit einer durchschnittlichen Prämie von 54 000 Dollar. Die mit hohen Werten in mindestens fünf von acht emotionalen Kernkompetenzen verkauften Policen mit einer Prämie von 114 000 Dollar.«[34]

– »Bei einem großen Getränkehersteller, der seine Geschäftsbereichsvorstände mit Standardmethoden rekrutierte, verließ die Hälfte von ihnen das Unternehmen binnen zweier Jahre, hauptsächlich aufgrund schlechter Leistungen. Nachdem das Unternehmen sein Personal anhand von emotionalen Kompetenzen wie Initiative, Selbstvertrauen und Führung auszuwählen begann, verließen nur sechs Prozent binnen zweier Jahre die Firma. Darüber hinaus fanden sich die aufgrund ihrer emotionalen Kompetenzen ausgewählten

ual Differences in Output Variability as a Function of Job Complexity«, in: *Journal of Applied Psychology* 75 (1990), S. 24-42, sowie Daniel Goleman, *Working with Emotional Intelligence*, New York 1998.
33 Ebd., Zitat aus: Lyle M. Spencer u. Signe M. Spencer, *Competence at Work. Models for Superior Performance*, New York 1993, sowie Spencer, McLelland u. Kelner, *Competency Assessment Methods*.
34 Ebd., Zitat aus: Goleman, *Working with Emotional Intelligence*.

Führungskräfte mit wesentlich größerer Wahrscheinlichkeit
im oberen Drittel der leistungsabhängigen Gehaltszuschlä-
ge der von ihnen geleiteten Geschäftsbereiche: 87 Prozent
waren im oberen Drittel. Auch die Geschäftsbereichsleiter,
die über diese Kompetenzen verfügten, übertrafen ihre Vorgaben um 15 bis 20 Prozent. Diejenigen ohne diese Kompetenzen lagen um fast 20 Prozent hinter ihren Vorgaben
zurück.«[35]

– »Von 515 leitenden Angestellten, die von der Headhunter-
firma Egon Zehnder International analysiert wurden, waren diejenigen, die insbesondere hohe Werte an emotionaler
Intelligenz aufwiesen, mit größerer Wahrscheinlichkeit erfolgreich als die, die entweder über die größte einschlägige
Berufserfahrung oder einen besonders hohen IQ verfügten.
Mit anderen Worten: Die emotionale Intelligenz sagte mehr
über den Erfolg aus als die einschlägige Berufserfahrung
oder ein hoher IQ. Genauer gesagt hatten 74 Prozent der erfolgreichen leitenden Angestellten eine hohe emotionale Intelligenz und nur 24 Prozent der erfolglosen. Für die Studie
wurden leitende Angestellte aus Lateinamerika, Deutschland und Japan befragt, und in allen drei Kulturen waren
die Ergebnisse nahezu identisch.«[36]

– »Finanzberater bei American Express, deren Manager
das Trainingsprogramm in emotionaler Kompetenz abge-
schlossen hatten, wurden mit einer gleichen Anzahl von
Kollegen verglichen, deren Manager kein solches Programm absolviert hatten. In dem Jahr nach dem Training
erhöhten die Berater der trainierten Manager ihre Umsätze
um 18,1 Prozent, während die Berater der nichttrainierten

35 Ebd., Zitat aus: David C. McClelland, »Identifying Competencies
with Behavioral-Event Interviews«, in: *Psychological Science* 9, Nr. 5
(1999), S. 331-39.
36 Ebd., keine Quelle angegeben.

Manager eine Umsatzsteigerung von 16,2 Prozent erzielten.«[37]

– »Die erfolgreichsten Schuldeneintreiber eines großen Inkassobüros übererfüllten ihre Vorgaben in einem Zeitraum von drei Monaten um 163 Prozent. Sie wurden mit einer Gruppe von Schuldeneintreibern verglichen, die im selben Zeitraum nur durchschnittlich 80 Prozent erreichten. Die erfolgreichsten Inkassobeauftragten hatten erheblich höhere Werte in den Emotionale-Intelligenz-Kompetenzen Selbstaktualisierung, Unabhängigkeit und Optimismus. (Mit Selbstaktualisierung ist ein ausgeprägtes inneres Wissen um die eigenen Ziele und ein Gefühl des Stolzes auf die eigene Arbeit gemeint.)«[38]

Die zahlreichen in diesem Text angeführten Beispiele machen einige Anmerkungen erforderlich: Die EI wird hier als eine neue Möglichkeit genutzt, ökonomische Produktivität vorauszusagen und zu kontrollieren und die für die Produktion verantwortlichen Personen zu klassifizieren. Dabei wird von der bereits in Kapitel 5 erwähnten Methode Gebrauch gemacht, die Wendy Espeland und Mitchell Stevens »Kommensurabilisierung« (*commensuration*) nennen: der Herstellung eines gemeinsamen metrischen Systems, um unterschiedliche Objekte standardisieren und vergleichen zu können, mit dem Ziel, eine (symbolische und/oder materiale) Äquivalenz zwischen ihnen herzustellen.[39] Im vorliegenden Zusammenhang ist die gewünschte Äquivalenz die zwischen Arbeitsplätzen und Menschen. Wie Joan Acker schreibt:

---

37 Ebd., keine Quelle angegeben.
38 Ebd., Zitat aus: John Bachman et al., »Emotional Intelligence in the Collection of Debt«, in: *International Journal of Selection and Assessment* 8, Nr. 3 (2000), S. 176-82.
39 Wendy Espeland u. Mitchell Stevens, »Commensuration as a Social Process«, in: *Annual Review of Sociology* 24 (1998), S. 313-43.

»[Ein Arbeitsplatz] ist eine Leerstelle, eine beständig zu re-
konstruierende Verdinglichung, sind Positionen doch nur
Papierschnitzel, bis sie von Menschen ausgefüllt werden.
[...] Menschen müssen motiviert, gemanagt und für den
Arbeitsplatz passend ausgewählt werden. Der Arbeitsplatz
existiert als ein Ding für sich.«[40] Die EI hat sich zu einem
formalen Kriterium zur Messung und Quantifizierung von
Kompetenzen entwickelt und auf diese Weise ein System der
Äquivalenz von Gefühlen und beruflicher Leistung begründet, in dem nahezu ausschließlich in monetären Kategorien
gemessen wird. Das durch das Konzept der EI ermöglichte System der Äquivalenz kündet von einem beispiellosen
Verdinglichungsprozeß, insofern die emotionale Intelligenz
es ermöglicht, der emotionalen Konstitution einer Person
einen Geldwert zuzuschreiben, ja, eine Person gegen eine
andere verrechenbar und austauschbar zu machen.[41]

Der von Bourdieu beschriebenen Logik des Kapitals zufolge lassen sich emotionale Formen von Kapital in mone-
täre konvertieren. Die Ausbildung eines unternehmerischen
Feldes hat etwas entstehen lassen, was Bourdieu als neue
Formen symbolischen Kapitals bezeichnet, die auf Feldern
gesellschaftlicher Kämpfe zum Einsatz kommen.[42] Wenn,
wie Bourdieu meint, Felder sich durch den Mechanismus
des Habitus oder »*strukturierende[n] Mechanismus*, der
von innen heraus in den Akteuren wirkt«,[43] erhalten, dann
können wir die These aufstellen, daß ein bestimmter emo-

---

40 Joan Acker, »Hierarchies, Jobs, Bodies. A Theory of Gendered Organizations«, in: *Gender and Society* 4, Nr. 2 (1990), S. 148.
41 Dieses Argument unterscheidet sich von dem, das Arlie Russel Hochschild in ihrem wichtigen Buch *Das gekaufte Herz. Zur Kommerzialisierung der Gefühle*, gekürzte dt. Fass., Frankfurt/M. u. New York 1990,
entwickelt. In Hochschilds Arbeit ist es die Arbeitsleistung, nicht die emotionale Konstitution einer Person, die verdinglicht wird.
42 Pierre Bourdieu, *Meditationen. Zur Kritik der scholastischen Vernunft*, Frankfurt/M. 2004, S. 212.
43 Pierre Bourdieu u. Loïc J. D. Wacquant, *Reflexive Anthropologie*,
Frankfurt/M. 2006, S. 39.

tionaler Habitus mehr und mehr zur Voraussetzung wird, um auf einer immer größeren Zahl von Feldern Zutritt zu erhalten und mitspielen zu können. Das emotionale Kapital übertrifft die traditionellen Formen des kulturellen Kapitals, etwa den Geschmack für guten Wein und die Vertrautheit mit der Hochkultur, und scheint die am wenigsten reflexiven Aspekte des Habitus für sich einzuspannen. Es besteht in Form von »dauerhaften Dispositionen des Organismus« und ist der am stärksten körpergebundene und verinnerlichte Teil des kulturellen Kapitals.[44] Der emotionale Habitus befindet sich also am Schnittpunkt dreier Bereiche der sozialen Erfahrung: der interaktionalen, der körperlichen und der sprachlichen. Er ist ein Spiegelbild und ein Indikator der eigenen sozialen Position an diesen drei Verbindungsstellen. Der emotionale Habitus prägt die Art und Weise, wie Gefühle körperlich und verbal zum Ausdruck gebracht und in sozialen Interaktionen eingesetzt werden.

Randall Collins' Ansatz unterscheidet sich wesentlich von dem Bourdieus, doch tragen einige seiner Einsichten womöglich dazu bei, die Ausbildung eines emotionalen Habitus und den Grund, warum dieser eine wichtige Rolle in sozialen Interaktionen spielt, zu erklären. Collins brachte bekanntlich den Begriff der emotionalen Energie ins Spiel, um zu erklären, wodurch Interaktionsrituale zusammengehalten werden.[45] Meiner Meinung nach ist die emotionale Energie zwar kein Äquivalent der emotionalen Intelligenz oder Kompetenz, aber eine ihrer Voraussetzungen. Collins sieht die emotionale Energie als etwas, das wir in einer Reihe erfolgreicher Interaktionen mit anderen ansammeln.[46] Emo-

---

44 Pierre Bourdieu, »Ökonomisches Kapital, kulturelles Kapital, soziales Kapital«, in: Reinhard Kreckel (Hg.), *Soziale Ungleichheiten* (*Soziale Welt*, Sonderheft 2), Göttingen 1983, S. 185-87.
45 Randall Collins, *Interaction Ritual Chains*, Princeton 2004.
46 Randall Collins, »Stratification, Emotional Energy and Transient Emotions«, in: Theodore D. Kemper (Hg.), *Research Agendas in the Sociology of Emotions*, Albany 1990, S. 27-57.

tionale Energie – unzweifelhaft eine wichtige Komponente
unseres gesellschaftlichen Lebens – ist die Selbstsicherheit,
die wir erlangen, wenn wir wiederholt das Gefühl gehabt
haben, einer Statusgruppe anzugehören. Collins beschreibt
hier eine Art durkheimschen Synergismus – die Fähigkeit,
sich mit anderen zu »verbinden«, die wir daraus beziehen,
uns in der Vergangenheit als Mitglied einer Gruppe gefühlt
zu haben, und die wir unsererseits der Gruppe zurückgeben
können. Menschen mit einer solchen emotionalen Energie,
sagt Collins, werden eher in eine Führungsposition kommen, weil sie über die aus der Gruppe hervorgehende Energie verfügen, die wiederum stellvertretend für die Gruppe
stehen kann. Wenn, wie Collins argumentiert, emotionale
Energie durch die bisherige Zugehörigkeit zu einer Statusgruppe und erfolgreiche Interaktionen akkumuliert werden
kann, dann signalisiert die Zurschaustellung dieser Energie die erfolgreichen Interaktionen, die man bisher gehabt
hat – *eine Art positiven Sozialkapitals, das in Führerschaft
umgetauscht werden kann.* Man kann daher sagen, daß
emotionale Kompetenz von der Frequenz unserer sozialen
Interaktionen und von unserem Status in diesen Interaktionen abhängt. Weil jedoch Collins' Begriff der emotionalen
Energie durkheimianisch ist, ignoriert er die mit Gefühlen
assoziierten Statuskennzeichen. Gefühle stellen nicht nur
deshalb ein Kapital dar, weil sie von unseren sozialen Bindungen und unserer Position innerhalb dieser Bindungen
abgeleitet sind, sondern auch, weil unser emotionaler Habitus wie unser Geschmack einen Stil aufweist, der durch
unsere soziale Position und unsere soziale Identität definiert
wird und diese seinerseits definiert.[47] Mit anderen Worten:
Nicht alle Formen emotionaler Energie können als soziale

---

47 Soweit das kulturelle Kapital jedoch zumindest für Bourdieu den
Zugang zu einem etablierten Korpus künstlerischer, zur »Hochkultur« er-
klärter Schöpfungen bedeutet, läßt sich die emotionale Intelligenz nicht als
Unterart des kulturellen Kapitals verstehen.

Währung fungieren und in Sozialkapital konvertiert werden. Eine überbordende, rowdyhafte Energie wird einen in der Armee oder in einem Unternehmen nicht sehr weit bringen. Wir können also sagen, daß eine Umwandlung in Kapital bei gewissen emotionalen Stilen wahrscheinlicher ist als bei anderen, und diese Formen sind es, die mich hier interessieren.

Indem sie die Persönlichkeit und die Gefühle zu Aktivposten von Führerschaft und diese Aktivposten zum Lohn einer selbstreflexiven Arbeit der Introspektion und Selbstbeobachtung erklärten, trugen die Psychologen zur Konvertierung des emotionalen Stils in eine soziale Währung bzw. in Sozialkapital bei und schufen eine neue Sprache des Selbst, mit der man sich dieses Kapitals bemächtigen kann. Während das ökonomische Selbst dem Privatleben in Freuds Beschreibungen einen hohen Preis abverlangte – man denke an die bezeichnende Atmosphäre mißmutiger Repressivität, die zu Verdrängung und Neurosen führt –, erfordert die psychische Ökonomie der in den heutigen Dienstleistungsberufen arbeitenden Menschen – vor allem der Manager der unteren und mittleren Ebene – eine subtile und komplexe Gefühlsarbeit, die andere eher einschließt als ausschließt, die sowohl selbstbewußt als auch am anderen orientiert ist und die auf die emotionalen Seiten der Interaktion eingestimmt ist, diese jedoch kognitiv jederzeit im Griff hat. Aus diesem Grund ist die EI grundlegend mit der Organisation und der schichtenspezifischen Dynamik des zeitgenössischen Kapitalismus verbunden. Der zeitgenössische Kapitalismus erfordert symbolische und emotionale Kompetenzen, die einem dabei helfen, mit einem großen Spektrum an sozialen Situationen und Personen in komplexen, sich verändernden und unsicheren Märkten zurechtzukommen. Die EI spiegelt die Modelle des Sozialverhaltens der Mittelschicht wider, deren Arbeit in der gegenwärtigen kapitalistischen Wirtschaft eine umsichtige Steuerung des Selbst verlangt. Die Vertreter der Mittelschicht sind in ihren Berufen auf ein hohes Maß an Zusammenarbeit mit anderen angewiesen, unentwegt bewerten sie andere und werden von diesen bewertet, sie bewegen sich in langen Interaktionsketten, begegnen einer Vielzahl von Personen aus anderen Gruppen, müssen das Vertrauen von anderen gewinnen, und, was vielleicht am wichtigsten ist, sie arbeiten in Kontexten, in denen die Erfolgskriterien widersprüchlich, trügerisch und ungewiß sind. Die EI ist eine Gesinnung, die es einem erlaubt, emotional mit struktureller Unsicherheit und dem Problem des Vertrauens und der Konsensbildung zurechtzukommen. Eine solche emotionale Disposition bringt eine emotionale Kompetenz hervor, die besonders im heutigen, mit Luc Boltanski gesprochen, »konnexionistischen« Kapitalismus reüssiert. Wie Boltanski schreibt, kann sich der Habitus der Herrschenden hier nicht mehr auf seine Intuition verlassen.[48] Im konnexionistischen Kapitalismus festigt man seinen Status vielmehr durch die Fähigkeit, viele Menschen kennenzulernen und Verbindungen zwischen ihnen zu knüpfen.

Vor allem aber ist die emotionale Intelligenz entscheidend für das Sozialkapital, weil Gefühle das A und O sind, wenn es darum geht, sich Netzwerke zu erarbeiten, seien es starke oder schwache. In zwei von Alejandro Portes' be-

48   »In einer vernetzten Welt, in der Kontakte um so mehr Perspektiven bieten, je unerwarteter und weitreichender sie sind, ist der Klassen*habitus*, auf dem in den Sozialordnungen familienkapitalistischer Prägung die spontane Geschmackskonvergenz gründet [...], kein hinreichender Träger mehr für Intuition und Flair [...]. Kompetent ist hier im Gegenteil derjenige, der zwischen Menschen Brücken schlägt, die nicht nur weit voneinander entfernt, in unterschiedlichen Welten beheimatet sind, sondern die sich zudem noch von seinem Herkunftsmilieu und engstem Bekanntenkreis unterscheiden. Deshalb akzeptiert ein Kapitalismus, der konnexionistische Rechtfertigungsmuster beinhaltet, im Unterschied zur altbürgerlichen Gesellschaft diejenigen, die ihr Erfahrungskapital und ihre Vertrautheit mit mehreren Welten, aus der sie ihre beträchtliche Anpassungsfähigkeit beziehen, einem – zumindest in ihrer Jugend – verhältnismäßig erratischen Lebensweg verdanken.« Luc Boltanski u. Ève Chiapello, *Der neue Geist des Kapitalismus*, Konstanz 2003, S. 164.

schriebenen Hinsichten sind Gefühle zentrale Bestandteile des Mechanismus namens Sozialkapital: In einer Hinsicht verweisen sie auf das Vermögen, positive soziale Netzwerke zu knüpfen, also auf positive Formen des Sozialverhaltens, die Solidarität und emotionale Energie erzeugen; in der anderen Hinsicht verweisen sie auf die Art und Weise, wie persönliche Beziehungen in Kapital wie berufliches Weiterkommen und Wohlstandssteigerung konvertiert werden.[49] Gefühle sind zu einer Form von Kapital geworden, weil es von zentraler Bedeutung für den konnexionistischen Kapitalismus ist, daß soziale Beziehungen hergestellt werden. Damit ist unserer Konzeptualisierung der emotionalen Kompetenz eine weitere Ebene hinzugefügt.

Der globale therapeutische Habitus und der Neue Mann

Ich möchte diese Analyse noch einen Schritt weiter treiben. Der therapeutische Habitus markiert das Aufkommen neuer Formen von Männlichkeit, und diese neuen Männlichkeiten sind, wenn nicht direkt durch sie verursacht, so doch eng mit der Ausbreitung und sogar Globalisierung therapeutischer Kulturmodelle verbunden, die ihrerseits mit der Ausbildung einer »konnexionistischen« Struktur des Fühlens in Zusammenhang stehen.

In einer Reihe von Aufsätzen haben John Meyer und seine Mitarbeiter argumentiert, daß man die Globalisierung als einen Prozeß verstehen kann, in dessen Verlauf sich eine wachsende Zahl von Staaten auf der ganzen Welt dieselben kulturellen Modelle (der Wirtschaft, der politischen Ordnung, des Individuums) zu eigen machen und somit dafür sorgen, daß diese Modelle das gesellschaftliche Leben

---

49   Alejandro Portes, »Social Capital. Its Origins and Applications in Modern Sociology«, in: *Annual Review of Sociology* 24 (1998), S. 1-24.

durchdringen.[50] Im modernen globalisierten Gemeinwesen konstituieren sich Individuen mit Hilfe standardisierter Regeln als essentiell moderne, also zum Beispiel rationale und zweckgerichtete Akteure. Die Psychologie ist eines der Herzstücke der kulturellen Globalisierung, eine Quelle von Modellen, anhand deren weltweit Individualität gestaltet wird. Die weltweite Verbreitung der psychologischen Modelle erfolgt über die Curricula der und Ausbildung an den Universitäten, über die geregelte Praxis zugelassener Therapeuten, die therapeutische Form staatlicher Eingriffe in die Gesellschaft und die eher informellen Strukturen des Marktes. Am Beispiel Israel läßt sich dieser Prozeß der Globalisierung von Handlungsmodellen durch die Psychologie hervorragend illustrieren, weil hier psychologisches Fachwissen in einigen zentralen gesellschaftlichen Bereichen tief in die Institutionen eingegangen ist. Auch gibt es in Israel eine große Zahl kommerzieller Workshops zur Veränderung und Verbesserung des Selbst.

Zum besseren Verständnis werde ich einen israelischen Workshop über emotionale Intelligenz analysieren, an dem ich 1998 teilgenommen habe. Zweck des Workshops war es, die Einsichten des seinerzeit neu entdeckten, aber bereits sehr populären Konzepts der EI zu lehren und zu verbreiten.[51]

An dem Workshop nahmen rund 200 Personen teil. Im Laufe des Tages saß ich an mehreren Tischen und führte informelle Gespräche mit mehreren Dutzend Teilnehmern. Ihr beruflicher Hintergrund war bunt gemischt: Die Mehrheit arbeitete im mittleren Management von Unternehmen durchschnittlicher Größe; einige hatten ihre eigenen kleinen

---

50 Vgl. etwa John Meyer et al., »Die Weltgesellschaft und der Nationalstaat«, in: ders., *Weltkultur. Wie die westlichen Prinzipien die Welt durchdringen*, Frankfurt/M., S. 85-132.

51 Der eintägige Workshop wurde von einer israelischen Firma namens Anashim ve Machshevim (Menschen und Computer) organisiert.

Geschäfte, wieder andere waren Pädagogen oder Organisationsberater. Für die meisten Teilnehmer galt der Workshop als Weiterbildung, die von ihrem Arbeitgeber (Schule, Firma usw.) bezahlt wurde. Dies legt nahe und belegt, daß der Reiz und der soziale Gebrauch des Begriffs der emotionalen Intelligenz vordringlich ökonomischer Natur ist.

In der ersten Tageshälfte wurden verschiedene Vorträge israelischer Organisationsberater und Trainer angeboten, viele von ihnen diplomierte klinische Psychologen. Die zweite Tageshälfte nahm ein Workshop ein, der von einem staatlich geprüften amerikanischen Psychologen auf englisch geleitet wurde; der Mann war eigens für den Workshop aus den Vereinigten Staaten nach Israel eingeflogen worden.

Eröffnet wurde die Veranstaltung durch den Übersetzer, der Golemans *Emotionale Intelligenz* ins Hebräische übertragen hatte, gefolgt von einer Reihe von Rednern aus dem Bereich der Organisationsberatung, die sich als Experten für Führungstraining bezeichneten. Als einer der Organisatoren fragte, wer das Buch gelesen hatte, meldeten sich alle Teilnehmer, soweit ich dies sehen konnte. Doch obwohl das Buch und seine Erkenntnisse das Hauptthema des Tages bildeten, herrschte zwischen den Ansätzen der verschiedenen Redner wenig Übereinstimmung. Ein Vortragender behauptete, emotionale Intelligenz bestünde darin, zu wissen, wie man entschlossen und unbeugsam ist, während ein anderer erklärte, einen Mangel an emotionaler Intelligenz beweise, wer nicht verstünde, wann es an der Zeit ist, eine Sache aufzugeben. Von einem dritten war zu hören, wie wichtig es sei, im voraus zu planen und sich vorher zu überlegen, was man tut und was man sagt, während wieder ein anderer der Meinung war, Spontaneität sei von größter Bedeutung. Es gab den Rat, darauf zu achten, »was die Leute tun, nicht was sie sagen«, und es gab das Argument: »Was die Leute tun, kann so viele verschiedene Bedeutungen haben, daß wir nicht mit Sicherheit sagen können, was es bedeutet. Das können wir nur über ihre Absichten herausfinden, und deshalb müssen wir sie immer fragen.« Keiner dieser Widersprüche schien die Teilnehmer zu stören oder ihnen auch nur aufzufallen, entsprachen sie doch faktisch allesamt dem therapeutischen Ethos, das damit »arbeitet«, ein breites Spektrum einander widersprechender narrativer Aufhänger aufzugreifen, die samt und sonders im nachhinein die geeignete Steuerung des Selbst organisieren können. Einer dieser narrativen Aufhänger ist die EI, die zugleich als Klassifikationsschema fungiert, an dem die verschiedenen Berater und Psychologen ihre professionellen Praktiken ausrichten können.

In der zweiten Tageshälfte fand wie gesagt ein Workshop unter Leitung von David Ryback statt, seines Zeichens Dr. phil. und Verfasser des Buchs *Emotionale Intelligenz im Management*.[52] Als ein Vertreter jener wachsenden Schar von Psychologen, Trainern und Organisationsberatern, die um die Welt reisen, um ihre standardisierten Techniken an Ort und Stelle abzusondern, unterrichtete Ryback das israelische Publikum über seine Techniken zur Erlangung von emotionaler Intelligenz.

Der Inhalt des Workshops – der als interaktive Vorlesung dargeboten wurde – war praktisch deckungsgleich mit vielen der in den vorangegangenen Kapiteln diskutierten Themen: Ryback behauptete, daß die Kompetenzen in emotionaler Intelligenz sowohl in der Privatsphäre als auch in der Öffentlichkeit zum Einsatz kommen müßten und daß die Qualitäten, die man für eine gute Ehe braucht, die gleichen seien wie die, die das Geschäftsleben oder sogar internationale diplomatische Verhandlungen erfordern. Zum Großteil handelt es sich um geschlechtsneutrale Fertigkeiten, doch würde man sie geschlechtlich spezifizieren, dann wären sie zweifellos weiblich. Wie alle Psychologen unterschied Ryback zwischen angemessenen und unangemesse-

---

52 David Ryback, *Emotionale Intelligenz im Management. Wege zu einer neuen Führungsqualität*, Köln 2000.

nen Gefühlen und postulierte, das Gefühlsleben müßte anhand objektiver Regeln vollzogen werden. Ein kompetentes Gefühlsleben umfaßte seiner Meinung nach Qualitäten, die Neutralität mit Spontaneität, Aufrichtigkeit mit dem Verzicht auf vorschnelle Urteile, Durchsetzungsvermögen mit der Fähigkeit, zuzuhören, und Flexibilität mit Bestimmtheit verbinden. Mit einem Wort: Emotionale Intelligenz, wie dieser Psychologe sie vertrat, besteht aus einem Potpourri widersprüchlicher Eigenschaften, und zwar genau der Mischung, die das therapeutische Ethos so wirkungsvoll macht, weil sie eine permanente Unsicherheit erzeugt und ein permanentes Bedürfnis, diese widersprüchlichen Eigenschaften unter einen Hut zu bringen.

Die Teilnehmer konnten sich während des Workshops auf Erkenntnisse aus Golemans Buch beziehen. Alle Anwesenden sprachen fließend Englisch, was in Israel darauf schließen läßt, daß sie zumindest eine Zeitlang studiert haben. In informellen Gesprächen während des Abendessens sagten alle, mit denen ich sprach, daß ihnen der Workshop sehr viel Spaß gemacht hätte. Eine Frau, die als Verwaltungsassistentin in einem Hochtechnologieunternehmen arbeitete, behauptete, daß »diese Sachen [sie] sehr beeinflußt« hätten und daß sie »viel darüber nachdenkt, wie [sie ihre] Beziehungen verbessern kann«. Ein Mann, der gerade eine Firma gegründet hatte, sagte, die Leute dächten im allgemeinen nicht genug über den menschlichen Faktor im Geschäftsleben nach und er wäre sehr daran interessiert, seine emotionalen Kompetenzen zu verbessern. Ein anderer Mann schließlich, arbeitslos und auf Arbeitssuche, glaubte, »daß es sehr wichtig ist, was für einen Eindruck man macht. Man kann innerlich ein sehr guter Mensch sein, aber aus irgendeinem Grund keinen guten Eindruck machen. Wenn man sich dessen bewußt wird, wie man sich verhält und welchen Eindruck man auf andere macht, dann hat man den ganzen Prozeß besser unter Kontrolle.«

Am Ende wurden die Teilnehmer aufgefordert, coram publico zu erklären, ob sie etwas aus dem Workshop gelernt hätten und wenn ja, was. Die Antworten fielen unterschiedlich aus und können (in summarischer Form) wie folgt aufgelistet werden: »Ich glaube, ich kann jetzt besser zuhören«; »er zeigt mir, daß wir einander nicht zuhören«; »ich habe in diesem Workshop gelernt, daß wir unser Leben in vollen Zügen genießen sollten«; »dies sind sehr wichtige Ideen, die an die Schule gehören«; »er hat mich darin bestärkt, so zu sein, wie ich bin, aufrichtig, offen und ehrlich«; »er hat mich gelehrt, wie wichtig Selbstkontrolle ist, daß wir uns selbst immer sorgsam im Auge behalten müssen«; sowie »ich bin froh über die Bestätigung meiner Überzeugung, daß Gefühle uns mehr Macht geben, statt uns zu schwächen«.

Es ist höchst fraglich, ob ein solcher Workshop allein in der Lage ist, die emotionale Konstitution seiner Teilnehmer zu verändern. Nichtsdestotrotz sollte sich die Soziologie für solche Workshops interessieren, weil sich in ihnen die Bildung eines »globalen emotionalen Habitus« abzeichnet, wie ich dies gerne nennen möchte. Ein solcher Habitus formiert sich an den üblichen Schauplätzen der Sozialisierung (Familie, Schule, Medien), doch wie die Überfülle psychologischer Workshops, die in den vergangenen 20 Jahren in Israel florierten, belegt, wird er auch in dem voluntaristischen kulturellen Rahmen solcher Veranstaltungen eingeübt. Derartige Workshops verfolgen meines Erachtens hauptsächlich den Zweck, neue emotionale Dispositionen anzuerziehen – bzw. die erforderlichen Fertigkeiten, um sich angesichts der unbeständigen Bedingungen der Spätmoderne zurechtzufinden, um sich durch das riesige Feld sozialer Netzwerke hindurchzupflügen und den Anforderungen des globalen konnexionistischen Kapitalismus zu genügen.

Ein solcher Habitus hängt mit der wirtschaftlichen und

kulturellen Globalisierung zusammen, wenn man darunter einen Prozeß versteht, der innerhalb lokaler Schichtungsstrukturen entfaltet *wird*, auch wenn er am Ende oftmals diese Schichtungsstrukturen aufbricht. In dieser Hinsicht sind John Meyers ehrgeizige und höchst überzeugende Analysen merkwürdig blind für die Schichtungsdynamiken geblieben, durch die sich der Prozeß der Globalisierung vollzieht. Denn nicht nur haben die psychologischen Modelle des Selbst einen neuen Habitus hervorgebracht – den wir als globalen therapeutischen Habitus charakterisieren können –, sondern dieser Habitus kennzeichnet meines Erachtens auch eine soziale Gruppe von Managern und Kulturexperten, die im Prozeß der Globalisierung eine wichtige Rolle spielen. Ein solcher Habitus löst die traditionellen Strukturen von Männlichkeit auf und läßt soziale Gruppen entlang neuer geschlechtlicher (und emotionaler) Identitäten zerbrechen.

Ich möchte dies an einem Beispiel verdeutlichen. 1998 interviewte ich Eyal, einen 28jährigen Israeli, der einen Magister in Sozialwissenschaften an der Universität Tel Aviv gemacht hatte und als Kulturexperte in einer kulturellen/politischen Organisation mit dezidiert globaler Ausrichtung arbeitete. Im Laufe des Interviews unterschied er zwischen zwei Arten von Männern. Die erste bezeichnete er als den »Heldentyp« – Männer, die in der Armee gedient hatten, israelische Speisen wie Hummus aßen und unter keinen Umständen ihre Gefühle preisgaben. Die zweite Art Mann war für Eyal der »Neue Mann«, wie er ihn auf hebräisch nannte (*Ha Guever Hachadasch*), einer, der »Zugang zu seinen Gefühlen« hat, »zur weiblichen Seite der Dinge«. Der Interviewte behauptete, alle seine männlichen Freunde wären »so«, das heißt wie der Neue Mann, und daß er keine anderen Freunde haben könnte. Die folgenden Auszüge aus dem Interview lassen das Profil dieses »Neuen Mannes« etwas deutlicher hervortreten:

INTERVIEWERIN: Halten Sie sich in dieser Hinsicht für typisch? Oder glauben Sie, daß Ihre Ansichten über Männer und Gefühle in der israelischen Gesellschaft befremdlich klingen?

EYAL: Nein. Für eine bestimmte soziale Gruppe, ein bestimmtes soziales Milieu bin ich typisch.

INTERVIEWERIN: Wie meinen Sie das?

EYAL: Ich meine, daß emotionale Komplexität ein Muß ist, um ein bestimmtes soziales Territorium betreten, um zu bestimmten Gruppen gehören zu können.

INTERVIEWERIN: Können Sie mir eine – bekannte oder unbekannte – Persönlichkeit nennen, die für Sie diese emotionale Komplexität verkörpert?

EYAL: Das wäre der Film *Der Stadtneurotiker*. Ich habe diesen Film vielleicht dreißigmal gesehen. Dieser Film hat mich und viele andere stark geprägt.

INTERVIEWERIN: Ich möchte noch einmal auf etwas zurückkommen, was Sie eben gesagt haben, daß Männer, oder zumindest die Männer, die Sie kennen, auf eine bestimmte Art ihre Gefühle ausdrücken müssen, um zu einer bestimmten sozialen Gruppe zu gehören. Habe ich Sie richtig verstanden?

EYAL: Absolut. Definitiv. Das gehört zur »Zulassungsprüfung«. Ich gebe Ihnen ein Beispiel. Meine Frau, Liora, ist klinische Psychologin. Sie hat eine Schwester, die in Jerusalem lebt. Ihr Mann ist so eine Art Prolet. Er kommt aus einer *Moshav* [einer landwirtschaftlichen Siedlung]. Er ist ein *moshavnik*, wie er im Buche steht. Er hat nicht den geringsten Gefühlsausdruck. Er hat keine Gefühle. Und wir machen uns über ihn lustig, alle drei, ich, meine Frau und die Schwester meiner Frau, genau darüber, darüber, daß er keine Gefühle hat. Er sehnt sich niemals nach etwas oder vermißt etwas oder ist deprimiert. Er kennt das Konzept »deprimiert sein« nicht. Wo hat man so etwas schon einmal gesehen? Das ist also das Kriterium. Als ich mich noch mit Frauen verabredete, wenn sie nicht wußte, was »deprimiert sein« heißt – ich meine keine große klinische Depression, sondern eine ganz normale gewöhnliche Depression –, dann kam sie nicht in Frage. Sie war keine potentielle Kandidatin. Nie im Leben.

In diesem Interviewauszug sehen wir den tiefen Einfluß der kulturellen Globalisierung. Woody Allens Filme waren ein wirksames Mittel, um einen bestimmten therapeutischen

Stil und eine neue Form von Männlichkeit zu verbreiten. Diese Art Männlichkeit ist eng mit einem bestimmten emotionalen Stil verbunden (ängstlich, nervös, befangen, verbal, nachdenklich) und hat vor allem die neuen Mittelschichten ergriffen. Der emotionale Stil fungiert in diesem Zusammenhang als Zeichen der Mitgliedschaft in bestimmten sozialen Gruppen – derjenigen, die gebildet, westlich, säkular und vielleicht vor allem: nicht durch die Nation definiert, also global sind. Dieser Stil geht mit alltäglichen Geschmackszeichen wie einer bestimmten Kleidung und bestimmten Speisen einher. Der »Neue Mann« drückt auf diese Weise seine Mitgliedschaft in einer Statusgruppe aus, denn emotionale Kompetenz markiert eine Form von sozialer Abgrenzung. Zwei Männer können formal gesehen derselben sozioökonomischen Gruppe angehören, doch über einen sehr unterschiedlichen emotionalen Habitus verfügen. Wenn die Globalisierung neue Formen von Ungleichheit hervorbringt, dann indem sie die Strukturen von Geschlechteridentitäten auflöst und einen Keil zwischen alte und neue Männlichkeiten treibt. Wir können also die These aufstellen, daß die Therapie eine kulturelle Struktur ist, die durch die Ausbildung neuer Männlichkeiten eine Verbindung zwischen der Globalisierung und der Schichtungsstruktur herstellt. Wie die Bildung neuer Männlichkeiten neue emotionale Hierarchien schafft, möchte ich im folgenden – wenn auch auf skizzenhafte und vorläufige Weise – untersuchen, indem ich mich wieder meiner amerikanischen Feldarbeit zuwende.

Intimität als gesellschaftliches Gut

Ein Großteil der marxistischen oder weberianischen Soziologie des Kapitalismus hat implizit die Auffassung vertreten, die wir auch von Freud zu Beginn dieses Kapitels hörten: Zwar mag die Bourgeoisie andere auf dem Feld der Produk-

tion ausbeuten, doch gibt es immerhin eine Art poetische
Gerechtigkeit, die ihr den emotionalen Reichtum des armen
Mannes versagt. Denn in dem Prozeß, die Welt ihrem leidenschaftslosen Gewinnstreben zu unterwerfen, opfern die
Bürger ihr Wohlbefinden und die Fähigkeit, dauerhafte,
sinnvolle Bindungen einzugehen, auf dem Altar des Mam-
mons. Dieses Klischee, dem die Dichotomien von »Markt«
und »Gabe« sowie »Interesse« und »Empfindung« zugrunde liegen, hat die Soziologen blind dafür gemacht, daß der
therapeutische Habitus nicht nur die wirtschaftliche Leistungsfähigkeit zu steigern in der Lage ist, sondern auch
den Zugang zu Wohlbefinden und Intimität verbessert, so
schlecht definiert und vage diese Begriffe auch sein mögen.
Was aber, wenn sich erwiese, daß niemand so gut für Liebe
und Wohlbefinden geeignet ist wie das Bürgertum – bzw.
seine postindustrielle Version –, und zwar nicht trotz, sondern wegen des emotionalen Habitus, den es im Bereich der
Wirtschaft verlangt und einsetzt?

Weil die meisten Kritiker der Therapiegesellschaft das
therapeutische Ethos einem Modell bürgerlicher Tugenden
oder politischen Engagements entgegensetzen, haben sie
die Frage seines *sozialen Gebrauchs* üblicherweise ignoriert
und damit übersehen, daß der therapeutische Diskurs die
Wahrnehmungen, Klassifikationen und Modi sozialer Interaktionen auf das Streben nach sozialen Gütern und zumal emotionalen Gütern wie Intimität ausrichtet. Für viele
Autoren besteht die interessanteste gesellschaftliche Folge
der kulturellen Vorherrschaft der Therapie darin, daß diese neue Arten von sozialen Gütern und neue Formen von
sozialer Kompetenz hervorgebracht hat – und daß sich mit
dieser sozialen Kompetenz immaterielle Güter wie Intimität
erlangen lassen.

Diese Behauptung fußt auf der für sich genommen vielleicht wichtigsten Erkenntnis der feministischen Forschung,
daß nämlich die (politische oder wirtschaftliche) Öffentlich-

keit nicht unser einziger Weg sein kann, um die Frage nach der »guten Gesellschaft« zu beantworten: Intimbeziehungen, Freundschaft und Elternschaft sind um nichts weniger – und vielleicht viel eher noch – die zentralen Arenen, in denen sich für uns entscheidet, wie gut und gerecht eine Gesellschaft ist.[53] Mit etwas anderen Worten bringt Andrew Sayer den gleichen Gedanken zum Ausdruck: »Klassenunterschiede betreffen nicht nur die Unterschiede an Besitz, Einkommen und wirtschaftlicher Sicherheit, sondern auch Unterschiede im Zugang zu geschätzten Umständen, Praktiken und Lebensformen – ›Gütern‹ in einem umfassenden Sinn und im Licht der Anerkennung und Wertschätzung dieser Güter und ihrer Inhaber.«[54] Dies wiederum bedeutet, daß wir den Einfluß des therapeutischen Habitus auf die soziale Schichtung nicht kritisch untersuchen können, wenn wir uns dabei auf ein Gesellschaftsmodell stützen, das auf ökonomischen Gütern im engen Sinn basiert. Intimbeziehungen sind für unsere Darstellungen des Zusammenhangs von Kultur und gerechten sozialen Verhältnissen nicht weniger wichtig. Dies impliziert im übrigen auch, daß meine Kritik der sozialen Gebrauchsformen von Therapie dem Selbstverständnis der Akteure, die die Therapie als kulturelle Ressource zur Verbesserung ihres Lebens nutzen, *nicht widerspricht*. Das heißt, es ist mir möglich, Licht auf neue Arten von Gütern und Hierarchien zu werfen, nicht indem ich die Bedeutungen und Ziele ignoriere, die die Akteure mit ihrem Gebrauch der Therapie verbinden (wie das traditionelle Konzepte à la »Ideologie« oder »Überwachung« tun), sondern indem ich gerade diese Ziele und Bedeutungen zum Ausgangspunkt meiner Kritik mache.

Mein Vorschlag lautet daher: Wenn wir Intimität als *eine bedeutungsvolle Sphäre eigenen Rechts* verstehen, dann scheint das therapeutische Ethos eine kulturelle Ressource

53 Susan Moller-Okin, *Justice, Gender and the Family*, New York 1989.
54 Andrew Sayer, *The Moral Significance of Class*, New York 2005, S. 95.

zu sein, die den Akteuren dazu verhilft, Formen des Wohlbefindens zu erlangen, *wie sie sich als sozial und historisch
konstruierte darstellen.* Anders gesagt: Wenn wir Intimität
als eine besondere Art von Gut verstehen, dann können wir
nach den kulturellen und symbolischen Formen fragen, die
den Zugang zu solchen Sphären des Wohlbefindens ermöglichen.

Diese These widerspricht dem vorherrschenden Paradigma der Herrschaftssoziologie, das typischerweise Formen
von Kapital in konkurrenzgeprägten sozialen Arenen vor
Augen hat und davor zurückschreckt, Familie und Intimität als Güter aus eigenem Recht zu behandeln. Bourdieus
Theorie der gesellschaftlichen Reproduktion etwa betrachtet die Familie als eine der Gesellschaftsstruktur letztlich
nachgeordnete Institution.[55] In dieser Theorie figuriert die
Familie als jene Institution, in der die frühen und unsichtbaren Gesinnungen anerzogen werden, die später in praktische Entscheidungen auf den konkurrenzgeprägten Feldern
der sozialen Kämpfe übersetzt werden. Wie Michael Walzer
jedoch überzeugend argumentiert hat, muß eine Theorie der
Gerechtigkeit den Wert einer jeden Lebenssphäre erklären
(und respektieren).[56] Michael Rustin geht von derselben
Prämisse aus, wenn er vorschlägt, das »Wohlbefinden« in
die Kategorie der sozialen Rechte aufzunehmen. Rustin zufolge wächst mit der zunehmenden Komplexität und Man-
nigfaltigkeit menschlicher Werte auch das Bedürfnis nach
persönlicher Entwicklung. Es wird zu »einem der Ziele, die
die Menschen durch Verwandtschafts- und Freundschafts-
beziehungen, durch Bildung, durch Arbeit und Kultur zu
erreichen versuchen«.[57] Rustin regt an, auch die Psychoana-

55 Bourdieu, *Die feinen Unterschiede.*
56 Michael Walzer, *Sphären der Gerechtigkeit. Ein Plädoyer für Pluralität und Gleichheit*, Frankfurt/M. u. New York 1992.
57 Michael Rustin, *The Good Society and the Inner World. Psychoanalysis, Politics and Culture*, New York 1991.

lyse als eine »Sphäre der Gerechtigkeit« mit ihren eigenen Wertkriterien zu begreifen, wobei diese Wertkriterien dabei helfen, das jeweilige individuelle Verständnis des guten Lebens zu verwirklichen. Auch könne und solle die seelische Entwicklung der Menschen ein Anliegen für öffentliche Institutionen sein. Damit können wir Intimität nicht nur als eine Sphäre untersuchen, die der größeren sozioökonomischen Struktur untergeordnet ist, sondern auch als eine bedeutungsvolle Sphäre des Wohlbefindens aus eigenem Recht. Dann würde die Frage, ob Intimität »gerecht« verteilt ist, Sinn ergeben.

Wenn wir Familie und Intimität als autonome Sphären der Bedeutung und des Handelns untersuchen, können wir sie als Institutionen analysieren, deren Zweck es ist, *moralische Güter* zur Verfügung zu stellen, bei denen es um den konkreten Inhalt von Selbstsein und Wohlbefinden geht.[58] Wenn wir also Bourdieus Modell auf den Kopf stellen und danach fragen, wie der professionelle Habitus eines Menschen ihm dazu verhilft, bestimmte Formen von Eudämonie (Glück und Wohlbefinden) zu erreichen, dann können wir auch danach fragen, auf welchen Wegen Intimität – wie andere Arten von Gütern – gesellschaftlich verteilt und zugeteilt wird. Darauf will meines Erachtens Anthony Giddens hinaus, wenn er sagt, daß die »Lebenspolitik« (die Aspekte wie Selbstverwirklichung, Intimität und ganz allgemein das gute Leben umfaßt) ältere soziale Teilungen neu ordnet: »Die Klassenunterteilung und andere fundamentale Grenzverläufe der Ungleichheit, etwa im Zusammenhang mit dem Geschlecht oder der ethnischen Zugehörigkeit, können zum Teil in Begriffen des unterschiedlichen Zugangs zu Möglichkeiten der Selbstverwirklichung und Ermächtigung *definiert* werden. [...] Wir sollten nicht vergessen, daß die Moderne *Unterschiede, Exklusion* und *Marginalisierung* produu-

58 Einen in mancher Hinsicht ähnlichen Ansatz verfolgt Sayer, *Moral Significance of Class.*

ziert.«[59] Wenn Giddens recht hat, dann müssen wir die Mechanismen der Inklusion in und der Exklusion aus solchen
Sphären wie Wohlbefinden und Intimität erforschen. Wie
wird der Ausschluß von solchen (moralischen) Gütern wie
Wohlbefinden und Intimität bewerkstelligt? Wie ich im folgenden zeigen möchte, spielt die Sprache der Therapie als
Bindeglied zwischen der Schichtungsstruktur und den neu-
en Männlichkeiten eine wichtige Rolle dabei, solche Aus-
schlußmechanismen zu befördern und zu verstärken.

Das folgende Beispiel mag verdeutlichen, was ich damit
meine. Natasha ist eine 32jährige Lektorin, die ihren Dok-
tor in englischer Literatur an einer der führenden amerikanischen Universitäten gemacht hat. Sie ist seit vier Jahren
mit einem Philosophiedozenten verheiratet. Seit elf Jahren
ist sie mit Unterbrechungen in Therapie.

INTERVIEWERIN: Haben Sie negative Gefühle?
[Schweigen]
INTERVIEWERIN: Sie müssen nicht antworten, wenn Sie nicht wollen.
NATASHA: Na ja, ich bin nicht sicher, ob ich es sagen sollte.
INTERVIEWERIN: Es liegt ganz bei Ihnen.
NATASHA: Also ... ich bin eifersüchtig. Ich bin sehr eifersüchtig. Und ich
weiß auch, woher das kommt. Es kommt im wesentlichen daher, daß
mein Vater meine Mutter wegen einer anderen Frau verlassen hat und
daß ich mit einer Mutter aufgewachsen bin, die mir immer und immer
wieder gesagt hat, niemals einem Mann zu trauen.
INTERVIEWERIN: Beeinflußt das Ihre Beziehung zu Ihrem Mann in irgend-
einer Form?
NATASHA: Ja, oh ja, ich kann sehr eifersüchtig sein, sehr besitzergrei-
fend, und fühle mich durch andere Frauen wirklich bedroht. Letztens
zum Beispiel haben wir mit Freunden zusammen zu Abend gegessen,
und eine meiner Freundinnen fragte Larry [Natashas Mann], ob er
schon einmal in Indien war. Und er sagte ja, wollte aber nicht darüber
sprechen, weil er mit einer Freundin da gewesen war, und er wußte,
daß es mich aufbringen würde, wenn er davon erzählt. Er wollte also

---

59 Anthony Giddens, *Modernity and Self-Identity. Self and Society in the
Late Modern Age*, Cambridge 1991, S. 6.

nicht darüber sprechen, aber sie fragte immer weiter, bis ich ihr sagte: »Hörst du nicht, er will nicht darüber sprechen. Er war mit einer Freundin da, und das bringt mich auf.« Larry und ich hatten schon einige schwierige Momente wegen dieses Themas ...

INTERVIEWERIN: Haben Sie diesbezüglich irgend etwas unternommen?

NATASHA: Ja ... Geredet halt, wir haben wirklich lange darüber gesprochen. Wir kennen uns beide selbst eigentlich ziemlich gut; wir interessieren uns beide sehr für Psychoanalyse und Therapie; also haben wir darüber gesprochen und wieder darüber gesprochen und es analysiert. Also es ging nur darum, darüber zu sprechen, es zu verstehen, und daß er mir immer wieder sagt, daß er mich liebt und daß er mich nicht wegen einer anderen Frau verlassen wird. Und ich glaube, die Tatsache, daß wir über unsere Gefühle sprechen und sie wirklich verstehen konnten, hat uns geholfen, darüber hinwegzukommen.

Dieses hochgebildete Paar beweist »emotionale Kompetenz« (Psychologen würden sagen: emotionale Intelligenz), nämlich die Fähigkeit, sich selbst zu erkennen, die eigenen Gefühle zu identifizieren, sie zu benennen, über sie zu sprechen, sich in die Lage des anderen hineinzuversetzen und Lösungen für ein Problem zu finden. Es ist kein Zufall, daß dieser Mann und diese Frau derartige emotionale und sprachliche Praktiken an den Tag legen: Sie beide haben in Fächern promoviert, in denen Sprache eine entscheidende Rolle für die berufliche Leistung spielt und Selbsterkenntnis in symbolisches Kapital verwandelt werden kann. Ihre Fertigkeiten sind eng mit ihrem kulturellen Kapital verflochten. Sie halten Doktortitel in Fächern, in denen es auch auf die Selbstdarstellung ankommt und in denen die Kultivierung von Selbst und Authentizität belohnt wird. Die therapeutische Sprache und die emotionale Intelligenz dieses Paars sind »echte« kulturelle Ressourcen – nicht weil sie den »wahren« Charakter ihres emotionalen Problems verstehen, sondern weil sie einen beiden gemeinsamen kulturellen Habitus zum Einsatz bringen können, in dem die Sprache als Werkzeug zur Problemlösung und zum Ausdruck des verborgenen Selbst gilt. Sie können von diesem Werkzeug

Gebrauch machen, um problematische Gefühle zu verstehen und die Gefühle »arbeiten zu lassen«, indem sie sich auf
eine Erzählung der verbalen Intimität und Selbsthilfe einlassen, die sie beide teilen können und von der sie profitieren,
um ihre Intimität zu vertiefen. Beide nutzen eindeutig ein
und denselben Habitus, den sie vom Arbeitsplatz auf die
Sphäre der Intimität (und wieder zurück) übertragen. Am
auffälligsten ist vielleicht, daß dieser Habitus, wie wir bereits in früheren Kapiteln gesehen haben, die Geschlechteridentitäten entstrukturiert. Wie aus dem Zitat hervorgeht,
verfügen diese Frau und ihr Mann über eine vergleichbare
emotionale Kompetenz; sie haben gemeinsame emotionale
Modelle; der Mann ist im gleichen Maße wie seine Frau dazu in der Lage, einfühlsam und fürsorglich zu sein, reflexiv
über seine eigenen und ihre Gefühle nachzudenken und sie
in einem größeren rationalen Rahmen zu verarbeiten.

So mag die emotionale Intelligenz reale positive Auswirkungen haben (wie ja auch der IQ); dies aber nicht aufgrund ihrer inhärenten positiven Qualitäten, sondern weil
sie eine Form von emotionaler Kompetenz darstellt, die
hervorragend an die Bedingungen von Intimbeziehungen in
der Spätmoderne angepaßt ist. (In dieser Hinsicht ist sie im
Unterschied zu Bourdieus kultureller Kompetenz nicht ganz
willkürlich.) Als die Frauen auf den Arbeitsmarkt drängten
und die Ehe immer stärker von Gleichheitsnormen geprägt
wurde, führte das zu einer zunehmenden Individualisierung
der Ehe: Sie wurde zum Treffpunkt zweier unterschiedlicher
Biographien. Infolgedessen stieg der Bedarf an funktionaler
Kooperation und Kommunikation zwischen den Partnern.
Zudem verschärft das therapeutische Ideal das Gebot, alle
Bedürfnisse und Gefühle mitzuteilen – mit dem Ergebnis,
daß eine Koordination sowohl auf der Ebene der Alltags-
bewältigung als auch auf der Ebene der emotionalen und
verbalen Offenbarungen stattfinden muß. Männer mit therapeutischem Habitus – Neue Männer – finden sich unter

diesen veränderten Bedingungen eher zurecht. Diese neuen Bedingungen und die Allgegenwärtigkeit der psychologischen Kultur erklären vielleicht, warum eine 2001 in den Vereinigten Staaten durchgeführte Umfrage zu dem Ergebnis kam, daß 80 Prozent aller Frauen zwischen 20 und 30 der Meinung waren, »es sei wichtiger, einen Mann zu haben, der über seine Gefühle reden kann, als einen, der für einen guten Lebensunterhalt sorgt«.[60]

Ich möchte dies noch etwas weiter veranschaulichen. Sherwood, ein 27jähriger Personalchef, erklärt den Charakter seiner Arbeit wie folgt:

SHERWOOD: In meiner Arbeit ist Kommunikation entscheidend.
INTERVIEWERIN: Warum entscheidend?
SHERWOOD: Wir arbeiten unter Annahmen, die wir über Menschen machen, und müssen fähig sein, zu kommunizieren. Wir wissen genauer, was andere Leute denken, also, um Ihnen ein Beispiel zu geben, ähm, wenn ich eine Entscheidung für meine Verlobte treffe, sagen wir, dann projiziere ich auf sie, was ich für ihre Überzeugungen halte – ausgehend von dem, was ich aus der Vergangenheit weiß. Eine Menge falscher Entscheidungen kommen ja dadurch zustande, daß man einfach nicht versteht, was andere Leute denken, und nicht weiß, wie sie zu einer Sache stehen.

Mühelos überträgt Sherwood hier das therapeutische Ethos der »Kommunikation« vom Arbeitsplatz auf die Beziehung zu seiner Verlobten und umgekehrt. Dies besagt, daß es sich bei der therapeutischen Sprache und dem therapeutischen Modell der Kommunikation um einen Habitus handelt, der Fühlen, Denken und Handeln sowohl im privaten Bereich als auch in der Öffentlichkeit steuert und der von einer Sphäre auf die andere übertragbar ist. Wie es ein Selbsthilferatgeber ausdrückt: »Erst in jüngster Zeit haben Organisationen begonnen, Mitarbeiter zu schätzen, die erfolgreich mit Menschen umgehen können. Der beste Ort,

60 Stephanie Coontz, *In schlechten wie in guten Tagen. Die Ehe – eine Liebesgeschichte*, Bergisch Gladbach 2006, S. 422.

diese Fähigkeit zu lernen, ist Ihre Intimbeziehung.«[61] Auf die gleiche Weise können Fertigkeiten, die in der Arbeitswelt nützlich sind, den Intimbeziehungen zuträglich sein: »Weil Gesprächskontrolle [d.h. Kommunikation] bei allem, was wir tun, entscheidend ist, werden wir ihre Vorzüge nicht nur im Arbeitsleben, sondern auch zu Hause bei unserer Familie und bei unseren Freunden in sozialen Beziehungen erleben.«[62] Deutlich können wir hier sehen, wie die personenzentrierte Ökonomie des konnexionistischen Kapitalismus, welche ein ständiges Aushandeln und Konsensfinden durch Kommunikation erfordert, die in romantischen und häuslichen Bindungen eingesetzte emotionale Kompetenz prägt und durchdringt.

Um ein weiteres Beispiel anzuführen: Nachdem mir ein Proband, Christian, ein 34jähriger international tätiger Investmentbanker, erzählte, daß er »viel mit [seiner] Frau spricht«, fragte ich ihn, worüber sie normalerweise sprächen. Seine Antwort ist höchst aufschlußreich:

CHRISTIAN: Sie erwähnt etwas, »jemand hat heute auf der Arbeit das und das gesagt« oder »das ist heute im Büro passiert, was meinst du dazu?« Und dieses Gespräch ist nützlich, weil man eine zusätzliche Perspektive von jemand hat, der nicht – Sie wissen schon, vielleicht will sie keinen Kollegen fragen, was oder wie man diesen Kommentar verstehen soll, weil es ein Kollege ist und damit nicht so vertrauenswürdig. Wo sie ja mich fragen kann und umgekehrt.
INTERVIEWERIN: Und Sie helfen sich gegenseitig dabei, aus den Dingen schlau zu werden?
CHRISTIAN: Ja. Ständig.

Die häusliche Kommunikation erfüllt hier einige wichtige Funktionen: Sie hilft der Frau dieses Mannes, einen besseren Job zu machen, weil, wie er betont, solche Gespräche inso-

---

61 Judith A. Sellner u. James G. Sellner, *Loving for Life. Your Self-Help Guide to a Successful, Intimate Relationship*, Vancouver, BC 1991, S.14.
62 Charles J. Margerison, *Conversation Control Skills for Managers*, London 1987, S.7.

fern »nützlich« sind, als sie einem dabei helfen, die eigenen Schritte zu planen. Auch können sie die eigene Arbeitsleistung verbessern helfen, weil sie diesbezügliche Ängste und Unsicherheiten abbauen. Am interessantesten ist aber vielleicht, daß diese Art von Gespräch ein Gefühl der Kontinuität zwischen dem Zuhause und dem Arbeitsplatz herstellt. Mit dem eigenen Partner über seine Zweifel zu sprechen; gemeinsam zu überlegen, welche Weichenstellungen man vornehmen soll, um befördert zu werden; die Stichworte eines kryptisch agierenden Managers mit dem eigenen Partner zu entziffern – all dies kann einem dazu verhelfen, sich nicht nur am Arbeitsplatz strategischer zu verhalten, sondern auch im Rahmen einer häuslichen Beziehung intimer und vertrauensvoller zu sein. Die Praxis der »Kommunikation« ist hier eindeutig sowohl expressiv als auch instrumentell, sowohl affektiv als auch rational.

So hat das therapeutische Ethos dazu beigetragen, die kulturellen Grenzen zwischen den Sphären der Arbeit und der Intimität zu verwischen: Aus der für Intimität entscheidenden dialogischen und emotionalen Geschicklichkeit macht es eine Geschicklichkeit, von der sich am Arbeitsplatz profitieren läßt; umgekehrt macht es aus dem Geschick im Umgang mit zwischenmenschlichen Beziehungen, das gewöhnlich von Mitarbeitern amerikanischer Unternehmen an den Tag gelegt wird, ein Geschick, das auch im Umgang mit dem jeweiligen Partner hilft. Die häusliche Sphäre der Mittelschicht und der Arbeitsplatz sind mitnichten Gegensätze, sondern durch die Kultivierung eines gemeinsamen reflexiven und kommunikativen Selbst eng miteinander verbunden; und dieses Selbst wiederum neigt dazu, die Unterscheidung von Geschlechterrollen und Identitäten zu verwischen.[63]

---

63 Dies soll nicht heißen, daß es nicht zahlreiche wichtige Unterschiede zwischen dem im Unternehmen agierenden Selbst und dem häuslichen Selbst gibt. Vor allem ein Umstand ist hier von Bedeutung: Das unterneh-

Um dies zu illustrieren, möchte ich Sharon zitieren, eine 28jährige alleinstehende Highschool-Lehrerin mit einem Diplom in Literatur:

INTERVIEWERIN: Wenn Sie wüßten, daß ein Mann eine Therapie macht, würde ihn das attraktiver oder unattraktiver machen?
SHARON: Attraktiver! Definitiv attraktiver!
INTERVIEWERIN: Können Sie sagen, warum?
SHARON: Weil das bedeutet, daß er Zugang zu seiner weiblichen Seite hat. Es bedeutet, daß er gesprächig, gefühlvoll, verständnisvoll sein wird.

Das reflexive und kommunikative Selbst, das die Psychologen zum Vorschein gebracht, kodifiziert und aufgewertet haben, hat männliche und weibliche Identitäten in einem gemeinsamen, konvergierenden androgynen Modell des Selbst verbunden, welches abwechselnd zu Hause und am Arbeitsplatz zum Einsatz kommt.

Das letzte Beispiel ist das eines 33jährigen Managers, Paul, der als Marketingleiter arbeitet:

INTERVIEWERIN: Gibt es Dinge, die Sie wütend machen?
PAUL: Nun, das ist ein weiteres Teil von dem ganzen Puzzle. Ich hatte auch ein paar Probleme mit einer Depression, das letzte ernsthafte Problem war, als ich um die zwanzig war und, ähm, einfach … lähmende Anfälle von düsterer Stimmung und unfähig, etwas zu tun, und dann frustriert darüber, daß man unfähig ist, etwas zu tun. […]
INTERVIEWERIN: [später im Interview] Wie haben Sie diese Depression überwunden?
PAUL: Ich habe angefangen, mich schlecht zu fühlen. Ich habe angefangen, depressiv zu sein, und, hm … ich habe angefangen, viel zu schlafen. Ich habe nur noch geschlafen. Ich hatte permanent Angst.

merische Selbst trägt viel mehr Masken als sein häusliches Gegenstück. Doch ist die Tatsache, daß das Selbst im Unternehmen bewußt maskiert wird, die kulturelle Entsprechung zum Ideal der Selbstenthüllung in der Privatsphäre, gehören doch »Selbstoffenbarung« und »Verstellung« zum selben binären Kode des Selbst, der in Begriffen der »Authentizität« formuliert ist. Darüber hinaus muß dieses Selbst, ob maskiert oder enthüllt, auf die gleiche Weise mit der Frage zurechtkommen, wie es mit einem anderen zusammenleben will.

Ich konnte nichts mehr für die Schule machen. Ich habe gegenüber den meisten meiner Freunde abgeschaltet. Und, hm ... an einem Abend war auf einmal alles vorbei, ich konnte, ich hatte einen regelrechten Ausbruch, ähm, eine richtige Aussprache mit meiner Familie, wo ich ihnen alles erzählte, was sich abgespielt hatte.

INTERVIEWERIN: Sie wußten nichts davon?

PAUL: Na ja, sie hatten schon gewußt, daß etwas los war, aber ich hatte nie wirklich mit ihnen darüber gesprochen. Also habe ich es mit ihnen durchgesprochen, und es war toll, zuzugeben, daß etwas los war, und ich nahm dann ein paar kleine Veränderungen an meiner schulischen Orientierung vor.

INTERVIEWERIN: Mit Ihrer Familie zu sprechen hatte diesen Effekt.

PAUL: Nun ja, es war eine Gelegenheit, auszusprechen, was bei mir los war, etwas, das ich bis zu diesem Zeitpunkt nicht wirklich getan hatte. Und indem ich es ausspreche [, beginne ich] es auch so langsam zu verstehen. Auch bestand das Wesen der Depression darin, daß ich das Gefühl hatte, etwas würde grundsätzlich mit mir nicht stimmen, und daß jeder mich deshalb als eine Art Paria ansieht. Also in der Lage zu sein, das alles mit meiner Familie durchzusprechen, und sie tun nichts, als im Gegenzug ihre Liebe und ihre Unterstützung zum Ausdruck zu bringen, war ein wichtiger Weg für mich, um zu verstehen, daß, okay, daß das etwas ist, mit dem ich klarkommen muß, daß es aber nicht wirklich etwas mit mir zu tun hat.

INTERVIEWERIN: Wissen Sie noch, wo dieses Gespräch stattfand?

PAUL: Ich erinnere mich, daß ich mit meinem Vater und meiner Schwester in der Küche saß, und sie, genau erinnere ich mich nicht, ich habe bloß im Gedächtnis, daß sie ihre Liebe für mich zum Ausdruck brachten und daß sie sehr warmherzig waren. [...] Wenn ich mit jemandem spreche, dem ich traue und von dem ich fühle, daß er mich versteht, wenn ich über etwas rede, das mich aufregt, dann kann ich das aussprechen. [unverständlich] ... so viel wichtiger, als zu hören, was sie darauf zu sagen haben, indem ich halt so mit jemandem rede und beschreibe, was ich empfinde, ich glaube, das ist das Entscheidende, weil einen dann dieses Verständnis in die Richtung bringt: »Tja, was kann ich als nächstes tun, um damit klarzukommen.« Denn typischerweise sagen die Leute, denen ich vertraue und die ich liebe: »Ich verstehe und das geht schon klar, und ich liebe dich, und mit dir ist alles in Ordnung.«

INTERVIEWERIN: Verstehe ich Sie richtig, daß das, was einen Einfluß auf
Sie hatte, das Gefühl war, geliebt und verstanden zu werden?

PAUL: Okay, also, hm, ich denke gerade an ein paar Beispiele aus jün-
gerer Zeit, wenn ich mit meiner Freundin zusammen bin ... es hat
da Zeiten gegeben, wo es nicht so gut funktioniert hat zwischen uns,
wenn sie verärgert über mich war oder wenn wir einfach nicht kommuniziert haben und ich dann normalerweise mit – ich habe einen
Freund in San Francisco, oder ich spreche mit meiner Mutter oder
meiner Schwester, und wissen Sie, wenn ich beschreibe, was mich an
unserer Beziehung stört, aber ich tue das in gewisser Weise, indem ich
es durchspreche, also das erste Verständnis der Angelegenheit kommt
dadurch, daß ich es einem von ihnen erzähle, so daß ich es irgendwie
für mich selbst verstehen kann. Ob ich nun recht habe, wissen Sie, ich
kann dem Ganzen etwas Struktur geben, und typischerweise ist die
Reaktion: Wissen Sie, ich liebe dich, etwas in der Art. Meine Freundin
Lisa sagt das vielleicht nicht zu mir, aber sie bringt es zum Ausdruck.
Und einfach dadurch, zu wissen, daß es da draußen Menschen gibt, die
eine Stütze sind, dadurch fühle ich mich gestärkt.

Obwohl er aus einer Familie der gehobenen Mittelschicht
kommt, hätte seine Depression diesen Befragten sehr wohl
aus der Schullaufbahn werfen und eine Abwärtsspirale in
Gang setzen können. Seine Angehörigen bewiesen die Fähigkeit, auf seine Probleme zu reagieren, indem sie ihm Unterstützung und Gesprächsbereitschaft signalisierten. Ob
er den »wahren« und »tatsächlichen« Charakter und die
Ursache seiner Leiden verstand, ist unerheblich. Wichtig
ist, daß er in der Lage war, seine Schwierigkeiten zu überwinden, nicht weil er etwas an seiner objektiven Umgebung
geändert oder weil er die wahre und tatsächliche Ursache
seiner Depression entdeckt hätte, sondern weil er sogleich
ein Modell des therapeutischen Selbst parat hatte. In diesem
Modell mißt das Selbst der Fähigkeit, sich auf dem Wege
der Kommunikation selbst zu verstehen und anderen problematische Gefühle mitzuteilen, großen Wert bei. Noch
ausschlaggebender dürfte gewesen sein, daß sein soziales
Umfeld über den gleichen Habitus verfügte wie er. Mit Hil-

fe eines (schichtspezifischen) emotionalen und sprachlichen therapeutischen Habitus vermochten dieser Mann und seine Familie eine sozial stützende Situation zu schaffen, womit sie ein gutes Beispiel für Freuds Argument im Zusammenhang mit der Tochter des Hausbesorgers bieten: Emotionale Strategien können über Abwärts- oder Aufwärtsmobilität entscheiden. In unserem Fall spielt freilich die therapeutische Perspektive eine Schlüsselrolle bei der Ausbildung solcher emotionalen Strategien.

Ich möchte einen weiteren wichtigen Punkt anbringen. Wie meine Interviews nahelegen, haben Männer aus der mittleren und oberen Mittelschicht mit ihrer Verwendung therapeutischer Versatzstücke Zugang zu einer neuen Form von Männlichkeit, die besser mit »weiblichen« Modellen des Selbst zu vereinbaren ist. Diese neue Form von Männlichkeit gewinnt zunehmend die Oberhand, da sie vom herrschenden therapeutischen Ethos als die einzig gesunde betrachtet wird. Wie Frank Furedi schreibt, wird die hegemoniale – schweigende, starke, selbstsichere, emotionslose – Männlichkeit heute pathologisiert, während die weibliche Männlichkeit in den Kreisen der Experten für geistige Gesundheit deutlich bevorzugt (das heißt für gesünder gehalten) wird: »In der emotional korrekten Hierarchie tugendhaften Verhaltens stehen feminine Frauen an der Spitze. Feminine Männer kommen noch vor maskulinen Frauen auf dem zweiten Platz. An letzter Stelle stehen natürlich die maskulinen Macho-Männer. Diese Hierarchie prägt die Haltung vieler Gesundheitsexperten.«[64] Meine These ist, daß sich in dieser therapeutischen Hierarchie auch eine gesellschaftliche Hierarchie der Arten von Männlichkeiten widerspiegelt, denn Nicht-Macho-Männer kommen mit erheblich höherer Wahrscheinlichkeit in den Genuß einer höheren Schulbildung und an Arbeitsplätze, an denen sie Einfluß auf die

64 Frank Furedi, *Therapy Culture. Cultivating Vulnerability in an Uncertain Age*, New York 2004, S. 35.

Produktion von Wissen und kulturellen Symbolen haben. Wie Maureen Dowd, die *New York Times*-Kolumnistin mit dem scharfen Blick für die Unterschiede zwischen Männern und Frauen, formuliert: »Um heute zu gewinnen, müssen sich Männer feminisieren.«[65] Dies wird deutlicher, wenn wir die bereits erörterten Interviews mit dem folgenden vergleichen. George, ein 56jähriger afroamerikanischer Mann aus der Arbeiterschicht, ist im Großraum Chicago als Pförtner tätig:

GEORGE: Vor ein paar Jahren war ich verheiratet und hatte einen Stief-sohn, der wußte wirklich, daß er ein Einzelkind war, und seine Mutter war eine ganz andere Sorte im Vergleich damit, wie meine Mutter – im Vergleich damit, wie meine erste Frau die Kinder aufgezogen hat. Ich meine, sie ließ ihn eine Menge machen, was ich nicht billige, wie – die ganze Nacht lang zu telefonieren, und nach acht Jahren mit ihr scherte ich mich den Teufel um das Telefon, wissen Sie, denn das Telefon klin-gelte ja die ganze Nacht. Nicht mein Ding.

INTERVIEWERIN: Hat Ihnen das Telefon keine Ruhe gelassen?

GEORGE: Ja, o ja.

INTERVIEWERIN: Haben Sie ihm das gesagt?

GEORGE: O ja. O ja. Ihm und seiner Mutter.

INTERVIEWERIN: Was haben Sie ihr gesagt?

GEORGE: Ach, ich weiß nicht. Na ja, ich habe eine ... ich habe eine ... eine ... ich kann manchmal ganz schön garstig werden. Ich hab's ihr mehr als einmal gesagt. Also in den acht Jahren, die wir zusammen wa-ren, haben wir immer Probleme mit dem Telefon gehabt, das die ganze Nacht geklingelt hat, und als er älter wurde, denn er war 15 Jahre alt, als ich ihn kennenlernte, wir haben uns vor zwei Jahren getrennt – da war er ein erwachsener Mann.

INTERVIEWERIN: Haben Sie sich von Ihrer Frau getrennt?

GEORGE: Sagen wir, wir haben uns getrennt. Ich – ich – ich bin der-jenige, der ... also – in diesem Zusammenhang – das war einer der Hauptgründe, warum wir uns getrennt haben. Und sie war natürlich jemand, die dachte, er könnte gar nichts Falsches machen, und, äh, also deswegen kam er mit einer Menge Sachen durch, weil er ein Ein-

65   Maureen Dowd, *Are Men Necessary? When Sexes Collide*, New York 2005, S. 76.

zelkind war. Ich meine, es ist nicht ungefährlich mit den Kids, wenn du da draußen Frauen kennenlernst, die Kinder im Teenageralter haben, und sie werfen sie ins Gefängnis. Sie wissen, wovon ich rede? Ich meine, ich habe mehrere Kumpel, die Beziehungen mit Frauen haben, die Teenagerkids haben, und es paßt nicht zusammen.

INTERVIEWERIN: Ist Ihre Ehe daran zerbrochen?

GEORGE: Also, also, also, also, es war nicht alles seine Schuld. Das war ein Teil des Problems.

INTERVIEWERIN: Haben Sie sich gestritten?

GEORGE: O ja. Na klar, ich hab ihn angebrüllt. Ich hab sie angebrüllt. Es gibt ein gewisses Maß, das man verkraften kann, aber, aber außerdem, wie ich sagte, ich kann schon laut werden, aber am Ende habe ich das alles aus meinem System verbannt, und ich mache mit meiner Arbeit weiter. Ich hege keinen Groll gegen irgend jemand, verstehen Sie? Ich hasse es, ins Bett zu gehen – ich hasse es, morgens aufzuwachen – ich hasse es, morgens aufzuwachen und böse auf meine Frau zu sein. Ich kläre lieber alles, bevor es ins Bett geht, verstehen Sie? Wir können uns den ganzen Tag lang fetzen, aber einen Groll hegen und wütend aufeinander sein, das ist etwas, was ich zu vermeiden suche. Es hat auch was, es wiedergutzumachen, wissen Sie, nachdem du deinen Streit gehabt hast, weißt du, wie du es wiedergutmachst.

INTERVIEWERIN: Wie machen Sie es wieder gut?

GEORGE: Äh, auf verschiedene Weisen. Na ja, es ist immer nett, wenn du einen guten Sexpartner hast. Das ist immer nett. Nach einem Streit macht es mir am meisten Spaß ...

[später im Interview] Und die zweite [Frau], sie verließ mich – nicht ich hab sie verlassen. Ich habe erwähnt, daß ich sie verlassen habe, aber ich habe sie nicht verlassen. Sie hat mich verlassen. Ich komme eines Morgens von der Arbeit nach Hause um zwei Uhr morgens, und sie hatte eine Menge Zeug mitgenommen, das sie nicht hätte mitnehmen dürfen, und hat mir kein Wort davon gesagt. Sehen Sie, dann hätte ich ihr nämlich gesagt –

INTERVIEWERIN: Und Sie hat Ihnen vorher nichts gesagt, was darauf hindeutete, daß sie gehen könnte?

GEORGE: Nein. Nein.

INTERVIEWERIN: Wie erklären Sie sich, daß sie gegangen ist?

GEORGE: Sie ist gegangen. Und sie hat mir kein Wort darüber gesagt. Das ist alles, was ich denken kann. [später im Interview] Nachdem sie weg war – nach dem ersten Schock, und es war nicht einmal so sehr

der Schock über ihr Weggehen, es – es war der Schock darüber, was sie
getan hatte, wissen Sie. Das war das, was mich mehr als alles andere
umgehauen hat.

INTERVIEWERIN: Was hatte sie denn getan?

GEORGE: Nun, äh, äh, wissen Sie, äh, ich meine die Art und Weise,
daß sie sich nicht hingesetzt und mit mir geredet hat. Sie hätte es mir
sagen können, ich hätte mich viel besser gefühlt, wenn sie mir gesagt
hätte – wenn sie sagt: »George, äh, äh, ich bin mit der Situation nicht
zufrieden und ich werde ausziehen.« Ich hätte es toll gefunden, wenn
sie freimütig gewesen wäre und es mir gesagt hätte. Weil das ist, wie
ich – ich hab ihr bei mehreren Gelegenheiten gesagt, daß ich nicht
zufrieden war, und, äh, wissen Sie – [Schweigen]

INTERVIEWERIN: Und wie hat Sie's Ihnen gesagt?

GEORGE: Ich weiß nicht. Ich weiß nicht. [Schweigen]

INTERVIEWERIN: Und was ist das Schwierige daran, wenn sie auszieht,
ohne es Ihnen zu sagen?

GEORGE: Es gibt mir das Gefühl, daß ich nur sehr wenigen Frauen
trauen kann oder bei diesem Prozentsatz überhaupt jemandem trauen
kann, weil wenn man einmal jede Nacht mit jemandem schläft, und
dann kommt man plötzlich eines Tages nach Hause, das ist ein schreck-
liches Gefühl. Es ist wie, »ich lasse dich in mein Haus eindringen, und
dann verwüstest du meine 60 Jahre auf Erden.« So, wie sie weg ist
– ich komme von der Arbeit nach Hause, und jemand ist eingebrochen
und hat eine Menge Sachen mitgenommen. Das ist etwas, wofür ich
hart gearbeitet habe, verstehen Sie? Das ist ein verheerendes Gefühl.
Wissen Sie. Als ich die Kränze im Krankenhaus abgeholt habe und sie
mir sagten, daß meine [erste] Frau bei einem Autounfall gestorben war
– das waren die größten Schocks, die ich je erlebt habe.

Die Schilderungen dieses Mannes veranschaulichen auf dramatische Weise das zerstörerische Potential von Ehen in der
Arbeiterschicht. Dieses zerstörerische Potential ist nicht nur
in den objektiven Schwierigkeiten begründet, denen sich die
Arbeiterschicht unentwegt ausgesetzt sieht, sondern auch
darin, daß die Männer und Frauen aus dieser Schicht nicht
über eine eindeutige gemeinsame Sprache verfügen, in der
sie ihr privates Selbst gestalten und ein gemeinsames Projekt für zwei verschiedene Biographien formulieren könn-

ten. Wie wir sahen, erwähnte dieser Mann, daß er und seine Frau sich regelmäßig anschrieen und ihre Streitereien am Ende beilegten, indem sie Sex hatten – zwei Weisen zu handeln, die dem therapeutischen Evangelium der verbalen Kommunikation diametral entgegengesetzt sind. Es fehlte ihnen also eine gemeinsame kulturelle Ressource, auf die sie im Rahmen des alltäglichen Lebens hätten zurückgreifen können, um ihre Beziehung und ihre Konflikte zu bewältigen. Dieser Arbeiter blieb am Ende mit der Erfahrung eines Leidens zurück, das um so unerträglicher war, als es keinen Sinn hatte und bar jeglichen interpretativen Rahmens war, in dem er es sich hätte erklären könnte. Er hatte keine Erzählung parat, die diesem Ereignis eine Bedeutung hätte beilegen können, und er konnte sich auch nicht dazu bringen, auf ein psychologisches Ziel »hinzuarbeiten«, um diese Erfahrung zu verarbeiten, einzuordnen und zu überwinden.

Arbeiter, die ich oder die andere Wissenschaftler interviewt haben, klagen viel häufiger als Angehörige der Mittelschicht über das Schweigen ihrer Partner und darüber, wie schwer es ihnen fällt, miteinander zu sprechen und eine befriedigende Beziehung zu haben. Im Leben der Arbeiter fehlen die therapeutischen emotionalen und sprachlichen Fertigkeiten und der entsprechende Habitus, da sie in ihrer Arbeitswelt kaum vorkommen. Wie der britische Soziologe Paul Willis in seiner ethnographischen Studie über einfache Arbeiter, *Learning to Labour – How Working Class Kids Get Working Class Jobs*, ausführt, geht die harte manuelle Arbeit mit einem Ethos der Tapferkeit, der Stärke und des Mißtrauens in Sprache einher.[66] Geschick im Umgang mit zwischenmenschlichen Beziehungen, die Fähigkeit, auf Gefühle zu achten und mit anderen zu verhandeln, haben in der Arbeitswelt des Arbeiters wenig Bedeutung. Im Gegensatz zu den Männern aus der Mittelschicht, deren emotiona-

66 Paul E. Willis, *Spaß am Widerstand. Gegenkultur in der Arbeiterschule*, Frankfurt/M. 1979.

le Konstitution ihre Arbeitsleistung maßgeblich beeinflußt, entsprechen die Arbeiter mit größerer Wahrscheinlichkeit dem Modell hegemonialer Männlichkeit. Allgemeiner ausgedrückt, haben wir es hier mit dem Unterschied zwischen einem »schroffen« und »harten« Individualismus der Arbeiterschicht und einem »sanften« und »psychologischen« Individualismus der Mittelschicht zu tun.[67] Der Individualismus der Arbeiter und Arbeiterinnen ist geprägt von Erzählungen über den Kampf gegen Widrigkeiten; es ist ein ruppiger Individualismus, für den Mißtrauen, Härte und körperliche Kraft im Vordergrund stehen. Im Gegensatz dazu kann der Individualismus der mittleren und oberen Mittelschicht als »sanfter psychologisierter Individualismus« charakterisiert werden, bei dem ein Gefühl der Einzigartigkeit, Individualität und des Selbstvertrauens im Verbund mit den Emotionen, Bedürfnissen und Wünschen des psychologischen Selbst im Vordergrund steht. Diese Unterschiede sind meines Erachtens nichts anderes als Ungleichheiten in bezug auf die Chancen, Zugang zu gewöhnlichen Formen des Wohlbefindens zu erlangen. Mit den Worten des Soziologen Frank Furstenberg resümiert die Historikerin Stephanie Coontz: »Es ist, als wäre die Ehe ein Luxusartikel geworden, zugänglich nur jenen mit den Mitteln, es zu schaffen.«[68] Furstenberg und Coontz mögen an »materielle Mittel« gedacht haben, doch ist die Ehe eindeutig auch deshalb ein Luxusgut, weil es kultureller Mittel bedarf, um »es zu schaffen«.

---

67 Adrie Suzanne Kusserow, »De-homogenizing American Individualism. Socializing Hard and Soft Individualism in Manhattan and Queens«, in: *Ethos* 27 (1999), S. 210-234, zitiert nach Richard Harvey Brown, *Culture, Capitalism, and Democracy in the New America*, New Haven 2005, S. 169.
68 Coontz, *In schlechten wie in guten Tagen*, S. 427.

Schluß

Ich möchte diese Diskussion mit einem letzten Beispiel zusammenfassen. In einem Aufsatz, der zu erklären versucht, warum schwarze Männer und Frauen wesentlich seltener heiraten als ihre weißen Pendants, macht die Autorin – eine Soziologin, die sich vor allem mit der afroamerikanischen Familie beschäftigt – eine der möglichen Ursachen des Problems an der »coolen Pose des schwarzen Mannes« fest. Sie schreibt: »Dieser Ausdruck bezieht sich auf die Fähigkeit, sich selbst als gefühllos, furchtlos und distanziert zu geben. Ihre Funktion besteht sowohl darin, Stolz, Würde und Ansehen des schwarzen Mannes zu bewahren, als auch darin, Bitterkeit, Wut und Mißtrauen gegenüber der Mehrheitsgesellschaft zum Ausdruck zu bringen. Wenn dieses Verhalten auch darin seine Funktion haben mag, schwarze Männer vor der schmerzlichen Erfahrung zu schützen, in einer repressiven Gesellschaft zu leben, [...] kann es dysfunktional für Beziehungen nicht nur mit schwarzen Frauen, sondern auch mit anderen schwarzen und weißen Männern sein.«[69] Die »coole Pose« veranschaulicht den oben festgehaltenen Umstand, daß unsere emotionalen Reaktionen in den meisten Fällen indirekte Reaktionen auf Situationen sind, die widersprüchliche Anforderungen an uns stellen, wobei in diesem Fall der Widerspruch zwischen der Bewahrung der eigenen Würde und dem Bedürfnis, seine Wut zu zeigen, besteht. Sie illustriert darüber hinaus, daß etwas, was als Anpassung funktioniert, um sich vor einer ungerechten Gesellschaft zu schützen, eine Fehlanpassung sein kann, wenn es darum geht, einen Gefährten zu finden – und daß einer der sozialen Schauplätze, an denen Ungleichheit sichtbar wird, die Sphäre der Intimität ist bzw. die Fähigkeit, dauerhafte, auf Vertrauen beruhende Bindungen einzugehen.

69 Lynda Jackson, »The Future of Marriage and Family in Black America«, in: *Journal of Black Studies* 23 (Juni 1993), S. 481.

Und schließlich: Mäßen wir diese schwarzen Männer mit
der Skala der emotionalen Intelligenz, dann würden wir einfach eine weitere Dimension einführen, wobei sie zweifellos
schlecht abschnitten. Als Klassifikationsmechanismus verwendet, würde die EI den Typus »cooler schwarzer Mann«
der Kategorie »emotional unintelligent und unfähig« zu-
schlagen. Somit dürfte der Begriff der EI den Ausschluß von
Männern aus der Arbeiterschicht faktisch weiter vertiefen,
indem er ein weiteres Maß ihrer sozialen Inkompetenz etabliert. Wenn wir den Begriff der EI gutheißen und anwen-
den, dann definieren wir in Wirklichkeit etwas tautologisch
als »Kompetenz«, was unsere Institutionen bereits als Kompetenz definiert haben, und wir bekräftigen erneut die sozialen Privilegien derer, die bereits privilegiert sind.

Freilich könnte der Begriff der emotionalen Kompetenz
oder Intelligenz auch anzeigen, daß sich die soziale Identität
der Privilegierten bereits auf subtile, aber einschneidende
Weise gewandelt hat: In der neuen Ökonomie der Gefühle
spielen Frauen eine bedeutendere Rolle als die, die ihnen traditionellerweise zugestanden wurde. Im konnexionistischen
Kapitalismus sind Frauen mit Fertigkeiten und Formen von
Kapital versehen, die es ihnen ermöglichen, neue und andere Spiele im sozialen Feld zu spielen. Wie Marx selbst auf
fast schon unheimlich prophetische Weise sagte: »Je weniger die Handarbeit Geschicklichkeit und Kraftäußerung
erheischt, d.h. je mehr die moderne Industrie sich entwik-
kelt, desto mehr wird die Arbeit der Männer durch die der
Weiber verdrängt.«[70] Es geht hier nicht darum, die gegenwärtigen männlichen Hierarchien und Machtverteilungen
zu leugnen. Wir müssen aber erkennen, daß die kulturelle
Kategorie der Gefühle unsere traditionellen Modelle der
gesellschaftlichen Hierarchie zunehmend komplexer machen dürfte. Der allgemeine Trend zur emotionalen Andro-

70 Marx u. Engels, *Manifest der Kommunistischen Partei*, S. 31 f.

gynität, den das vorliegende Buch durchgängig beschreibt, deutet darauf hin, daß Frauen mit ihrem emotionalen Geschick in sozialen Märkten wettbewerbsfähig sind und daß sie Zugang zu Arten von Gütern erlangen können, die von der traditionellen (männlichen) Soziologie der Schichtung nicht genügend berücksichtigt wurden. Traditionell wurden Menschen über ihren Zugang zu Gütern wie Geld und Prestige klassifiziert und stratifiziert. Doch vom Standpunkt der Soziologie der Gefühle aus könnten wir auch sagen, daß Menschen ungleichen Zugang zu eudämonischen Gütern haben, zu immateriellen Gütern, die das gute Leben ausmachen, zu der Fähigkeit, das zu geben und zu empfangen, was Axel Honneth »Anerkennung« nennt – in seinen Augen der Grundpfeiler einer erfolgreichen Mitgliedschaft in sozialen Gemeinschaften.[71] Eine der dringenden Aufgaben, vor denen die Soziologie der Geschlechter und der Gefühle steht, ist die Untersuchung der unterschiedlichen Positionen von Männern und Frauen in bezug auf Güter, die Glück und ein gutes Leben verheißen. Nur so können wir die neuen Formen von Ungleichheit enträtseln.

---

71 Axel Honneth, *Kampf um Anerkennung. Zur moralischen Grammatik sozialer Konflikte*, Frankfurt/M. 2003.

7.
Schluß

Institutioneller Pragmatismus in der Erforschung der Kultur

Wie bei so vielen anderen Dingen, ist es auch hier nicht leicht
zu bestimmen, was Ursache und was Wirkung ist.
Hat die Kapija [»das Tor«, die Mitte der Brücke] aus den Städtern
das gemacht, was sie sind, oder wurde sie vielmehr
in ihrem Geiste und ihrer Lebensauffassung erdacht und
nach ihnen und ihren Bedürfnissen und Gewohnheiten gebaut?
— *Ivo Andrić**

Intellektuelle Erkundungen haben ihren Ursprung oft in bohrenden Fragen, die uns in unserem eigenen Leben beschäftigen. Wie viele andere kann auch ich bezeugen, daß Therapien häufig handfeste Erfolge haben. Begegnete ich »dem Therapeutischen« aber in Büchern, Redewendungen und populären Ratgebern, war ich regelmäßig verblüfft über die Banalität einer Sprache, die unsere emotionale Vorstellungskraft und Erfahrung eigenartig verflacht. Wie ich in diesem Buch zu zeigen versucht habe, muß der Erfolg eines kulturellen Idioms, das so allgegenwärtig ist wie das der Therapie, auf eine Weise erklärt werden, die nicht durch eine a priori normative und politische Vision des gesellschaftlichen Zusammenhalts vorentschieden ist. Indem ich mich statt dessen durch das unübersichtliche Terrain der Kultursoziologie und der Soziologie der Gefühle hindurchgearbeitet habe, hoffe ich, einige wichtige kulturelle und soziale Prozesse freigelegt zu haben.

* Das Motto stammt aus Ivo Andrić, *Die Brücke über die Drina. Eine Wischegrader Chronik*, Frankfurt/M. 2003, S. 18 f.

Tatsächlich diente der therapeutische Diskurs als kulturelles Verbindungsglied für einige der wichtigsten sozialen Transformationen, die das 20. Jahrhundert und ganz besonders dessen zweite Hälfte geprägt haben. Die erste dieser Transformationen war die kulturelle Kodifizierung der Sprache und der emotionalen Normen des modernen Arbeitsplatzes und der modernen Familie. Es war die historische Leistung der Psychologen, die Interaktionsrituale sowie die Regeln des emotionalen Verhaltens und die Modelle des verbalen Austauschs, die in diesen beiden verwandten Sphären gelten sollten, zu postulieren und zu kategorisieren. Doch hat die Sprache der Therapie auch die kulturellen Grenzen zwischen Öffentlichkeit und Privatsphäre sowie zwischen Männlichkeit und Weiblichkeit neu gezogen und das private Selbst in eine öffentlich vorzutragende und zu konsumierende Erzählung verwandelt. Als sie dem privaten Selbst Techniken und Sprachen einflößte, die die Privatheit zu einer öffentlichen Inszenierung werden ließen, verwischte die Psychologie die Unterschiede zwischen den Geschlechtern. Sie tat dies hauptsächlich auf zweierlei Weise: Sie machte die verbale und emotionale »Kommunikation« zum zentralen Bestandteil eines geschlechtsblinden Sozialverhaltens, und sie rückte seelisches Leid in den Mittelpunkt der modernen Inszenierung des Selbst. Das Resultat dieser Kodifizierung war die zunehmende Konvergenz jener kulturellen Modelle und Sprachen, die über der Familie respektive über dem Arbeitsplatz walteten, wodurch das Selbst einerseits rationaler und strategischer, andererseits aber auch gefühlsorientierter wurde. Interessen und Gefühle, heißt dies implizit, sind weder ontologische noch dichotome Kategorien zum Verständnis des Selbst; vielmehr zeigt die Analyse dieses Buchs, daß sie dem Selbst von Psychologen energisch eingeschrieben wurden. Die Managementtheorien, die das Verständnis der Menschenführung so entscheidend prägten, rückten Empfindungen, zwischenmenschliche

Beziehungen *und* jedermanns Eigeninteresse unverblümt in
den Mittelpunkt der ökonomischen Sprache der Produktivität und Effizienz; umgekehrt pfropfte die Psychologie unter dem Einfluß und durch die Vermittlung des Feminismus
Intimbeziehungen eine utilitaristische Geisteshaltung und
prozedurale Diskursformen auf. Die Emotionalisierung des
ökonomischen Verhaltens und die Rationalisierung der Intimbeziehungen brachten eine Form des Selbstseins hervor,
bei der strategischer Eigennutz und emotionale Reflexivität
nahtlos ineinander übergehen. Das kulturelle Modell, das
die strategischen und emotionalen Komponenten des psychologischen Selbst am besten zu synthetisieren vermochte,
indem es neue Modelle des Sozialverhaltens an die Hand
gab, ist das Modell der Kommunikation. Mit dem Konzept
der Kommunikation entstand eine der wichtigsten Episte-
men und Formen von Sozialverhalten des 20. Jahrhunderts.
Das therapeutische Ideal der Kommunikation zielt darauf
ab, den Menschen eine Kontrolle ihrer Gefühle und einen
»neutralen« Standpunkt anzuerziehen und sie zu lehren,
anderen zuzuhören, sich mit ihnen zu identifizieren und Beziehungen nach fairen Diskursregeln zu führen.

Dieses Modell deutet seinerseits darauf hin, daß männliche und weibliche Geschlechtsidentitäten sowohl am
Arbeitsplatz als auch in Intimbeziehungen zunehmend in
einer androgynen Identität aufgehen. Im therapeutischen
Zeitalter sehen sich Männer und Frauen gehalten, die
»maskulinen« Attribute des Durchsetzungsvermögens mit
dem »femininen« Vermögen, Beziehungen und Gefühle im
Auge zu haben, zu vereinbaren. Die von der Psychologie
geförderte intensive Gefühlskultur hat zu einer Entstruktu-
rierung der traditionellen Geschlechteridentitäten geführt;
zugleich hat sie die Bandbreite der kulturellen Modelle zur
Ausprägung des sozialen Geschlechts erweitert, wobei sie
auf höchst subtile Weise das Selbst und den Standpunkt
der Frau privilegierte. Dieser Strukturverlust hat sich auf

die Klassifikationen und Praktiken ausgewirkt, die im Mittelpunkt der gesellschaftlichen Reproduktion stehen. Auf mindestens zweierlei Weise trug der therapeutische Diskurs massiv dazu bei, neue Ungleichheiten zu schaffen: Er billigte neue Formen von Kompetenz am Arbeitsplatz, und er schuf unterschiedliche Zugangsmöglichkeiten zu dem, was ich als »moralische Güter« bezeichne. Moralische Güter betreffen die nichtkompetitiven Sphären der Gerechtigkeit wie Familie, Freundschaft und Liebe, in denen es um immaterielle Güter wie Wohlbefinden geht. Die emotionale Kompetenz läßt sich somit als eine neue Form von Kapital verstehen, mit der man soziale Güter in der Sphäre der Arbeit und in der Sphäre der Intimbeziehungen erlangen kann.

Die in diesem Buch vorgestellte Analyse enthält ein implizites Modell zur Erforschung von Kultur und kulturellem Wandel. Vielleicht ist dieses zugrundeliegende Modell der Funktionsweise von Kultur am besten mit der Metapher der Landkarte zu erfassen. Eine Landkarte »spiegelt« oder »beschreibt« eine Landschaft nicht, sondern kartiert sie mittels Kodes und Symbolen, die die soziale Realität in stilisierter Form repräsentieren und einem dabei helfen, sich in ihr zurechtzufinden. Die stilisierten Zeichen und Symbole der Karten erlauben es, grobe Unterscheidungen zu treffen – etwa zwischen verschiedenen Arten von Landschaften (Flüssen und Seen, Bergen und Tälern) –, und vermitteln eine allgemeine Orientierung: wohin man sich bewegen sollte und vielleicht vor allem wie, also auf welchem Pfad. Analog dazu orientieren wir uns auch mit einer kulturellen Landkarte in bekanntem wie in unbekanntem sozialen Terrain. Die Kultur vermittelt uns ein Gefühl für die wichtigsten »Kraftzentren« einer sozialen Landschaft und ermöglicht es uns, daß wir uns in ihr orientieren, das heißt einen Eindruck von den verschiedenen uns zugänglichen »Pfaden« gewinnen und – durch Berechnung oder schiere Vertrautheit mit dem Gelände – entscheiden, wie wir von A nach B kommen.[1] Somit vermittelt uns die Kultur nicht nur einen Sinn dafür, wie unsere soziale Welt beschaffen ist, sondern sie gibt uns auch die kognitiven und praktischen Werkzeuge an die Hand, mit denen wir uns orientieren (also zwischen verschiedenen möglichen Routen wählen), Kurs halten und gegebenenfalls auftauchende Probleme lösen. Mein Hauptargument war, daß sich die Therapie in den meisten hochentwickelten kapitalistischen Gesellschaften zur lingua franca der neuen Dienstleistungsschicht entwickelt hat, weil sie den kognitiven und emotionalen »Werkzeugkasten« zur Verfügung stellt, mit dem desorganisierte Selbste ihr Verhalten in den zeitgenössischen Gemeinwesen steuern können.

Die Landkartenmetapher geht aber noch einen Schritt weiter: Wenn sie erst einmal konzipiert und unters Volk gebracht sind, verändern Karten die Wege, die die Menschen nehmen, und letztlich das ursprünglich verzeichnete Territorium selbst. Wie geographische Karten dies für den physischen Raum tun, lotsen kulturelle Karten das Selbst durch das schwierige Gelände der sozialen Beziehungen, die ihrerseits durch die sozialen Praktiken transformiert werden, auf die diese Karten orientierend und organisierend gewirkt haben. In einem anderen Zusammenhang hat Marshall Sahlins geschrieben, die Herausforderung bestehe nicht nur darin, »zu erkennen, wie Ereignisse durch eine Kultur jeweils geregelt und geordnet werden, sie besteht vielmehr auch in der Frage: wie verändert sich die Kultur selbst im Verlaufe eines solchen Prozesses, wie reorganisiert sie sich?«.[2] Die Geschichte, die das vorliegende Buch erzählt hat, handelte nicht nur davon, daß in der Sprache der Psychologie nach und nach eine neue kulturelle Landkarte entworfen wurde, sondern auch davon, wie diese Karte die sozialen Beziehun-

1   Ann Swidler, *Talk of Love. How Culture Matters*, Chicago 2001.
2   Marshall Sahlins, *Der Tod des Kapitän Cook. Geschichte als Metapher und Mythos als Wirklichkeit in der Frühgeschichte des Königreichs Hawaii*, Berlin 1986, S. 19.

gen veränderte. Die Umrisse der neuen Karte zeichneten sich mit dem Aufstieg der Psychoanalyse und dem Erfolg des Freudschen Unternehmens ab, wobei Freuds Charisma die Geschwindigkeit und die Kraft erklärt, mit der die frühen sozialen Netzwerke der Psychoanalyse die neue Lehre verbreiteten. Freuds genuiner Beitrag zur amerikanischen Kultur bestand darin, eine Sprache und einen Bedeutungshorizont zu entwickeln, die das alltägliche Leben, die seelische Gesundheit und die Normalität in den Mittelpunkt der Identität moderner Männer und Frauen stellten. Die noch junge Disziplin der Psychoanalyse etablierte sich rasch in der amerikanischen Kultur, weil sie Rezepte, Vorgehensweisen, Metaphern und Erzählschablonen anbot, die modernen Männern und Frauen dabei halfen, mit der zunehmenden Komplexität und normativen Unsicherheit des modernen Lebens zurechtzukommen – insbesondere am Arbeitsplatz und in der Familie. Freuds Metaphern und Erzählungen konnten pragmatisch genutzt werden, das heißt, sie halfen dabei, praktische Alltagsprobleme zu lösen. Nun prägen Bedeutungen zwar das Handeln, aber nicht alle Bedeutungen verfügen über das gleiche Potential, die interpretativen Horizonte der Menschen nützlich einzuengen und ihnen dabei zu helfen, durch ihre soziale Umwelt zu navigieren. Um dauerhaft zu sein, müssen Bedeutungen auf eine Resonanz in den vorhandenen kulturellen Schablonen treffen. Sie müssen das Selbst dynamisch in ihren Horizont hineinziehen, und sie müssen gleichermaßen institutionalisiert und als praktische Währungen im Alltagsleben verwendet werden können. Diese Herangehensweise an Kultur bezeichne ich als »institutionellen Pragmatismus«, wie ihn die drei wesentlichen Ziele veranschaulichen sollen, die ich mit diesem Buch erreicht zu haben hoffe.

Das erste Ziel bestand darin, die Entstehung einer neuen kulturellen Struktur zu dokumentieren. Während die herkömmlichen Kultursoziologen das Vorhandensein einer

Struktur, die das Handeln auf unsichtbare, aber wirksame Weise organisiert, einfach voraussetzen, habe ich mich gefragt, *wie* eine bestimmte kulturelle Struktur zustande kam. Wie dieses Buch durchgängig dokumentiert, fand das Wissenskorpus der Psychologie rasch Eingang in die zentralen Institutionen der amerikanischen Gesellschaft – in Armee, Unternehmen, Familie, Staat, Massenmedien und Zivilgesellschaft. Diese Durchdringung war nicht die Folge einer konzertierten Aktion, sondern das Resultat *asymmetrischer* und *in gewissem Umfang autonomer* Logiken, denen jedes dieser Felder gehorcht. So war es nur natürlich, daß Unternehmen, die nach neuen Wegen zur Steuerung ihrer Belegschaften suchten, ein Wissenskorpus unterstützten, das den »menschlichen Faktor« zu kontrollieren und vorauszuberechnen versprach. Weil sich zudem die Legitimität des modernen Staats in hohem Maße von seiner Fähigkeit herschrieb, das Wohlergehen seiner Bürger zu sichern, waren staatliche Stellen darauf erpicht, sich ein Wissen anzueignen, dessen Zweck in der Linderung menschlichen Leids und in der Verbesserung der allgemeinen seelischen Verfassung bestand. Und schließlich leistete die Psychologie einen wichtigen Beitrag für die Familien: Nachdem sich die Familie zu einer emotionalen sozialen Einheit entwickelt hatte, in der die Rollen von Männern und Frauen sukzessive demokratisiert worden waren, bot die Psychologie Modelle zur Überwindung der zunehmend konfliktträchtigen modernen Ehe. Zwischen diesen großen Institutionen, die sich die Psychologie als ihren wichtigsten legitimierenden Diskurs zu eigen machten, und den Mikroinszenierungen des therapeutischen Selbst spielten die Medienindustrien eine wesentliche Rolle. Denn sie kodifizierten, legitimierten und verbreiteten die Weltanschauung der Psychologie – und sie boten eine Plattform für die Inszenierung des Selbst. Die mediale Vermittlung zwischen einer Gruppe professioneller Fachleute auf der einen und der Öffentlichkeit auf der anderen Seite war entscheidend, wobei diese Öffentlichkeit in ihrer Doppeleigenschaft als Patienten und Konsumenten angesprochen wurde. Ohne die zwischen Institutionen und der Zivilgesellschaft, zwischen institutionellen Bedeutungen und dem alltäglichen Leben operierenden Medienindustrien lassen sich Aufkommen, Kodifizierung und Verbreitung der psychologischen kulturellen Struktur nicht erklären. Mit anderen Worten: Die vier mächtigsten institutionellen Schauplätze der amerikanischen Gesellschaft – Unternehmen, Familie, Massenmedien und Staat – eigneten sich die Psychologie an und machten sie durch ihre je eigene institutionelle Dynamik zu einem Schlüsselmerkmal der modernen Identität. Somit besteht das zweite Ziel, das ich mit diesem Buch erreichen wollte, darin, zu zeigen, daß zwar der Historiker unterschiedliche Typen von Zeitlichkeiten erklären muß,[3] die Kultursoziologin jedoch die asymmetrischen kulturellen Dynamiken hinter vermeintlich homogenen kulturellen Prozessen freizulegen hat. Auch wenn wir mit Max Weber von einem allgemeinen Prozeß der Rationalisierung sprechen können, den moderne Institutionen durchlaufen, nimmt dieser Prozeß in verschiedenen institutionellen Sphären unterschiedliche Formen und Verläufe an.

Jedoch – und dies ist der dritte Beitrag, den dieses Buch hoffentlich geleistet hat – vermag das Modell asymmetrischer Institutionen allein nicht zu erklären, mit welcher Entschiedenheit und Beharrlichkeit die Psychologie sich des Alltagslebens bemächtigte. Das Laienpublikum verschrieb sich der Psychologie so enthusiastisch, weil sie »funktionierte«, weil sie Werkzeuge und Technologien zum Umgang mit jenen Problemen im Gepäck hatte, von denen moderne Männer und Frauen geplagt wurden – Problemen wie der Unsicherheit, die mit der Demokratisierung von Arbeitsplatz und Familie einherging, der Fülle gesellschaftlicher Rollen,

---

3   William H. Sewell, *Logics of History. Social Theory and Social Transformation*, Chicago 2005, S. 10 ff.

in denen sich Männer und Frauen wiederfanden, und der Komplexität einer Kultur, in der es von widersprüchlichen normativen Imperativen nur so wimmelte. Das Selbst ist zur wichtigsten Bühne geworden, auf der die Widersprüche der Moderne gemanagt werden sollen, und die Psychologie hält genau dafür die Techniken bereit. Anders formuliert: Die Psychologie hat weniger mit »Überwachung« oder »Biomacht« zu tun als damit, die Widersprüche des modernen Selbst in Schach zu halten und zu verwalten. Denn ihre Demokratisierung machte den Arbeitsplatz und die Familie auch »chaotischer«, sprich: verlieh beiden eine normative Struktur, in der das Selbst viele zusätzliche und widersprüchliche Aufgaben zu bewältigen hatte, um seine sozialen Beziehungen unter Kontrolle zu halten: Das Selbst mußte nun selbständig und voller Selbstvertrauen sein, aber doch auf die Bedürfnisse der anderen eingehen; es mußte Beziehungen auf hochrationale Weise führen, sich aber zugleich auf die eigenen Gefühle und die der anderen kaprizieren; und es mußte ein einzigartiges Individuum sein, aber zugleich ununterbrochen mit anderen kooperieren. Der entscheidende Beitrag der Psychologie bestand darin, dialogische Interaktionsmodelle anzubieten, die eine Handhabung dieser Spannungen am Arbeitsplatz und in der Familie versprachen. Diese dialogischen Modelle waren um so effizienter, als es sich bei ihnen nicht nur um ein Bündel kultureller Themen und Rezepte handelte, sondern auch um eine Erzählschablone, mit der sich das Selbst auf einer Vielzahl sozialer und kultureller Plattformen inszenieren ließ; Plattformen, zu denen die Therapiesitzung, die Fernsehtalkshow, Selbsthilfegruppen und ein bunter Strauß an nichtkommerziellen Workshops zur besseren und funktionaleren Anpassung des Selbst an seine Umwelt gehörten. Der institutionelle Pragmatismus versucht also gleichzeitig zu erklären, wie kulturelle Strukturen zustande kommen, wie sie im alltäglichen Leben in Kraft gesetzt werden und wie sie ihrerseits dieses alltägliche Leben allmählich umformen.

Die Herangehensweise, für die das vorliegende Buch plädiert, gibt die Soziologie als kritisches Geschäft nicht preis. Sie ermöglicht es vielmehr, soziologische Kritik auf eine andere Weise, von einem anderen Standpunkt aus fortzusetzen als dem, den man traditionell in den Kulturwissenschaften findet. Aus der Sicht einer pragmatischen Kultursoziologie und einer Soziologie der Gefühle jedenfalls unterscheiden sich die sozialen Folgen der Therapie erheblich von jenen, die üblicherweise von kritischen Soziologen der verschiedensten Richtungen angeprangert wurden.

Zum einen mag sich das zeitgenössische Ideal der Kommunikation, das unsere Modelle sozialer Beziehungen durch und durch geprägt hat und von Soziologen nie in Frage gestellt wurde, sehr wohl als »eine Sprachideologie« erweisen, wie der Anthropologe Michael Silverstein dies nennt. Eine Sprachideologie ist ein Bündel »sich von selbst verstehender Ideen und Zielvorstellungen, die eine Gruppe bezüglich *der Rolle der Sprache in der sozialen Erfahrung ihrer Mitglieder* hat, soweit diese zur Expressivität der Gruppe beitragen«.[4] Die von der Therapie propagierte Sprachideologie steckt in einer Reihe von Überzeugungen: daß Selbsterkenntnis durch Introspektion zu erlangen ist; daß Introspektion uns dazu verhelfen kann, unsere soziale und emotionale Umgebung zu verstehen, zu kontrollieren und mit ihr zurechtzukommen; und daß die verbale Mitteilung den Schlüssel zu sozialen Beziehungen darstellt. Es besteht jedoch eine ganze Reihe von Gründen, viele der Prämissen des herrschenden psychologischen Credos anzuzweifeln. Nicht umsonst zitiert der Psychoanalytiker Timothy Wilson den Lyriker Theodore Roethke: »Selbstbetrachtung ist ein Fluch / Durch den die alte Wirrnis weiterwuchs [*self-contemplation is a curse / That makes*

---

4 Michael Silverstein, zitiert nach Kathryn A. Woolard, »Introduction: Language Ideology as a Field of Inquiry«, in: Bambi B. Schieffelin, Kathryn A. Woolard u. Paul V. Kroskrity (Hg.), *Language Ideologies. Practice and Theory*, S. 4. [Hervorhebung E.I.]

an old confusion worse].«[5] Nicht nur scheinen wir kognitiv schlecht ausgestattet, um uns selbst zu verstehen, darüber hinaus droht die Selbstanalyse auch anderen intuitiven (vulgo praktischen) Weisen des Weltverständnisses in die Quere zu kommen. Ich glaube, daß die Sprachideologie der Therapie für einen gewaltigen kognitiven und kulturellen »verbalen Überlagerungseffekt« verantwortlich ist. Wie Untersuchungen der Kognitionspsychologen Jonathan W. Schooler und T. Y. Engstler-Schooler zeigen, kommen Probanden auf eine hohe Trefferzahl, wenn sie aufgefordert werden, sich ein Gesicht zu merken und dieses Gesicht bei einer Gegenüberstellung zu identifizieren. Werden dieselben Probanden aber aufgefordert, besagtes Gesicht erst in Worten zu beschreiben und dann zu identifizieren, schneiden sie schlechter ab. Diesen Effekt bezeichnen die beiden Forscher als »verbalen Überlagerungseffekt« (*verbal overshadowing*), als eine Interferenz verbaler mit visuellen Prozessen, bei der letztere in den Hintergrund gedrängt werden.[6] Sie und zahlreiche andere Psychologen unterstellen also, daß es Dinge gibt, die wir besser wortlos tun – ohne zu verbalisieren, was wir tun und warum. Meiner Meinung nach dürfte das therapeutische Ethos kulturell einen gewaltigen Prozeß der verbalen Überlagerung ausgelöst haben, einen Prozeß, in dem die sprachliche Introspektion zu einem Ersatz für nonverbale Möglichkeiten wurde, in sozialen Interaktionen zu funktionieren. Was ich hier als kulturellen Prozeß verbaler Überlagerung bezeichne, ist jener umfassende Prozeß, durch den die verbale Ebene in wachsendem Maße Entscheidungen in die Quere kommt, die eigentlich unsere »Intuition«, »Einsicht« oder spontanen Urteile erfordern würden. Am

---

5 Timothy Wilson, »Don't Think Twice, It's All Right«, in: *International Herald Tribune*, 30. Dezember 2005, S. 6.
6 J. W. Schooler u. T. Y. Engstler-Schooler, »Verbal Overshadowing of Visual Memories: Some Things Are Better Left Unsaid«, in: *Cognitive Psychology* 22 (1990), S. 36-71.

Ende verdinglicht die Ideologie der Psychologen ironischerweise gerade den Begriff der Persönlichkeit, der doch eine kritische Voraussetzung ihres Wissenskorpus darstellte. Für diese Behauptung kann ich mich auf den Sozialpsychologen und führenden Persönlichkeitsexperten Walter Mischel stützen, dem zufolge sich die Persönlichkeit von Situation zu Situation unterscheidet und sich nicht aus situationsübergreifend gleichbleibenden Merkmalen zusammensetzt.[7] Für Mischel werden die Handlungen und Reaktionen von Menschen durch die Gegebenheiten einer Situation und nicht durch unveränderliche innere Eigenschaften des Selbst geprägt, die es zu offenbaren gälte. Man könnte Mischels Behauptung, daß die Persönlichkeit stärker von situationsbedingten Faktoren abhängt als von einer Reihe im Kindesalter erworbener Züge, als genuin soziologisch bezeichnen. Ich möchte an dieser Stelle lediglich darauf hinaus, daß das psychologische Ethos die Persönlichkeit verdinglicht, wenn es davon ausgeht, es gäbe ein Wesen – unser Selbst –, das wir erfassen können und müssen.

Und zum anderen möchte ich mich gegen die übliche Foucaultsche Darstellung der Psychologie wenden, die besagt, daß wir »eine neue Lust erfunden [haben]: die Lust an der Wahrheit der Lust, die Lust, sie zu wissen, sie auszukleiden, sie zu enthüllen«.[8] Ich meine im Gegenteil, daß die therapeutische Erzählung eine Vielfalt an Leidensformen hervorgebracht hat. Statt, wie Foucault sagt, Lust zu verschaffen, besteht meines Erachtens einer der anstößigsten Aspekte der Psychologie darin, Leiden zu verursachen. Denn mit dem Anthropologen Richard Shweder glaube ich, daß »die kausale Ontologie des Leidens, die jemand hat,

---

7   Walter Mischel, Y. Shoda u. R. Mendoza-Denton; »Situation-Behavior Profiles as a Locus of Consistency in Personality«, in: *Current Directions in Psychological Science* (2002), S. 50-54.
8   Michel Foucault, *Sexualität und Wahrheit*, Bd. 1, *Der Wille zum Wissen*, Frankfurt/M. ²1988, S. 91.

eine Rolle bei der Verursachung des Leidens spielt, das sie erklärt, so wie jemandes Repräsentation einer Form von Leid ein Teil des Leids sein kann, das sie repräsentiert«.[9] Der therapeutische Diskurs ist von bitterer Ironie. Je mehr Ursachen von Leid im Selbst lokalisiert werden, desto stärker wird das Selbst im Zeichen seiner Notlage verstanden und desto mehr »wirkliche« Krankheiten des Selbst werden verursacht. Weil die therapeutische Erzählung Notlagen des Selbst diskutiert, etikettiert und erklärt, ist das Selbst gehalten, sich im Licht eines Bergs von emotionalen und psychischen Problemen zu begreifen. Statt tatsächlich dabei zu helfen, mit den Widersprüchen und Zwickmühlen der modernen Identität zurechtzukommen, vertieft der psychologische Diskurs sie womöglich nur.

Während die Erfahrung von Leid ein kulturelles System früher vor grundsätzliche Legitimationsprobleme stellte,[10] hat sich das Leid in der zeitgenössischen therapeutischen Weltsicht in ein von Experten der Seele zu managendes Problem verwandelt. Die quälende Frage nach der Verteilung des Leids – warum leiden die Unschuldigen, während die Bösen gedeihen? –, diese Theodizeefrage, die die Weltreligionen und die modernen Gesellschaftsutopien umgetrieben hat, ist von einem Diskurs, der das Leid als Folge schlecht verwalteter Gefühle oder einer dysfunktionalen Seele oder sogar als notwendige Phase der emotionalen Entwicklung betrachtet, auf eine noch nie dagewesene Banalität reduziert worden. Wie Susan Neiman in einem maßgeblichen Buch argumentiert hat, ist das Problem der Theodizee eines der zentralen moralischen Rätsel des abendländischen

9   Richard A. Shweder, *Thinking Through Cultures. Expeditions in Cultural Psychology*, Cambridge, MA 1991, S. 488.
10   Max Weber, Einleitung zu *Die Wirtschaftsethik der Weltreligionen*, in: ders., *Gesammelte Aufsätze zur Religionssoziologie*, Bd. 1, Tübingen [9]1988.

Denkens.[11] Und es ließe sich ergänzen, daß die Spannung zwischen Verdienst und Glück viele große kulturelle Systeme und Bewegungen hervorgebracht hat, deren Zweck gerade darin bestand, die Kluft zwischen beidem zu erklären. Die klinische Psychologie ist das erste kulturelle System, das sich des Problems gänzlich entledigt, indem sie Unglück zur Folge einer verletzten oder schlecht gehandhabten Seele macht. Sie bringt damit einen Zweck von Religion – Leiden zu erklären, zu rationalisieren und letztlich immer auch zu rechtfertigen – zu einem definitiven Abschluß. Wie Max Weber schreibt: »Mit dieser Behandlung des Leidens als eines Symptoms des Gottverhaßtseins und geheimer Schuld kam die Religion psychologisch einem sehr allgemeinen Bedürfnis entgegen. Der Glückliche begnügt sich selten mit der Tatsache des Besitzes seines Glückes. Er hat darüber hinaus das Bedürfnis: auch noch ein *Recht* darauf zu haben. Er will überzeugt sein, daß er es auch ›verdiene‹, vor allem: im Vergleich mit andern verdiene. Und er will also auch glauben dürfen: daß dem minder Glücklichen durch den Nichtbesitz des gleichen Glückes ebenfalls nur geschehe, was ihm zukommt. Das Glück will ›legitim‹ sein.«[12]

Was Weber hier beschreibt, ist die mächtigste Form der Aufrechterhaltung des Status quo: Glück und Unglück nachträglich durch verborgene Tugenden oder Laster zu erklären und somit zu rechtfertigen. Die Psychologie läßt diese Form von Theodizee mit aller Macht wiederaufleben. Im therapeutischen Ethos gibt es weder Unordnung noch sinnloses Leid. Deshalb sollte uns sein Einfluß auf unsere Kultur beunruhigen.

11   Susan Neiman, *Das Böse denken. Eine andere Geschichte der Philosophie*, Frankfurt/M. 2004.
12   Weber, Einleitung zu *Die Wirtschaftsethik der Weltreligionen*, S. 242.

Danksagung

Schulden können vielerlei Gestalt annehmen. Manche von ihnen sind so groß, daß sie die Möglichkeiten der Danksagung in einem Buch eindeutig übersteigen. Dies gilt für die Schuld, in der ich gegenüber Axel Honneth stehe, der mich im Winter 2004 nach Frankfurt einlud, um dort die Adorno-Vorlesungen zu halten. Er ermöglichte es mir damit, dem fantastisch diskussionsfreudigen deutschen Publikum die zentralen Argumente dieses Buches vorzustellen.

Dank schulde ich darüber hinaus mehreren Institutionen, deren Unterstützung die Niederschrift der vorliegenden Studie wesentlich erleichtert hat: der Nationalen Israelischen Wissenschaftsstiftung, dem Shain-Institut und der Abteilung Forschung und Entwicklung der Hebräischen Universität in Jerusalem.

Doyle McCarthy, Jeffrey Praeger und Charles Smith haben das Buch für die University of California Press gelesen und begutachtet. Ihnen danke ich für die bestmögliche Form von Kritik: kompromißlos im Detail und doch voller Wohlwollen.

Ich danke jenen Freunden und Kollegen, die mich mit sachdienlichen Einwänden und erhellenden bibliographischen Hinweisen versorgten: Boas Shamir, Michal Frenkel und Michal Paris halfen mir, die Argumente in Kapitel 1 und 3 zuzuspitzen. Mein besonderer Dank gilt Nahman Ben-Yehuda und Yoram Bilu, deren Freundschaft und Unterstützung die byzantinische akademische Welt in einen erträglichen, ja sogar angenehmen Ort verwandelten.

Mein tiefster Dank gilt Lior Flum für seine unermüdliche Hilfe bei der undankbaren Aufgabe, Fußnoten und bibliographische Nachweise einzurichten, sowie Carol Kidron für ihre Unterstützung beim Lektorat dieses Buches. Shoshanna Finkelmann war es, die das Manuskript druckfertig machte; das bißchen Zurechnungsfähigkeit, das ich in dieser letzten

Phase bewahren konnte, dürfte auf ihr Konto gehen. Zu guter Letzt hat das großartige Team der University of California Press – Naomi Schneider, Elisabeth Magnus, Marilyn Schwartz und Valerie Witte – dieses Buch in einer Weise betreut, die seinem ausgezeichneten Ruf in der Branche gerecht wird.

Wie immer ist dieses Buch Elchanan gewidmet, meinem Mann und besten Freund.

Namenregister